ramses 2023

SOUS LA DIRECTION DE **THIERRY DE MONTBRIAL** ET **DOMINIQUE DAVID**

ifri

ramses 2023

SOUS LA DIRECTION DE **THIERRY DE MONTBRIAL** ET **DOMINIQUE DAVID**

ifri

L'EUROPE DANS LA GUERRE

- L'EUROPE AU DÉFI
- LA GUERRE EST LÀ : ENJEUX, MOYENS
- ORDRES ET DÉSORDRES AFRICAINS

DUNOD

Illustration de couverture : © gettyimages
Mise en page : Belle Page

11, rue Paul Bert, 92240 Malakoff
www.dunod.com

ISBN 978-2-10-083902-5
ISSN 2823-667X

Sommaire

Partie 1

Perspectives

par Thierry de Montbrial 17

Partie 2

Trois enjeux pour 2023 35

L'Europe au défi 41

La guerre est là : enjeux, moyens 95

Ordres et désordres africains 145

Partie 3

Le monde en questions 195

Russie/NEI 196

Europe 212

Amériques 224

Asie 240

Moyen-Orient 264

Énergie/Climat 284

Migrations 292

Économie 300

Santé 308

Sport 312

Partie 4

Repères 317

Chronologie 2021-2022 318

Le monde en chiffres 335

Le monde en cartes 352

Table des matières

Partie 1

Perspectives

Par Thierry de Montbrial 17

Partie 2

Trois enjeux pour 2023 35

Voyage au centre de la guerre
Par Dominique David 36

» L'Europe au défi

Ukraine : les échelles d'une guerre de libération nationale
Michel Foucher 42

L'Europe face à la guerre d'Ukraine
Nicole Gnesotto 48

Réinventer la coopération de défense européenne
Claude-France Arnould 54

Russie et Europe : devant l'Ukraine
Isabelle Facon 60

Le Vieux Continent dans la stratégie américaine
Laurence Nardon 66

Repenser une architecture de sécurité pour l'Europe
Maxime Lefebvre 72

Le *Global Britain* à l'épreuve de l'Ukraine
Edward Arnold 78

Balkans : l'enjeu stratégique
Florent Marciacq 82

Y a-t-il une crise des démocraties européennes ?
Philippe Moreau Defarges 88

» La guerre est là : enjeux, moyens

Sous la direction d'Élie Tenenbaum

Ukraine : premiers enseignements militaires
Léo Péria-Peigné et Élie Tenenbaum 96

Ukraine : des sanctions à la « guerre économique »
Norbert Gaillard 102

Dynamiques industrielles de l'armement
Léo Péria-Peigné 108

Quel avenir pour les stratégies nucléaires ?
Héloïse Fayet 114

Gagner la guerre avant la guerre ?
Laurent Bansept et Élie Tenenbaum 120

OTAN : retour aux fondamentaux
Luc Pagès 124

La compétition spatiale
Raphaël Briant et Gaspard Stocker 128

Djihadisme et contre-terrorisme
Marc Hecker 134

Le *lawfare* : une prise en compte stratégique
Amélie Férey 140

» Ordres et désordres africains

Sous la direction d'Alain Antil

Peut-on parler d'Afrique(s) ?
Camille Haba et Sina Schlimmer 146

La croissance démographique au sud du Sahara
Alain Antil 152

Diversité et recompositions religieuses en Afrique subsaharienne
Cédric Mayrargue 158

La France face à l'échec sahélien
François Gaulme 164

Mali, année zéro
Alain Antil 170

Corne de l'Afrique : une déstabilisation à deux échelles
Élisa Domingues dos Santos 176

À quoi sert l'Union africaine ?
Benjamin Augé et Félicité Djilo 180

Comprendre les engagements russes en Afrique
Arnaud Kalika 186

La Turquie en Afrique
Élisa Domingues dos Santos 190

Partie 3
Le monde en questions 195

RUSSIE/NEI

La Russie dans la guerre
Tatiana Kastouéva-Jean 196

Ukraine : le choc des armes
Dominique Arel 200

Biélorussie : le statut difficile d'allié fidèle de la Russie
Olga Gille-Belova 204

La Russie et les républiques d'Asie centrale
Michaël Levystone 208

EUROPE

L'Allemagne sous « feu tricolore »
Paul Maurice 212

Le problème énergétique allemand
Éric-André Martin 216

Royaume-Uni et Irlande après le Brexit
Marie-Claire Considère-Charon 220

AMÉRIQUES

États-Unis : Biden face aux *midterms*
Corentin Sellin 224

Face à la Chine, une Amérique désorientée
Charles-Emmanuel Detry 228

Les États-Unis face à leurs engagements extérieurs
Jolyon Howorth 232

Vers un nouveau Chili ?
Pierre Lebret 236

ASIE

Chine : le temps de l'incertitude
Marc Julienne 240

Le Japon, entre défi et opportunité
Céline Pajon 244

L'Inde et la crise russo-ukrainienne
Isabelle Saint-Mézard 248

Corées : après l'échec du dialogue
Rémy Hémez 252

L'Asie du Sud-Est et la guerre en Ukraine
Sophie Boisseau du Rocher 256

L'Afghanistan des talibans
Jean-Luc Racine 260

MOYEN-ORIENT

Les accords d'Abraham
Solène Leclerc 264

La guerre d'usure, nouvelle étape du conflit syrien
Arthur Quesnay 268

L'Iran en 2022
Clément Therme 272

Turquie : quelle place pour l'armée ?
Sümbül Kaya 276

Emmanuel Macron, la France et les monarchies du Golfe
Jean-Loup Samaan 280

ÉNERGIE/CLIMAT

L'urgence climatique et la guerre
Marc-Antoine Eyl-Mazzega 284

Sécurité énergétique et ambition climatique
Carole Mathieu 288

MIGRATIONS

Le Forum d'examen des migrations internationales à l'ONU
Antoine Pécoud 292

D'une crise migratoire à l'autre
Matthieu Tardis 296

ÉCONOMIE

Commerce international : les grandes manœuvres
Françoise Nicolas 300

Les Monnaies numériques de banque centrale
Jean-Marc Daniel 304

SANTÉ

Au bilan de la vaccination anti-Covid
Patrick Allard 308

SPORT

Le sport, intrument géopolitique
Jean-Baptiste Guégan 312

Partie 4
Repères 317

Chronologie 2021-2022 318
Le monde en chiffres 335
Le monde en cartes 352

L'équipe du RAMSES 2023 369

Les vidéos du RAMSES 2023

Découvrez 8 interviews exclusives pour éclairer les lignes de force des thématiques du RAMSES 2023.

Perspectives, p. 17

Thierry de Montbrial

- Quelles sont les issues possibles à la guerre en Ukraine ?
- Que change la guerre en Ukraine dans les grands équilibres politiques mondiaux ?
- Quels sont les impacts de la guerre en Ukraine sur l'Union européenne ?

Trois enjeux pour 2023, p. 36

Dominique David

Présentation des dossiers phares du RAMSES 2023 :
- L'Europe au défi ;
- La guerre est là : enjeux, moyens ;
- Ordres et désordres africains.

Réinventer la coopération de défense européenne, p. 54

Claude-France Arnould

- Les membres de l'UE s'accordent-ils vraiment sur la perception des menaces sur leur sécurité ?
- L'Allemagne est-elle en marche vers une re-militarisation durable ?
- La nouvelle mobilisation de sécurité européenne sert-elle d'abord l'UE ou l'OTAN ?

Ukraine : premiers enseignements militaires p. 96

Élie Tenenbaum

- La guerre est-elle vraiment de retour comme élément global de remise en cause de l'ordre international ?
- La guerre de l'avenir sera-t-elle sophistiquée et courte, ou élémentaire et longue ?
- Les armées occidentales doivent-elles abandonner le modèle expéditionnaire hérité des années 1990 ?

Mali, année zéro, p. 170

Alain ANTIL

- Au Mali, peut-on identifier les raisons de l'échec français ?
- L'Afrique de l'Ouest tout entière est-elle menacée de déstabilisation ?
- Le retrait du Mali signe-t-il la fin d'un certain type d'intervention militaire français ?

La Russie dans la guerre, p. 196

Tatiana KASTOUÉVA-JEAN

- Les sanctions économiques auront-elles sur la Russie des effets de long terme ?
- L'opinion publique russe est-elle vraiment atteinte par la guerre en Ukraine ?
- La Russie va-t-elle ou non vers l'isolement international ?

Chine : le temps de l'incertitude, p. 240

Marc JULIENNE

- Comment qualifier le soutien de Pékin à Moscou dans l'affaire ukrainienne ?
- Peut-on parler entre Pékin et Moscou de dépendances croisées ?
- Quelles conséquences la crise ukrainienne aura-t-elle sur la question de Taïwan ?

Sécurité énergétique et ambition climatique, p. 288

Carole MATHIEU

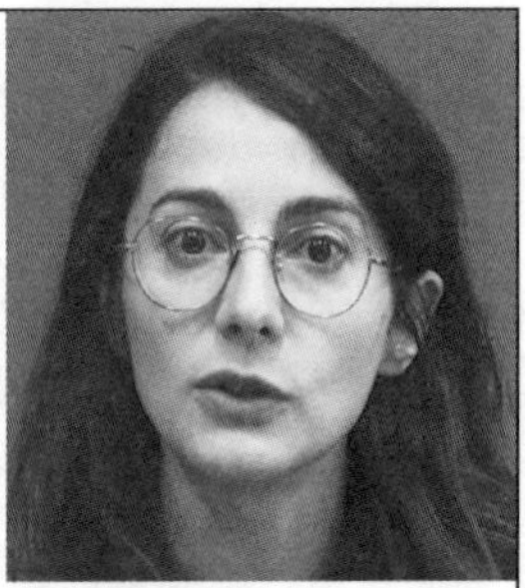

- Les membres de l'UE peuvent-ils, et à quel terme, se passer totalement des livraisons énergétiques russes ?
- Peut-on parler d'une nouvelle dépendance vis-à-vis des États-Unis, en particulier en matière gazière ?
- La guerre d'Ukraine constitue-t-elle un facteur de freinage ou d'accélération de la transition énergétique ?

Partie 1

Perspectives

par Thierry de Montbrial

vidéo
http://dunod.link/bv0q8p5

Perspectives 2023

Vers la guerre

En août 2021, l'actualité internationale était dominée par le piteux retrait d'Afghanistan. Vingt ans après le début de leur intervention, les États-Unis laissaient brutalement tomber la population, et particulièrement les femmes de ce pays, à nouveau livrée à la famine et à l'obscurantisme taliban. L'Union européenne (UE), qui n'avait pas encore oublié les velléités affichées par Donald Trump d'un retrait américain de l'Organisation du traité de l'Atlantique nord (OTAN), envisageait de prendre au sérieux la vieille idée française de défense européenne rebaptisée autonomie stratégique, afin de se préparer au cas désormais jugé possible, sinon probable, où la superpuissance ne consentirait plus à assumer complètement son protectorat.

Vers la fin de l'année 2021 cependant, la météorologie politique a changé sur l'Europe avec le déploiement de plus en plus massif de forces russes autour de l'Ukraine. On a d'abord voulu y voir un simple exercice, certes de grande envergure. À la mi-décembre, reprenant des idées maintes fois exposées depuis une quinzaine d'années, Moscou a dévoilé un projet de sécurité européenne visant à exclure toute nouvelle expansion de l'Alliance atlantique vers l'Est, et à limiter le déploiement des forces de l'OTAN au niveau qu'il avait atteint en 1997. L'OTAN devait s'engager par ailleurs à ne se livrer « à aucune activité militaire sur le territoire de l'Ukraine, de l'Europe de l'Est, du Caucase, ou de l'Asie centrale », alors qu'elle ne s'en privait pas, surtout depuis l'annexion de la Crimée par la Russie en 2014. Dans le projet révélé par le ministère russe des Affaires étrangères, l'OTAN et la Russie devaient en outre s'engager à ne pas déployer de missiles intermédiaires et à courte portée sur des territoires d'où ils pourraient frapper l'autre partie. Diverses « mesures de confiance » étaient également proposées, dans l'esprit des négociations de maîtrise des armements du temps de la guerre froide, comme l'établissement d'une « hotline » entre les signataires.

En arrière-plan, deux points méritent particulièrement de retenir l'attention. Le premier est l'affirmation par la Russie de ce qu'en contrepartie du démantèlement pacifique de l'Union soviétique (URSS) les Occidentaux, en tout cas les États-Unis, se seraient engagés à ce que l'OTAN ne s'étende pas à l'Est. Le recours aux archives permettra le moment venu de savoir ce qui s'est réellement passé, mais il est certain qu'aucun accord n'a été signé sur ce point. Or, en diplomatie, seuls comptent finalement les accords. Il est non moins certain qu'encouragés par de nombreuses associations ou fondations occidentales, et particulièrement américaines, les gouvernements de l'Ukraine et de la Géorgie ont obtenu au sommet de l'OTAN de Bucarest, en 2008, la reconnaissance de leur « vocation » à rejoindre l'Alliance. Malgré, il convient de le souligner, la réticence de la France et de l'Allemagne dont les partenaires – à commencer par les États-Unis – ont quelque peu forcé la main. Quant à l'Ukraine, elle a inscrit cette « vocation » dans sa Constitution en février 2019. Entre-temps, la Russie avait annexé la Crimée.

Le second point est également d'ordre diplomatique. La grande revendication russe en matière de sécurité depuis l'avènement de Vladimir Poutine, c'est-à-dire après la « décennie noire » de l'effondrement de toutes les institutions de l'URSS, est en fait la révision de l'architecture européenne de sécurité, lentement élaborée dans un tout autre contexte. Observons au passage que la charte d'Helsinki de 1975, comme celle de Paris du 21 novembre 1990, précise que les États signataires sont libres du choix de leurs alliances. Si l'on se place d'un point de vue de science politique plutôt que juridique, cette disposition est étonnante, car on sait depuis au moins la thèse de Henry Kissinger sur le Congrès de Vienne que « la sécurité absolue d'un État, c'est l'insécurité absolue de tous les autres ». Autrement dit, la stabilité d'une architecture de sécurité repose sur un équilibre accepté par toutes les parties prenantes et complété par la volonté partagée de le préserver. On peut alors se demander pourquoi les signataires d'Helsinki – en fait, surtout les Soviétiques – ont adopté ladite disposition. La réponse est certainement qu'ils voulaient préserver le « libre choix » des « pays socialistes ». Pas plus que leurs autorités, les diplomates soviétiques ne pouvaient imaginer que l'URSS n'avait plus qu'une quinzaine d'années à vivre, et que le principe de libre choix des alliances allait se retourner contre eux. On ne répétera jamais assez qu'en diplomatie, il faut parfois être capable de voir loin et d'envisager l'inenvisageable, sous peine de léguer des bombes à retardement aux successeurs.

Il est en tout cas certain que le ton comminatoire sur lequel le vice-ministre Sergueï Riabkov a formulé les propositions de la Russie – ce diplomate est au demeurant réputé comme un grand connaisseur et praticien de l'*arms control* – n'était pas fait pour inciter les Occidentaux à les prendre en considération, en dépit de ce qu'elles pouvaient contenir de pertinent. Ce ton faisait plutôt figure d'ultimatum, et c'est ainsi que les Occidentaux l'ont interprété. Ensuite, semaine après semaine, les Américains n'ont cessé d'annoncer une *Blitzkrieg* comme de plus en plus probable, sans en tirer d'autre conséquence que l'évacuation de leur ambassade. Vu d'Europe, cet étrange détachement a d'autant moins contribué à accréditer le sérieux de l'hypothèse de l'agression qu'on se souvenait des mensonges organisés du général Powell en 2003, et que la plupart des experts écoutés doutaient de la volonté de Poutine de prendre le risque de lancer ce qu'il allait bientôt appeler une « opération militaire spéciale ». On doutait même de l'aptitude des Russes à élargir la conquête du Donbass au-delà des territoires séparatistes, et à réaliser facilement la jonction territoriale avec la Crimée. Celle-ci, dans une situation très différente, n'avait opposé aucune résistance en 2014. À mesure que les semaines puis les jours passaient, le débat, dans un pays comme la France, s'approfondissait entre ceux qui, peu regardants sur les moyens réels de la Russie, comparaient le Poutine de 2022 au Hitler de la stratégie du salami, comme si le maître du Kremlin pouvait reconstituer l'empire russe, et ceux qui, sous-estimant sans doute sa détermination à renforcer rapidement la sécurité de la Russie à ses frontières, ne l'imaginaient pas encore prêt à prendre un très grand risque. Les Ukrainiens eux-mêmes ne s'y attendaient pas. Pour tous, et sans doute même pour les Russes dans un autre genre, l'invasion du 24 février fut ressentie comme un énorme choc et comme une bifurcation de l'Histoire.

Vérités historiques et affrontements géopolitiques

Des événements comme celui-ci sont de l'ordre de la complexité. Nulle pensée organisée comme un système achevé ne permet de les interpréter correctement sous une forme déterministe, en termes de causes bien identifiées provoquant des effets eux-mêmes parfaitement circonscrits. Ce qui ne signifie ni que toutes les interprétations se vaillent, ni qu'il soit impossible de réduire l'incertitude sur les conséquences, en l'occurrence, de la guerre déclenchée par Poutine en Ukraine.

Pour avancer, il faut à mon sens partir de l'histoire et de la géopolitique. Dans son livre *Comment on écrit l'histoire*, le grand spécialiste de l'empire gréco-romain Paul Veyne jongle avec deux idées, plus complémentaires que contradictoires, que j'interprète ainsi : d'un côté, l'historien peut établir des « vérités » ; mais de l'autre, à toute échelle, un récit quelconque ne peut être complet qu'en bouchant des « trous » de façon plus ou moins arbitraire. Le travail sur les archives – lesquelles sont la matière première du métier d'historien – permet d'établir des « vérités », qu'on ne peut nier qu'au détriment de la raison ou de l'éthique. Ainsi le déroulement du 18 Brumaire de Napoléon Bonaparte est-il documenté dans les moindres détails, y compris s'agissant des faiblesses du grand homme ce jour-là. Pourtant, même à cette échelle, des « trous » peuvent encore subsister. Évidemment, plus l'échelle est étendue, plus les trous sont facilement repérables.

L'histoire de la Russie kiévienne (IXe-XIIe siècles) est bien documentée. Elle commença par les Varègues, nommés Rous par les Finnois de l'époque, se déroula le long du Dniepr, et connut son apogée sous Iaroslav, dit le Sage, mort en 1054. Sa fille Anne, mariée à Henri Ier, fut reine de France. Entre-temps, sous les influences de Byzance, elle s'était ouverte au christianisme grec, tout en gardant son caractère slave ou, si l'on préfère, russe. Cette Russie kiévienne s'est disloquée progressivement et acheva de s'effondrer sous les coups de butoir des Mongols (ou Tatars) en 1240. Ce n'est qu'après environ un siècle qu'émergea la Moscovie. Dès 1326, le métropolite de Vladimir avait fixé son siège à Moscou faisant ainsi de cette ville, *de facto*, la capitale politique et religieuse de « la Russie ». Depuis la chute de Kiev, il incarnait l'unité spirituelle d'une Russie qui s'était déplacée et étendue, face surtout à l'islam (la Horde d'or). La formation de l'État russe centralisé dont descend l'actuelle Fédération de Russie

> Voltaire : « L'Ukraine a toujours aspiré à être libre »

a commencé sous le règne d'Ivan III (1462-1505) et a bénéficié, entre autres, de l'affaiblissement antérieur puis de l'effondrement de Constantinople.

Comment ne pas citer ici ce passage célèbre de l'*Histoire de Charles XII* de Voltaire : « L'Ukraine a toujours aspiré à être libre ; mais étant entourée de la Moscovie, des États du Grand Seigneur [la Suède] et de la Pologne, il lui a fallu chercher un protecteur et, par conséquent, un maître dans l'un de ces trois États. Elle se mit d'abord sous la protection de la Pologne, qui la traita en sujette ; elle se donna depuis au Moscovite, qui la gouverna en esclave autant qu'il le put. »

Ces quelques touches à partir de « vérités » bien établies permettent de relativiser à la fois les deux jugements de Paul Valéry : « L'Histoire est la science des choses qui ne se répètent pas » ; et cet autre non moins célèbre : « L'Histoire est le produit le plus dangereux que la chimie de l'intellect ait élaboré. Ses propriétés sont bien connues. Il fait rêver, il enivre les peuples, leur engendre de faux souvenirs, exagère leurs réflexes, entretient leurs vieilles plaies, les tourmente dans leur repos, les conduit au délire des grandeurs ou à celui de la persécution, et rend les nations amères, superbes, insupportables et vaines. » Certes, les choses dont parle l'Histoire ne se répètent pas, mais elles se ressemblent. Un mathématicien dirait qu'on peut les répartir dans des « classes d'équivalence ». Dans l'espace-temps de l'histoire de la Russie qui nous occupe ici, des principautés se constituent, vivent et sombrent pour des raisons comparables en captant, modifiant et cédant si je puis dire leur environnement aux dépens d'un prédécesseur et au profit d'un successeur, tout en préservant des « invariants », à commencer par la religion orthodoxe. La seconde citation de Valéry contient les bases de ce qu'on appelle la géopolitique, c'est-à-dire l'idéologie relative aux territoires et donc aussi aux populations qui leur sont attachées. Pour qui regarde l'histoire de la Russie avec une certaine distance, les multiples liens qui ont pu s'établir, se transmettre et survivre entre les habitants des voisinages – au sens topologique de ce mot – de Kiev et de Moscou sont aisément concevables, et beaucoup peuvent être documentés. Nous sommes ici au niveau des « vérités ». Mais les récits des uns et des autres, avec les « trous » qu'ils bouchent, sont une tout autre affaire, et n'ont plus de vérité qu'au sens où ils existent et contribuent à nourrir les passions. Que la Russie kiévienne soit le berceau dont sont sortis la Russie des tsars et ses prolongements, ou une marge (signification du mot Ukraine) avant la lettre du futur empire moscovite : pareille question ou tout autre semblable n'a rien à voir avec des vérités historiques. Mais les récits façonnent les relations internationales, comme les rapports immédiats entre les territoires et les populations qui les habitent.

> Les récits façonnent les relations internationales

Du point de vue des perceptions, le contraste est saisissant entre la Fédération de Russie telle qu'elle a survécu au naufrage de l'Union soviétique, et l'Ukraine dans ses frontières actuelles, c'est-à-dire celles de la composante ukrainienne de l'ancienne URSS. On ne rappellera jamais assez que la chute soudaine de l'URSS, en 1990-1991, fut à la fois celle du système communiste et celle de l'empire russe. Depuis cet épisode majeur du XXe siècle, nous n'avons jamais manqué d'annoncer, dans les « Perspectives » du *Ramses*, que l'enchaînement improbable qui a conduit à un démembrement relativement pacifique – en particulier le fameux dîner du 8 décembre 1991 dans la forêt de Belaveja entre Boris Eltsine, Leonid Kravtchouk et Stanislaw Chouchkievitch – impliquerait inévitablement de futurs tremblements de terre, dont l'invasion de l'Ukraine le 24 février 2022 est le plus dramatique à ce jour. D'autres crises majeures sont imaginables, ce qui ne signifie pas probables, par exemple avec le Kazakhstan qui partage aujourd'hui autour de 7 000 kilomètres de frontières avec la Russie, et dont près d'un cinquième de la population est russe. Non moins grave : la Fédération de Russie elle-même est lourde de conflits multi-ethniques potentiels, et l'on ne doit pas oublier que dans les années 1990 de bons observateurs ont pu envisager que cette fédération se défasse jusqu'à se réduire au Grand-Duché de Moscou ! Dans un tel contexte, on conçoit que, plus encore que pour tout autre pays, la sécurité aux frontières de la Russie soit perçue comme vitale par ses dirigeants, quels qu'ils soient. La sécurité d'un État et celle de son régime politique sont des sujets distincts, même s'ils ne sont jamais complètement séparables.

Le problème des frontières, avant la guerre, ne se posait pas de la même manière en Ukraine. Du point de vue géographique et historique, on peut considérer comme une « vérité » que, sur la longue durée, ce pays existe en tant que région, c'est-à-dire un territoire aux contours indécis mais à l'intérieur duquel s'est constituée à travers le temps, au sein d'une majorité de la population, une nation caractérisable par une langue, un récit identitaire et une culture. Mais en tant qu'État avec des frontières bien déterminées, la réalité ukrainienne est sensiblement différente, comme pour la plupart des pays de l'Europe centrale et orientale. Physiquement, les terres ukrainiennes, conjointement avec celles de la Biélorussie, sont un vaste couloir reliant l'Est et l'Ouest, celui de toutes les invasions. En conséquence, l'Ukraine est un pays en partie pluri-ethnique. Depuis les temps relativement proches de la naissance du nationalisme moderne, après la Révolution française, la seule période d'existence d'un État ukrainien avant la chute de l'URSS fut celle de 1917 à 1920 (dans des frontières sensiblement différentes). Depuis l'indépendance post-soviétique, surtout après 2014, le nationalisme ukrainien s'est considérablement renforcé, avec le soutien de nombreuses organisations américaines et européennes, surtout polonaises. Est-ce à dire que les frontières de l'Ukraine sont intangibles ? Pas plus que pour la Fédération de Russie et sans doute d'autres États, il n'est possible de répondre précisément à une question qu'il serait anhistorique de réduire au seul droit international. N'oublions pas que même la situation de l'ex-Yougoslavie n'est toujours pas consolidée.

À ce stade, nous devons élargir le raisonnement géopolitique et géostratégique. Dans les années 1990, les vrais géopolitologues (répétons que le domaine de la géopolitique est l'idéologie relative aux territoires) se sont penchés sur les conséquences à long terme de la chute de l'Union soviétique. Celui qui, aux États-Unis, a le mieux capté la formulation stratégique adaptée à l'esprit missionnaire américain est Zbigniew Brzeziński, l'ancien *National Security Advisor* du président Jimmy Carter entre 1977 et 1981. Dans son ouvrage *Le Grand Échiquier* publié en 1997, dont l'influence fut immense, ce Polonais d'origine expliquait en substance que la vocation des États-Unis était de devenir le premier empire universel, fondé sur la démocratie – sans toutefois définir celle-ci de manière trop précise. Comme d'autres avant lui, il voyait bien que tout se jouerait sur le continent euro-asiatique, et particulièrement en Ukraine qui, à l'Ouest, en occupe le centre de gravité. Il n'avait pas la naïveté de penser que la Russie post-soviétique allait rapidement se convertir au libéralisme de type anglo-saxon, d'autant moins que le régime communiste n'a pas été renversé par une révolution et que, globalement parlant, ce sont les mêmes hommes qui sont restés au pouvoir. Mais il semblait croire à l'époque que l'Ukraine, elle, pourrait se convertir facilement sans pour autant provoquer les foudres de l'empire déchu. À la fin de sa vie, il a pris conscience du risque d'un glissement de la propagation pacifique de la foi à la conversion par la force – le *regime change* cher aux futurs néo-conservateurs américains – c'est-à-dire la doctrine du renversement préventif des régimes jugés intrinsèquement menaçants *parce que* non démocratiques. Concrètement, il proposa alors pour modèle celui de la « finlandisation » de l'Ukraine, qui n'avait pas si mal réussi à la Finlande, comme aussi la neutralité pour l'Autriche. Quelle qu'en soit la forme détaillée, le modèle libéral de l'empire universel est comme l'image dans un miroir de celui jadis annoncé comme inéluctable par les idéologues de l'internationale communiste. Sans surprise, on trouve chez le Brzeziński de 1997 l'idée que l'UE doit s'étendre au maximum vers l'Est et se rassembler derrière les États-Unis sous la bannière de l'OTAN. À l'époque du *Grand Échiquier*, la Chine n'était pas encore perçue comme un enjeu géopolitique majeur, mais plutôt comme un marché à conquérir.

Les conséquences de long terme de l'effondrement soviétique

Du côté russe, les années 1990 virent ressurgir le débat du XIXe siècle autour des deux orientations possibles, occidentaliste et slavophile (donc *sui generis*) avec l'émergence graduelle d'une troisième voie explicitement eurasiatique. C'est-à-dire mettant l'accent sur une interprétation russe des « valeurs asiatiques » dont le chantre, au même moment, était Lee Kuan Yew, le fondateur de l'État de Singapour. Mais après le retour d'un homme fort en 2000 avec l'élection de Poutine, et sans nécessairement l'exprimer de cette manière, le Kremlin a graduellement acquis la conviction que la grande stratégie américaine découlait de la vision géopolitique que je viens de décrire. Il l'a interprétée comme une poussée occidentale dont l'étape suivante serait la déstabilisation politique de la Russie. Désormais littéralement à cheval entre l'« Occident » et la Russie, l'Ukraine, par ailleurs noyée dans la corruption, s'est rapidement trouvée au cœur des crispations, de la révolution Orange de 2004 à Maïdan en 2013 – en passant par le discours de Poutine à Munich en 2007 et par le sommet de l'OTAN en 2008 –, les Russes revenant constamment sur la nécessité d'une révision de l'architecture de sécurité européenne. Ce fut également le thème du discours du président Medvedev à la première édition de la *World Policy Conference* organisée par l'Ifri à Évian du 6 au 8 octobre 2008. Dans cette séquence, les tensions ont culminé avec l'annexion de la Crimée en 2014. Depuis lors, les Occidentaux – particulièrement les Européens – ont empilé des paquets de sanctions contre la Russie. Le processus de Minsk s'est enlisé, ni les Russes ni les Ukrainiens ne voulant mettre en œuvre ce à quoi ils avaient pourtant souscrit.

Les quatre premiers mois de la guerre

Ne serait-ce que par l'ampleur et l'intensité de l'agression – mais aussi par le ton haineux de la rhétorique d'un Poutine soudain transmué en dictateur à la Charlie Chaplin, parlant de « dénazifier » l'Ukraine comme l'objectif de son « opération militaire spéciale » et n'hésitant pas à menacer nucléairement ceux qui oseraient se mettre en travers de sa route –, la violence maléfique de la guerre commencée le 24 février a stupéfié en tout cas le monde occidental. Impossible, dans un premier temps, de ne pas avoir pensé à l'Anschluss de 1938, malgré les différences entre les deux événements du point de vue des contextes et des rapports de force. Le scénario de l'annexion du Donbass élargie en vue de l'établissement de la continuité territoriale entre la Russie et la Crimée, jugé le moins improbable *ex ante*, paraissait soudain totalement dépassé. Comme si le but de Poutine était en fait, grâce à une *Blitzkrieg*, de renverser le régime fantoche à ses yeux de Volodymyr Zelensky et de remplacer ce dernier par un compagnon de route semblable à Viktor Ianoukovitch. Dans les couloirs de Whitehall, on citait même les noms d'individus susceptibles de tenir le rôle du futur « dénazificateur », dont la mission réelle eût été, après une phase d'épuration, de remettre le pays tout entier dans l'orbite de Moscou. À supposer que ce scénario ait été le premier choix de Poutine et que son État-major l'ait jugé réalisable, ce n'est pas ainsi que les choses se sont déroulées. En ce sens, les événements ont plutôt justifié le raisonnement de ceux qui, au début de l'année, jugeaient hautement improbable une opération de pareille envergure.

Les Russes semblent en effet avoir commis au moins trois erreurs d'appréciation. La première, en ayant sous-estimé la remarquable progression du nationalisme ukrainien et l'efficacité de la coopération militaire mise en place avec les États-Unis. La deuxième est d'avoir parié sur une certaine passivité des Occidentaux et sur leurs divisions. Or, après il est vrai un court moment de flottement, tout s'est passé comme si, face à la tragédie, la Maison-Blanche démocrate avait décidé d'adopter, cette fois explicitement, la vision géopolitique que ci-dessus j'ai attribuée à Zbigniew Brzeziński. Une vision qui convenait particulièrement aux Polonais. En fait, les opinions publiques occidentales ont massivement épousé la cause ukrainienne, alors même que l'immense majorité des populations, pas seulement aux États-Unis, ignorait tout ou presque de l'Ukraine. Sans doute l'énorme travail de communication mené depuis des années et même des décennies par les activistes de la cause ukrainienne a-t-il porté ses fruits et explique-t-il en partie ce phénomène. Mais surtout, les opinions ont été fortement impressionnées par la mobilisation générale quasi spontanée et l'héroïsme de tout un peuple, qui apportaient ainsi un démenti cinglant au discours du président russe. Le courage et le talent inattendus de Zelensky – en qui on ne voyait précédemment que l'humoriste qu'il avait été et un pion dans un système oligarchique passablement pourri – ont aussi grandement contribué à l'ampleur de la réaction occidentale contre l'agression de la Russie. Enfin – c'est la troisième erreur d'appréciation du Kremlin –, il semble que Poutine a été trompé sur les capacités opérationnelles de son armée, dont les insuffisances se sont rapidement manifestées.

Pour toutes ces raisons, Vladimir Poutine n'a pas obtenu la victoire rapide qu'il escomptait vraisemblablement tout en assumant, je suppose, les conséquences des sanctions additionnelles qui auraient de toute façon été prises à l'encontre de la Russie par les Occidentaux. Pour autant, il n'a pas été vaincu et a remanié sa stratégie et son dispositif pour se concentrer sur la conquête du Donbass élargi, dont la chute de Marioupol le 21 mai 2022 a été un point culminant.

Un premier bilan

Essayons maintenant de tirer un bilan provisoire de cette guerre, au moment où s'achève la préparation du *Ramses 2023*, en pleine conscience que lorsqu'il paraîtra, bien des choses se seront encore passées. La première observation, et non la moindre, est évidemment que la perspective de la guerre de haute intensité est de retour sur le continent européen, pour la première fois depuis 1945. La stabilité du système bipolaire avait été assurée par la dissuasion nucléaire, laquelle a déplacé la compétition ouverte entre les deux superpuissances de l'époque vers des enjeux indirects économiquement, socialement et géographiquement. Est-il nécessaire de rappeler au passage qu'aucun traité de paix n'a complètement conclu la Seconde Guerre mondiale ? En 1990-1991, l'Union soviétique est morte par la tête, ce qui a rouvert le jeu. Face à une « victoire » aussi inattendue et surtout aussi facile, les Occidentaux n'ont pas vu l'intérêt de travailler avec la Russie pour la recherche en commun d'une nouvelle architecture de paix sur le continent. Du coup, le champ s'est trouvé dégagé pour les aventuriers de la politique internationale, en raison de l'asymétrie des intérêts nationaux. Aussi longtemps qu'une forme de neutralité garantie de l'Ukraine (sa « finlandisation », l'idée à laquelle Brzeziński s'était donc finalement rallié) serait perçue comme un enjeu vital au sein de l'oligopole décisionnel en Russie et que, parallèlement, l'entrée de l'Ukraine dans les institutions euro-atlantiques resterait un objectif américain, le risque serait réel d'un recours à la guerre comme « continuation de la politique par d'autres moyens » – suivant la célèbre formule de Clausewitz dans son chef-d'œuvre *Vom Kriege* qui reste aussi pertinente aujourd'hui qu'à l'époque des guerres napoléoniennes.

Le but affiché des Ukrainiens est de « gagner la guerre »

L'aventurier, ou plutôt le transgresseur, en 2014 et surtout en 2022, ce fut Poutine. Mais il s'est bien gardé d'expliciter ses buts de guerre, même s'il se compare à Pierre le Grand. L'objectif de la reconstitution de l'empire est cependant radicalement inatteignable dans la corrélation actuelle et prévisible des forces. On peut juger que son objectif minimal, à court-moyen terme, est de consolider sa mainmise sur le Donbass et les territoires occupés du Sud, et donc d'assurer la continuité territoriale avec la Crimée. Du côté ukrainien, le but affiché est de « gagner la guerre », ce qui signifie sans doute le *roll-back* total des forces russes à l'intérieur du territoire de la Fédération. Pour atteindre son objectif même minimal, la Russie doit rester capable, politiquement et économiquement, de se renforcer dans la durée en hommes et en matériels. Sans doute Poutine envisage-t-il d'engager la Biélorussie dans la guerre. Du côté ukrainien, sans aide extérieure, les limites seraient vite atteintes pour les armements. Et c'est justement là qu'est intervenu un facteur fondamental dans la première phase de la guerre : l'engagement de plus en plus massif de l'OTAN – sous la houlette des États-Unis et sous l'effet des aiguillons britannique, polonais et baltes –, qui affiche désormais (sommet OTAN du mois de juin) *un soutien inconditionnel aux objectifs formulés par Kiev*, identifiés à ceux de l'Occident dans son ensemble. En arrière-plan figure l'idée de mettre la Russie hors d'état de se lancer dans une autre aventure du même genre, au moins dans l'avenir prévisible. Si l'on prend les mots à la lettre – ce qui naturellement ne devrait jamais être totalement le cas en politique –, cela implique que l'OTAN s'engage à fournir autant que nécessaire les moyens, notamment les armements, pour que les Ukrainiens chassent effectivement les Russes hors de leurs frontières de 1991, sous la seule condition que les systèmes d'armes livrés ne devront pas frapper le territoire de la Russie. Pas question, non plus, que l'OTAN envoie des combattants ni même des conseillers militaires en Ukraine. Début juillet 2022, on peut oser une comparaison avec l'état de la guerre franco-allemande en 1916 : chaque côté a l'impression de pouvoir « gagner ».

La corrélation des forces ne se réduit pas aux rapports de force militaires du moment et à ce qui s'y relie directement. Ce qui devient de plus en plus une guerre par procuration entre l'OTAN et la Russie se joue aussi sur le terrain économique au sens large, à travers un empilement incessant de sanctions, avec d'innombrables effets collatéraux dont, à ma connaissance, personne n'a encore fait une étude complète sur le plan stratégique. Les principales questions à ce sujet sont les suivantes. Premièrement, ces sanctions affectent-elles la capacité de la Russie de prolonger sa guerre ? Probablement assez peu, par rapport à ses objectifs minimaux. Deuxièmement, peuvent-elles affaiblir l'économie russe dans son ensemble, à moyen-long terme ? Certainement, à travers la technologie. Troisièmement, la Russie a-t-elle des capacités de rétorsion crédibles ? Oui, principalement dans les domaines de l'énergie, surtout du gaz naturel, et de l'alimentation en bloquant les exportations des céréales notamment de l'Ukraine. Les Occidentaux parlent alors non pas de contre-sanctions, mais de chantage. Quelle que soit la terminologie, il est clair qu'en dehors de la Russie elle-même, les principales victimes de la guerre économique sont les Européens dans un cas – principalement l'Allemagne – et le nouveau « tiers-monde » (le « Reste ») de l'autre. De surcroît, en proie à la propagande et aux répressions politiques, les Russes – historiquement très résilients – vont inévitablement s'appauvrir durablement. Combien de temps les opinions publiques des uns et des autres accepteront-elles la situation ?

Dans le domaine de la sécurité alimentaire, le tout est de savoir qui sera rendu le plus responsable de ce qu'entre autres bien des Africains appellent une guerre de Blancs et de colonialistes. Du côté des gagnants, on trouve d'abord les États-Unis, qui renforcent durablement leur emprise économique et politique sur les pays de l'UE, et dans une certaine mesure la Chine vis-à-vis de laquelle la Russie – triste destin pour elle – aura de plus en plus de mal à se préserver une marge d'indépendance. La traduction proprement politique de ces développements s'est concrétisée au sommet de l'OTAN de la fin juin. Les États-Unis ont saisi l'occasion pour franchir un pas de plus vers l'extension du concept de l'OTAN dans le sens de l'empire universel « brzezinskien », donc l'alliance des démocraties contre les démocratures ou les dictatures. Au début de cette guerre, la Maison-Blanche s'était montrée perturbée parce qu'elle la voyait comme une distraction par rapport à son objectif principal, c'est-à-dire la Chine. Le cours des choses et les choix de Biden aidant, la situation s'est donc retournée, avec l'engagement de l'OTAN dans une voie de plus en plus idéologique ; avec aussi son élargissement à la Suède et à la Finlande, pour lequel il a fallu faire des concessions à la Turquie (aux dépens des Kurdes), l'un des rares pays de l'Alliance atlantique en dehors des États-Unis à continuer de raisonner en termes d'intérêt national, et si l'on peut dire le plus gaullien. Pour des raisons géostratégiques évidentes (la mer Noire, les détroits), la Turquie jouera d'ailleurs un rôle significatif quand le temps de la diplomatie sera revenu en Europe.

OTAN : l'alliance des démocratures contre les dictatures ?

Restent deux points essentiels dans l'expérience des quatre à cinq premiers mois de la guerre d'Ukraine, dont je n'ai fait jusqu'ici mention que marginalement. Il est clair que, si la Russie n'avait pas possédé l'arme nucléaire, les États-Unis et certains de leurs alliés de l'OTAN se seraient sentis encore plus libres dans leur soutien de l'Ukraine pour établir le plus rapidement possible une supériorité militaire décisive. Certains observateurs ont également suggéré que l'Ukraine n'aurait pas dû renoncer à « ses » armes nucléaires (un processus qui s'est étalé entre en 1991 et 1994). Certes en échange d'un engagement de la Fédération de Russie à respecter son indépendance, sa souveraineté et ses frontières (Mémorandum de Budapest, 1994). Mais aucune autre option n'était possible dans le contexte de l'époque. Il n'en est pas moins clair que la perspective du retour à des conflits de haute intensité pourrait relancer la prolifération nucléaire, et à court terme réduire encore les chances d'un succès de la renégociation de l'accord de 2015 avec l'Iran, le *Joint Comprehensive Plan of Action* (JCPoA). Quant à la Corée du Nord, qui s'efforce par ailleurs de surmonter de graves difficultés économiques, elle joue une fois de plus la carte du renforcement de ses capacités nucléaires.

Ceci me conduit au dernier point qui est, dans la poursuite de la guerre actuelle, le risque d'une escalade, concevable par exemple si, à un certain moment, Moscou se sentait en danger de perdre des positions importantes en raison du soutien massif des Occidentaux en armements. Les Russes pourraient alors être tentés de recourir à des armes nucléaires tactiques de faible intensité, ou même de frapper conventionnellement des cibles, disons, en terre polonaise. Jusqu'à ce jour, les Américains comme les Russes ont soigneusement évité l'escalade, même si au début de l'agression et sporadiquement depuis, Poutine n'a pas manqué de rappeler lourdement que son pays détient des armes très puissantes, dont il pourrait faire usage.

La comparaison avec 1916 mérite réflexion. Face au risque d'escalade verticale (montée vers les barreaux nucléaires) et horizontale (lancement de nouveaux théâtres, par exemple à partir de la Biélorussie ou si les Russes essayaient de faire la jonction avec la Transnistrie et d'interdire à l'Ukraine l'accès à la mer Noire), les principaux protagonistes doivent se livrer à des calculs d'intérêt incluant beaucoup d'inconnues, sans parler des grains de sable toujours possibles et même probables. La frayeur suscitée par certains scénarios devrait inciter les principales parties prenantes à désirer un cessez-le-feu et l'ouverture d'une phase diplomatique qui, de toute façon, ne prendra tout son sens que le jour où elle débouchera enfin sur la reconnaissance de la nécessité d'une nouvelle architecture de sécurité européenne dans son ensemble. Mais d'ici là, il ne faut pas perdre de vue le système international au sens large, ce sur quoi nous allons nous concentrer maintenant.

Réactions du système international

L'agression commise par la Russie ne pouvait qu'être condamnée par la « communauté internationale » (dont je répète inlassablement qu'elle n'est communauté que nominalement, d'où les guillemets), et de fait une résolution de l'Assemblée générale des Nations unies exigeant (*sic*) « que la Russie cesse immédiatement de recourir à la force contre l'Ukraine » fut adoptée le 2 mars. Non pas massivement comme certains l'ont dit, mais par seulement 141 pays sur les 193 États membres de l'ONU. Certes, seules la Russie bien sûr, la Biélorussie, la Corée du Nord, l'Érythrée et la Syrie votèrent contre. Mais 35 États s'abstinrent, parmi lesquels plusieurs pays d'Afrique subsaharienne, ainsi que l'Algérie, l'Arménie, la Chine, l'Inde (pourtant « la plus grande démocratie du monde », comme on l'appelle souvent), l'Irak, l'Iran, le Kazakhstan ou encore le Vietnam. Parmi les 12 absents, on remarque particulièrement le Maroc. Certains n'hésitèrent pas, mais à voix basse, à qualifier Poutine de néo-conservateur à la russe, en le comparant à George W. Bush avec son intervention de 2003 pour renverser Saddam Hussein, dont les fondements juridiques étaient pour le moins mal assurés, comme à l'époque la France n'a pas hésité à le dénoncer.

Tout ceci pour souligner que, même dans le cas de viols caractérisés, la politique ne perd jamais ses droits. De fait, dans le domaine des relations internationales, les « exigences » de la « communauté internationale » ne sont suivies d'effet que par la volonté de ceux qui en décident ainsi, au nom de leurs intérêts propres, ou plutôt de l'idée qu'ils s'en font. Morale et politique font rarement bon ménage. Ainsi l'Inde, très proche de l'URSS au temps de la guerre froide (comme le Pakistan l'était de la Chine), s'est-elle abstenue le 2 mars. Elle a refusé de s'associer aux sanctions contre la Russie, et l'on sait que, depuis, elle s'active avec la Chine pour acheter à Moscou du pétrole bon marché. On dit même que du pétrole russe exporté puis raffiné en Inde serait réexporté vers les pays européens… Le président Poutine se félicite ouvertement de sa collaboration dynamique avec les BRICS, donc aussi le Brésil. Le gouvernement brésilien, lui, a soutenu la résolution du 2 mars, mais il s'est clairement prononcé contre les sanctions imposées par les Occidentaux (États-Unis et UE) à l'économie russe.

En dehors des États de la région et de l'OTAN, quel pays se sent vraiment engagé émotionnellement par la guerre d'Ukraine ? Cette guerre est largement interprétée comme un règlement de comptes au sein du continent qui a dominé le monde pendant un demi-millénaire. Face au drame humanitaire qui s'annonce sur le plan alimentaire et à ses probables conséquences politiques, en raison du blocage des exportations de l'Ukraine par la mer Noire, Occidentaux et Russes sont renvoyés dos à dos. Dans l'ancien « tiers-monde », la Russie est souvent moins impopulaire que l'ancien colonisateur – en raison de l'héritage anticolonialiste de l'URSS –, ce qui lui permet par exemple de marquer des points contre la France ici ou là en Afrique. Plus généralement, presque partout en Asie, au Moyen-Orient, en Afrique, en Amérique du Sud ou encore dans l'espace indo-pacifique, les États s'intéressent certes à la préservation de la liberté des échanges et donc en particulier la liberté de navigation, mais ils ne veulent ni qu'on les malmène sur la façon dont ils sont gouvernés, ni qu'on prétende les contraindre à choisir un camp. Ne partageant pas toujours la passion démocratique, ils veulent rester libres de faire des affaires aussi bien avec les États-Unis et le Canada ou les membres de l'UE qu'avec la Russie et la Chine, ou bien d'autres.

Or les premiers mois de la guerre d'Ukraine ont accentué la tendance vers la fragmentation de la mondialisation, déjà largement engagée avec l'intensification de la rivalité sino-américaine et du fait de la pandémie. Surtout, les comparaisons géopolitiques et géostratégiques entre l'Ukraine et Taïwan suscitent l'inquiétude. La rhétorique de la République populaire de Chine (RPC) sur son droit naturel à restaurer sa souveraineté sur son territoire séparé est plus audible à l'extérieur que celui de la Russie sur l'Ukraine. Pékin exerce une vigilance extrême, notamment diplomatique, sur tout ce qui se dit ou s'écrit sur ce sujet dans le monde, et veille à ce que nul n'ait de doute sur sa volonté de parvenir à ses fins dans un avenir plus ou moins proche, éventuellement par la force. Les États-Unis, de leur côté – malgré les gaffes du président Biden – s'en tiennent toujours officiellement au principe de l'« ambiguïté stratégique », qui laisse planer le doute sur leurs intentions dans le cas où la RPC entreprendrait effectivement de récupérer l'île par la force, faute d'avoir réussi à l'enserrer dans ses filets selon l'esprit du jeu de go. Du point de vue géostratégique, les enjeux sont considérables, puisque c'est l'équilibre de l'Asie de l'Est dans son ensemble qui est en cause. Les États de l'Asie et du Pacifique ne veulent ni se retrouver soumis à la domination chinoise, ni avoir à s'allier avec les États-Unis contre la Chine, à l'exception sans doute de l'Australie et de la Nouvelle-Zélande.

La confrontation paraît pourtant de plus en plus difficilement évitable. J'imagine que la Chine, dont les difficultés internes sont sérieuses, préférerait disposer d'encore quelques années pour renforcer son autonomie économique, technologique et financière. Mais l'histoire s'est accélérée, et la guerre d'Ukraine y contribue. À condition qu'elle ne dégénère pas, l'empire du Milieu renforce la dépendance de Moscou à son égard, comme je l'ai déjà dit. Son rapprochement avec la Russie accroît sa profondeur stratégique, notamment en termes d'accès aux ressources. Ces évolutions sont-elles de nature à précipiter une prise de Taïwan par la force ? Les stratégistes chinois doivent peser le pour et le contre. Considéré de l'extérieur, le calcul n'a rien d'évident. De leur côté, les États-Unis ont sans doute intérêt eux aussi à ce que l'évolution de la guerre d'Ukraine ne les entraîne pas dans l'aventure. Si ces raisonnements ont un minimum de fondements, ils iraient plutôt dans le sens d'une entrée, d'ici quelques mois, dans une période où Poutine serait incité à juger le moment venu pour un cessez-le-feu et l'ouverture d'une phase diplomatique, donc à déclarer que ses objectifs (jamais définis publiquement) ont été atteints. Mais, quel que soit le point de vue auquel on se place (américain, chinois ou russe), le rapport des forces sur le terrain n'est pas encore suffisamment cristallisé et les esprits ne sont pas prêts pour que l'on puisse juger prochain le temps de la diplomatie. En attendant, aucun des grands acteurs de ce drame n'a intérêt à une perte de contrôle du processus.

Qu'en est-il de l'Union européenne ? Pour une grande part grâce aux efforts de la France et de l'Allemagne elle a, depuis la présidence de Trump aux États-Unis et la pandémie, accompli de sérieux progrès en termes de solidarité et dans la direction de la « souveraineté technologique », même si la guerre d'Ukraine remet l'idée d'« autonomie stratégique » en question. Les effets de cette guerre seront considérables et de long terme. Ici encore, il faut remonter à la chute de l'URSS et aux conditions qui ont présidé à l'élargissement précipité de la Communauté, devenue Union avec le traité de Maastricht. Cet élargissement a déplacé le centre de gravité de l'UE vers le Nord-Est, à la rencontre, si je puis dire, de l'Ukraine.

Pour les six pays fondateurs – la France, l'Allemagne, l'Italie, les Pays-Bas, la Belgique et le Luxembourg –, la chute de l'Union soviétique et sa réduction à la Fédération de Russie avaient évidemment réduit le risque venu de l'Est en raison de la faiblesse économique de la Russie et de la sortie des pays de l'Europe centrale et orientale (les « PECO ») de son giron. Mais, par un intéressant phénomène de contagion, la peur de la Russie s'est néanmoins trouvée réimportée dans la Communauté/Union précisément du fait de l'intégration de ces derniers en même temps que leurs récits nationaux avaient ravivé les drames du passé – si l'on peut dire colonial – avec la grande puissance des Romanov puis du communisme. Ainsi, pour la nouvelle famille européenne élargie – du fait aussi de la politique traditionnelle des Britanniques, toujours soucieux d'empêcher une entente entre les principales puissances du continent, et de la posture américaine de ne connaître que « les institutions euro-atlantiques » –, la « menace russe » est-elle paradoxalement devenue non pas plus grande mais plus concrète. Dans la famille d'origine du temps de la guerre froide, cette menace était restée essentiellement abstraite en dépit, pendant les premières décennies, du poids des partis communistes. Voilà pourquoi, cahin-caha, l'Alliance atlantique a survécu, alors qu'elle aurait pu avec une autre vision géopolitique se transformer, dans le cadre d'une nouvelle conférence sur la sécurité européenne. Alors aussi que, en 2019, Emmanuel Macron avait de bonnes raisons de déclarer l'OTAN « en état de mort cérébrale ». L'Alliance a pourtant failli disparaître effectivement, ce qui aurait pu arriver si Trump avait été réélu. Et rien ne dit que le sujet ne redeviendra pas d'actualité.

La « menace russe » est devenue plus concrète

Plus encore que les précédents de la Géorgie (2008) et de la Crimée (2014), l'invasion du 24 février a donc réveillé les peurs les plus enfouies même en Europe de l'Ouest, au point qu'au fil des semaines la brillante communication de Volodymyr Zelensky, sans doute alimentée et relayée par d'excellents professionnels occidentaux du métier, a permis d'accréditer largement au sein même des opinions publiques ouest-européennes l'idée que les soldats ukrainiens combattaient pour sauver l'Europe, et même l'Occident, d'un impérialisme russe qui en menaçait immédiatement les fondements. Face à des opinions publiques tétanisées, aucun dirigeant démocratique européen ne pouvait résister à ce discours, cependant que l'on voyait chaque jour les images des atrocités commises par les forces russes. Les États-Unis ayant rapidement fixé le cap, les Européens ne pouvaient que suivre la Maison-Blanche : élargissement de l'OTAN (à la Finlande et à la Suède), dont le centre de gravité s'éloignera encore plus de l'Allemagne et de la France ; validation immédiate de la candidature de l'Ukraine (et de la Moldavie) à l'UE alors que l'Ukraine surtout – en raison de sa dimension – est fort éloignée des conditions minimales exigibles pour rendre la chose possible ; renforcement illimité de l'Ukraine face aux armées russes ; financement futur de la reconstruction du pays... Bref, un hyper « quoi qu'il en coûte » à l'échelle de l'Europe.

Que reste-t-il du projet d'autonomie stratégique européenne ?

Je sais qu'il existe des vagues auxquelles nul ne saurait même essayer de résister. Je sais aussi que parfois en politique, les paroles ne font que voler, certes un peu plus que les écrits. Mais les mots n'en sont pas moins des actes, dont les conséquences doivent être analysées. Le problème principal que pose le nouvel élargissement de l'OTAN n'est pas la Russie, mais les États-Unis : jusqu'à quel point leurs alliés peuvent-ils s'en remettre à leur protectorat, alors que les intérêts sont loin d'être toujours alignés, qu'au-delà des apparences les intérêts – pas seulement ceux des Américains – sont davantage dictés par le réalisme que par l'idéalisme, et que les États-Unis changent facilement d'avis au gré de leur propre réalité politique, de plus en plus changeante ?

Le projet d'autonomie stratégique européenne semblait plus ou moins sur les rails avant le 24 février. Que va-t-il en rester dans les prochaines années, sinon les exigences de ce meilleur *burden sharing* que les Américains réclamaient déjà depuis longtemps à l'époque de mes débuts en relations internationales, et une sorte de *Buy American Act* ? Quant à l'UE, elle est *de facto* soumise à un nouveau et énorme choc d'élargissement, alors que les précédents ne sont toujours pas digérés, que l'hétérogénéité a considérablement augmenté en son sein, et qu'à sa porte des pays du sud-est de l'Europe piaffent déjà d'impatience. À force de subir des forces qui la déforment, la rupture de l'UE n'est-elle pas annoncée ? Une « communauté politique européenne » pourrait-elle aider à la sauver ? Comment ?

Enfin, chacun peut se rendre compte des limites du « quoi qu'il en coûte ». Début juillet 2022, alors que j'écris ces lignes, l'Allemagne et la France – pour ne prendre que ces deux pays fondateurs de la Communauté – commencent à peine à sentir les effets d'une inflation (un peu dissimulée en France) qui me paraissait déjà bien ancrée quand je rédigeais mes « Perspectives 2022 » à l'été 2021. Elle a depuis lors accéléré, entre autres du fait de la hausse des prix de l'énergie et des matières premières, et en France tout au moins, la population réclame la protection de son pouvoir d'achat. Or, l'essentiel des effets économiques de la guerre d'Ukraine est à venir. Où en sera l'unité européenne face à la guerre dans quelques mois, si les principaux acteurs persistent dans leur logique jusqu'au-boutiste actuellement affichée ?

L'Histoire verra sans doute en l'année 2022 la véritable date de naissance de la nation ukrainienne qui aura, dans cette guerre plus que dans toute autre, payé le prix du sang et des larmes pour accéder au premier rang, et il faut lui rendre hommage, avec beaucoup d'admiration et de respect. Comme un Français extérieur au théâtre des opérations et aux passions qui en émanent, mais qui s'intéresse à la pérennité de la construction européenne en tant que telle, je crois cependant nécessaire de résister à toute forme d'escalade, fût-elle inspirée par les meilleures intentions.

L'Europe doit être politique

« L'Histoire justifie ce que l'on veut. Elle n'enseigne rigoureusement rien, car elle contient tout et donne des exemples de tout », dit encore Paul Valéry dans ses *Regards sur le monde actuel.* Je nuancerai ce jugement. Face à la complexité, comme celle de l'Histoire, tout enseignement vaut d'abord comme base de réflexion, politique en l'occurrence. Par exemple, quand on s'éloigne sensiblement de l'équilibre face à la montée des passions, si les grands intérêts – ou perçus comme tels – d'un nombre élevé d'unités politiques sont à la fois intriqués et divergents, on atteint rapidement la zone de rupture, et donc d'imprévisibilité radicale au-delà. Ceci parce que la montée des passions est un phénomène hautement non linéaire. Tel fut le cas en 1914. Telle est la situation qu'il faut absolument éviter en 2022, dans l'intérêt de tous. Autre exemple, dont l'évidence devrait s'imposer à tout esprit réaliste : la paix éternelle par le droit international (lequel joue néanmoins un rôle indispensable) est aussi impossible que le mouvement perpétuel. Tant que la nature humaine restera belliqueuse, toute paix durable supposera la combinaison d'un équilibre de forces au sens le plus large du terme, et d'un « système de sécurité » conçu pour faire évoluer cet équilibre en douceur, face aux circonstances. Troisième exemple, que j'appelle le principe de l'action et de la réaction, ou principe de modération universelle : tout mouvement d'une unité active engendre des réactions qui, si elles avaient lieu seules, s'opposeraient à ce mouvement.

À mon sens, le véritable problème soulevé par la réflexion de Paul Valéry est qu'en dehors des temps de troubles prolongés, qui font émerger les talents, rares sont les praticiens de la politique dont la réflexion historique dépasse l'horizon immédiat de leurs prés carrés. Aux États-Unis, un ignorant peut devenir président mais, sauf accident comme avec Donald Trump, une fois élu il se trouve immédiatement encadré par des personnes expérimentées et réfléchies qui canalisent ses intuitions. Tel n'est pas le cas en Europe occidentale, et l'ignorance de la grande politique, que l'on confond avec une géopolitique vaguement définie, prévaut depuis la disparition des générations qui ont vécu, ne fût-ce que dans leur jeunesse ou même leur enfance, l'atmosphère de la « guerre civile européenne » (Ernst Nolte). Après la chute de l'URSS, dans le contexte de la mondialisation naissante, la compétence la plus appréciée pour le métier d'homme d'État, si je puis dire, est devenue l'économie. Depuis lors, pour le meilleur ou pour le pire, le sens du tragique de l'Histoire n'est plus à l'Ouest mais à l'Est. À propos de l'état d'esprit occidental après la chute de l'Union soviétique, on peut songer à ce jugement de Henry Kissinger dans sa thèse sur le Congrès de Vienne : « Une stabilité aussi générale pourrait bien, en fin de compte, avoir contribué au désastre de 1914. En effet, au terme d'une si longue période de paix, le sens du tragique sera perdu. On aura oublié que les

États sont mortels, que les bouleversements peuvent être irrémédiables, que la peur peut devenir le ciment de la cohésion sociale. »

De ce point de vue, une lecture possible, quoique très simplifiée, de la chaîne d'événements qui culmine actuellement avec la guerre d'Ukraine est la suivante. Avant que les élargissements de l'OTAN et de l'UE ne deviennent des réalités vraiment tangibles dans le monde occidental au début du siècle, l'irrédentisme russe était vu comme une anomalie dont la responsabilité a bientôt été attribuée à un clan et même au seul Vladimir Poutine. Tôt ou tard il serait remplacé et alors – comme dans les années 1990 – la Russie s'ouvrirait à nouveau au vent bienfaisant du libéralisme politique et économique occidental. En attendant la correction de l'anomalie poutinienne, il fallait aller dans le sens préconisé (de façon très réfléchie du point de vue de leurs intérêts !) par les Américains : celui de l'élargissement progressif des institutions euro-atlantiques, avec tout de même le souci de préserver une marge d'autonomie stratégique minimale en Europe, pourvu que cela ne coûte pas trop cher, et en tout cas pas au point de contrarier la puissance dominante. Bref, la paix par l'économie et par le droit. Du côté est-européen, par quoi j'entends aussi bien les États de l'ex-URSS que ceux de l'ancien empire extérieur soviétique (avec, dans leur intersection, les États baltes et la Moldavie), les tragédies du XXe siècle n'avaient pas abouti à leur terme. D'où, pour la Russie, l'obsession de la sécurité dans son « étranger proche » ; pour les Nouveaux États indépendants (NEI) issus de l'ex-URSS, le souci de se consolider dans les frontières de 1990-1991 ; et pour certains des pays de l'ex-empire extérieur, même devenus membres de l'OTAN et de l'UE, la terreur de se faire rattraper par « l'Ours ». Regardée de ce point de vue, la guerre d'Ukraine illustre la pertinence toujours actuelle de la formule de Clausewitz rappelée précédemment : la continuation de la politique, c'est pour la Russie la poursuite si nécessaire par la violence du renforcement de sa sécurité en particulier à l'Ouest ; pour l'Ukraine, son avènement, non pas formel mais réel, en tant qu'État-nation. Pour atteindre leurs fins, les deux parties – l'agressé mais aussi l'agresseur – paient actuellement, en toute connaissance de cause, le prix du sang.

Ce n'est pas le droit qui fera la paix, mais la diplomatie qui fera le droit

Pour les futurs arrangements de sécurité, ce n'est pas le droit qui fera la paix, mais la diplomatie qui fera le droit. Comment ? C'est là que les Occidentaux auront un rôle décisif. Mais quand je dis « Occidentaux », je pense d'abord aux États-Unis, car eux seuls d'un côté, et naturellement la Russie de l'autre, pourront le moment venu imposer les compromis nécessaires afin d'éviter une mondialisation de la guerre. Quant à l'UE, les seuls instruments politiques qu'elle sait utiliser pour faire de la fausse grande politique sont les sanctions et l'élargissement de l'Union. Tous deux en méconnaissance des conséquences réelles de ses actes, y compris sur elle-même. Elle approche d'un moment de vérité. L'ectoplasme qu'elle risque de devenir doit son pouvoir d'attraction à l'héritage de la grande civilisation qu'elle fut et – après les deux guerres mondiales qui furent d'abord des guerres européennes – à un protectorat américain bienveillant auquel elle dut aussi de naître. Naturellement aussi à sa prospérité matérielle. Ce pouvoir d'attraction se manifeste en particulier par l'immigration, parfois présentée par les pays du Sud comme une sorte de réparation pour les dommages infligés par la colonisation. À ne continuer de s'étendre qu'en subissant les événements, et à n'appréhender ses relations avec les autres qu'à travers des grilles idéologiques préfabriquées, elle ne pourra que perdre la substance du projet exigeant qui fut sa force initiale et à laquelle il lui faut donc impérativement se ressourcer.

À cette fin, ce n'est pas le retour de l'Histoire qu'il faut invoquer. L'Histoire est de retour en Europe, avec son cortège de tragédies et les grands bouleversements qui s'annoncent à l'horizon en raison de la rivalité sino-américaine. Ce qu'il faut invoquer, c'est le retour de la politique, avec des hommes et des femmes qui réfléchissent sur l'Histoire et qui soient capables d'en tirer les leçons, quoi qu'ait pu dire Paul Valéry – un génie littéraire et un visionnaire, mais tout sauf un homme d'action. Une des plus belles de ces leçons, après la Seconde Guerre mondiale, fut justement le raisonnement qui conduisit au projet européen. Il est aujourd'hui plus que temps de renouveler les promesses du baptême.

Thierry de Montbrial
Membre de l'Académie des Sciences morales et politiques
Fondateur et Président de l'Institut français des relations internationales
Fondateur et Président de la *World Policy Conference*
Le 14 juillet 2022

Partie 2

Trois enjeux pour 2023

» Voyage au centre de la guerre 36

» L'Europe au défi 41

» La guerre est là : enjeux, moyens 95

» Ordres et désordres africains 145

Voyage au centre de la guerre

vidéo

http://dunod.link/3dr40zl

C'est un étrange voyage, forcé, dans un monde qu'on croyait oublié, ou relégué aux marges sauvages : la guerre. Comme toute guerre d'hier elle nous parle d'acteurs, de victimes, mais aussi de nous, de nos mondes, rêvés et réels.

Décomposition, reconstruction

Cette guerre d'Ukraine signe la décomposition d'un monde – celui que nous avons voulu, en Occident depuis trente ans, référence universelle –, alors que tentent de percer des mondes contraires. Mais les recompositions d'après-guerre ressemblent rarement aux projets d'avant.

En Europe, ce retour de la guerre symbolise l'échec d'un système international en trompe-l'œil, basé sur le vrai rapport de force de la fin de la guerre froide : le mascaret économico-démocratique devait être inarrêtable, l'ouverture des échanges et l'affichage de l'humanisme occidental faire de la dynamique démocratique « l'horizon indépassable de notre temps »... Foi naïve, broyée par l'histoire têtue. Que cette dernière ait fait écho aux prurits nationalistes des Balkans, ou ranimé quelques obsessions russes : l'encerclement par des puissances hostiles, le dépeçage de l'empire, le nationalisme levé contre la déroute des années 1990, l'affirmation morale de la troisième Rome, la nécessité de sauvegarder un pouvoir fort...

Mais cette guerre n'est pas provinciale. D'abord parce que l'Occident, à l'appel de Washington, semble vouloir y lire l'affrontement métaphysique des démocraties et du totalitarisme. Ensuite parce que le reste du monde signifie son refus, ou son dédain. La Russie est isolée par son exclusion de circuits économiques jusqu'ici dominants pour elle; mais elle ne l'est pas politiquement. On n'est pas seul quand la Chine, l'Inde, les pays de l'Association des Nations de l'Asie du Sud-Est (ASEAN), les pays les plus lourds d'Afrique et le Golfe refusent ou évitent de s'aligner sur l'Occident.

Ceci, non par vertu, mais parce que le conflit est sans doute vécu hors d'Europe comme marginal dans ses événements, tout en étant redistributif de la puissance dans le monde. Ce n'est pas là Moscou qui est en cause, mais la manière dont *les autres* sortiront de l'épisode conflictuel : les États-Unis plus ou moins dominants, la Chine plus ou moins liée à la Russie ou préservée, l'Inde balançant entre Washington et Moscou, l'Europe affaiblie ou confirmée, la Turquie plus ou moins influente, l'Iran plus ou moins bridé... Un nouveau monde se cherche, à travers des positionnements d'apparence anarchique, mais autour de l'idée qu'aucun système dominant n'organisera seul l'après-conflit.

Et sans doute pas un système institutionnel ferme. L'Organisation des Nations unies (ONU) ? Absente. L'Organisation pour la sécurité et la coopération en Europe (OSCE) ? Inexistante. Les accords de maîtrise des armements ? Démontés avec constance depuis 20 ans. Restent les « vedettes » du jour : l'Organisation du traité de l'Atlantique nord (OTAN) et l'Union européenne (UE). L'Alliance atlantique a certes recouvré sa légitimité, mais son souverain américain demeure perplexe sur la place de l'Europe dans sa *Grand Strategy*. Et au-delà du consensus réflexe sur leur réarmement, les Européens pourraient bien demain voir resurgir des divisions faisant écho à des géopolitiques divergentes. Quant à l'UE elle-même, elle a donné sa mesure : une vraie solidarité, entre membres et avec l'Ukraine agressée, mais des instruments de politique étrangère limités aux sanctions – surtout efficaces contre soi – et aux modalités diverses de l'élargissement.

C'est pourtant l'assise même de l'UE qui est en cause. Quelle place entend-elle occuper sur un continent qu'il faudra bien reconstruire, sous un schéma ou un autre ? Prospèrera-t-elle comme sous-ensemble économique d'un monde occidental structuré par l'ordre militaire américain, garanti par le rebond de l'Alliance ? Ou pourra-t-elle, autour d'une volonté, d'une stratégie et des moyens correspondants, redessiner sa place dans un monde neuf ?

***

L'art nouveau de la guerre

En attendant : la guerre est là et nous la redécouvrons dans toutes ses dimensions refoulées, dans ses enseignements oubliés.

Elle forge ses acteurs « au fil de l'épée ». La plus formidable erreur du régime russe est donc d'avoir, par son agression, enraciné un héritage nationaliste encore incertain, suscité une remarquable efficacité dans la résistance, confirmant ainsi définitivement ce qu'il niait : l'existence à la fois d'une nation et d'un État ukrainiens.

À nous, outre le devoir de solidarité vis-à-vis de l'agressé, le conflit rappelle les multiples dimensions de tout affrontement armé, nous poussant à évaluer l'adaptation de nos stratégies et de nos moyens.

On ne se bat pas à partir de rien : la préparation pèse lourd – ici, la réorganisation du système de défense ukrainien et l'aide occidentale depuis 2014. Et les armes ne sont pas toujours sur le champ de bataille : voir le rôle joué par les technologies de l'information, de ciblage – confirmant l'intérêt capital des programmes spatiaux –, ou par la communication politique et stratégique, qui s'est avérée centrale, dans la manœuvre de terrain et pour conforter l'assise internationale de l'agressé. Avant même la guerre, l'ordre du discours s'était d'ailleurs imposé, avec les intoxications croisées sur la puissance militaire russe. Moscou exhibait sa force technique nouvelle dans la guerre de Syrie ; l'Occident réagissait en sonnant l'alarme sur le réarmement russe (en dépit des médiocres chiffres budgétaires). Et les Russes finissaient par croire à leur propre force dénoncée par l'Ouest : ils doivent aujourd'hui amèrement le regretter…

Autre domaine essentiel de l'affrontement : l'économie. C'est peu de dire qu'elle fut toujours une arme stratégique, et elle est aujourd'hui au cœur de la stratégie d'isolement de la Russie. Avec cette interrogation de plus long terme : comment l'image d'une mondialisation « objective », portée par des arrangements réputés « universels », survivra-t-elle à un affrontement où la première réponse à l'agression fut de couper – par exemple – le système bancaire SWIFT ? L'effet pourrait être lourd de conséquence sur les pays émergents, dont le dialogue perdure avec Moscou, et confirmer la tendance à la constitution d'espaces économiques plus étanches – à revers de l'image d'une mondialisation heureuse, déjà mise à mal par le Covid-19.

Dans un registre plus militaire, le nucléaire est sans doute l'acteur caché de la crise. Non parce qu'il aurait été sérieusement en cause dans le conflit même, mais en ce qu'il confirme de sa double dimension de dissuasion : dissuasion globale et dissuasion interne à l'escalade. C'est parce que l'Europe est « nucléarisée » qu'il n'y a pas d'affrontement direct entre l'OTAN et la Russie, et que le conflit Russie/Ukraine ne montera pas aux extrêmes. D'où, sans nul doute, un encouragement à la prolifération et, pour les États nucléaires, à la modernisation de leurs arsenaux.

Reste la question la plus évidente pour les Européens, sinon la plus simple : l'agression russe justifie-t-elle un réinvestissement dans une défense territoriale abandonnée, de fait, depuis trente ans par les grands pays européens au profit d'armées expéditionnaires de police internationale ? Et si oui – l'Allemagne paraît prendre ce chemin –, quels armements privilégier ? La guerre en Ukraine confirme que les équipements hyper-sophistiqués des armées occidentales sont mal adaptés aux conflits longs, au moins par leur coût. Il s'agit donc désormais, pour nos armées, de repenser l'équilibre entre la relative rusticité d'armements nécessaires aux arsenaux de conflits longs, et la performance d'instruments technologiques de pointe.

D'autant que la focalisation sur l'actualité du conflit européen pourrait nous pousser à reproduire l'erreur des années 1990 : sélectionner un type de conflit en oubliant la diversité du monde. L'Europe n'est pas le monde, et la sécurité de l'Europe ne s'assure pas seulement en Europe.

***

Le *limes* africain

L'Europe n'est pas la seule frontière des Européens. Si la frontière est à la fois marque d'altérité et espace d'échange, la Méditerranée et l'Afrique sont bien au premier rang des bornages de notre monde stratégique – ainsi que l'a souligné, pour la première fois, le communiqué du sommet de Madrid de l'OTAN. À nous Français, l'Ukraine a presque fait oublier le Sahel et l'Afrique de l'Ouest; pour combien de temps ?

Notre relation à l'Afrique allie la distance et la proximité que nous imposent la géographie, l'histoire et la circulation des populations. Économiquement, le continent reste mal saisi d'analyses écartelées entre afro-optimismes et traditionnels pessimismes sur une Afrique « hors de l'histoire ». Démographiquement, sa progression galopante passe aisément pour une menace, qu'illustrent paradoxalement les assauts migratoires sur Ceuta et les noyés de Méditerranée. Jusqu'aux dynamiques religieuses du Continent noir, qui semblent s'opposer, par les vagues d'islam et d'évangélismes, aux sociétés laïques opposant le droit individuel au communautaire religieux.

L'Afrique est pourtant, dans toutes ses dimensions, extrêmement diverse et éclatée. L'héritage colonial, qui nous incite à la lire à travers des découpages enfuis, à la décrypter par le biais de références institutionnelles décalées, nous cache largement les réalités, comme, inversement, les remugles anti-coloniaux abusent aujourd'hui des populations trop facilement manipulées, par exemple au Sahel contre le « colonisateur » français.

L'Afrique nous dit donc que l'héritage colonial n'est toujours pas digéré – ni d'un côté ni de l'autre; qu'il perdure dans les têtes et les institutions, en dépit de la multiplicité et de la diversité des États. Aujourd'hui, cet héritage nous empêche de lire l'Afrique dans ses modalités concrètes : la diversité des dynamiques sociales, les échelles des conflits qui la secouent, ses tentatives d'unité régionales ou continentale, les formes de son ouverture au monde, la manière dont elle devient un nouveau champ clos de la course à la puissance…

Car les conflits locaux ou régionaux qui traversent nombre de zones du continent s'insèrent de plus en plus dans des logiques géopolitiques plus larges, à mesure que pèsent, se déploient, les acteurs extérieurs. Durant la guerre froide, il s'agissait de contourner le théâtre central – européen –, en jouant des luttes de décolonisation pour s'installer sur des voies stratégiques. Aujourd'hui, il s'agit de miner les stratégies de l'Occident en profitant du recul de son image, et dans une logique de redistribution des positions économiques. À ce titre, l'installation chinoise – du Golfe de Guinée à la Corne en passant par le Maghreb –, la diplomatie politique et économique turque – de l'Afrique de l'Ouest au cône austral, de la Syrie à la Libye – et l'intervention russe – de la Syrie au Sénégal, en passant par la Centrafrique – dessinent un continent ouvert à tous vents de la puissance.

C'est dans ce contexte complexe que s'inscrit l'échec français – donc européen – au Sahel, qui met moins en cause l'efficacité militaire française que l'inadaptation de l'intervention armée aux réalités sociales et politiques du lieu : menace terroriste surestimée, conflits de base mal compris ou interprétés, impuissance des structures politiques locales, nuisance d'armées nationales censées pacifier les pays, interventions extérieures minant l'image des Européens, et au premier chef des Français, anciens colonisateurs. Repenser une stratégie à l'échelle des problèmes réels de la région, à la fois dans l'intérêt de populations ravagées par l'insécurité et dans le nôtre – l'Afrique est notre *limes* le plus vivant et le plus agité –, est une tâche difficile, mais nécessaire : c'est aujourd'hui l'Afrique de l'Ouest entière qui est menacée d'effondrement institutionnel.

***

De l'effondrement sahélien à l'invasion de l'Ukraine, 2022 nous a violemment jeté au visage les cartes d'un jeu dont nous pensions maîtriser plus ou moins calmement les règles. L'histoire revient sous forme brute : « Nous retournons dans la guerre ainsi que dans la maison de notre jeunesse[1] » … Reste à élever un nouveau monde sur l'explosion de l'ancien; mais sans rêver de restauration.

D. D.

1. G. Bernanos, *Les Enfants humiliés*, Paris, Gallimard, 1949.

L’Europe au défi

Ukraine : les échelles d'une guerre de libération nationale

Du local au planétaire

Pour comprendre ce qui se joue en Ukraine, il faut recourir à plusieurs échelles d'analyse. Le conflit est de libération nationale ; il touche à la définition même de l'Europe ; il interroge les rapports de l'Occident avec l'ancien monde colonisé ; il affecte les grands rapports de puissance, en particulier avec Pékin. C'est à l'aune de l'ensemble de ces échelles que doivent être imaginées les éventuelles sorties du conflit et ses multiples conséquences.

L'agression militaire du Kremlin contre la nation ukrainienne en affirmation se poursuit en guerre totale, prolongée et localisée. Mais sa portée est plus ample dès lors qu'elle implique une puissance, membre du Conseil de sécurité des Nations unies, qui entend rester au premier rang dans le système mondial, et recourt à la violence d'État dans un continent organisé, depuis 1945, sur le principe du « plus jamais ça ». Le retour de cet impensé concerne nécessairement tous les pays européens démocratiques confrontés aux agissements d'une autocratie néo-impériale. Impliqués malgré eux, ils ont pris les contre-mesures qui s'imposaient.

Dans ce type de lutte d'émancipation nationale, l'acteur le plus faible a besoin d'alliés. Ce fut le rôle de la Chine et de l'Union des républiques socialistes soviétiques (URSS) dans la guerre du Vietnam, et dans le combat des pays de la ligne de front contre le régime sud-africain d'apartheid. Les engagements extérieurs modifient l'échelle du conflit, en y associant des États tiers qui poursuivent leurs propres objectifs. Ainsi, les États-Unis, qui ont décidé d'alerter tôt leurs alliés sur ce qui se tramait, envisagent une défaite stratégique de la Russie, dans le cadre d'un message adressé aussi « à ceux qui envisageraient de suivre la même voie[1] » – donc la Chine, autre puissance de premier rang.

1. Antony Blinken devant la Commission des Affaires étrangères du Sénat, le 26 avril 2022, à son retour de Kiev avec son collègue Lloyd Austin et lors de la présentation du budget du Département d'État (« […] la guerre de la Russie en Ukraine est un échec stratégique pour le Kremlin et constitue une puissante leçon pour ceux qui envisageraient de suivre la même voie »).

Dans les échos contradictoires de sa guerre, la Russie reste moins isolée[2] qu'il n'y paraît à l'échelle mondiale, comme le démontre l'analyse détaillée des trois votes[3] successifs à l'Organisation des Nations unies (ONU) et comme l'expriment les dirigeants de l'ancien tiers-monde, confrontés à la hausse des prix des produits importés et qui incriminent les sanctions occidentales plutôt que le fauteur de guerre. Dans ces parties du monde, le fait colonial est systématiquement corrélé à une situation géographique d'outre-mer, ce qui interdit largement de comprendre que la Russie s'est formée comme empire d'outre-terre, et donc de manifester une quelconque solidarité.

Montesquieu distinguait trois rangs de puissance, pour indiquer que celles de deuxième et troisième catégories jouaient souvent un rôle de perturbateur de l'ordre établi par le niveau supérieur[4]. Il est donc indispensable de clarifier ce télescopage des échelles de référence, pour toute réflexion sur les scénarios de sortie de crise et l'effet de recomposition géopolitique que l'on peut en attendre. Tout en sachant que le duel entre la Russie et l'Ukraine se joue d'abord sur le terrain.

Un télescopage des échelles de référence

« L'Ukraine aurait dû être un pont entre l'Europe et la Russie, mais maintenant, alors que les relations sont remodelées, nous pouvons entrer dans un espace où la ligne de démarcation est redessinée et la Russie est entièrement isolée. Nous sommes maintenant confrontés à une situation où la Russie pourrait se couper complètement de l'Europe et chercher une alliance permanente ailleurs. Cela peut conduire à des distances diplomatiques semblables à celles de la guerre froide, qui nous feront reculer de plusieurs décennies. Nous devons lutter pour une paix à long terme. »

Le 24 mai 2022, l'ancien secrétaire d'État américain Henry Kissinger plaidait, dans une allocution diffusée lors du forum de Davos, pour un retour à des négociations entre l'Ukraine et la Russie, estimant que l'Ukraine devrait envisager des concessions territoriales en faveur de la Russie afin que cette dernière ne noue pas une alliance permanente avec la Chine. Kissinger privilégie ici la seule échelle mondiale. En 2014 déjà, il répliquait à la remarque du *Spiegel*[5] : « Nous ne pouvons pas dire aux Ukrainiens qu'ils ne sont pas libres de décider de leur avenir » par un « Pourquoi pas ? ». Antony Blinken et l'administration américaine sont sur une ligne opposée, on l'aura noté.

Toujours à Davos, la présidente de la Commission européenne a présenté une synthèse multiscalaire en déclarant qu'il en allait, dans ce conflit, de la survie de l'Ukraine, de la sécurité européenne et de la mise en question de l'ordre international, tout en marquant qu'une Russie démocratique, respectueuse de l'état de droit et des règles internationales aurait toute sa place en Europe. Vaste programme…

2. D. Bauchard, « Guerre en Ukraine : vers un isolement de la Russie ? », *Revue Défense nationale,* n° 851, juin 2022.
3. 25 février, 2 mars et 7 avril 2022.
4. L. Mascilli Migliorini, *Metternich*, Paris, CNRS Éditions, 2018.
5. J. von Mittelstaedt et E. Follath, « Do We Achieve World Order Through Chaos or Insight? », *Der Spiegel*, 13 novembre 2014.

La réponse ukrainienne à Kissinger n'a pas tardé, le conseiller du président Volodymyr Zelensky, Mykhailo Podolyak, estimant que toute concession ne mènerait pas à la paix mais à une guerre retardée de plusieurs années. L'échelle de référence est ici clairement le sol de l'État-nation ukrainien, seul théâtre de l'agression militaire décidée par le Kremlin. L'Ukraine résistante dispose d'alliés efficaces en Europe et en Amérique du Nord – comme si l'Ukraine était déjà quasi-membre des familles européenne – avec l'accès à un statut de candidat à l'entrée dans l'Union européenne (UE) depuis juin 2022 – et « euro-atlantique » – avec l'aide militaire massive des États-Unis.

Ces alliés offrent des ressources pour réduire l'asymétrie des forces physiques en confrontation. Et le président Zelensky réussit à s'exprimer devant de multiples enceintes parlementaires internationales, comme pour « mondialiser » son combat face à une Russie qui risque l'isolement. Dans un monde interconnecté, la maîtrise de sa propre communication est en effet un enjeu de souveraineté face à la rhétorique russe de « l'opération militaire spéciale » de libération. Ce conflit armé localisé a, à l'évidence, une portée plus générale.

L'échelle de la survie

La visite remarquée de quatre dirigeants européens à Kiev le 16 juin a montré qu'ils avaient choisi leur camp plutôt que de se maintenir dans une posture d'éventuel médiateur, une position confirmée par leur soutien à l'obtention d'un statut de candidat. Mais sitôt après, l'ambassadeur d'Ukraine à Berlin, Andriy Melnyk, indiquait que la perspective européenne était bien lointaine : dans l'immédiat, « ce dont nous avons besoin est de survivre et pour cela nous avons besoin d'armes lourdes ». Propos repris par le ministre des Affaires étrangères Dmytro Kuleba, et déjà précisé par Mykhailo Podolyak, conseiller du président ukrainien : « 1 000 obusiers, 300 lance-roquettes multiples, 500 chars, 2 000 véhicules blindés et 1 000 drones afin d'atteindre la parité avec la Russie et de finir la guerre[6] ».

Il s'agit bien là de la survie d'un État-nation tard venu, qui conduit une guerre d'émancipation à la fois d'un empire et d'un monde dit russe, que le Kremlin entend rassembler tout en « récupérant » des territoires qu'il juge avoir perdus. L'objectif russe est une partition de l'Ukraine qui serait, en cas de succès militaire complet, amputée de six oblasts (Lougansk, Donetsk, Zaporojié, Kherson, Mikholaïevsk et Odessa) reconfigurés en « Nouvelle Russie », selon la terminologie tsariste. Si la reconquête des territoires occupés depuis février 2022 paraît difficile, l'épuisement des forces pourrait mener à un cessez-le-feu provisoire. Le Donbass deviendrait alors l'Alsace-Moselle de l'Ukraine.

Ce qui se joue en Ukraine, du point de vue du Kremlin, c'est la fin de la Russie sous la forme de l'empire, et Zbigniew Brzeziński avait vu juste en désignant l'Ukraine comme le levier de la transformation d'une Russie obligée de renoncer à sa forme impériale. Il raisonnait, lui, à l'échelle du continent eurasiatique.

---

6. G. Chazan, R. Olearchyk et A. Kazmin, « Ukraine Weighs Up Impact of EU Leaders' Trip to Kyiv », *Financial Times*, 18 juin 2022.

L'échelle européenne : une double transition imposée

Trois dirigeants de trois pays centraux de l'UE ont affirmé leur souhait d'une victoire de l'Ukraine lors de leur visite à Kiev en juin 2022 et ont soutenu l'octroi d'un statut de candidat. Il se confirme ainsi – on peut le regretter – que la perspective d'adhésion est le seul outil dont l'UE dispose pour sa politique étrangère. Il serait pourtant judicieux de pouvoir offrir aux pays d'Europe orientale et des Balkans occidentaux un statut de pays associé, invité à participer à certaines politiques communes, sans attendre la fin d'un processus de négociation prenant au moins une décennie. Faut-il envisager la mise en place d'un Conseil de sécurité européen qui assurerait une articulation entre l'UE et l'Organisation du traité de l'Atlantique nord (OTAN) ?

Comme les candidatures de la Bosnie-Herzégovine et de la Géorgie s'ajoutent à la liste des candidats officiels à l'Union[7], et que les pays des Balkans occidentaux sont inquiets d'un risque de marginalisation, il est à craindre que la nécessaire refonte du système de décision de l'UE (nombre de commissaires, extension de la majorité qualifiée) ne soit plus jugée prioritaire. Cette fois, l'UE agit d'abord en termes politiques – la démocratie et l'état de droit, et non le marché – et géopolitiques – afin d'indiquer au Kremlin de quel côté de la limite euro-russe se situe dorénavant l'Ukraine.

L'agression russe a, une fois encore, démontré la naïveté du principe selon lequel le « doux commerce » pacifierait les relations internationales. Les Européens ont commencé à mesurer la profondeur de leur dépendance et de leur vulnérabilité. La situation énergétique est à cet égard emblématique. La question de l'autonomie énergétique européenne a été brutalement posée, la réponse résidant dans la diversification des approvisionnements – non respectée par l'Allemagne et l'Italie – et la décarbonation – avec un rôle croissant de l'électricité et du nucléaire, de l'hydrogène et des batteries. En outre, les liens avec les producteurs gaziers de Méditerranée orientale vont se renforcer. Le plan d'action européen pour sortir de la dépendance des matières premières russes et ukrainiennes a été préparé par le Service européen d'action extérieure. Un des points originaux du plan européen consiste à diversifier les chaînes d'approvisionnement en créant des partenariats avec les Balkans occidentaux, l'Afrique centrale, le Sénégal, la Namibie et l'Afrique du Sud. Des négociations ont débuté avec l'Indonésie et l'Australie. Les pays latino-américains riches en minerais sont également ciblés. Mais dans ces domaines, le jeu du marché, des prix et de la concurrence chinoise sera déterminant.

L'échelle euro-atlantique : les enjeux de l'autonomie

Environ 70 % des coûts de l'aide militaire des alliés en faveur de l'Ukraine sont assurés par les États-Unis – le même pourcentage que dans le financement de l'OTAN. Face à la Russie, l'UE a affiché son unité, mais sous bannière étoilée. La thèse portée par la Pologne que la garantie de sécurité ne peut être qu'américaine a le vent en poupe, alors que les objectifs de souveraineté européenne et d'autonomie stratégique avancés par la France restent critiqués.

7. Albanie, Macédoine du Nord, Monténégro, Serbie, Turquie, et depuis juin 2022, Moldavie et Ukraine.

L'Europe sort du confort des dividendes de la paix et engage, à l'instar de l'Allemagne, un processus de réarmement, mais ce dernier risque de bénéficier d'abord au complexe industrialo-militaire américain. Acheter outre-Atlantique est un gage d'allégeance politique. Des progrès pourront cependant être réalisés en Europe, avec la méthode des achats communs de matériel de défense et une hausse généralisée des budgets.

Les relations diplomatiques entre Moscou et Washington n'ont pas été rompues, mais là encore, la différence entre les intérêts américains, éloignés du théâtre européen, et ceux des Européens s'inscrit dans la géographie. Les Européens doivent donc s'impliquer et ne peuvent plus se contenter du seul parapluie américain. Washington a dû offrir aux Européens une forme de réassurance, mais celle-ci a un prix : le risque d'un alignement croissant sur la stratégie américaine d'endiguement de la Chine.

On peut certes s'étonner du refus de la direction chinoise de s'impliquer dans une médiation, en dépit de son influence en Russie et de ses intérêts en Ukraine. Quelques signes de débats internes ont transpiré, mais la ligne de soutien de Pékin à un régime russe en difficulté demeure. Comme c'est souvent le cas, il ne s'agit pas là de contribuer à gérer une crise mais de chercher à en tirer parti. Tout ceci renvoie au ressentiment dont les Occidentaux font l'objet à travers le monde, dûment entretenu par Moscou et Pékin.

L'échelle mondiale du conflit : le poids du ressentiment

À l'Assemblée générale des Nations unies, les 35 pays qui se sont abstenus de condamner l'agression russe représentent le cinquième des pays membres, mais la moitié de la population mondiale. L'Inde, qui a besoin de l'armement russe contre la Chine, est contrainte de se retrouver dans le même camp que son rival. Au Moyen-Orient, la perception d'un abandon américain pèse sur les décisions de l'Arabie Saoudite et des Émirats arabes unis. Le message a été entendu par un président américain contraint de renouer avec la monarchie saoudienne.

Sur le continent africain, 15 pays se sont abstenus, dont le Sénégal, alors que son dirigeant est le président en exercice de l'Union africaine. Les anciens pays de la ligne de front contre le régime d'apartheid, rejoints par la République d'Afrique du Sud, n'ont pas oublié le soutien de Moscou à la lutte du Congrès national africain de Nelson Mandela. L'Algérie a besoin des armes russes contre le Maroc, et dans les pays du Sahel la propagande russe et les stages de formation militaire trouvent un fort écho contre la France, accusée de tous les maux alors même que la colonisation s'est achevée voici déjà plus de six décennies.

En Amérique latine, trois pays (Cuba, Nicaragua et Bolivie) ont refusé de condamner la Russie; leurs opinions publiques restent hostiles aux États-Unis, terre promise pas assez ouverte aux migrants et toujours suspecte d'impérialisme yankee. Un vif débat politique est ouvert au Mexique sur une ligne de neutralité en politique extérieure, qui tend les relations avec les États-Unis.

L'Égypte, le Maghreb et le Levant font face aux effets sociaux de la hausse des prix des céréales importées de Russie et bloquées en Ukraine. Et dans bien des pays, par exemple l'Éthiopie, le modèle chinois de développement économique, qui ne s'embarrasse guère d'élections ni de conditionnalité des aides, fait école.

Chine : avec la Russie vers un monde post-occidental ?

Pékin a mesuré les vulnérabilités de son insertion dans une économie globalisée et dollarisée : détention de bons du Trésor libellés en dollars, dépendance des technologies occidentales… La très forte interdépendance entre la Chine, les États-Unis et l'UE est très différente de la situation d'une Russie qui pèse peu à l'échelle mondiale. L'objectif chinois d'autosuffisance, et même d'autarcie, d'innovation indigène et d'intégration internationale sélective, se réaffirme, dans un pays qui se ferme – sauf au commerce mondial.

La stratégie de circulation duale – qui distingue l'économie interne et les échanges internationaux –, annoncée en avril 2020 par le président Xi Jinping, constitue une correction de trajectoire. Il s'agit de trouver un nouvel équilibre entre la sauvegarde de la sécurité nationale et le maintien d'une intégration économique dans le monde. Et les dirigeants chinois sont parfaitement conscients des forces et faiblesses de leur économie. Le président Xi Jinping cultivera la prudence jusqu'au 20e Congrès du Parti communiste chinois, qui devrait lui accorder un troisième mandat. La prise de contrôle direct de Taïwan attendra.

Le soutien chinois à l'argumentaire russe d'une réponse à l'extension de l'influence militaire américaine en Europe se traduit par le refus des blocs militaires sous contrôle américain. Ce faisant, les dirigeants chinois ont bien entendu à l'esprit la stratégie dite « indopacifique » des États-Unis, qui vise à regrouper les pays alliés – Japon, Corée du Sud, Australie et Nouvelle-Zélande, Singapour et Malaisie – ainsi que l'Inde dans une coalition destinée à contenir les ambitions régionales de Pékin.

***

Comme la pandémie de Covid-19, la guerre lancée par la Russie en Ukraine provoque une accélération de tendances préexistantes, tout en exprimant un durcissement des relations internationales. Souveraineté, réarmement, autarcie deviennent les mots clés. Mais n'avait-on pas trop spéculé sur le rôle régulateur des forces du marché ? Le retour du politique dans nos démocraties libérales est une bonne nouvelle, qu'il convient d'orienter au mieux afin que les régimes autocratiques ne gagnent pas en audience intérieure, ni en influence extérieure.

M. F.

Pour en savoir plus

- M. Foucher, « Ukraine Russie. La carte mentale du duel », *Tracts*, n° 39, Gallimard, 2022.
- K. Rudd, *The Avoidable War: The Dangers of a Catastrophic Conflict Between the US and Xi Jinping's China*, New York, PublicAffairs, 2022.
- Le Grand Continent, *Politiques de l'interrègne, Chine, pandémie, climat*, Paris, Gallimard, 2022.

Voir également la carte « Le monde face à la guerre en Ukraine », pages 356-357 de cet ouvrage.

L'Europe face à la guerre d'Ukraine

L'effondrement d'un monde

La guerre d'Ukraine questionne la base idéologique de la construction européenne : la certitude de vivre dans un monde post-stratégique, post-conflictuel. La solidarité avec Kiev et l'aide qui lui est fournie, les moyens de réarmement, les sanctions contre Moscou créent une nouvelle donne. Celle-ci renforce d'abord le monde atlantique. Elle ne bénéficiera à l'UE que si celle-ci prend la mesure des changements politiques et institutionnels qui s'imposent.

Pour l'ensemble de l'Union européenne (UE), l'invasion de l'Ukraine par la Russie représente un choc majeur. C'est à l'effondrement de leur univers, de leur vision du monde et de leurs principes qu'assistent médusés les Européens. Depuis sept décennies, l'UE s'est développée avec un succès phénoménal sur une foi sincère dans les vertus pacificatrices du commerce : l'interdépendance économique était facteur de stabilité internationale, de rapprochement des sociétés, d'enrichissement partagé. L'excellence de l'Europe en matière d'échanges et de normes en faisait une sorte d'avant-garde dans la mondialisation triomphante. La Commission européenne avait fait de cette idéologie libérale le centre de son action. D'où la désillusion foudroyante : la géopolitique et les rapports de force n'avaient rien d'obsolète, restant en 2022 comme dans toute l'histoire le cœur de l'action des États.

Nul ne peut encore déterminer toutes les conséquences des révolutions psychologiques en cours chez les États membres comme dans les institutions européennes. Mais la crise en Ukraine est sans doute la seule – après la récession de 2008, après la crise des réfugiés et du terrorisme de 2015, après la pandémie de 2020 – dont on puisse raisonnablement affirmer qu'après elle rien ne sera plus comme avant.

Des réponses impressionnantes

La réaction des Européens ne s'est pas fait attendre, la rapidité des décisions démontrant l'ampleur du choc. Le réarmement fut le réflexe immédiat : le Danemark annonça un objectif de dépenses pour la défense de 2 % du produit intérieur brut (PIB), objectif aussi adopté par l'Italie, les Pays-Bas, la Suède et l'Espagne. La Lituanie vota une hausse du budget de défense jusqu'à 2,52 % du PIB ;

la Pologne annonça qu'en 2023 les dépenses militaires représenteraient 3 % du PIB contre 2,2 % pour 2022 ; la Roumanie vise 2 % pour 2024, etc.[1]

L'Allemagne constitue un cas extrême. Elle a découvert l'impossibilité dans laquelle elle se trouvait de défendre ses intérêts de souveraineté, alors qu'elle s'est laissée piéger par trois dépendances majeures : à l'égard de la Chine pour le commerce, à l'égard de la Russie pour le gaz, et à l'égard des États-Unis pour la défense, et bientôt également l'énergie. La décision de réarmement est donc spectaculaire : le chancelier Scholz a annoncé le 27 février la création d'un fonds spécial de 100 milliards d'euros pour rattraper le retard d'investissements et porter le budget de défense à 2 % du PIB – niveau qui correspondrait à une augmentation de plus d'un tiers et porterait l'Allemagne au troisième rang mondial des dépenses militaires. Berlin annonçait également une nouvelle « stratégie de sécurité nationale », et le gouvernement décidait d'acquérir des *F35* américains et des systèmes de défense antimissile israéliens *Arrow 3*. Au-delà de ces annonces de réarmement, presque tous les pays de l'UE ont accepté de livrer des armes à Kiev – sauf la Hongrie – pour environ 2 milliards d'euros au 5 mai 2022.

Seconde dynamique en branle en Europe : le renforcement de l'Organisation du traité de l'Atlantique nord (OTAN). L'Alliance a renforcé ses exercices militaires et ses prépositionnements à l'avant, les États-Unis ont consolidé leur présence militaire en Europe, et deux États neutres, la Finlande et la Suède, ont décidé de rompre avec leur tradition historique et de faire acte de candidature à l'OTAN. Cette dynamique stratégique n'épargne pas le Danemark, très atlantiste depuis 1949 mais qui pouvait à ce jour être considéré comme « neutre » par rapport à la Politique de sécurité et de défense commune (PSDC), où un référendum a statué en juin sur le maintien de la clause d'exemption décidée voici trente ans à l'égard de la PSDC.

Le bouleversement induit par la guerre d'Ukraine modifie donc cultures et pratiques stratégiques : certains États membres accomplissent une véritable révolution stratégique (Allemagne, Finlande, Suède) ; d'autres voient au contraire dans la guerre une confirmation de leurs choix stratégiques (Pologne et États baltes). Quant au président américain, la clarification est nette : l'article 5 de l'OTAN constitue pour les États-Unis un « devoir sacré ».

Deux autres fronts ont mobilisé les réactions européennes : l'accueil des réfugiés et les politiques de sanctions. Plus de 4 millions d'Ukrainiens avaient fui les combats au mois d'avril 2022 selon les Nations unies. L'ouverture des frontières européennes fut immédiate : 2,8 millions d'entre eux sont arrivés en Pologne, 800 000 en Roumanie, 700 000 en Allemagne, 400 000 en Moldavie, autant en Hongrie et 100 000 en France. Quant aux mesures économiques, l'UE avait dégainé au 1er mai 2022 pas moins de six séries de sanctions : suspension par l'Allemagne du projet de gazoduc Nord Stream 2, gel des avoirs de la Banque centrale russe à hauteur de 630 milliards d'euros, exclusion de sept banques russes du système de messagerie SWIFT, interdiction du commerce de nombreuses technologies et des investissements dans le secteur de l'énergie, interdiction des importations de charbon, embargo partiel sur le pétrole venant de Russie par voie maritime, etc.

1. Seule la Hongrie fait exception à cette mobilisation, après la large victoire de Viktor Orbán en avril 2022.

Régime d'exception, nouvelle géopolitique interne : penser l'impensable

La première conséquence de la guerre en Ukraine est l'entrée de l'UE dans un régime d'exception. Déjà, depuis 2020, la pandémie de Covid-19 avait amené les États puis la Commission à suspendre l'application de la règle d'or : le Pacte de stabilité. Les États pouvaient dépenser, s'endetter sans compter au détriment du dogme de la rigueur budgétaire. Cette mise entre parenthèse des règles a été prolongée par la Commission jusqu'en 2023, en raison de la guerre en Ukraine. Rien n'interdit de penser que sa poursuite contraindra l'UE à entrer de plus en plus dans une économie de guerre, multipliant les exceptions sur le commerce ou la politique énergétique. De même, nombre de responsables européens s'interrogent sur d'autres exceptions : sur l'adhésion de l'Ukraine à l'UE, ou l'achat d'armes *via* la Commission par exemple.

Enfin, l'UE se trouve souvent en contradiction avec ses objectifs principaux : combiner achat de gaz de schiste américain et protection de l'environnement n'est pas la plus facile des acrobaties. Pour une construction politique viscéralement éprise du droit, confiante dans la stabilité de ses règles et des institutions, l'apprentissage de l'exceptionnel n'est pas anecdotique. Elle obligera les Européens à repenser des notions d'apparence indiscutables comme l'intégration, la communauté et la solidarité.

Autre conséquence majeure : la géopolitique interne de l'UE est en ébullition. En quelques mois, les relations entre États membres sont sorties des cultures et équilibres traditionnels. L'Allemagne, naguère leader par son modèle et sa réussite, est devenue un maillon faible. Réarmer l'Allemagne, sortir du pacifisme, casser les dépendances stratégiques du pays : les urgences bouleversent la société allemande. La Pologne, de son côté, tente de se refaire une vertu sur l'accueil des réfugiés et veut faire oublier les manquements à l'état de droit qui lui font encourir des sanctions européennes. La rupture du groupe de Visegrád, entre la Pologne pro-ukrainienne et la Hongrie pro-russe, est actée. Varsovie tente désormais d'occuper le rôle de fer de lance du combat pour la démocratie en Europe, rappelant sur tous les tons sa dénonciation de toujours de la menace russe. Sont implicitement ciblés la France, l'Allemagne et les « vieux » pays européens censés avoir minoré cette menace russe, et qui osent continuer de penser à une architecture globale de sécurité avec la Russie.

Que la France ait eu raison, seule, de plaider depuis des décennies pour une puissance stratégique européenne ne fait rien à l'affaire. Méfiance et ressentiment s'installent : extrémistes de la résistance jusqu'à la défaite totale de la Russie d'un côté, réalistes de la contrainte géopolitique de l'autre. Quant au Royaume-Uni, auto-exclu de l'UE, il tente de se refaire une légitimité européenne, voire même un leadership politique, sur les thèmes de son excellence traditionnelle dans la défense du monde libre et de son soutien sans faille à la résistance ukrainienne. L'unité européenne contre Poutine cache de multiples manœuvres politiques pour la conquête du leadership européen.

La guerre renouvelle également les débats européens, notamment sur l'élargissement et les *statu quo* institutionnels. La demande d'adhésion de l'Ukraine, selon une procédure accélérée « spéciale » pour Volodymyr Zelensky, confronte les Européens à leurs émotions et à leurs procédures. Le 8 avril, Ursula von der Leyen a remis en main propre au président ukrainien le formulaire de demande d'adhésion ; mais la réalité est plus austère. Les autres candidats, notamment des Balkans, ne veulent pas être les oubliés de l'UE. Les États membres rappellent que ce sont eux qui décident, et non la présidente de la Commission. La France et l'Italie ont avancé des formules d'accompagnement, ou d'attente, qui pourraient profondément modifier l'architecture du continent. Emmanuel Macron a ainsi proposé la création d'une Communauté politique européenne (CPE), qui permettrait d'accueillir tous les pays européens, candidats (comme l'Ukraine ou la Moldavie) ou non candidats à l'UE (tel le Royaume-Uni) dans une nouvelle organisation dont l'UE serait le noyau dur.

Quelle que soit l'issue de ces débats, il est clair que l'élargissement de l'UE ne se fera plus comme avant : une réforme des traités, voire de nouveaux traités, seront indispensables avant toute nouvelle adhésion à l'UE.

Le renouveau de questions vitales pour l'avenir de l'UE

Le réveil de l'Europe est-il celui de la défense européenne ?

La réponse est négative à court terme. Certes, beaucoup de progrès ont été accomplis par les États membres sur la voie d'un réveil stratégique, notamment depuis 2016, avec la création du Fonds européen de défense. Mais la guerre d'Ukraine renforce, paradoxalement, l'OTAN et non la défense européenne : l'Europe s'arme et se réveille, mais dans le cadre de l'OTAN. Rien de plus normal d'ailleurs : la Russie se révèle être une menace militaire sérieuse, le rôle de l'OTAN est historiquement d'assurer la défense de l'Europe, les États membres se tournent donc vers les États-Unis et leur organisation militaire historique. Même des pays traditionnellement neutres désirent la rejoindre. Quant au marché de l'armement, en dépit des efforts considérables des Européens et des initiatives de la Commission, notamment sur le principe d'une « préférence européenne », il reste souvent un marché captif de l'industrie américaine.

Toutefois, la défense européenne doit être pensée en séquence, et non en opposition, avec l'OTAN. La défense européenne « profite » de la nouvelle priorité donnée à la défense territoriale. C'est le cas pour certains États neutres, qui voient dans l'UE et sa clause de solidarité une assurance indirecte supplémentaire pour leur sécurité. La Suède et la Finlande, tout en se rapprochant de l'OTAN, ont adressé une lettre aux membres du Conseil européen, réuni à Versailles le 10 mars 2022, leur rappelant « l'importance de la clause de solidarité de défense commune du traité de Lisbonne[2] ». L'évolution du Danemark va dans ce même sens d'une recherche d'assurance complémentaire, le pays étant en passe de rejoindre la PSDC. La demande d'adhésion urgente de l'Ukraine à l'UE peut également être interprétée comme une demande de réassurance stratégique : l'OTAN leur étant fermée, les Ukrainiens considèrent le cadre européen comme une assurance de sécurité à travers sa clause de solidarité.

2. Magdalena Andersson lors d'une conférence de presse, *Médiapart*, 8 mars 2022.

Enfin, au-delà de l'urgence de la crise, la priorité américaine pour la zone stratégique asiatique reste majeure et consensuelle aux États-Unis : les Américains eux-mêmes pourraient donc être demandeurs à l'égard des Européens pour stabiliser les marges européennes après la guerre, afin que Washington puisse se concentrer à nouveau sur la menace majeure que constitue selon eux la puissance chinoise.

L'UE est-elle devenue un acteur géopolitique ?

C'était le souhait d'Ursula von der Leyen, mais la route est longue et les progrès minimes. Après quatre mois de guerre, l'UE en reste à l'émotion : des efforts considérables sont faits pour accueillir plusieurs millions de réfugiés, des armes sont cédées à l'armée ukrainienne, le soutien à l'Ukraine est phénoménal (4 milliards d'euros sur les quatre premiers mois du conflit), les sanctions votées dépassent de loin toute réaction de l'UE à un conflit précédent, et les démonstrations de solidarité sont quotidiennes. Toutefois, les Européens ont du mal à franchir le seuil de la responsabilité stratégique : ils n'ont développé aucun concept global sur la guerre et la sortie de guerre, l'idée même d'une négociation avec la Russie restant un tabou pour beaucoup d'États membres qui préfèrent la vertu à la *Realpolitik*, tous s'en remettant à la diplomatie américaine pour l'après-conflit.

C'est là que le bât blesse. La guerre a beau concerner au premier chef les Européens et les risques, viser d'abord la sécurité et la prospérité de l'UE – qui pâtira des sanctions bien plus que ses alliés américains –, rien n'y fait : les États membres n'ont pas de vision propre de l'avenir du conflit et ne semblent pas vouloir en développer une hors de la tutelle américaine. Pour certains Européens, l'idée même de négociations avec la Russie a des relents munichois, comme si la géographie ne comptait pas dans la géopolitique, comme si un mur définitif devait être érigé entre l'Europe et la Russie. Par ses silences stratégiques, comme par ses excès de vertu, l'Europe montre qu'elle n'est pas encore parvenue au stade normal d'un acteur stratégique autonome.

La guerre d'Ukraine renforce-t-elle la communauté transatlantique et l'Occident ?

Pas forcément. Les réactions de la planète face à l'agression russe ont surpris. On peut certes compter sur une main les pays qui ont clairement soutenu la Russie à l'Assemblée générale des Nations unies du 2 mars 2022 (Biélorussie, Syrie, Venezuela, Érythrée), toutefois, d'immenses pays – soit les trois quarts de la population mondiale – n'ont pas condamné Moscou. La Chine, l'Inde, le Brésil, l'Afrique du Sud, le Sénégal et bien d'autres pays du Sud se sont abstenus, beaucoup considérant cette guerre comme une affaire strictement occidentale. Il est vrai que les Occidentaux affichent un front uni face à Vladimir Poutine : les pays de l'OTAN et du G7 ont voté ensemble les sanctions et la condamnation de la Russie.

Toutefois, entre Américains et Européens l'entente n'est peut-être pas aussi profonde qu'il y paraît. Parce que la stratégie américaine et la définition des buts de guerre sont loin d'être clairs et stables : certains dirigeants américains espèrent une défaite de la Russie en Ukraine, quand d'autres vont jusqu'à espérer une défaite globale de la Russie, changement de régime compris. Parce que, aussi, nul débat n'existe avec les alliés européens : ces derniers se gardent bien d'interroger Washington sur une stratégie dont ils redoutent avant tout l'effet éventuel de découplage. L'Alliance affiche un front uni, mais les interrogations pullulent de part et d'autre.

La crise ukrainienne favorisera-t-elle l'intégration européenne ?

Depuis la crise pandémique de 2020, la Commission européenne a montré une agilité remarquable : suspension des règles du Pacte de stabilité, achat groupé de vaccins, mise en œuvre rapide du plan de 750 milliards d'euros, etc. La présidente de la Commission a porté haut la solidarité européenne à l'égard de l'Ukraine, quitte à formuler parfois des conclusions hâtives. Ainsi, l'aide militaire à l'Ukraine (1,5 milliard d'euros) ne provient pas du budget communautaire comme le laisse entendre la présidente, mais d'un budget séparé, intergouvernemental, concocté par les États membres pour les besoins propres de leur politique de sécurité et de défense commune. De même, ouvrir les bras à l'Ukraine comme membre indubitable de la « famille européenne » ne vaut pas décision des États.

La réactivité de la Commission face aux crises et à l'urgence stratégiques est pourtant une nouveauté bienvenue. Elle est également dans son rôle quand elle défend la base industrielle européenne de défense contre la sévère concurrence des Américains. Mais la Commission peut-elle devenir le programmateur militaire des dépenses de défense des États membres sans révision des traités ? Peut-elle procéder à des achats groupés d'armements, exonérés de TVA notamment, comme elle le fit pour les vaccins ? La ligne de partage est très ténue entre les objectifs industriels de la Commission, légitimes, et la souveraineté militaire des États, qui ne l'est pas moins. La confiance des États membres ne suivra que si la Commission n'essaye pas de jouer sa propre partition dans la crise, en orientant les décisions vers des intégrations supplémentaires, plus ou moins transparentes et débattues.

Au-delà des réponses à ces questions, reste l'essentiel : l'invasion de l'Ukraine par la Russie marque un tournant dans l'histoire et les politiques de l'Union. Pour le meilleur peut-être : si les peuples sont informés, éclairés et consentants, à chaque étape de la paix, ou de la guerre à venir.

N. G.

Pour en savoir plus

- J. Fernandez et J.-V. Holeindre (dir.), *Nations désunies ? La crise du multilatéralisme dans les relations internationales*, Paris, CNRS Éditions, 2022.
- N. Gnesotto, *L'Europe : changer ou périr*, Paris, Tallandier, 2022.
- L. Warlouzet, *Europe contre Europe. Entre liberté, solidarité et puissance*, Paris, CNRS Éditions, 2022.

Réinventer la coopération de défense européenne

vidéo http://dunod.link/3ffjsrr

Un nouveau départ ?

À la guerre d'Ukraine les membres de l'UE ont répondu rapidement. Mais ils ont à cette occasion pris conscience de l'insuffisance de leurs moyens militaires. Le réinvestissement allemand dans la défense symbolise une prise de conscience plus large. Mais les nouveaux efforts des États membres doivent s'inscrire dans l'UE : elle dispose des structures et des moyens nécessaires et peut, seule, donner toute leur efficacité, économique, politique et stratégique à ces efforts.

La violence de la réapparition de la guerre à la frontière de l'Union européenne (UE), guerre déclenchée par une puissance militaire nucléaire, a conduit à une évolution radicale : l'Europe se réarme, psychologiquement et matériellement. Le fera-t-elle dans un cadre de coopération qui lui donne autonomie stratégique et efficacité, ou compromettra-t-elle cette montée en puissance par ses divisions ?

Une prise de conscience

La vertu de la réaction des Européens à l'agression russe en Ukraine est d'avoir été non seulement rapide, mais concrète. Si cette réaction avait été prévisible pour la Russie, peut-être aurait-elle contribué à la dissuader d'agir. Mais depuis des années l'UE n'exhibait que sa faiblesse, et le président américain, seul interlocuteur reconnu par Vladimir Poutine au moment crucial, choisissait de dire ce qu'il ne ferait pas, plus que ce qu'il ferait…

Désormais, les Européens fournissent des armes à l'Ukraine, balayant les objections, hier très fortes, notamment en Allemagne, à l'exportation d'armes vers un pays en guerre. Ils s'appuient financièrement sur la Facilité européenne pour la paix, dont le montant a été abondé à mesure des besoins.

La Commission et le Haut-représentant de l'Union pour les Affaires étrangères et la politique de sécurité, Josep Borrell, ont fait, en mai dernier, des propositions précises et réalistes pour renforcer nos capacités militaires et la base industrielle et technologique européenne.

Le fait le plus décisif, s'il se confirme dans la durée, est l'augmentation considérable des budgets de défense, et notamment du budget allemand, permise par une rupture d'état d'esprit que les Allemands eux-mêmes, parlant de *Zeitenwende*, perçoivent comme un bouleversement historique. Le fonds spécial de 100 milliards d'euros pour l'armée allemande adopté au printemps, et surtout l'objectif, annoncé par le chancelier, d'atteindre « plus de 2 % du PIB » vont doter l'Allemagne du premier budget militaire en Europe – et de loin.

La comparaison est certes difficile entre budgets français et allemand : on doit prendre en compte d'un côté le financement de la dissuasion et des opérations extérieures, de l'autre la faiblesse des investissements. On peut certes s'interroger sur la durabilité de cette trajectoire, liée à la guerre actuelle mais aussi à l'avenir des partis composant la coalition gouvernementale. Mais s'il est soutenu dans la durée, l'effort allemand ira au-delà de la mise à niveau aujourd'hui requise. Les « plus de 2 % » investis d'année en année permettront, pour reprendre les termes du chancelier, « de disposer à terme d'une Bundeswehr performante, ultramoderne et dotée de technologies de pointe ». L'évidence est là : l'Allemagne investira dans les technologies les plus avancées, et très probablement aussi duales que possible (espace, systèmes de communication, intelligence artificielle, etc.). Privilégier ces technologies, c'est d'une part répondre aux besoins opérationnels de demain et, d'autre part, développer une capacité technologique et industrielle dans des secteurs à haute valeur ajoutée qui, du fait de leur caractère dual, sont moins sensibles à l'exportation et génèrent de précieuses synergies avec l'industrie civile – en particulier pour les technologies numériques et tout le champ de l'intelligence artificielle qui seront simultanément au cœur de l'évolution de l'automobile.

Tentations et divisions

Cette évolution en Allemagne est une chance historique pour la défense européenne. Le sous-investissement européen dans la défense et la faiblesse de notre « part du fardeau » collective, que vilipendaient les Américains, tenaient essentiellement à l'Allemagne, l'augmentation des budgets des alliés européens plus petits étant proportionnellement de peu de signification. Mais cette évolution ne va pas sans risques.

La menace la plus évidente pourrait venir de décisions massives d'acquisitions outre-Atlantique, *a fortiori* sans réciprocité, et de leur impact sur l'industrie et la technologie européennes, ainsi que sur l'autonomie stratégique, tout reconnue qu'elle soit désormais comme objectif européen, notamment par la Boussole stratégique. L'achat sur étagère aux États-Unis est largement considéré en Allemagne comme chez beaucoup de nos partenaires comme normal et même souhaitable : pas seulement dans les milieux militaires, habitués depuis des décennies à fonctionner dans l'Organisation du traité de l'Atlantique nord (OTAN), mais dans la classe politique et l'opinion publique. La tension sur cette question existait déjà ; elle va se renforcer dans la plupart des États européens, du fait des montants des contrats en jeu, et de la volonté de s'assurer de la protection américaine, y compris dans ses dimensions d'interopérabilité et de dissuasion nucléaire.

L'autre chemin qui nous écarterait de la coopération européenne serait la tentation du « cavalier seul » industriel. Les sommes envisagées – et le souhait qu'elles se traduisent par une amélioration rapide des capacités militaires – offrent immédiatement de considérables opportunités sur le marché purement national et pourraient suggérer que la coopération et le partage qu'elle implique ne sont pas nécessaires. Cela serait néanmoins une vision à court terme : passé le premier temps de correction des lacunes actuelles, aucun programme d'armement – *a fortiori* les nouveaux systèmes dont le coût a explosé du fait de leurs performances et de leurs complexités – n'est viable sans un marché européen et international s'ouvrant au-delà des besoins nationaux. L'agressivité américaine sur les marchés extérieurs d'armement, en dépit – sauf dans quelques secteurs précis – de la taille et de la spécificité de la demande nationale, le démontre. Sauf forte attrition des matériels s'ils sont engagés dans une guerre, nul ne pourra soutenir durablement des programmes nationaux sans la réserve d'un marché plus large.

Or le « grand export » vers les autres continents est grevé de lourdes incertitudes. D'une part parce que, quelle que soit la révolution mentale actuelle, les exportations mondiales posent des problèmes éthiques et stratégiques qui n'existent pas à l'intérieur de l'UE. D'autre part parce que le contexte stratégique mondial va sans doute modifier le jeu des autres exportateurs et celui des clients, en Asie, en Amérique latine et au Proche-Orient. Sans s'engager dans la prospective des marchés d'armement, il semble clair que l'exportation hors d'Europe va devenir plus complexe et risquée. La volonté allemande de « communautariser » au niveau européen les décisions d'exportations en serait donc renforcée, mais incompatible avec une approche industrielle qui deviendrait essentiellement nationale. Le « cavalier seul » peut donc être une tentation à court terme, il mène dans la durée à une impasse. Il peut cependant être tentant sectoriellement, notamment dans les domaines de haute technologie largement duaux comme l'espace.

L'attention se porte sur l'Allemagne parce que, par la taille de son produit intérieur brut (PIB) et l'actuel écart à rattraper, le changement y sera majeur dans les faits comme il l'est aujourd'hui dans les esprits. Et aussi parce qu'il a une portée politique. Si elle maintient la trajectoire annoncée, l'Allemagne ne sera plus seulement l'État membre le plus peuplé, au PIB le plus important, mais aussi le plus gros acteur militaire conventionnel de l'UE. Ce qui n'ira pas sans tension, y compris mais pas seulement avec la France. Mais les deux tentations de l'achat sur étagère et de l'approche plus nationale ne sont en rien propres à l'Allemagne. L'une ou l'autre se retrouvera dans tous les États européens, et évidemment aussi en France où nombre de nos industriels ne se rallient à la coopération que par la force des choses.

Miser sur le potentiel européen

Il n'y a pas d'alternative positive à la coopération dans un cadre européen, à laquelle la situation nouvelle confère un caractère de nécessité absolue. Le Conseil européen l'a réaffirmé avec force dans le contexte de la guerre en Ukraine. C'est aussi le sens de la Boussole stratégique dont s'est dotée l'UE. Et c'est l'objectif des propositions faites par la Commission et l'Agence européenne de défense (AED), dans une communication conjointe entre la Commission et le Haut-représentant.

Cela vaut pour les capacités, et pour les opérations. Dans les deux cas, la tendance, ces dernières années, était à des actions dans des formats *ad hoc*, hors Union.

Concernant les capacités, les programmes de coopération les plus emblématiques se discutent, avec difficulté, dans un cadre informel, alors que l'AED – qu'il était initialement prévu de nommer Agence européenne d'armement – a vocation, précisée par le traité de Lisbonne, à couvrir toutes les étapes de cette coopération : recherche et technologie, définition des besoins, acquisition, certification, maintenance et formation. Elle peut le faire pour 27 États (le Danemark ayant rejoint par référendum la politique de défense européenne), mais aussi pour des groupes plus réduits – à partir de deux… Sa gouvernance est intergouvernementale, aux mains des ministres de la Défense et, pour la préparation des décisions, des responsables de la recherche, des programmes et des acquisitions, et des états-majors. L'AED peut s'appuyer sur les agences nationales pour la conduite des programmes, ou sur l'Organisation conjointe de coopération en matière d'armement (OCCAR).

La Commission a pour sa part mis au point d'importants moyens de soutien, notamment financiers, avec le Fonds européen de défense (FED). Les propositions en cours de discussion, et qui impliquent une pleine synergie entre Commission, AED, États membres, Banque européenne d'investissement et État-major, pourraient apporter des incitations significatives, dont l'exonération de TVA pour les programmes en coopération. Les travaux sur ces incitations pourraient également doter les Européens d'un système comparable au programme américain de fournitures de gouvernement à gouvernement (*Foreign Military Sale*), commode et sûr juridiquement, et auquel beaucoup de nos partenaires européens sont attachés. L'esprit de la transaction de gouvernement à gouvernement va au-delà de l'achat de matériel et structure profondément la coopération. Il implique un partenariat global : sur les concepts d'emploi, la formation, l'entraînement, le maintien en condition opérationnelle… C'est par exemple le sens de la coopération de la France avec la Belgique pour le matériel terrestre motorisé.

On pourrait également instaurer un système d'avances, qui permettrait de pallier l'éternel obstacle aux coopérations que sont les divergences de calendrier et de sauvegarde des crédits, le rythme des programmes s'accommodant mal de l'annualité budgétaire. On devrait également revoir les directives communautaires de 2009 interdisant les compensations (*offsets*). Ces dispositions, léonines pour les États plus petits qui, évidemment, veulent une forme de retour industriel et technologique, sont largement transgressées. Tenir compte de cette réalité permettrait de rallier l'adhésion des pays non-membres du club des 6 États aux plus grosses capacités industrielles.

Plus spécifiquement, la coopération avec les États membres dont l'industrie de défense a été déterminée par leur appartenance au Pacte de Varsovie importe aujourd'hui plus que jamais. Leurs capacités doivent être reconstituées après les livraisons à l'Ukraine ; ils sont en première ligne face à la Russie. Soit, pour accroître leurs chances de bénéficier de la protection américaine, ils se reposent totalement sur les achats transatlantiques, soit ils voient l'intérêt complémentaire de faire partie du développement d'une industrie européenne. Une condition essentielle au ralliement de ces États à une défense européenne est que l'« autonomie stratégique » ne signifie pas pour eux l'échange de la « garantie » américaine – celle de l'article 5 de l'OTAN – contre une « garantie » française et/ou allemande. D'où l'importance, pour la France et l'Allemagne, d'inscrire, ensemble, leur action dans le cadre de l'UE.

La défense européenne : nécessaire et complémentaire

La France se targue souvent, en matière de défense européenne, d'être devenue « pragmatique » plus qu'« institutionnelle ». Cela signifie concrètement : positionner les nouvelles actions « hors Union », pour être plus souple, moins contraint et pour pouvoir y inclure les Britanniques. Vu des autres capitales, quelles que soient leur courtoisie et même leur participation effective, cela revient à se placer plus ou moins « sous commandement de Paris » et, pour « partager la culture stratégique », à assimiler la culture française, notamment en Afrique.

Divers éléments devraient nous encourager à nous engager de nouveau dans l'UE et ses structures. Le Royaume-Uni n'est plus là pour en brider l'efficacité : l'État-major de l'UE peut notamment devenir un vrai État-major de planification et de conduite des opérations, ce que prévoit d'ailleurs la Boussole stratégique.

Les textes négociés au début des années 2000 (notamment l'accord dit Berlin-plus), prévoyant l'utilisation par l'UE de moyens collectifs de l'OTAN, sont largement caducs. La relation avec la Turquie a bloqué leur utilisation depuis le début des années 2000, après l'unique expérience de l'opération en Bosnie. Que se passerait-il si un État de l'UE non membre de l'OTAN était l'objet d'une agression ? Les États de l'UE sont engagés par l'article 42(7) du traité de Lisbonne à les soutenir « par tous les moyens en leur pouvoir ». Assurément, des soutiens bilatéraux seraient mis en œuvre. Mais les Européens membres de l'OTAN – qui, pour tous les traités de l'UE, constitue « le fondement de leur défense collective et l'instance de sa mise en œuvre » – pourraient-ils utiliser les moyens collectifs de l'OTAN (donc les leurs…) et les « mettre en œuvre » pour reprendre la formulation du traité ? La Turquie, qui s'est un temps opposée à l'adhésion de la Suède et de la Finlande à l'Alliance, l'accepterait-elle ? Comme l'indique publiquement le président autrichien du Comité militaire de l'UE, « Berlin-plus ne sera pas possible dans un futur immédiat ». Et les principales lacunes de l'UE touchent aux systèmes de commandement et de communication, ce qui coïncide, logiquement, avec les moyens collectifs de l'OTAN. Certains États membres ont certes des capacités solides, mais qui ne résolvent pas le problème de la coordination entre les différentes actions nationales avec la réactivité qui s'impose.

L'engagement militaire des États européens ne pourra sans doute que rarement s'appuyer sur un Conseil de sécurité qui va se trouver durablement bloqué par les vétos russe et chinois. Faute de résolution autorisant les opérations de maintien et de rétablissement de la paix, la plupart des États devront trouver la légitimité dans une décision de l'OTAN ou de l'UE. C'est notamment le cas de l'Allemagne. Considérant l'aléa turc au Conseil de l'OTAN, la base juridique de l'UE devient indispensable. Elle est, de surcroît, praticable, avec la souplesse recherchée, si l'on met en œuvre l'article 44, qui prévoit que le Conseil peut permettre d'agir à un petit groupe d'États membres « qui le souhaitent et disposent des capacités nécessaires ».

Plutôt que de parler d'armée européenne – on sait pertinemment que les conditions ne sont pas réunies, et qu'elles ne le seront probablement pas même après une révision des traités –, il faut encadrer et démultiplier dans l'Union les efforts militaires auxquels les Européens s'engagent. Ils font ainsi de la contribution européenne à l'OTAN une réalité forte renforçant la crédibilité de la garantie de l'article 5 et de l'engagement des États-Unis; ils établissent entre eux, et en particulier entre les responsables de la défense, une relation de travail qui ne peut être fructueuse que si tous les États membres peuvent équitablement gagner en capacité d'action et en non-dépendance.

Les circonstances tragiques mènent à une reconnaissance de l'importance de la défense et de la nécessité des armes. Ancrer la défense et ses acteurs dans l'UE a aussi la vertu de rendre pérenne un état d'esprit qui ne va pas de soi. Avant le conflit, on s'inquiétait des effets des travaux sur les normes et la « taxonomie », qui menaçaient de priver l'industrie de défense de financements privés. Le risque est pour le moment écarté – et, symbole puissant, l'engagement de la Banque européenne d'investissement est prévu – mais il pourrait réapparaître. Et l'attractivité des métiers de la défense constitue un enjeu essentiel. Elle pourrait être renforcée par des politiques européennes de formation des officiers des forces et des ingénieurs, par des échanges de type Erasmus militaire, et appuyée par un Collège de défense prenant enfin sa pleine mesure.

***

Faire émerger la confiance politique et stratégique entre Européens est sans doute l'enjeu majeur. Notre histoire rend cette confiance difficile. Le travail sur nos drames historiques a été fait bilatéralement, notamment entre la France et l'Allemagne, mais pas avec les États membres plus récents. Il est nécessaire.

Dans l'immédiat, la question de la dissuasion nucléaire et du rôle de la dissuasion française en Europe, doit être traitée d'abord entre la France et l'Allemagne, puis avec ceux qui le souhaitent, comme l'a proposé le président français, avec la confidentialité et la continuité de propos nécessaires.

Un autre élément clé est évidemment de s'accorder d'urgence avec les Américains pour confirmer, ainsi que l'a déjà fait le président Joe Biden après l'alliance AUKUS avec l'Australie et le Royaume-Uni, la pleine complémentarité des efforts faits dans l'UE à l'égard de l'Alliance atlantique.

C.-F. A.

Pour en savoir plus

- K. Jarausch, *Embattled Europe*, Princeton, Princeton University Press, 2021.
- L. van Middelaar, *Le Réveil géopolitique de l'Europe*, Paris, Collège de France Éditions, 2022.
- R. Youngs, *Rebuilding European Democracy: Resistance and Renewal in An Illiberal Age*, Londres, I.B. Tauris/Bloomsbury, 2021.

Russie et Europe : devant l'Ukraine

Un monde de défiance

La Russie n'a jamais accepté l'ordre de sécurité né de l'après-guerre froide. Elle a, un temps, tenté de valoriser ses relations avec l'UE, mais a vite dénoncé ce qu'elle voit comme une inféodation aux intérêts stratégiques américains. Moscou pense toujours l'Occident comme divisé et en déclin. La guerre d'Ukraine est pourtant en passe de dessiner une Europe de la défiance, durablement organisée autour des rapports de force, et bien éloignée des désirs de dominance russes.

La Russie ne s'est jamais satisfaite de l'ordre de sécurité européen tel qu'il s'est dessiné dans l'après-guerre froide : articulé autour de deux organisations dont elle ne faisait pas partie – Organisation du traité de l'Atlantique nord (OTAN) et Union européenne (UE) –, elle estimait qu'il ne lui réservait pas une juste place. Dans leurs brutales exigences, les projets de traités sur la sécurité adressés par Moscou en décembre 2021 aux États-Unis et à l'OTAN en portaient une nouvelle fois l'expression exacerbée.

Le caractère excessif de ces « traités ultimatums » suggérait qu'en réalité Moscou avait fait son choix, qui ne favorisait pas l'option diplomatique. Évitant toute mention de l'UE, ils en disaient long, aussi, sur l'intérêt que représentait l'Europe aux yeux du Kremlin. Dans l'intense activité diplomatique qui a précédé la guerre en Ukraine, la Russie a visiblement cherché à marginaliser tant l'Union que les pays européens, une attitude illustrant son irritation quant à leur posture, dont elle aura longtemps attendu beaucoup sur le dossier clé de l'architecture de sécurité européenne.

Avant la guerre : un fossé qui se creuse avec l'Europe

Voici quelques années, le discours officiel russe a commencé à parler d'« Occident collectif », une notion englobant les pays occidentaux et leurs organisations, qui seraient hostiles à la Russie parce qu'elle défend une ligne indépendante refusant les « diktats » de l'Ouest. En lutte pour préserver sa position privilégiée dans le monde, ce groupe ignorerait délibérément les intérêts de sécurité de Moscou. Attribuant aux Européens un rôle servile dans un projet piloté par Washington[1], ce concept traduit la fin des attentes que la Russie a pu nourrir à

1. Le secrétaire du Conseil de sécurité de la Fédération de Russie, Nikolaï Patrouchev, résume : les « Anglo-Saxons », pour s'assurer un « contrôle inconditionnel » de l'Europe, ont « placé les Européens sur une chaise à deux pieds appelés l'un l'OTAN, l'autre l'UE, et regardent avec dédain comment ils gardent l'équilibre », (*Argoumenty i Fakty*, 24 mai 2022).

leur égard dans sa quête d'un système de relations politiques et de sécurité sur le continent correspondant mieux à ses intérêts.

Ces attentes ont revêtu différentes expressions au fil des « années Poutine » – de la promotion d'un partenariat stratégique fondé sur l'énergie et l'élaboration progressive de coopérations de sécurité, à un « partenariat pour la modernisation », dont on s'est vite aperçu que les deux parties n'en escomptaient pas la même chose, ou à une « grande Europe » fondée sur deux piliers de stature égale : UE d'un côté, Union économique eurasiatique (UEE) de l'autre.

Surtout depuis le milieu des années 2000, les rapports entre la Russie et l'UE se sont compliqués d'incompréhensions qui, bien plus qu'un hypothétique projet géopolitique américain, ont bridé le développement d'un partenariat équilibré. La Russie de Poutine exalte les notions de souveraineté et d'intérêt national, quand les membres de l'UE consentent, pour certains domaines, à intégrer dans leurs législations nationales des régulations et des standards conçus par l'Union. Celle-ci, fondée sur un projet d'évitement de la guerre, se montre timide dès lors qu'il s'agit d'affirmer des ambitions stratégiques et de parler « sécurité dure ». La Russie, elle, remet au goût du jour la puissance militaire comme outil de politique étrangère. Ces différences de tempérament ne pouvaient que susciter des récriminations mutuelles.

La Russie, se voyant comme une puissance de rang global, revendiquant une relation d'égalité avec l'UE, a rejeté les appels de Bruxelles à fonder les relations stratégiques sur des valeurs partagées. Elle préconise un partenariat basé sur des intérêts communs, ressentant l'insistance sur les valeurs au mieux comme un diktat d'Européens accusés de la traiter en *junior partner*, au pire comme exprimant une tentation d'ingérence dans ses affaires intérieures (l'UE convoque, elle, l'universalisme desdites valeurs et reproche ses manquements à Moscou, surtout après le retour de Vladimir Poutine à la présidence en 2012, suivi par un raidissement du régime).

Surtout, la Russie reproche aux Européens leur dépendance sécuritaire, et donc stratégique, vis-à-vis des États-Unis, dont elle veut réduire l'empreinte sur le Vieux Continent – l'entrée progressive d'États de l'ancien bloc de l'Est dans l'OTAN étant vue par Moscou comme un outil géopolitique manié par la puissance américaine. Cette dépendance, vue du Kremlin, empêche les pays européens d'appréhender de manière autonome les affaires stratégiques continentales. C'est en partie cette grille d'analyse qui lui fera considérer le Partenariat oriental, lancé en 2009, comme un « masque » cachant les préférences stratégiques américaines, jugées forcément contraires aux intérêts de la Russie – dont l'adhésion à l'OTAN de pays de l'ex-URSS.

La fin des relations européennes particulières

Le dépit de la Russie face à son échec à mobiliser les Européens dans un sens plus favorable à ses intérêts s'est amplifié avec la perception que des pays traditionnellement plus sensibles à ses arguments sur les déséquilibres de l'architecture de sécurité européenne n'étaient plus des recours fiables. Le lien politique avec l'Allemagne a été sérieusement compromis par l'annexion de la Crimée, en dépit du message contraire qu'a pu envoyer la position de Berlin sur le gazoduc Nord Stream 2.

De même, dans la perspective russe, la France, qui inscrit désormais prioritairement son action internationale dans le cadre de l'UE et de l'OTAN, ne présente plus l'intérêt d'antan : ses marges de manœuvre sont limitées sur le dossier Russie, source de fortes divergences intra-européennes. C'est une des raisons pour lesquelles le Kremlin n'a pas vraiment répondu aux initiatives de Paris après l'élection d'Emmanuel Macron en 2017. De même, les ambitions françaises sur l'autonomie stratégique de l'Europe auraient naguère sans doute intéressé Moscou, mais aujourd'hui celle-ci considère que la France n'a pas la capacité de tracter l'UE sur cette voie, qui limiterait l'influence américaine en Europe. Le fait que la conception du Partenariat oriental ait été « pilotée » par la Pologne et la Suède, sans participation appuyée de la France et de l'Allemagne, a conforté sa méfiance quant aux objectifs de l'initiative, tout en alimentant sa déception vis-à-vis de ses interlocuteurs européens privilégiés. Surtout, Moscou leur reproche de ne pas avoir exercé sur Kiev la pression nécessaire à l'application des accords de Minsk, dont ils sont les parrains. Vu de Moscou, cela signifie un alignement de Paris et Berlin sur les vues des institutions bruxelloises qui conditionnent la levée des sanctions contre la Russie à la mise en œuvre de ces accords.

Au nombre des « cinq principes » de la stratégie à l'égard de la Russie agréés en mars 2016 par la Haute-représentante pour les Affaires étrangères et la politique de sécurité, Federica Mogherini, et les ministres des Affaires étrangères des États membres, figurait la coopération sélective sur des sujets d'intérêt commun. Le Kremlin a pu y voir le reflet d'importantes nuances entre États membres sur la « question russe », potentiellement instrumentalisables à son profit. Mais nulle réelle ouverture ne s'est manifestée du côté européen.

Après le retrait de Washington du Traité sur les forces nucléaires à portée intermédiaire (traité FNI) en 2019, justifié par une violation imputée à la Russie (qui mettra également fin à sa participation), les responsables russes ont cherché, notamment en proposant un moratoire sur le déploiement de systèmes FNI en Europe, à mobiliser les Européens sur les dangers d'un effondrement de l'architecture de maîtrise des armements en Europe – ce, dans l'espoir de les voir exercer une pression sur leur allié américain. En vain : ils se rangeront derrière une position commune de l'OTAN. Les Russes parlent dans les mêmes termes (alignement systématique des Européens sur Washington) de la position de l'OTAN, qui a présenté la Chine comme un « défi systémique » au sommet de Bruxelles de 2021.

Moscou préfère s'expliquer cet état de choses par la domination américaine dans l'OTAN plutôt que par la multiplication de ses propres comportements transgressifs. D'autant qu'il peine à concevoir la logique de consensus qui régit la prise de décision dans l'Alliance, et présume ainsi que si les États-Unis le souhaitent, ils pourront un jour ou l'autre convaincre les alliés européens d'accueillir l'Ukraine et la Géorgie dans l'OTAN.

En bref, un an avant le début de la guerre russe en Ukraine, les relations entre la Russie et l'UE avaient « atteint le point d'ébullition[2] », ce que montrera brutalement la désastreuse visite de Josep Borrell à Moscou en février 2021, durant

2. Interview avec Nadezhda Arbatova, de l'Institut de l'économie mondiale et des relations internationales (IMEMO), Académie des sciences, Interfax, 24 février 2021.

laquelle seront expulsés trois diplomates européens (un Suédois, un Allemand, un Polonais) pour participation à des manifestations non autorisées en soutien à Alexeï Navalny. Présentant volontiers les pays européens comme « vassaux » des États-Unis, Moscou préfère investir dans sa relation avec Washington, estimant que les risques d'une dérive de cette relation (escalade militaire) étaient plus élevés que ceux liés à l'atonie des rapports avec Bruxelles, censés être stabilisés par leur fondement économique. L'espoir des dirigeants russes est aussi que Joe Biden, en dépit de son intention affichée de renouer avec les alliés européens après les difficiles années Trump, pourrait, du fait de sa volonté de se consacrer d'abord au défi stratégique chinois, faire des choix pragmatiques sur l'Ukraine et la sécurité européenne plus favorables aux intérêts de la Russie.

Dans la guerre

L'évaluation russe de « l'Occident collectif » – désuni, hésitant, velléitaire, démoralisé –, probablement confortée par les conditions du retrait américain d'Afghanistan à l'été 2021, a joué son rôle dans la décision de Vladimir Poutine de lancer le 24 février son « opération militaire spéciale ». Et la réaction des Européens – livraisons d'armes à l'Ukraine, six trains de sanctions en un peu plus de trois mois – donne l'impression d'un sursaut faisant mentir les pronostics de Moscou sur leur inconsistance stratégique.

Une idée en vogue parmi les élites russes était que, quel que soit leur degré de détérioration, il n'y aurait pas de rupture des relations Russie-UE, la force des intérêts économiques l'excluant. Le jeu de sanctions-contre-sanctions avait certes, après l'annexion de la Crimée, érodé les échanges commerciaux, mais les experts russes pointaient le caractère limité des sanctions prises par l'UE en lien avec l'affaire Navalny. Ils soulignaient qu'elles ne touchaient pas au business et estimaient que les lobbies économiques français, allemand, italien, autrichien, etc. constituaient un relais utile pour la politique européenne de la Russie. Moscou comptait aussi beaucoup sur le lien énergétique pour conserver des leviers au service de la stabilité de sa relation avec l'Europe. Aujourd'hui, cette dernière semble déterminée à y mettre fin le plus rapidement possible, et la Russie l'anticipe en annonçant l'interruption de certains approvisionnements.

Les livraisons d'armement à l'Ukraine, le notable effort militaire annoncé par Berlin, les mesures de renforcement de la défense des pays européens les plus exposés à la menace russe (notamment le déploiement en Roumanie de 500 militaires par la France, nation-cadre de la mission Aigle) : ironiquement, la matérialisation d'une posture plus robuste de l'UE dans les domaines géopolitique et de défense, si longtemps espérée par la Russie, se réalise aujourd'hui contre elle, parallèlement à un renforcement des liens entre Européens et États-Unis dans le cadre de l'OTAN, au détriment des projets d'autonomie stratégique européenne.

À ce stade, Moscou en tire confirmation du fait que les Européens s'alignent aveuglément sur les positions des États-Unis. Les commentaires y sont légion sur les choix économiquement suicidaires que représentent les sanctions pour une Europe à qui Nikolaï Patrouchev prédit chômage et catastrophe migratoire[3].

3. Nikolaï Patrouchev, *op. cit.*

En définitive, la posture de Moscou est inchangée : elle mise sur le temps long, espérant à tort ou à raison que les conséquences économiques créeront à plus ou moins brève échéance des fissures dans le front européen que sa guerre a fait émerger (comme ses atteintes à l'intégrité territoriale ukrainienne de 2014-2015 avaient fait naître un consensus *a minima* dans l'UE). Cette lecture a certainement été confortée par le temps qu'il a fallu aux Européens pour s'entendre sur les termes du sixième train de sanctions, et notamment la décision d'arrêter, à terme, les importations de pétrole russe.

À la veille de l'« opération militaire spéciale », Sergueï Karaganov, politologue proche du pouvoir, rappelait les griefs de la Russie sur l'ordre de sécurité européen post-guerre froide, jugeant possible une guerre majeure si rien ne changeait. Il suggérait en substance que la voie diplomatique n'ayant pas porté de fruit, une « petite guerre » pourrait permettre l'émergence d'un nouvel agencement en montrant la réalité du rapport de force. La Russie s'est manifestement trompée sur l'état du rapport de force, avec « l'Occident collectif » comme avec l'Ukraine. En revanche, il est très probable qu'elle ne soit pas convaincue, comme les Occidentaux le sont, que l'UE et l'OTAN sortiront renforcées de l'épreuve ukrainienne d'une part ; et qu'elle parie sur une érosion des volontés côté européen d'autre part, en s'estimant mieux outillée que les Européens pour faire face à une situation post-guerre qui s'annonce plus militarisée et sans cadre solide de maîtrise des armements.

***

La brutalité des agissements du Kremlin au cours de la dernière décennie, tant sur la scène internationale qu'en interne, découlant au moins autant du durcissement du régime que de la perception de menaces extérieures, avait, déjà avant la guerre, rendu moins audibles les avis des pays européens (France, Allemagne et quelques autres) qui, de tout temps, ont considéré que la sécurité ne serait assurée en Europe que si la Russie était solidement arrimée au continent. Il suffit pour s'en convaincre d'entendre aujourd'hui les virulentes critiques qui leur sont adressées sur fond de guerre en Ukraine, et qui fustigent au mieux leur naïveté, au pire leur lâche volonté d'apaisement – bien que leur positionnement actuel suggère surtout qu'ils pensent à la moins mauvaise façon de gérer la relation avec le voisin russe dans « l'après-guerre ».

Pour certains, les arguments absurdes employés par le Kremlin pour justifier sa guerre en Ukraine (de la « dénazification » au « génocide » contre les populations du Donbass en passant par la comparaison avec certaines menées lointaines de Pierre le Grand) invalident toute réflexion sur le rôle de l'élargissement de l'OTAN dans le raidissement progressif de Moscou. Même les pays les plus sensibles aux critiques de la Russie sur l'ordre de sécurité européen ont certainement plus de doutes à ce sujet aujourd'hui qu'hier. Dans une autre configuration que celle qui s'est dessinée dans l'après-guerre froide, la Russie n'aurait-elle pas, de toute façon, visé un rôle hégémonique, au nom de sa soif inextinguible de sécurité et de reconnaissance de « grandeur » ? Certains politologues russes évoquent d'ailleurs la proposition d'un ordre continental articulé autour d'une « union UE-UEE » et avancent qu'au vu de sa taille, de ses ressources, de son statut nucléaire et de son rang de membre permanent du Conseil de sécurité de l'ONU, la Russie y aurait naturellement joué un rôle clé.

Le souhait de Moscou de voir l'Europe s'autonomiser vis-à-vis des États-Unis sur le plan stratégique ne reflète-t-il pas, au fond, la conviction qu'une telle Europe serait facile à orienter dans le sens des préférences de la « grande puissance » russe ? L'attitude de ses dirigeants ne trahit-elle pas de manière flagrante des instincts impérialistes d'un autre temps, rendant illusoire la réalisation d'un *aggiornamento* équilibré avec elle ? N'est-ce pas, au fond, la perspective d'une Ukraine insérée dans l'espace démocratique européen proposé par les organisations occidentales qui préoccupe Moscou, plutôt que les coopérations de Kiev avec l'OTAN ? Tandis que ces questions travaillent les Européens, la Russie ne parle plus aujourd'hui que de la nécessité de réduire le plus possible l'influence – non seulement économique, mais aussi idéologique, sociétale, etc. –, de l'Occident sur elle. Un Occident auquel les officiels russes prédisent systématiquement déclin et affaissement international.

Dans une telle configuration politique, le débat sur la sécurité en Europe est hélas appelé à rester durablement concentré sur la mesure des rapports de force militaires, et marqué par une profonde méfiance mutuelle entre l'Europe et la Russie.

I. F.

Pour en savoir plus

- J. Borrell, « EU Support to Ukraine and the Security Architecture in Europe », European Union External Action, 9 janvier 2022.
- T. Kastouéva-Jean, « Vladimir Poutine, inébranlable malgré la guerre en Ukraine ? », *Les Grands Dossiers de Diplomatie*, n° 67, avril-mai 2022.
- T. de Wilde d'Estmael et L. Spetschinsky (dir.), *La Politique étrangère de la Russie et l'Europe. Enjeux d'une proximité*, Bruxelles, Peter Lang, 2004.

Le Vieux Continent dans la stratégie américaine

Dans le triangle Washington/Pékin/Moscou

Focalisés sur le rival chinois, les États-Unis ont amorcé un « pivot » stratégique vers l'Indo-Pacifique. La guerre d'Ukraine les contraint au réengagement en Europe : renforcement des déploiements américains, réinvestissement général dans l'Alliance, approfondissement des relations avec l'UE. La priorité chinoise n'est pas oubliée, mais intégrée à un discours général de défense des démocraties contre les dictatures, avec Washington pour leader.

L'invasion de l'Ukraine le 24 février dernier a remis l'Europe au centre des considérations stratégiques américaines. Si l'administration Biden réussit pour l'heure à articuler la défense du Vieux Continent avec ses préoccupations antichinoises, il reste à voir jusqu'où se portera son implication militaire et diplomatique en faveur de Kiev, surtout si le conflit s'éternise.

Washington, l'Europe et la Chine

Un certain nombre d'observateurs européens déplorent régulièrement ce qu'ils considèrent être un inexorable étiolement de la relation transatlantique lié à une perte d'intérêt des alliés américains. La fin de la guerre froide avait permis à l'Europe de croire à une paix définitive sur son sol. Dans le cadre de l'Union européenne (UE), on s'occupait surtout de questions économiques et normatives. Vu de Washington, le Vieux Continent semblait être « sorti de l'Histoire ».

Nombre d'épisodes ont illustré cette angoisse spécifique des Européens. En janvier 2003, le secrétaire à la Défense Donald Rumsfeld avait évoqué péjorativement la « vieille Europe », pour désigner les Européens de l'Ouest (Allemagne et France) hostiles aux projets de guerre en Irak de George W. Bush. Durant son premier mandat, Barack Obama avait souhaité engager un retrait non seulement du Moyen-Orient et de l'Afghanistan, mais aussi des bases militaires de l'Organisation du traité de l'Atlantique nord (OTAN) en Europe. Il s'agissait d'opérer un « pivot » vers l'Asie, afin de mieux prendre en compte les nouveaux équilibres stratégiques du XXIe siècle. Ce « pivot », qui se voulait militaire mais aussi diplomatique et commercial, fut cependant interrompu dès 2011 avec la survenue des Printemps arabes.

Entre 2016 et 2020, Donald Trump incarna de manière spectaculaire le courant anti-européen existant aux États-Unis. Au sommet de l'OTAN de mai 2017, il tança les dirigeants européens devant le nouveau siège de l'Alliance à Bruxelles, leur reprochant le coût de cette alliance pour le contribuable américain. Quant à l'UE, son projet supranational était encore plus détestable aux yeux d'un président nationaliste.

Si l'arrivée du démocrate Joe Biden à la Maison-Blanche sonne le retour de l'amitié transatlantique, la vision du monde de la nouvelle administration reste cependant axée sur la menace chinoise. Dès janvier 2021, le Département d'État et le Pentagone ont poursuivi leur réorganisation autour de l'axe indopacifique – une expression qui vise à inclure l'Inde dans le cercle des nations entourant la Chine pour mieux la contenir. Cette posture – l'une des rares à bénéficier d'un soutien bipartisan à Washington – perdure en dépit de la guerre en Ukraine. Le 26 mai 2022, le secrétaire d'État Antony Blinken rend publique à l'université de Washington la doctrine des États-Unis vis-à-vis de la Chine (*The Administration's Approach to the People's Republic of China*). Elle s'énonce en termes mesurés : les États-Unis ne recherchent pas un changement de régime à Pékin et souhaitent poursuivre le dialogue sur les sujets d'intérêt commun tel le changement climatique. Pour y parvenir, Washington met en avant la diplomatie et le multilatéralisme. Mais la rivalité stratégique entre les États-Unis et la Chine est clairement reconnue. Washington assume une opposition tous azimuts aux attitudes problématiques de Pékin, qu'il s'agisse des tricheries commerciales, du vol de technologies, des questions des droits de l'homme ou des menaces géopolitiques…

La « seconde guerre froide » : Cold War 2 *ou* Cold War 2.0 *?*

L'expression de « nouvelle guerre froide » a fait quelques apparitions dans les années 1970, pour désigner le regain de tensions Est-Ouest qui a fait suite à la Détente. En 1998, alors que l'Union des républiques socialistes soviétiques (URSS) a disparu depuis sept ans, c'est George Kennan – auteur du « long télégramme » de 1947 et du concept d'endiguement – qui l'utilise à son tour. Le retour de la guerre froide serait lié, à ses yeux, à l'expansion de l'OTAN, qu'il juge alors être une provocation inutile vis-à-vis de Moscou.

L'expression se généralise dans les années 2000 et 2010. Mais la « nouvelle » ou « seconde » guerre froide dénoncée par les experts peut alors renvoyer à deux sens différents. Elle désigne soit les flambées régulières d'hostilité entre Moscou et l'Occident (par exemple lors de la guerre en Géorgie en 2008, de l'annexion de la Crimée en 2014 ou de l'invasion de l'Ukraine en 2022), soit l'opposition croissante, et structurante, qui se développe entre les États-Unis et la Chine.

Il faut certes pointer les vastes différences entre la nouvelle guerre froide sino-américaine et son modèle américano-soviétique. La Chine est une puissance commerciale et technologique de taille, avec laquelle l'économie américaine est très imbriquée. C'est pourquoi le professeur Harry Harding a proposé l'expression de *Cold War 2.0*, qui permet d'identifier à la fois les similarités et les différences.

La guerre en Ukraine : nouvelle donne

Annoncée depuis plusieurs mois par les agences de renseignement américaines, l'invasion de l'Ukraine a contraint les États-Unis à s'impliquer à nouveau dans une région dont ils souhaitaient se désinvestir. Allaient-ils devoir, comme en 2011, renoncer à leur projet de « pivot » vers l'Asie ? En proposant le récit d'une lutte mondiale entre autocraties et démocraties, l'administration Biden – qui se positionne explicitement à la tête de ces dernières – semble considérer les théâtres chinois et russe comme un front unique, avant tout de nature idéologique. Le retour américain en Europe ne devrait donc pas constituer un frein à une présence américaine renforcée dans l'Indo-Pacifique.

Les signes concrets de ces récentes évolutions peuvent être appréciés sur trois fronts : l'Ukraine elle-même, l'OTAN, bien sûr, mais aussi l'UE.

Une aide en deux temps pour Kiev

La séquence dramatique qui s'est ouverte en 2022 s'inscrit dans la suite des événements de 2014, date du début de la guerre du Donbass et de l'annexion de la Crimée par Moscou. Dès cette époque, et même si Washington se tient éloigné des efforts diplomatiques européens menés dans le cadre du « format Normandie », l'aide militaire américaine à l'Ukraine connaît une forte augmentation. Entre 2014 et l'invasion russe de fin février 2022, l'« aide à la sécurité » américaine (*security assistance*) s'est élevée à 2,6 milliards de dollars.

La réaction américaine au lendemain du 24 février a connu deux étapes. Dans les premiers jours de l'invasion russe, les analystes américains ont estimé (comme la Russie d'ailleurs) que l'Ukraine allait être vaincue rapidement. En témoignent la fermeture de l'ambassade des États-Unis à Kiev dès le 14 février et la proposition d'exfiltration refusée par le président Volodymyr Zelensky le 26 février. L'administration Biden se montrait également très prudente dans ses objectifs : il fallait certes aider un régime démocratique à défendre son intégrité territoriale, mais sans provoquer d'escalade avec la Russie, puissance nucléaire aux mains d'un autocrate imprévisible.

La résistance inattendue des Ukrainiens a changé la donne. Il semble désormais possible qu'ils évitent la défaite, l'aide des Occidentaux pouvant faire la différence. À partir de la mi-mars, le montant des aides successives « à la sécurité » engagées par les États-Unis s'accroît. Les « paquets » annoncés les 16 mars, 13 et 21 avril s'élèvent à 800 millions de dollars chacun ; et celui du 15 juin à 1 milliard de dollars[1]. Entre l'invasion et la mi-juin, le total de ces aides se monte à 5,6 milliards de dollars.

Les systèmes d'armes concernés restent officiellement « défensifs » et ne peuvent être livrés qu'à la frontière. Parmi eux, des lance-roquettes *HIMARS*, des missiles sol-air *Stinger*, des missiles anti-char de type *Javelin* et autres (plus de 25 000 pièces accompagnées de leurs munitions) ; des canons mobiles *Howitzer* ; divers types de drones, des hélicoptères, des véhicules blindés… Sans compter le partage

1. C. Arabia, A. Bowen et C. Welt, « U.S. Security Assistance to Ukraine », *Congressional Research Service*, mis à jour le 6 juin 2022.

du renseignement américain, essentiel pour la réussite de plusieurs opérations menées par l'armée ukrainienne – même si les responsables américains ont été gênés des révélations de la presse, susceptibles d'attirer des réactions russes.

Le nouveau concept stratégique de l'OTAN

Le conflit suscite par ailleurs des évolutions et d'importants débats au sein même de l'Alliance atlantique. Les pays membres de l'Alliance et géographiquement proches de la Russie (dont les États baltes et la Pologne) sont inquiets et désireux de voir se renforcer la protection américaine liée à l'article 5 du traité de l'Atlantique nord. La réduction des effectifs militaires américains en Europe, engagée après la disparition de l'URSS, paraît désormais être une page tournée.

D'un maximum de 430 000 hommes en 1957, la présence américaine était redescendue à 107 000 en 1995, puis à 65 000 à partir de 2008. Si les présidents Obama et Trump avaient chacun annoncé de nouvelles baisses des effectifs de soldats américains déployés en Europe, leurs annonces n'avaient pas été suivies d'effet. Bien au contraire, à compter de 2014, l'émergence de l'État islamique et les développements de la situation ukrainienne conduisirent à un renforcement du dispositif de l'Alliance. Diverses forces d'intervention rapide sont alors créées lors du sommet du Pays de Galles (2014), ainsi que quatre bataillons multinationaux destinés aux États baltes et à la Pologne lors du sommet de Varsovie en 2016.

Les événements de février 2022 ont accéléré cette évolution : le nombre de soldats américains présents en Europe est désormais remonté à 100 000. Le sommet extraordinaire de l'OTAN de Bruxelles, en mars 2022, a annoncé la création de quatre bataillons supplémentaires en Bulgarie, Hongrie, Roumanie et Slovaquie. Enfin, le sommet de Madrid de fin juin 2022 a adopté la nouvelle version du « Concept stratégique » de l'OTAN. Sans surprise, ce texte qui fixe la stratégie officielle de l'Alliance resserre les missions de cette dernière autour de la défense collective du continent européen, donnant moins d'importance aux opérations de gestion de crise hors zone.

Les autres pays membres de l'Alliance prennent leur part de cette évolution. Outre le matériel déployé dans les pays voisins de l'Ukraine (environ 30 avions de chasse et de surveillance alliés sont à tout moment en vol dans les pays du flanc est de l'Alliance), les engagements de chacun à atteindre un montant de dépenses militaires équivalant à 2 % de son produit intérieur brut se sont généralisés, y compris en provenance de Berlin. Surtout, rompant avec leur tradition de neutralité, la Finlande et la Suède ont demandé à rejoindre l'Alliance. Voisines nordiques d'une Russie désormais ouvertement belliqueuse, elles souhaitent bénéficier, elles aussi, de la protection de l'article 5. Ces deux pays remplissant déjà les critères d'accession (en matière de libéralisme politique et économique, ainsi que militaire) et étant par ailleurs membres de l'UE depuis 1995, leur demande a été accueillie positivement par les États-Unis et les autres membres de l'Alliance – à l'exception de la Turquie, qui exigeait que Suède et Finlande s'engagent à ne plus accueillir de militants kurdes sur leur sol. Ce blocage particulier désormais surmonté, l'adhésion doit aussi être ratifiée par les Parlements des 30 États membres. Leur entrée officielle dans l'OTAN, qui ne pourra se faire avant plusieurs mois, modifiera les équilibres stratégiques entre Occident et Russie au centre de l'Europe.

Un dialogue renforcé avec l'Union européenne

En contraste radical avec la pratique de son prédécesseur, le président Biden affiche le respect et l'amitié de l'administration américaine pour les pays membres et les responsables de l'UE. Cette proximité s'est traduite par la participation en personne du président américain au Conseil européen du 24 mars 2022 – seuls les présidents George W. Bush en juin 2001 et Barack Obama en avril 2009 ayant précédemment eu cet honneur. Il était alors particulièrement important de réaffirmer les valeurs transatlantiques communes dans le contexte de la guerre en Ukraine. Plus concrètement, cette rencontre a également permis de créer un groupe de travail transatlantique sur les questions de sécurité énergétique. Ce nouveau forum a pour mission de discuter des moyens de réduire la dépendance des Européens vis-à-vis du gaz russe, si possible d'ici l'hiver prochain.

La bienveillance américaine renouvelée conduit par ailleurs les responsables américains à encourager les processus d'adhésion à l'UE en cours. Dans le débat entre approfondissement et élargissement de l'Union, les États-Unis ont toujours été favorables à la seconde option… Ainsi, à l'occasion d'un déplacement officiel dans les Balkans fin avril 2022, la secrétaire d'État adjointe pour les Affaires européennes et eurasiatiques, Karen Donfried, a rappelé le soutien de son pays au processus d'adhésion à l'UE de l'Albanie, de la Macédoine du Nord et du Monténégro, ainsi que de la Bosnie-Herzégovine (qui a déposé sa candidature en 2016). La décision d'accepter la candidature de l'Ukraine, adoptée par le Conseil européen des 23 et 24 juin 2022, a bien entendu également l'aval de Washington.

Les tragiques développements de l'année 2022 ont également amené les États-Unis à clarifier leur position concernant les ambitions d'autonomie stratégique de l'UE. Cette dernière a adopté le 25 mars dernier sa Boussole stratégique, qui définit une ambitieuse politique de défense et de sécurité. Elle a, de plus, d'ores et déjà engagé à la mi-juin 2022 un total de 2 milliards d'euros d'aide militaire au bénéfice de l'Ukraine, au titre de la Facilité européenne pour la paix (FEP), un montant qui s'ajoute aux aides directes des États membres. Et le communiqué conjoint de la Maison-Blanche et du Conseil européen publié à l'issue du sommet du 24 mars 2022 se clôt ainsi : « Enfin, les dirigeants ont souligné qu'il importait de renforcer la sécurité et la défense transatlantiques, notamment au moyen d'une *coopération solide entre l'OTAN et l'UE*[2], conformément à la Boussole stratégique de l'UE », ce qui semble témoigner des meilleures dispositions de la part des États-Unis.

En marge de cette coopération de défense annoncée entre États-Unis, OTAN et UE, il faudra sans doute compter avec le Royaume-Uni, qui table sur son activisme vis-à-vis de l'Ukraine pour apparaître comme le meilleur allié de Washington. Cette reconnaissance pourrait être, pour le Premier ministre Boris Johnson, l'un des moyens de faire advenir son projet de politique étrangère post-Brexit de *Global Britain*.

2. Souligné par l'auteure.

Le Conseil pour le commerce et la technologie : un forum capital

Enfin, avant même le déclenchement de la guerre en Ukraine, un autre forum de dialogue, d'importance stratégique pour les décennies à venir, a été créé entre Washington et Bruxelles : le Conseil pour le commerce et la technologie (Trade and Technology Council – TTC).

Alors que toutes les négociations sur les accords de libre-échange sont à l'arrêt, le TTC crée dix groupes de travail sur des sujets liés aux enjeux et aux échanges technologiques et numériques. Au nombre des plus importants, citons la mise en place de chaînes d'approvisionnement sécurisées pour des éléments clés, tels les semi-conducteurs, le contrôle des exportations de technologies sensibles et des investissements, les règles à mettre en place pour l'émergence d'une intelligence artificielle éthique, la lutte contre les cyberattaques et les contenus haineux et trompeurs en ligne…

Si le TTC a au départ été conçu pour mieux cadrer la menace technologique chinoise et, dans une moindre mesure, pour débattre d'une possible régulation des champions américains du numérique, il a montré son efficacité lors du déclenchement de la guerre en Ukraine. En effet, les canaux de communication établis lors de sa première réunion à Pittsburgh en septembre 2022 ont permis une mise en place immédiate des nouvelles sanctions et des interdictions d'exportation adoptées contre la Russie, ainsi que de moyens de lutte contre les cyberattaques et contre la diffusion d'infox sur les réseaux sociaux. De l'avis des plus hauts responsables à Bruxelles et Washington, les choses n'auraient pas pu être coordonnées aussi rapidement si le TTC n'avait pas existé[3]. La deuxième réunion du Conseil a eu lieu à la mi-mai à Saclay, la suivante se tiendra aux États-Unis en fin d'année.

***

Le Parti démocrate du président Biden devrait mal se sortir des élections de mi-mandat de novembre 2022. Hormis quelques bruyants républicains pro-Poutine (comme l'animateur de *Fox News* Tucker Carlson), une large part de l'opinion républicaine se montre hostile à la Russie. Le consensus bipartisan devrait donc perdurer sur la question de l'aide à l'Ukraine, et assurer, par ricochet, la continuation des bonnes relations avec les alliés européens.

L. N.

Pour en savoir plus

- J. Borger, « US Intelligence Told to Keep Quiet over Role in Ukraine Military Triumphs », *The Guardian*, 7 mai 2022.
- V. Jackson, « America's Indo-Pacific Folly: Adding New Commitments in Asia Will Only Invite Disaster », *Foreign Affairs*, 12 mars 2021.
- L. Nardon, « Joe Biden en Europe pour renforcer l'unité occidentale face à la Russie », Podcast, *Slate*, 23 mars 2022.

3. Voir les propos d'Alejandro Cainzos (membre du cabinet de Margrethe Vestager) et de Tarun Chhabra (Senior Director for Technology and National Security, National Security Council) lors d'une visioconférence organisée par Mark Scott, correspondant en chef chargé des questions de technologie pour *Politico* : « Unpacking the TTC », 19 mai 2022.

Repenser une architecture de sécurité pour l'Europe

Une nouvelle CSCE est-elle imaginable ?

La Conférence sur la sécurité et la coopération en Europe, compromis de la guerre froide, s'est muée, après elle, en pilier de l'architecture de sécurité européenne. Les frontières étant remises en question, l'escalade des armements ayant repris, les sanctions anéantissant la coopération économique, l'OSCE peut garder une utilité, mais un nouveau compromis d'ensemble paraît hypothétique et ne pourra sans doute être mis en chantier qu'avec un changement de pouvoir à Moscou.

La Conférence sur la sécurité et la coopération en Europe (CSCE) s'est réunie entre 1973 et 1975, en pleine guerre froide, pour aboutir à l'Acte d'Helsinki. Elle marquait l'apogée de la « détente » entre l'Est et l'Ouest. Mais il a fallu attendre la chute du mur de Berlin pour que la CSCE commence à former l'ossature d'une véritable architecture européenne de sécurité, avec la Charte de Paris de 1990, la création d'institutions communes et sa transformation en Organisation pour la sécurité et la coopération en Europe (OSCE) en 1994.

Aujourd'hui, les crises successives d'Ukraine (2014, et surtout 2022) ont réduit l'OSCE à peu de chose. L'antagonisme entre l'Organisation du traité de l'Atlantique nord (OTAN) et la Russie structure les équilibres politico-militaires du continent. Les instruments de maîtrise des armements (le traité sur les forces armées conventionnelles en Europe [FCE], le traité Ciel ouvert…) ont été dénoncés. La Russie a tourné le dos aux standards démocratiques définis dans l'après-guerre froide. Les outils communs, comme les missions de terrain, sont remis en cause, à commencer par la mission d'observation en Ukraine qui s'y était déployée lors de la première crise en 2014.

Pour réfléchir à une possible relance, dans un avenir hypothétique, il faut d'abord revenir sur le contexte du passé.

Le *deal* d'Helsinki : frontières contre droits de l'homme

Avant de créer en 1955 le Pacte de Varsovie face à l'OTAN, l'Union soviétique (URSS) avait déjà proposé une conférence sur la sécurité européenne, puis une dénucléarisation de l'Europe centrale (avec le plan Rapacki). Elle cherchait ainsi à confirmer l'ordre territorial né de Yalta et sa domination en Europe de l'Est, appuyée par la force de ses armées (répressions de Berlin-Est en 1953, de Budapest en 1956, de Prague en 1968; construction du mur de Berlin en 1961…).

Du côté occidental, le glissement d'une posture martiale – appuyée par l'OTAN – à une posture d'ouverture n'était rendu possible que par l'impasse de la course aux armements nucléaires (voir la crise de Cuba de 1962) et l'arrivée au pouvoir en 1969 des sociaux-démocrates en Allemagne, avec un gouvernement dirigé par Willy Brandt, conseillé par Egon Bahr, disposé à reconnaître les nouvelles frontières d'après-guerre de l'Allemagne avec la Pologne (la ligne Oder-Neisse) et à miser sur une nouvelle stratégie de « changement par le rapprochement ». Il y avait certes du réalisme dans la posture occidentale, mais aussi la recherche d'une transformation à l'Est sans en passer par la seule confrontation : une voie qu'avait déjà ouverte le général de Gaulle lors de son voyage à Moscou en 1966.

Après la normalisation des relations de la République fédérale allemande (RFA) avec l'URSS et la Pologne en 1970, puis avec la République démocratique allemande (RDA) en 1972, il devint possible de lancer le processus de la Conférence sur la sécurité et la coopération en Europe (1973-1975).

Le décalogue d'Helsinki, adopté le 1er août 1975, constitue d'abord un compromis entre, d'une part, la reconnaissance des frontières de l'époque et de leur inviolabilité (ce qui était le principal objectif du bloc communiste), et d'autre part l'affirmation des droits de l'homme et des libertés fondamentales (principal objectif des pays occidentaux). Mais la première et la troisième « corbeilles », qui consacraient ces deux catégories de principes, étaient accompagnées d'une « deuxième corbeille » – la coopération économique, qui correspondait à l'explosion des échanges commerciaux Est-Ouest dans les années 1970. S'y ajoute le démarrage de négociations sur des mesures de confiance et sur la maîtrise des armements, lesquelles n'aboutirent réellement qu'après la fin de la guerre froide, avec le traité FCE de 1990, le traité Ciel ouvert de 1992 et le Document de Vienne sur les mesures de confiance et de sécurité de 1992 notamment.

Le processus de la CSCE a montré qu'il était possible de poursuivre la guerre froide par la « détente », c'est-à-dire avec d'autres moyens qu'une course aux armements sans fin. La reconnaissance des frontières ne coûtait guère aux pays occidentaux en général; elle coûtait davantage à l'Allemagne, qui commençait à faire son deuil des territoires perdus à l'est de la ligne Oder-Neisse, et qui a fini par reconnaître définitivement cette frontière lors de la réunification de 1990. En revanche, l'acceptation des droits de l'homme a coûté cher au bloc communiste : encouragement aux « dissidents », création de la Charte 77 en Tchécoslovaquie, agitation en Pologne, création de la Helsinki Watch qui s'est transformée en Human Rights Watch (1978). La détente a pourtant fini par échouer et a été suivie d'une relance de la guerre froide : crise des euromissiles, entrée de l'URSS en Afghanistan, état d'urgence en Pologne, relance de la course aux armements…

Le bloc de l'Est s'est épuisé dans cette nouvelle confrontation sans issue, mais il a aussi été miné de l'intérieur par l'inefficacité de l'économie planifiée et par la montée de la contestation interne favorisée par l'Acte d'Helsinki, qui a introduit « le ver dans le fruit[1] ».

Les blocages de la situation actuelle

La situation actuelle diffère profondément de celle des années 1970. L'évolution du régime de Vladimir Poutine a restauré une opposition de nature idéologique entre la Russie et les pays occidentaux. La Russie de Poutine défend un mode de gouvernance autoritaire, nationaliste, fondé sur les valeurs conservatrices. Elle persécute les opposants à l'intérieur. Elle s'appuie sur le nationalisme pour mener une politique agressive envers ses voisins qui souhaitent se dérober à son influence, en premier lieu l'Ukraine. Elle conteste les valeurs « libérales » occidentales – comme les droits des homosexuels –, trouvant même parfois quelques relais au sein du camp occidental (voir la Hongrie de Viktor Orbán). Elle use de méthodes « hybrides », contournant la confrontation directe : cyberattaques, désinformation, empoisonnements, combattants irréguliers. Elle conteste pied à pied les positions occidentales y compris hors d'Europe (Syrie, Afrique, promotion du format BRICS – Brésil, Russie, Inde, Chine et Afrique du Sud).

Dans les années 1970, un quart de siècle après la fin de la Seconde Guerre mondiale, les frontières d'Europe semblaient stabilisées. Elles sont aujourd'hui remises en question dans certains pays occidentaux (Catalogne, Flandre, Écosse, Irlande du Nord), comme dans les Balkans (le Kosovo, qui s'est proclamé indépendant en 2008 mais dont l'existence n'est pas reconnue par tous les pays européens ; la Bosnie, que les nationalistes serbes voudraient voir éclater ; la Macédoine et sa minorité albanophone) ou encore Chypre, divisée entre sa partie grecque et sa partie turque (qui s'est proclamée indépendante), où le conflit est « gelé » depuis 1974.

Dans l'ex-Union soviétique, les conflits gelés apparus après la désintégration de l'URSS (Abkhazie et Ossétie du Sud en Géorgie, Transnistrie en Moldavie, Haut-Karabagh entre l'Arménie et l'Azerbaïdjan) se sont depuis lors détériorés : la Russie a reconnu l'indépendance de l'Abkhazie et de l'Ossétie du Sud en 2008 après sa guerre contre la Géorgie ; elle a pris la Crimée à l'Ukraine en 2014 ; elle a soutenu une rébellion « pro-russe » dans le Donbass ukrainien en 2014, puis reconnu l'indépendance des républiques de Donetsk et Lougansk en 2022. Si une conférence devait se charger de reconfirmer les frontières et le principe d'intégrité territoriale, il faudrait donc d'abord s'accorder sur leurs tracés, contestés à plusieurs endroits.

Par ailleurs, l'Occident et la Russie se sont relancés dans une escalade militaire. Le traité FCE et ses adaptations de 1992 et 1999, ainsi que le traité Ciel ouvert, n'ont plus cours. L'OTAN a décidé de déployer des troupes dans les États baltes, en Pologne et en Roumanie. Elle l'a d'abord fait de façon subreptice, sous forme de « rotations », afin de ne pas remettre en question l'Acte fondateur OTAN-Russie

1. J. Andréani, *Le Piège. Helsinki et la chute du communisme*, Paris, Odile Jacob, 2005.

de 1997 qui interdisait le stationnement de « forces substantielles de combat » dans les nouveaux États membres de l'Alliance. Puis elle a considéré, après l'agression russe contre l'Ukraine en 2022, que l'engagement de 1997 était devenu caduc, et elle stationne désormais plus de 40 000 hommes sur son flanc oriental. Les Occidentaux arment l'Ukraine pour l'aider à résister aux assauts russes, voire à regagner du terrain. Les dépenses militaires européennes sont reparties à la hausse depuis au moins 2014. La Finlande et la Suède rejoignent l'OTAN, tournant le dos à leur ligne de neutralité militaire de la guerre froide. De son côté, la Russie réarme également et se sert de tous ses moyens de nuisance : dans l'enclave de Kaliningrad (ex-Königsberg) où elle accumule armements et missiles, dans la mer Baltique, dans la mer Noire et à ses frontières.

Le rapport de force politico-militaire actuel n'a certes que peu à voir avec l'accumulation de troupes de l'OTAN et du Pacte de Varsovie au temps de la guerre froide. Moscou aligne un budget militaire plus de dix fois inférieur à la totalité des budgets des pays de l'OTAN. Son produit intérieur brut est inférieur à celui de l'Italie. La guerre d'Ukraine a d'ailleurs montré les limites de l'armée russe. La Russie n'en demeure pas moins une puissance nuisible, qui menace la sécurité des pays environnants. Par ailleurs, et même s'il s'agit de problématiques secondaires par rapport à la question russe, les différends entre la Turquie d'un côté, la Grèce et Chypre de l'autre, et la guerre du Haut-Karabagh entre l'Arménie et l'Azerbaïdjan en 2020, ajoutent à l'instabilité à l'est de l'Europe.

Les liens économiques sont également en train de se détricoter en conséquence des sanctions occidentales contre la Russie, qui ont pris la forme d'un quasi-embargo du fait de la fermeture des voies de transports et de la suspension des transactions financières. Les liens énergétiques qui s'étaient développés depuis les années 1970 sont en voie d'être réduits, à terme, à zéro, alors que la Russie représentait encore avant la guerre en Ukraine plus de 20 % du pétrole et du gaz consommés dans l'UE.

On ne s'étonnera donc pas que l'OSCE ressemble aujourd'hui à un champ de ruines, où les Russes et Occidentaux ne se prêtent même plus à la comédie de l'invective. Aucun accord ne semble plus en vue sur aucune des trois dimensions de la sécurité européenne : la dimension politico-militaire, la dimension économique et la dimension humaine.

Est-il envisageable de rebondir et comment ?

Les scénarios imaginables

Une option pourrait être de suspendre ou d'exclure la Russie de l'OSCE. Cela peut être une tentation des États-Unis, et de certains de leurs alliés, qui cherchent à isoler la Russie, à en faire un État paria, pour lui faire payer son agression et l'affaiblir durablement. Mais l'idée ne correspond pas à la nature même de l'organisation. L'OSCE, comme l'Organisation des Nations unies (ONU), est précisément là pour discuter des différends avec l'adversaire, et pour le rendre comptable des engagements qu'il a pris dans le passé. Supprimer la logique même de l'OSCE en en excluant l'adversaire, c'est jeter le bébé avec l'eau du bain.

Deux questions en suspens

La première est de mettre fin au conflit ouvert en Ukraine, au moins de faire taire les armes et de restaurer un cessez-le-feu. Si les négociations russo-ukrainiennes, avec ou sans médiateurs extérieurs, reprenaient et débouchaient sur un accord de cessez-le-feu, l'OSCE pourrait retrouver une utilité. C'est ce qui s'était passé en 2014, lorsque la mission spéciale d'observation en Ukraine (déployée sur tout le territoire ukrainien sauf en Crimée) avait, au moins, contribué à observer le cessez-le-feu et à établir des rapports indépendants de terrain. Il faudrait que les Russes trouvent quelque intérêt à rétablir cette mission, comme un pas vers la désescalade du conflit, bien qu'ils considèrent désormais en théorie les républiques de Donetsk et Lougansk comme des États indépendants – ce que ne peuvent évidemment reconnaître ni les Ukrainiens ni les Occidentaux.

Deuxième question : faut-il traiter avec Vladimir Poutine et comment? Si l'hypothèse d'une chute de Poutine, favorisée par une « défaite stratégique » en Ukraine comme en rêvent certains à Washington, ne se vérifie pas, il faudra sans doute se résoudre à lui parler à nouveau. Après tout, la paix de Dayton en Bosnie (et beaucoup de paix avant elle…) s'est faite en traitant avec des criminels de guerre. Prendre Poutine comme interlocuteur, comme l'a fait de façon constante Emmanuel Macron, ne signifie pas l'absoudre de ses crimes. Il est d'ailleurs probable que, même en cas d'accord partiel (et forcément imparfait) pour arrêter le conflit, les sanctions contre la Russie ne seraient pas levées. Vladimir Poutine aura du mal à redevenir un interlocuteur normal pour les Occidentaux. Mais du fait de son âge, on peut raisonnablement espérer qu'il aura un successeur d'ici une dizaine d'années. Même il n'est pas acquis que le « système » russe produira un interlocuteur plus commode.

Refonder un ordre de sécurité sur des valeurs communes

À plus long terme, avec ou sans Poutine, avec ou sans un pouvoir démocratique à Moscou, il faudra refonder une architecture de sécurité européenne englobant la Russie. Toutes les questions qui ont été traitées à la CSCE puis à l'OSCE gardent en réalité leur pertinence.

Les droits de l'homme (la dimension humaine) doivent rester le socle indispensable de tout compromis d'ensemble, même si certains pays n'y voient hypocritement qu'un engagement formel qui ne les lie pas, comme « un hommage que le vice rend à la vertu » (La Rochefoucauld). Aucun compromis, aucune concession, n'est possible sur cette question du point de vue occidental, sauf à miner nos propres principes, nos propres valeurs. Cela implique une mise en œuvre de la justice pénale pour les crimes qui ont éventuellement été commis. Rappelons aussi que les droits de l'homme incluent la reconnaissance de droits aux personnes appartenant à des minorités : non le droit à la sécession, mais le droit à échapper aux discriminations.

La reprise des échanges économiques pourra aussi être envisagée dès lors que les sanctions économiques auront été levées, et que des garanties auront été apportées par le pouvoir russe que les sommes qui lui sont versées pour les achats d'hydrocarbures ne servent pas à financer des guerres d'agression. Peut-être l'Union européenne pourrait-elle un jour, en raison de sa puissance économique et de ses compétences commerciales, proposer un schéma de coopération économique pour l'ensemble du continent, au-delà des accords de libre-échange qu'elle conclut bilatéralement avec les pays de son voisinage.

Plus précisément, il importe de refonder un ordre de sécurité fondé sur des principes communs et inclusifs : respect de l'intégrité territoriale, non-agression, mesures de confiance, maîtrise des armements. La neutralité de l'Ukraine, si elle était acceptée par les Ukrainiens, devrait s'accompagner de garanties de sécurité. Compte tenu de toutes les violations dont la Russie de Poutine s'est rendue coupable (violation du mémorandum de Budapest garantissant les frontières de l'Ukraine en 1994 en échange de sa dénucléarisation ; modification des frontières par la force ; agression ouverte, préméditée et non provoquée de 2022), un retour de la confiance ne pourra sans doute pas s'envisager tant que l'actuel maître du Kremlin restera au pouvoir.

L'insoluble question territoriale ?

Reste une dernière question qui apparaît, contrairement à l'époque de la CSCE, comme la plus délicate : la question territoriale. Elle est d'autant plus délicate qu'elle touche à des questions identitaires. Le Kosovo est-il serbe ? La Crimée est-elle russe ou ukrainienne ? Le Donbass est-il russe ou ukrainien ? Le Haut-Karabagh est-il arménien ou azerbaïdjanais ? L'Abkhazie et l'Ossétie du Sud sont-elles géorgiennes ? La Transnistrie est-elle moldave ?

Le droit international pose le (sage) principe du respect des frontières existantes et de leur non-modification par la force. Il inclut aussi le principe du droit des peuples à disposer d'eux-mêmes, qui n'est pas censé susciter des déclarations d'indépendance à répétition, mais suppose un consentement des populations. L'histoire a généré bien des modifications de frontières par la force ; mais quand les frontières n'expriment pas des rapports de force (ce qui s'est produit, par exemple, dans la paix de Dayton entre l'entité serbe et l'entité bosno-croate), l'avis des populations doit compter comme un élément important, de fait autant que de droit.

Un accord d'ensemble paraît plus éloigné que jamais sur l'ensemble de ces questions. Mais n'oublions pas que l'Europe a connu 25 ans de guerre froide aiguë avant de prendre la voie d'Helsinki. N'oublions pas non plus que la « détente » peut succéder aux conflits les plus dramatiques, et qu'à l'âge nucléaire il peut être bon de faire reposer une stratégie de politique étrangère non seulement sur le rapport de force et sur les émotions légitimes face aux abus de droit, mais aussi sur le calcul, le temps et la patience.

M. L.

Pour en savoir plus

- Podcast « Can the OSCE Survive the Ukraine War? », International Crisis Group, 12 avril 2022.
- F. Labarre et G. Niculescu (dir.), « Geopolitical Challenges of European Security in the South Caucasus and Ukraine », National Defence Academy, octobre 2019.
- M. Vaïsse, *Les Relations internationales depuis 1945*, Paris, Armand Colin, 2021 [17e édition].

Le *Global Britain* à l'épreuve de l'Ukraine

Défis de court et de long termes

La guerre d'Ukraine est l'occasion pour le Royaume-Uni de redéfinir la diplomatie et les conceptions de défense du *Global Britain*. Affirmation d'une dimension militaire renforcée, choix de partenariats souples en Europe et présence renforcée au nord et à l'est du Vieux Continent poussent Londres à revendiquer un leadership neuf.

En 2021, la *Integrated Review of Security, Defence, Development and Foreign Policy* définissait une politique étrangère post-Brexit, intégrant tous les niveaux stratégiques et soulignant que les forces de sécurité et de défense pouvaient concourir à une politique étrangère plus forte. En dépit de la tentation indopacifique, le texte insistait sans équivoque sur la sécurité euro-atlantique : « L'aire euro-atlantique restera décisive pour la sécurité et la prospérité du Royaume-Uni… [et] la Russie demeurera la plus précise et directe menace contre le Royaume-Uni. » Était aussi réaffirmé l'engagement du pays pour la sécurité européenne : « Nos voisins et alliés européens demeurent des partenaires essentiels. Le Royaume-Uni sera jusqu'en 2030 le premier contributeur européen à la sécurité de l'ensemble euro-atlantique » – bien que cette ambition ne soit appuyée d'aucune priorité ni ressource budgétaire précises.

La guerre en Ukraine a permis à Londres de concrétiser son ambition de sécurité en Europe. Une approche caractérisée par un usage renforcé du militaire, par des arrangements *ad hoc*, et par de nouveaux formats, à mesure que les rivalités de puissance se déplacent, en Europe, vers l'Est.

Londres, Kiev et Moscou

Le renforcement militaire russe autour de l'Ukraine au printemps 2021 a été suivi de près à Londres. Le 3 décembre 2021, quand les États-Unis transmirent à leurs alliés des renseignements sur une invasion hautement probable, le Royaume-Uni réagit immédiatement. Ce n'était pas simple opportunisme : depuis 2015, l'opération Orbital avait entraîné plus de 21 000 militaires ukrainiens et déployé la Royal Navy dans la mer Noire. Londres s'était montré plus attentif à la menace russe que ses partenaires européens après 2014 – une position confortée par deux épisodes : en 2018, la tentative d'assassinat de Sergueï Skripal par les services russes ; en

2021, les tirs de semonce russes contre le *HMS Defender* en mer Noire, alors qu'il assurait la liberté de navigation au large de la Crimée.

D'où l'adoption d'une posture plus ferme vis-à-vis de Moscou et la livraison à l'Ukraine de matériels militaires qui eurent un rôle critique aux premières heures de l'invasion russe. La Grande-Bretagne prenait ainsi le leadership en Europe, poussant d'autres pays à livrer plus de matériels, notamment *via* la conférence des donateurs réunie à Londres.

Leadership : en Europe et hors d'Europe…

Dynamiques de puissance, influences, interactions, coalitions se redessinent rapidement sur le continent. Dans ce paysage fluide, Londres adapte son approche. Le Royaume-Uni voulait son engagement concret quand France et Allemagne en restaient à la diplomatie – critiquées d'ailleurs par certains alliés d'Europe centrale. Leur soutien militaire à l'Ukraine a été lent et limité comparé à celui de la Pologne, des États baltes ou de la République tchèque. La position confuse de la coalition au pouvoir à Berlin lui a ôté tout leadership en Europe, alors que l'Union européenne (UE) se mettait à pencher vers l'Est : les décisions sur l'Ukraine se prennent désormais plus à Varsovie qu'à Paris ou à Berlin. Le Royaume-Uni a bien saisi cette dynamique, et dans un contexte de relations diplomatiques et militaires difficiles avec la France et l'Allemagne, il a choisi des relations plus profitables avec des partenaires du Nord ou de l'Est.

Le Brexit a empoisonné les relations franco-britanniques, et jusqu'aux accords de Lancaster House de 2010. En septembre 2021, Londres a négocié l'alliance AUKUS avec Washington et Canberra, torpillant un accord franco-australien sur la vente de sous-marins. Pour le Royaume-Uni, c'était là une manifestation du *Global Britain* et d'un engagement aux côtés de la stratégie américaine. Pour la France, un coup de poignard dans le dos, contre ses intérêts dans la région et son industrie de défense. Pire : le reste de l'UE devait rester relativement muet… Londres choisissait même, pour rendre public l'AUKUS, le jour où l'UE lançait sa stratégie indopacifique… Dans les circonstances actuelles, il est peu probable que les relations franco-britanniques évoluent positivement, spécifiquement dans cette région indopacifique, où les deux pays sont pourtant les présences européennes dominantes.

Royaume-Uni/Union européenne : une coopération insaisissable

La coopération de sécurité et de défense avec l'UE reste à définir, compte tenu de la remise en question par Londres de l'accord de rupture de 2020. La *Integrated Review* de Londres et la Boussole stratégique de Bruxelles prennent en compte cet état de fait. « Nous [le Royaume-Uni] coopérerons avec l'UE sur la sécurité et la défense comme partenaires indépendants, là où cela sera notre intérêt. » « Nous [UE] restons ouverts à un large et ambitieux engagement en matière de sécurité et de défense avec le Royaume-Uni. » La guerre d'Ukraine et la nécessité d'une unité européenne ont pourtant permis de resserrer les relations ; la secrétaire au Foreign Office a ainsi pu participer aux réunions des ministres des Affaires étrangères de l'Union.

L'UE s'est d'abord retrouvée marginalisée par la Russie ; elle a dû imposer sa voix et sa place autour de la table, quand Moscou n'entendait négocier qu'avec les

États-Unis ou l'Organisation du traité de l'Atlantique nord (OTAN) – Londres voyant là une confirmation de sa position sur la primauté de l'OTAN. Il reste que l'UE a usé, après l'invasion, de ses remarquables leviers économiques, s'affirmant comme réel acteur géopolitique. Ses sanctions ont été beaucoup plus efficaces que la politique britannique post-Brexit, et le soutien européen à l'Ukraine, comme l'accueil des réfugiés, ont impressionné, tout comme l'appui militaire considérable apporté à travers la Facilité européenne pour la paix.

Dans le contexte actuel, on peine à imaginer un renforcement futur de la coopération euro-britannique. Des différences significatives demeurent entre cultures stratégiques. Le Royaume-Uni privilégie manifestement les accords informels, avec l'UE sur des questions concrètes, ou dans des formats comme le E3 (Paris, Londres, Berlin) ou le groupe des ministres de la Défense des pays nordiques ; l'UE préfère, elle, une relation institutionnelle qui lie le royaume à ses normes et pratiques. L'actuel gouvernement de Londres se pense sans doute conforté dans sa position et renforcera son narratif du *Global Britain*, de la puissance moyenne indépendante. Enfin, le pays a diversifié ses options par un réseau de partenariats bi-, tri-, mini-latéraux, tirant parti de capacités haut de gamme de grande valeur aux yeux d'États européens moins importants.

Le risque est pourtant réel que l'approche britannique du protocole nord-irlandais n'affecte encore les nouvelles bonnes volontés européennes, ainsi que les relations de Londres avec Washington. Même s'il le souhaite, il n'est pas sûr que le gouvernement britannique puisse séparer coopération diplomatique et économique, et coopération en matière de sécurité et de défense.

À la recherche de relations nouvelles

Avec la guerre en Ukraine, l'équilibre européen se définit plus à l'Est. Les États centre-européens, qui mettent depuis beau temps en garde contre la menace russe, se font plus influents, aux dépens de la France et de l'Allemagne. Le Royaume-Uni le comprend et adapte ses relations en conséquence.

Un filet de formats bi-, tri-, mini-latéraux concrétise l'objectif du secrétaire au Foreign Office de construire un « réseau global de la liberté ». Le Royaume-Uni peut donc s'engager avec ses partenaires européens dans un dispositif flexible, adapté à chaque problème, et ainsi contourner les fraîches relations consécutives au Brexit.

Dans cette approche, la Joint Expeditionary Force (JEF), dirigée par Londres, joue un rôle clé : cadre réunissant dix partenaires européens, basé sur des conceptions voisines, sur un concept flexible (il ne s'agit pas d'un traité, comme celui qui fonde la Force expéditionnaire conjointe franco-britannique) et une confiance mutuelle. Créée en 2014, elle a sans nul doute gagné en importance pour Londres depuis le Brexit. Elle a, en 2021, accueilli son dixième membre (l'Islande) et monté son premier exercice majeur, *Joint Protector*. En 2022, son activité s'est considérablement renforcée, y compris dans la dimension politique, avec déjà deux rencontres au plus haut niveau. Le Quartier général interarmées britannique (SJFHQ) dispose désormais de deux antennes en Lituanie et Lettonie, et d'officiers de liaison au Danemark, en Estonie, en Finlande et en Suède. Signes que le format peut fonctionner globalement ou en mode bilatéral. Plus significativement, le Royaume-Uni a signé des déclarations avec la Finlande et la Suède, leur apportant des garanties de sécurité durant le processus d'adhésion à l'OTAN : la Finlande et la Suède sont pourtant déjà couvertes par l'article 42.7 (sur la défense mutuelle) du traité de Lisbonne, manifestement jugé insuffisant. Le Royaume-Uni a pris cette initiative avant que la France ou l'Allemagne n'aient fourni de nouvelles garanties ou réaffirmé la pertinence de l'article 42.7 – contrairement au gouvernement polonais.

Le Royaume-Uni se trouve à la tête de la présence renforcée de l'OTAN en Estonie (opération Cabrit) et contribue à la force dirigée par les États-Unis en Pologne – ces deux déploiements ont été renforcés depuis février. Le pays a également dépêché ses Royal Hussars pour l'exercice *Arrow 22* et signé une déclaration bilatérale avec la Lituanie. Londres a reçu les leaders du groupe de Visegrád en mars, et le secrétaire au Foreign Office a effectué une visite en République tchèque, qui préside le Conseil des ministres de l'UE depuis juillet 2022.

La JEF et le nouvel accord trilatéral de défense avec la Pologne et l'Ukraine dessinent ainsi une chaîne diplomatique et de défense de l'Arctique et du Grand Nord jusqu'aux Balkans et à la mer Noire. Le Royaume-Uni entend donc jouer un rôle significatif pour la protection des flancs nord et est de l'Europe, se positionnant comme leader militaire au nord. En sus des capacités anti-sous-marines déjà déployées dans l'Arctique et le Grand Nord, le Royaume-Uni a affecté à la NATO Readiness Initiative un groupe aéronaval, et met sur pied un Groupe Nord amphibie de défense littorale censé couvrir l'Atlantique, la Baltique et la Méditerranée.

***

L'agenda du *Global Britain* est ambitieux. Beaucoup a déjà été fait. Le groupe aéronaval Queen Elizabeth a été envoyé dans l'Indo-Pacifique, une relation de défense plus profonde se développe avec le Japon, et la Royal Navy a pu intervenir lors du désastre des Îles Tonga. Le Royaume-Uni s'est voulu leader, avec les autres, pour l'Ukraine et pour renforcer alliances et partenariats face à l'agression russe. Mais ses priorités et les ressources correspondantes restent encore à prouver. À court terme, cette approche remplira probablement ses objectifs politiques et militaires. À plus long terme, ses limites exigeront de renforcer les relations et la coopération avec l'UE en général, et Paris et Berlin en particulier.

E. A.

Pour en savoir plus

- « Global Britain in a Competitive Age: The Integrated Review of Security, Defence, Development and Foreign Policy », Gouvernement britannique, 2021.
- « JEF Defence Ministers Set Direction for Cooperation on Northern European Security », Ministère de la Défense britannique, 1er juillet 2021.
- « The Return of Geopolitics: Foreign Secretary's Mansion House Speech at the Lord Mayor's 2022 Easter Banquet », Bureau des Affaires étrangères et du Commonwealth britannique, 27 avril 2022.

Balkans : l'enjeu stratégique

Entre l'UE et la Russie ?

La guerre d'Ukraine remet en lumière le face-à-face entre Européens de l'Ouest et Russes dans les Balkans. Les hésitations de Bruxelles et les complexités du processus d'élargissement éloignent les opinions publiques de l'Union, opinions travaillées en profondeur par la Russie, au premier chef en Serbie et en Bosnie-Herzégovine. L'enjeu stratégique est d'importance pour l'Union européenne : c'est son rapport avec ses environnements qu'il lui faut repenser dans un nouveau contexte stratégique.

Si la guerre d'Ukraine, parmi toutes ses implications, sonne le glas du Partenariat oriental, elle constitue aussi un coup de semonce pour la politique d'élargissement de l'Union européenne (UE), particulièrement dans les Balkans.

L'incertitude ne s'estompe pas, deux ans après la révision de la politique d'adhésion, sur la capacité de l'UE à relancer un processus moribond. En dépit des mesures de soutien face à la pandémie (3,3 milliards d'euros) ou en faveur de la reprise économique (9 milliards d'euros dans la programmation budgétaire 2021-2027), l'UE peine à enrayer l'effondrement de sa crédibilité dans une région étroitement liée à son ordre politique, juridique et économique. Ces derniers mois, elle a encore perdu son aura d'alliée la plus proche aux yeux d'une vaste majorité de Macédoniens du Nord (43,2 % en 2019; 13,1 % en 2021). Elle est aujourd'hui devancée par les Américains (17,1 %), talonnée par les Russes (11,4 %) ou les Chinois...

La situation est très préoccupante en Serbie et en Bosnie-Herzégovine, où la Russie jouit de relais d'influence que l'UE peine à contrer. Ces derniers sapent le travail d'arrimage promu par l'UE et sa politique d'adhésion. Ils redonnent un élan aux nationalismes, aux irrédentismes, confirmant les pays dans la corruption et l'autoritarisme. Combinés à l'entrisme chinois, qui progresse spectaculairement notamment en Serbie, ces relais creusent une profonde brèche dans l'agenda de souveraineté que l'UE entend bâtir dans la région.

Le facteur russe

Les bases de l'arrimage de certains pays des Balkans aux architectures de sécurité européenne et transatlantique ont été posées ces vingt dernières années. L'Albanie, le Monténégro, la Macédoine du Nord et la Serbie ont tous conclu avec l'UE des accords pour la protection et l'échange d'informations classifiées, ainsi que des accords-cadres leur permettant de participer à des missions européennes (contributions effectives à EUFOR Althea, EUNAVFOR Atalanta, EUTM Somalia, EUTM Mali et EUTM RCA). La Boussole stratégique de 2022 prévoit un renforcement des dialogues en matière de sécurité et de défense. Au Kosovo est déployée la plus grande mission civile de l'UE (EULEX), et en Bosnie-Herzégovine la mission EUFOR Althea.

Cet arrimage s'est également concrétisé par un rapprochement avec les structures transatlantiques. L'Albanie, le Monténégro et la Macédoine du Nord ont adhéré à l'Organisation du traité de l'Atlantique nord (OTAN) respectivement en 2009, 2017 et 2020, et contribué à ses missions, notamment en Afghanistan. Malgré de fortes réserves, la Bosnie-Herzégovine a rejoint le Plan d'action pour l'adhésion à l'OTAN en 2018, et la Serbie le Partenariat pour la paix (PPP) en 2006. Entravé par la position de l'Espagne, de la Grèce, de la Roumanie et de la Slovaquie qui lui refusent la reconnaissance, le Kosovo nourrit sans ambiguïté des aspirations transatlantiques. À Pristina comme à Sarajevo, le facteur russe cristallise les craintes de tentatives de déstabilisation régionale. Le Monténégro en a fait les frais en 2016 et 2017, confronté à une tentative de coup d'État impliquant des citoyens russes, puis à une série de cyberattaques. Le rôle de la Russie fut également pointé du doigt en 2018, quand éclatèrent en Macédoine du Nord des manifestations violentes contre l'accord de Prespa.

L'ancrage russe en Serbie

Dans la région, le facteur russe dispose de deux points d'ancrage. Le premier, en Serbie, repose sur le soutien de Moscou, membre du Conseil de sécurité, à Belgrade contre le Kosovo. Il permet à la Serbie de contrer les efforts du Kosovo en matière de reconnaissance internationale, de s'assurer du blocage de toute solution jugée insatisfaisante, serait-elle soutenue par tous les États membres de l'UE (comme le plan Ahtisaari de 2007), et de contraindre l'EULEX à une position de stricte neutralité à l'égard du statut du Kosovo.

Ce soutien stratégique a évidemment ses contreparties, qui pérennisent le facteur russe dans l'équation de sécurité serbe. Et d'abord la doctrine de neutralité proclamée par Belgrade en 2007, quelques mois avant la déclaration d'indépendance du Kosovo. Cette neutralité entérine un rejet de l'adhésion à l'OTAN, nourri d'un ressentiment encore vif à l'encontre de l'Occident (le pays fut bombardé par l'OTAN en 1999). Elle n'a, par contre, pas empêché la Serbie de rejoindre en 2013 l'Organisation du traité de sécurité collective (OTSC) comme observateur permanent.

Après la déclaration d'indépendance du Kosovo, la Serbie et la Russie ont noué en 2009 un partenariat stratégique, étendu en mai 2013 aux coopérations géostratégiques. En même temps était établi au sud de la Serbie un centre humanitaire serbo-russe aux activités opaques, parfois soupçonné de servir de base avancée à des formations paramilitaires et pour le renseignement. En novembre 2013 fut également conclu un accord bilatéral prévoyant le renforcement des coopérations techniques et militaires, et la participation de Belgrade à des exercices militaires conjoints – tenus chaque année depuis 2015, avec la participation de troupes biélorusses. Ces coopérations stratégiques se traduisent en outre par des achats de matériel militaire qui engagent le pays dans la durée. Depuis octobre 2017, la Serbie a ainsi acquis 6 chasseurs *MiG-29*, 30 tanks *T-72MS*, 30 véhicules blindés *BRDM-2MS*, des systèmes de défense anti-aérienne *Pantsir S1*, et en janvier 2022, des missiles guidés antitank *Kornet*. Achats qui ont suscité de nouvelles craintes au Kosovo, mais aussi en Croatie et à Sarajevo, où s'organise un réarmement massif.

Le cas de la Bosnie-Herzégovine

Second point d'ancrage de la Russie dans la région : la Bosnie-Herzégovine. Il s'appuie d'une part sur la tutelle internationale mise en place par les accords de Dayton de 1995 et l'implication du Conseil de sécurité, d'autre part sur le statut de la Serbie signataire de ces accords. La Russie peut de ce fait alimenter une instabilité structurelle en Bosnie-Herzégovine et entraver l'arrimage du pays à l'UE et à l'OTAN. Elle s'est ainsi opposée à la nomination du nouveau Haut-représentant pour la Bosnie-Herzégovine, chargé de la supervision de l'application des accords, et c'est donc sans l'aval du Conseil de sécurité que l'Allemand Christian Schmidt a pris ses fonctions en mai 2021. La Russie a ensuite menacé de véto l'extension du mandat de la mission EUFOR Althea, qui garantit l'application militaire des accords. Avec la guerre en Ukraine, la fronde diplomatique s'est intensifiée : la Russie appelle à fermer le Bureau du Haut-représentant qu'elle ne reconnaît pas; elle a suspendu ses contributions (modestes) au budget de son administration, et menace désormais explicitement d'intervenir pour déstabiliser le pays en cas d'adhésion à l'OTAN. En novembre 2022, elle opposera sans doute son véto à l'extension annuelle de la mission EUFOR Althea, obligeant les Occidentaux à déployer des troupes sous d'autres formats. Face aux risques de déstabilisation, ceux-ci ont déjà renforcé leurs effectifs militaires sur le terrain. Ces risques sont d'autant plus sérieux qu'ils s'appuient sur des leviers d'influence à la fois pro-russes et pro-serbes en Republika Srpska, prônant un irrédentisme belliqueux et la constitution d'un monde serbe (*Srpski svet*) à l'image du *Russkiy mir*.

Alors que l'UE incite un président serbe juste réélu à contenir le facteur russe, l'illusion n'est pas permise. Les points d'ancrage russes sont solides : politiques, économiques et sociétaux. Et le risque porte par ricochet sur l'ensemble de la région : il a dernièrement conduit le gouvernement de Pristina à plaider pour l'installation d'une base permanente de l'OTAN au Kosovo.

L'ombre russe sur Belgrade

Les relais d'influence de la Russie dans la région permettent à Moscou de peser à moindres frais sur la scène politique de certains pays, entravant efficacement leur mue. En Serbie, ces relais d'influence opèrent d'abord au niveau des partis. Plusieurs d'entre eux, y compris celui au pouvoir, ont signé des accords de coopération avec le parti Russie unie de Vladimir Poutine, recevant à ce titre un soutien politique et financier auquel ils ne manquent pas de répondre. Le président serbe Alexandar Vučić a ainsi multiplié les visites à Moscou, peu soucieux des tensions suscitées avec l'UE par l'annexion russe de la Crimée, les affaires Skripal et Navalny, ou la situation en Biélorussie.

Cette fidélité, dont s'enorgueillit volontiers la classe dirigeante serbe, se traduit par un refus constant des politiques de sanctions européennes, alors même que les accords d'association avec l'UE prévoient une « convergence croissante des positions des parties sur les questions internationales ». Les sanctions adoptées par l'UE depuis février 2022 en réponse à l'invasion russe en Ukraine ne sont donc pas plus suivies par la Serbie que celles prises après l'annexion de la Crimée (la seule exception porte sur les mesures européennes visant d'ex-responsables ukrainiens). De même, à l'Organisation pour la sécurité et la coopération en Europe (OSCE), la loyauté de la Serbie vis-à-vis de Moscou entraîne un non-alignement systématique sur les déclarations de l'UE visant la Russie, ou les alliés de la Russie. Une loyauté qui ne s'est pas estompée depuis que la Serbie a reçu de l'UE le statut de candidate à l'adhésion en 2012.

Pour justifier la « spécificité » serbe, le président Vučić aime à souligner que la Russie était aux côtés de la Serbie lors des bombardements de l'OTAN en 1999, que l'amitié entre les peuples serbe et russe est inébranlable, et surtout que la doctrine de neutralité, à laquelle adhère la Serbie, lui interdit de « prendre position » dans le conflit qui sévit à l'Est. Cette interprétation de la neutralité lui permet à la fois de ménager la Russie, d'assurer l'Ukraine de son soutien (pour son intégrité territoriale) et de rassurer, bien qu'imparfaitement, l'UE quant à son engagement pro-européen.

Les médias serbes, contrôlés par le pouvoir, relaient ce positionnement plus qu'ils ne l'interrogent. Leur partialité est aggravée par des médias russes opérant directement en Serbie (agence Spoutnik à Belgrade, télévision RT, supplément *Russia Beyond the Headlines*, applications mobiles, etc.). Ces relais opèrent un véritable travail de désinformation, encore intensifié depuis la pandémie et la guerre en Ukraine, avec la propagation marquante de thèses complotistes et politico-religieuses.

De récentes études réalisées en Serbie créditent ainsi la Russie de 60 % d'opinions positives (+ 20 % par rapport à 2013), l'UE n'en récoltant que 27 %. En 2021, les deux tiers des Serbes tenaient Vladimir Poutine en haute estime, plus de la moitié voyant en Moscou un allié ; 11 % se fiaient à l'UE, 47 % à la Chine. En mars 2022, seuls 26 % des Serbes attribuaient la responsabilité de l'invasion russe en Ukraine à la Russie ; pour une majorité de Serbes, ce sont les États-Unis (60 %) et l'OTAN (51 %) qui en portent la première responsabilité.

Le positionnement stratégique d'investisseurs russes dans l'espace public serbe et les liens économiques entre les deux pays dans des domaines clés complètent le tableau. Gazprom demeure le sponsor officiel de l'Étoile rouge de Belgrade et devrait bientôt signer avec le gouvernement un nouveau contrat d'approvisionnement en gaz de long terme. La Russie couvre déjà 70 % des besoins de la Serbie en gaz et contrôle la principale compagnie pétrolière serbe (NIS) et une partie du réseau serbe de distribution d'essence (*via* Lukoil). Si les investissements russes en Serbie restent peu importants au regard des engagements européens et chinois, leur concentration dans le domaine de l'énergie (et dans une moindre mesure les transports et la banque) pose question. En 2019, la Serbie est en outre devenue le premier pays européen à signer un accord de libre-échange avec l'Union économique eurasiatique – incompatible avec sa future participation au marché unique de l'UE.

Leviers politiques et irrédentisme en Bosnie-Herzégovine

La Bosnie-Herzégovine n'applique pas plus que la Serbie les sanctions adoptées par l'UE après l'annexion de la Crimée, ni celles de 2022. Mais alors qu'à Belgrade la Russie jouit d'un large soutien politique, elle creuse en Bosnie-Herzégovine divisions internes et blocages institutionnels, se ralliant volontiers à la cause des irrédentistes, quitte à déstabiliser le pays.

En cause : l'engagement pro-russe du chef politique des Serbes de Bosnie depuis une quinzaine d'années, Milorad Dodik, actuellement membre de la présidence tripartite du pays. Celui-ci a développé au travers de ses différentes fonctions en Republika Srpska un solide réseau clientéliste, alimenté par des intérêts russes à la fois politiques, économiques et religieux. Sa rhétorique nationaliste, une propagande haineuse et un fort anti-occidentalisme contrastent pourtant avec l'apathie dont fait preuve un grand nombre de Serbes en Bosnie-Herzégovine.

Ces intérêts russes utilisent l'entité serbe de Bosnie-Herzégovine comme caisse de résonance de leurs tentatives de déstabilisation régionale. Les narratifs pro-russes véhiculés par les médias insistent sur les tensions civilisationnelles qui prévaudraient entre Slaves et Musulmans, et peignent les Serbes en victimes des Occidentaux. Ces narratifs pro-russes trouvent en Republika Srpska un terreau propice à l'activation des desseins sécessionnistes nourris par Milorad Dodik depuis des années. Enhardi par la pusillanimité de l'UE, celui-ci a déclenché en octobre 2021 un processus de séparation juridique en sept points, susceptible de provoquer *de facto* la sécession de la Republika Srpska et l'éclatement de la Bosnie-Herzégovine. Tacitement soutenue par la Serbie et par le leader des Croates de Bosnie Dragan Čović, la perspective d'un démembrement du pays rouvre les plaies d'un conflit responsable de près de 100 000 morts et 2 millions de réfugiés.

Le soutien russe à l'irrédentisme serbe se traduit par l'appui à Milorad Dodik – sous le coup de sanctions internationales –, avec un accès privilégié à Vladimir Poutine, leur relation n'ayant pas pâti de la guerre en Ukraine. Milorad Dodik soutient l'« opération militaire spéciale » en Ukraine et a dernièrement appelé à renforcer la coopération économique et énergétique avec la Russie, au grand dam de Sarajevo. La Bosnie est déjà très dépendante du gaz russe, et Moscou y contrôle la quasi-totalité du marché des produits pétroliers (*via* Zarubezhneft). Moscou a empêché en novembre 2021 le Haut-représentant Christian Schmidt de présenter à l'Organisation des Nations unies (ONU) un rapport très critique à l'encontre de Milorad Dodik. La Russie, qui épaule les forces de sécurité serbes en matière de formation, a de plus contribué au réarmement des forces de police en Republika Srpska, que le plan en sept points d'octobre 2021 prévoit de transformer, illégalement, en armée autonome. Enfin, la Russie alimente (y compris financièrement) la prolifération de groupuscules ultranationalistes sur lesquels elle pourrait s'appuyer en cas de besoin (Honneur serbe, club de motards Loups de la nuit MC…).

Un triple défi pour l'Union européenne

L'indécision de l'UE, son inconséquence et sa gaucherie ont fait le jeu de la Russie, de la Chine et de leurs relais d'influence, et durablement fragilisé les sociétés balkaniques, pourtant jadis acquises à la cause européenne.

La brèche qui s'agrandit de jour en jour dans l'agenda de souveraineté que l'UE entend bâtir dans la région ne se résorbera pas avec le temps, bien au contraire. Un engagement plus stratégique de l'UE et de ses États membres est indispensable. Il suppose tout d'abord un ciblage politique des vulnérabilités clés, afin de tracer clairement et sans ambiguïtés certaines lignes rouges (pour la plupart déjà franchies). Le positionnement de la Serbie, à rebours de ses engagements comme État candidat à l'adhésion, appelle une réponse d'autant plus forte qu'il s'accompagne d'un glissement autoritaire. De nouveaux instruments sont à disposition de l'UE (notamment en matière de conditionnalité négative). De même, il lui appartient de manifester plus clairement son opposition à toute tentative de déstabilisation en Bosnie-Herzégovine, plutôt que de chercher à accommoder les intérêts des leaders de Republika Srpska et de Bosnie-Herzégovine.

Cet engagement plus stratégique, l'UE ne peut en faire l'économie, et il implique une autonomie plus forte de l'Union en matière de politique étrangère et d'élargissement. L'absence de position européenne commune pour la reconnaissance du Kosovo est une aubaine pour la Russie et ses relais. Il en est de même du blocage immérité de la Macédoine du Nord qu'impose la Bulgarie au Conseil de l'UE, ou de l'ingérence de la Croatie en Bosnie-Herzégovine.

Mais une capacité d'action renforcée restera lettre morte sans volonté politique forte d'arrimer les Balkans occidentaux à la construction européenne. Face aux risques de déstabilisation, il appartient à l'UE, plus encore qu'à l'OTAN, d'assurer une présence militaire sur le terrain, particulièrement en Bosnie-Herzégovine et au Kosovo.

Au-delà, c'est le rapport à ses périphéries que l'UE devra réinventer. Même révisée, la politique d'adhésion reste une création de juristes et de marchands, dont la vision peine à répondre à des défis politiques et géopolitiques inédits. Le dépôt des candidatures ukrainienne, moldave et géorgienne illustre un changement de paradigme, auquel l'idée de Communauté politique européenne ne peut que malaisément répondre.

F. M.

Pour en savoir plus

- F. Bieber et N. Tzifakis, *The Western Balkans in the World: Linkages and Relations with Non-Western Countries*, Londres, Routledge, 2020.
- F. Marciacq et R. Le Quiniou (dir.), « L'engagement de la France dans les Balkans occidentaux. Pour un renforcement de la coopération stratégique, politique, économique et sociétale », *Études de l'Ifri*, Ifri, février 2022.
- S. Secrieru, « Russia in the Western Balkans: Tactical Wins, Strategic Setbacks », *EUISS Geopolitical Series*, Brief n° 8, juillet 2019.

Y a-t-il une crise des démocraties européennes ?

Crises internes et incertitudes communes

Les dynamiques populistes, abstentionnistes et souverainistes semblent se combiner pour traduire un ébranlement de plusieurs démocraties européennes. La construction européenne elle-même n'a jamais vraiment tranché entre la tentation unitaire et le retrait des États sur la défense de leur souveraineté. La guerre d'Ukraine pourrait-elle aider à l'émergence d'un patriotisme européen ancré non sur un nationalisme mais sur une défense des principes démocratiques ?

Depuis l'Antiquité, l'Europe invente, réinvente la démocratie. Athènes, Rome, cités bourgeoises du Moyen Âge, approfondissement et diffusion du sentiment démocratique : autant d'apprentissages d'une citoyenneté toujours remise en chantier. Avec la formidable poussée de mondialisation des dernières décennies du XXe siècle, puis les attaques du 11 septembre 2001, la démocratie libérale semble être entrée dans une crise persistante. Par un étrange jeu de miroirs, semblent désormais se faire face deux types de démocratie, les unes – souvent qualifiées de « démocratures » – exaltant l'identité et la souveraineté du peuple comme totalité, les autres pariant sur la liberté individuelle et sa capacité créatrice.

Dans ce paysage d'ensemble, l'Europe, aux côtés des États-Unis, se confirme comme l'un des grands laboratoires de la démocratie. Quant à la construction européenne elle-même, depuis les années 1950 elle fait, dans son histoire propre, face à un défi spécifique, celui de l'incertaine édification d'une légitimité démocratique européenne, au-delà des peuples et des États qui la constituent.

Un face-à-face de deux démocraties ?

L'Europe se définit aujourd'hui, avec l'Amérique du Nord, comme l'un des théâtres majeurs de l'affrontement entre deux modèles de démocratie.

L'archipel du pouvoir dans les démocraties occidentales

Le pacte démocratique serait-il emporté, ligoté, par les filets d'une mondialisation qui installe un décalage difficilement supportable entre flux économiques et financiers, bureaucraties internationales et vie quotidienne des peuples ? Voici venir l'ère des États-archipels, expliqués et ainsi définis par Jérôme Fourquet : ces États se caractérisent par « de multiples lignes de faille – éducative, géographique, générationnelle, idéologique et ethnoculturelle – s'entrecroisant et engendrant autant d'îles et d'îlots plus ou moins étendus[1] ».

Le contrat social démocratique requiert des engagements actifs, la participation régulière des membres d'une société à la gestion des affaires publiques. Or les absentions électorales tendent à se multiplier.

Depuis les années 1970, l'abstention se développe dans la plupart des démocraties européennes – avec, au cours du dernier quart de siècle, une chute moyenne de participation électorale de quatorze points. Cette montée de l'abstention, si elle révèle une crise de la représentation politique, pourrait aussi être vue comme porteuse d'une transformation des mœurs démocratiques. Certains abstentionnistes restent dans le jeu politique (par exemple les jeunes diplômés socialement bien insérés) ; d'autres se plaçant hors de ce jeu, dans les couches plus populaires à moindre niveau d'instruction. Beaucoup, loin de rejeter la démocratie comme telle, revendiquent l'abstention comme un droit de ne pas voter. Et parallèlement peuvent se manifester des formes nouvelles de participation démocratique : démocratie d'implication, démocratie d'intervention... Le devoir de voter n'est pas remis en cause mais obéit à un impératif moral différent[2].

Certains axes politiques de référence se déplacent ou se fragmentent. Le clivage pluriséculaire droite/gauche semble s'affadir, au bénéfice d'une coupure « mondialisateurs »/« dé-mondialisateurs ». Les premiers s'insérant dans les circuits internationaux et bénéficiant à plein de la modernité (revenu élevé, éducation…), les seconds, souvent prisonniers de ghettos urbains ou péri-urbains, se percevant comme marginalisés – l'incarnation la plus violente de cette marginalisation étant donnée par l'explosion des Gilets jaunes. Dans cet environnement, les extrêmes peuvent réaliser des percées spectaculaires : Rassemblement national ou phénomène Zemmour en France, Britain First au Royaume-Uni...

En 2011, Britain First, fondé par d'anciens membres du Parti nationaliste britannique et présidé par Paul Golding, fait irruption dans le paysage politique du pays et s'impose au référendum du Brexit (23 juin 2016). À la même époque, l'ensemble de la scène européenne est touché par une floraison de mouvements identitaristes. En Espagne, le Parti nationaliste basque (Euzko Alderdi Jeltzalea – EAJ) et son homologue le Parti populaire catalan (Partit Popular Català– PPC) affirment tous deux leur volonté de divorcer de l'État central. Au Royaume-Uni, le Scottish National Party (SNP), fondé en 1934 et reconnu depuis les années 1970, se revendique comme le porte-parole de la renaissance de l'Écosse. En France, le Rassemblement national (RN), issu du Front national (FN) fondé en 1972 par Jean-Marie Le Pen et qui s'est affirmé dans les années 1980, se pose en promoteur de la souveraineté française. Dans une Italie traumatisée par les Brigades rouges et l'enlèvement puis la mort d'Aldo Moro, la Ligue du Nord (Lega Nord per l'indipendenza della Padania), fondée en 1989, fait sa percée et s'implante en proclamant ériger la plaine du Pô en entité fédérée. En Belgique, dans les années

1. J. Fourquet, *L'Archipel français. Naissance d'une nation multiple et divisée*, Paris, Seuil, 2019.
2. A. Muxel, « L'abstention : déficit démocratique ou vitalité politique ? », *Pouvoirs*, vol. 120, n° 1, 2007.

2000, le Parti néerlandophone Christen-Democratisch en Vlaams (CD & V) s'impose sur le flanc maritime du pays.

Par ailleurs, les États se révèlent écartelés entre l'enchevêtrement des législations internationales et leurs responsabilités de solidarité nationales. Les dépenses de l'État-providence absorbent jusqu'à plus de la moitié de la richesse nationale. L'internationalisation des sociétés, les échanges entre les élites mondialisées dissolvent une partie du sentiment national. La privatisation croissante de l'enseignement, la fin des services militaires obligatoires minent le renouvellement du sentiment collectif.

Couronnement de ces dynamiques : le retour en force des souverainismes et des nationalismes, qui confrontent les États à un dilemme : soit tout produire eux-mêmes, soit se soumettre aux impératifs des échanges.

L'exaspération de la souveraineté dans les démocraties orientales

Depuis l'automne 1989, l'effondrement des régimes communistes d'Europe centrale confirme la profonde aspiration de ces États à s'ancrer dans l'espace atlantique. Mais après quarante ans de domination soviétique, ces pays entendent assumer pleinement leur souveraineté et supportent mal ce qu'ils voient comme la bureaucratie bruxelloise. Deux exemples illustrent particulièrement le problème ainsi posé.

La Pologne

En 2005, les frères Kaczyński, profondément anti-communistes, accèdent au pouvoir suprême à Varsovie, le premier, Lech, comme président de la République, le second, Jaroslaw, comme Premier ministre. Leur objectif est de bâtir une Pologne fière de son passé, régie par les idéaux catholiques (avec, en particulier, une remise en cause du droit à l'avortement). Leur intention de faire autoriser la peine de mort se heurte aux réponses fermes des institutions européennes. Le 10 avril 2010, le président, son épouse et une délégation officielle trouvent la mort dans l'ouest de la Fédération de Russie, alors qu'ils se rendaient aux cérémonies commémorant le 70e anniversaire du massacre de Katyń.

La Hongrie

Le 11 mars 2013, Viktor Orbán fait adopter une quatrième modification de la Loi fondamentale. L'amendement révise le rôle de la Cour suprême. L'Union européenne (UE) et les États-Unis s'opposent à cette modification. Le gouvernement Orbán multiplie des nominations à des fonctions stratégiques (cours de justice, agences d'évaluation de l'État, médias et universités, institutions culturelles, etc.).

Qu'il s'agisse des Kaczyński ou d'Orbán, ces personnalités incarnent le type même du gouvernant illibéral, prétendant parler au nom de l'homme de la rue, faisant semblant d'assurer le bien-être de leur pays, et aspirant à un ordre mondial où les idées libérales et cosmopolites sont de plus en plus combattues. Ces personnalités politiques sont tentées par l'aventurisme et l'agressivité en politique étrangère (voir l'invasion meurtrière de l'Ukraine). Les démocraties les plus authentiques ne peuvent pas être blâmées pour l'ascension de ces hommes forts, mais elles n'ont pas été très efficaces pour les éviter.

Dans l'UE, deux terrains majeurs d'affrontement

En ces années 2020, l'UE, lieu de toutes les expériences institutionnelles, s'offre comme un champ de bataille exemplaire du bras de fer entre ces deux visions de la démocratie, dans deux domaines essentiels.

Les transferts financiers

Depuis les débuts de la construction européenne, les fonds mis en commun par les États membres – en clair, le budget européen – font l'objet de récurrentes convoitises. Ainsi la France gaullienne des années 1960 obtenant la prise en charge de son agriculture par les crédits communautaires… Ainsi le Royaume-Uni de Margaret Thatcher réclamant en novembre 1979 de ne pas payer plus qu'elle ne reçoit de l'Europe (« *I want my money back* »)… Ainsi, à la suite de la victoire du « non » lors de la consultation pour la sortie de l'UE (23 juin 2016), le Premier ministre Boris Johnson négociant pied à pied ses paiements à l'Union… Ainsi, dans les années 2004-2007, les pays d'Europe centrale et orientale, emportés par leur indépendance retrouvée, tendant à monopoliser les fonds européens…

La primauté du droit communautaire

L'édifice européen repose largement sur la subordination des législations nationales aux normes communautaires. Ce principe, constamment réaffirmé par les instances suprêmes de l'Union (Commission, Parlement et Cour de justice), se trouve mis en cause par les nouveaux États membres de l'Union, révélant la profonde fragilité de la construction européenne.

Inventer une légitimité démocratique européenne

Jean Monnet, « le père de l'Europe », se méfie des peuples, de leurs passions nationales. D'où, dans la Déclaration du 9 mai 1950, la condensation de sa pensée et de sa méthode : « L'Europe ne se fera pas d'un coup, ni dans une construction d'ensemble : elle se fera par des réalisations concrètes créant d'abord des solidarités de fait. » Il s'agit, d'une certaine manière, de contourner les peuples en amenant leurs États à conclure et ratifier des traités mettant en place des autorités indépendantes (mécanismes de régulation, cours suprêmes) soumettant peu à peu – presque subrepticement – ces États à un encadrement juridique supérieur. Cette démarche connaît ses deux expressions les plus significatives dans le marché et la monnaie uniques.

Marché unique

Depuis la décennie 1950, des traités fondateurs des Communautés européennes au traité de Lisbonne (décembre 2007), la formation d'un marché unique, par la production continue de textes (règlements, directives, décisions frappant tous les acteurs économiques – États, entreprises, individus, arrêts sources de jurisprudences porteuses de contraintes de plus en plus précises…), s'impose comme la colonne vertébrale, le pivot d'une Europe en création permanente, « *a work in progress* ».

D'où, dans les années 1980, la désillusion du Premier ministre britannique, Margaret Thatcher, partisan convaincu d'une libération des échanges, farouche défenseur de la souveraineté britannique, et qui prend brutalement conscience de ce que cette libéralisation s'accompagne d'un accroissement massif de l'encadrement juridique européen.

Dans les années 2020, le marché unique, loin d'être cet instrument technocratique dont rêvait « l'inspirateur » Jean Monnet, selon la formule du général de Gaulle, est devenu un enjeu multiforme : contentieux sur l'interprétation des règles, disputes multiples autour des aides…

Monnaie unique

L'euro, la monnaie unique, a été conçue comme un outil technocratique, éloigné des peuples. Or ces derniers se l'approprient, parce qu'il facilite leurs achats et leurs ventes, et surtout garantit leur épargne. D'où le refus des États membres même traités le plus sévèrement par l'UE (Portugal, Grèce…) de renoncer à cet élément de sécurité. L'Italie, bien que son opinion se sente quelque peu abandonnée par l'Union, reste ancrée dans l'euro. La France s'accommode de ses déficits commerciaux. L'Allemagne se voit en gardienne sourcilleuse du système. Quant au Royaume-Uni, hanté par sa grandeur passée, il a toujours tenu à conserver la livre sterling, devise impériale.

Les élections européennes

En juin 1979, le Parlement européen, élu pour la première fois au suffrage universel direct, mobilise près de 62 % des électeurs. Ce pourcentage plafonne autour de 58-59 % en 1984 et 1989, puis chute en 1994 (49,5 %), diminue encore en 1999 et 2004 (45,5 %), atteint un nouveau palier inférieur en 2009 (43 %) et 2014 (42,6 %) pour rebondir en 2019 (50,7 %). Ces variations n'empêchent pas le Parlement européen de fonctionner tant comme un co-législateur que comme le maître des dépenses européennes, contribuant à édifier progressivement une légitimité démocratique européenne.

Cette démocratie européenne semble bien s'enraciner, avec une volonté collective de participer aux choix européens. Les scrutins de niveau national ne sont pourtant pas sans équivoque, et les questions européennes sont constamment affectées, voire déviées, par les programmes et enjeux internes. Pourtant, comme semble le suggérer la participation électorale de 2019, la citoyenneté européenne pourrait poursuivre son émergence. Mais l'identité européenne, pour se matérialiser, n'aurait-elle pas besoin de combats plus charnels, qui lui feraient grandir sa conscience d'elle-même ?

Des États profondément ambivalents à l'égard du projet européen

À l'issue des deux guerres mondiales, les États européens, grands vaincus des conflits, se retrouvent en faillite, ceux de l'Ouest bénéficiant de la protection américaine, ceux de l'Est tombant sous domination soviétique. La construction européenne conférera aux premiers une nouvelle légitimité, en exigeant le transfert progressif de compétences en direction de ce qui deviendra l'UE. Mais ce que les États acceptent de céder de la main droite à l'Union, ils souhaitent souvent le reprendre de la main gauche, traînant des pieds pour l'application des normes européennes et s'efforçant de faire perdurer une Europe profondément interétatique. Il leur faut pourtant, *in fine*, se soumettre aux disciplines communautaires, et en particulier respecter les arrêts qui les condamnent. Quant à l'Europe toujours en construction, elle doit choisir entre les trois options qui s'offrent à elle.

L'éclatement de l'Union

Tout processus de dissociation amorce un éclatement possible de l'Union. Ce fut, par exemple, le cas du départ du Royaume-Uni. Il semble cependant qu'une rupture généralisée soit très improbable. Le Royaume-Uni reste unique par son insularité ; les États continentaux demeurent soudés par des décennies d'interdépendances et ne conçoivent guère d'autre futur que commun, surtout après les crises du Covid-19 et de la guerre en Ukraine qui, au-delà des inévitables divisions, ont permis d'afficher une solidarité parfois forcée mais bien réelle.

Une avancée par tâtonnements

L'avance par tâtonnements (« *muddle through* ») caractérise l'approche européenne depuis ses origines. Il s'agit bien de compromettre, toujours compromettre… : une démarche qui s'inscrit dans une logique permanente de négociation multidimensionnelle et continue. Mais l'Europe peut-elle vivre dans une ambiguïté perpétuelle ? Certes, selon la célèbre formule du cardinal de Retz, on ne sort de l'ambiguïté qu'à son détriment, mais il faut parfois choisir. Il reste que grâce à sa démarche, ambiguë ou ambivalente, l'Union a pu mettre sur pied des politiques communes audacieuses.

Un saut fédéral

Relèverait d'un saut fédéral le passage d'un système aujourd'hui régi par des traités interétatiques approuvés par l'unanimité des membres, à un ordre constitutionnel dans lequel les normes pourraient être adoptées à la majorité simple, ou à une majorité qualifiée. Pour que cette rupture s'opère, il faudrait que se forme entre Européens une sorte de conscience politique commune, et que donc les citoyens européens se reconnaissent clairement un destin commun.

***

La guerre d'Ukraine a, à cet égard, confronté l'UE à un défi inattendu. Les États européens et leurs opinions se sont largement mobilisés au secours du pays agressé. Peut-être verra-t-on là l'amorce d'un nouveau patriotisme, appuyé non sur la seule – et nécessaire – défense de leurs territoires, mais sur des principes universels, dérivés de la Révolution française et de l'extension des droits de l'homme à l'échelle internationale qu'a connue le XXe siècle. En tout état de cause, la crise des démocraties européennes est appelée à durer, tant il est vrai que la démocratie est un apprentissage permanent, sans fin.

P. M. D.

Pour en savoir plus

- P. Moreau Defarges, *L'Histoire de l'Europe pour les nuls*, Paris, First, 2013.
- J. Fourquet, *L'Archipel français. Naissance d'une nation multiple et divisée*, Paris, Seuil, 2019.
- G. Rachman, *The Age of the Strongman: How the Cult of the Leader Threatens Democracy Around the World*, New York, Other Press, 2022.

La guerre est là : enjeux, moyens

Ukraine : premiers enseignements militaires

vidéo
http://dunod.link/jig0vcu

Le retour de la grande guerre conventionnelle

Préparation à la guerre, systèmes de commandement et de communication, équipements techniques et réserves de matériels, mobilisation et soutien des sociétés civiles, guerre de communication : la guerre d'Ukraine est riche de leçons, pour l'avenir du conflit lui-même, mais aussi pour des armées occidentales qui ont vécu depuis plus de trois décennies sur des concepts de décroissance et de projection dans des conflits expéditionnaires et limités.

Le conflit ukrainien remet en question nombre de présupposés stratégiques en Occident. Ainsi, l'incrédulité européenne face aux avertissements américains doit être méditée, et sans doute appeler à un réapprentissage d'une grammaire stratégique remettant à sa juste place le rôle de la force militaire dans les outils de puissance, aux côtés de la diplomatie et des moyens indirects. La guerre elle-même offre d'autres enseignements, plus strictement militaires. L'intensité des combats consommant rapidement effectifs et matériels, interroge notamment sur le format d'armées européennes marquées par trente années de réductions et de missions expéditionnaires.

En dépit de l'avancée rapide des forces russes aux premiers jours, et de l'occupation durable de 20 % du territoire ukrainien, force est de constater que les objectifs initiaux de Moscou – la prise de Kiev et sans doute le contrôle du pays entier – ont échoué. Si les trente dernières années ont montré les limites de la force militaire dans le cadre des conflits asymétriques et des guerres irrégulières, elles n'ont pas préparé les observateurs à de tels revers dans le champ conventionnel. Sur le plan militaire, ce résultat s'explique tant par la planification de la guerre que par le déroulement des opérations. Et son inscription dans la durée pèsera sur l'évolution du conflit.

La guerre avant la guerre : planification et (im)préparation

Pour comprendre le résultat des opérations, il faut d'abord se pencher sur la phase de préparation. Il ne fait guère de doute que l'appareil politico-militaire russe a considérablement sous-estimé la capacité de son adversaire à encaisser le choc et à mobiliser ses forces pour résister sur le temps long. Les volumes engagés, leur dotation en munitions, laissent penser que le commandement russe misait sur une action brève à même de provoquer un effondrement du régime ukrainien, éventuellement applaudie par la population russophone et certains éléments favorables à Moscou. Ces éléments, largement diffusés par la propagande d'État, semblent avoir infusé dans les représentations et la planification du commandement russe. Il est donc possible que la cinquième branche du Service fédéral de sécurité (FSB), chargée du renseignement politique dans les anciennes républiques soviétiques, soit elle-même à l'origine de ce qui s'avérerait être une « auto-intoxication » particulièrement néfaste.

Résultat de la mauvaise appréciation de l'adversaire, le corps de bataille massé par la Russie aux frontières ukrainiennes semble *a posteriori* avoir été très insuffisant, avec un rapport numérique initial de 1 contre 1 – environ 170 000 hommes de part et d'autre pour les forces terrestres –, un ratio qui s'est vite dégradé pour l'attaquant russe du fait de l'appel ukrainien à la Garde nationale (100 000 hommes) et à la réserve *via* la mobilisation générale. Un tel rapport de force n'est pas forcément rédhibitoire – les États-Unis ont envahi l'Irak en 2003 avec moins de 300 000 hommes – à condition d'être compensé par une supériorité technologique (et notamment aérienne), informationnelle et organisationnelle qui semble avoir fait défaut à la Russie.

À l'inverse, la défense ukrainienne paraît, elle, avoir été patiemment préparée. Minée en 2014 par un moral bas, une organisation lourde et un fort taux de désertion, l'armée ukrainienne a su réformer en profondeur son encadrement intermédiaire (sous-officiers) et ses procédures avec l'aide de conseillers occidentaux (notamment américains, britanniques et canadiens). Continuellement au combat depuis sur le front du Donbass, elle s'est progressivement aguerrie, alors que l'armée russe était finalement peu engagée. Les forces ukrainiennes ont également su tirer profit d'un système de réserve efficace et bien organisé, qui leur a permis d'atteindre rapidement la supériorité numérique à l'échelle du théâtre. Ces réserves n'ont pas fourni seulement des combattants, mais encore du personnel logistique, médical ou du génie, permettant ainsi de libérer des effectifs militaires nécessaires ailleurs. Le rôle de chacun étant défini à l'avance, ces réserves ont donné une rapidité d'organisation et une souplesse enviables en période de crise.

Sur le plan capacitaire, l'Ukraine s'était dotée entre 2014 et 2022 de systèmes performants et de schémas tactiques adaptés à la défensive contre un adversaire matériellement supérieur. Elle a structuré ses forces terrestres autour d'une infanterie antichars, débarquée ou mécanisée. Sur le plan aérien, elle a surtout joué l'interdiction de zone *via* une menace basse-couche persistante, économisant sa petite aviation et tirant le meilleur parti de capacités de niche, avec des matériels tels que les drones de combat turcs *Bayraktar TB2*, performants et peu coûteux, et qui ont prouvé leur utilité tant militaire qu'en matière de communication.

Enfin, alors que Moscou comptait sur le bon accueil des Ukrainiens russophones – ce fut le cas en 2014 en Crimée et dans certaines localités du Donbass –, Kiev semble être parvenu à réduire l'influence des relais russes sur son territoire : Kharkiv, principale ville russophone du pays, n'a pas ouvert ses portes, et peu de cas de collaboration active ont émergé. En guerre depuis 2014, les gouvernements ukrainiens successifs ont su limiter l'influence russe en coupant l'accès aux médias pro-Kremlin, voire en se débarrassant de politiciens ouvertement proches de Poutine comme Viktor Medvedtchouk, sanctionné dès 2014 et assigné à résidence après mai 2021.

L'efficacité militaire en haute intensité

À cette asymétrie de préparation s'est ajoutée une conduite très inégale des opérations, expliquant les gains limités – quoique réels – de l'armée russe. Après une avance spectaculaire au sud et à l'est, elle est stoppée et contrainte de battre en retraite au nord et nord-est, incapable de soutenir l'effort sur plusieurs axes. Si le ralentissement significatif du *tempo* opérationnel s'explique en partie par la sous-performance russe, il révèle également des succès de la défense ukrainienne.

Pourquoi la sous-performance russe ?

Côté russe, un premier problème apparaît d'emblée en matière de système de commandement et de contrôle, avec l'absence d'échelon opératif unifié assurant la vision d'ensemble sur le théâtre. Le dispositif russe est en effet divisé en trois commandements distincts, issus respectivement des régions militaires sud (forces attaquant depuis la Crimée), centre (forces attaquant l'est de l'Ukraine depuis la Russie) et nord (forces attaquant depuis la Biélorussie). Cette structure bancale et inefficace n'est réformée qu'au mois d'avril à la suite de l'échec russe devant Kiev, avec le redéploiement de l'effort vers l'est du pays, par l'instauration d'un commandement unique pour le théâtre confié au général Alexandre Dvornikov.

Le commandement s'est aussi révélé déficient aux échelons inférieurs, sans doute du fait d'un encadrement insuffisant en quantité comme en qualité, ainsi que de défaillances des systèmes de communication. Ces déficits expliquent l'exposition inhabituelle d'officiers supérieurs, et même généraux, qui s'est ressentie dans les pertes accusées par ces derniers. Les faiblesses structurelles et connues de l'armée russe en la matière – notamment l'absence d'un corps de sous-officiers de carrière – ont pu peser sur le moral et le manque d'initiative des troupes. S'ils participent sans doute aussi d'une culture de guerre, voire d'un projet politique plus profond, les exactions et crimes de guerre à l'encontre des populations civiles comme à Boutcha renvoient aussi à ce manque d'encadrement intermédiaire.

Les forces au sol ont également montré de sérieuses lacunes en matière de combat interarmes. Nombre d'offensives locales ont ainsi impliqué des unités de chars lancées sans appui ni infanterie d'accompagnement, coincées sur des routes qu'elles ne pouvaient quitter sous peine de s'enliser dans la boue de la *raspoutitsa*. Isolées, ces colonnes furent régulièrement débordées et détruites par des équipes légères antichars opérant hors des routes. Largement dotées en artillerie, les unités russes manquaient généralement d'une masse de manœuvre suffisante une fois l'adversaire fixé, peinant à le déborder. Ces difficultés semblaient cependant en passe d'être surmontées à partir de la fin mai, avec des percées significatives dans le Donbass.

Cantonnées aux routes et souffrant de leur manque de provisions initiales, les forces russes ont également vu leur logistique harcelée par la destruction de nombreux convois de ravitaillement isolés sur des lignes non protégées. Tandis que les difficultés à s'affranchir des grands axes routiers et des coupures humides illustraient des manquements en matière de génie, les faiblesses de la manœuvre – exposées spectaculairement en mars par le « convoi de 60 kilomètres » au nord de Kiev – expliquent une large part des pertes en véhicules, abandonnés faute de carburant ou de munitions. Ensemble, ces points révèlent l'importance primordiale du train, en contexte de haute intensité, soit avec une attrition et une consommation élevées.

La longue bataille de Marioupol (du début mars à la mi-mai) a montré la faible préparation de l'armée russe à la guerre urbaine : déficit en renseignement, surveillance et reconnaissance (ISR), ainsi qu'en munitions de précision qui auraient permis d'éviter une destruction totale des zones de combat par la seule puissance de feu. Le peu d'égard pour les pertes civiles a permis finalement aux Russes de l'emporter dans une victoire à la Pyrrhus, qui a immobilisé d'importantes ressources durant deux longs mois. Cette expérience, qui rappelle les précédents d'Alep et Grozny, devrait peser sur l'appétence à s'engager dans d'autres combats de ce type, pour des agglomérations plus importantes comme Kharkiv, Zaporojié ou Dnipro.

Sur le plan aérien, la sous-performance est aussi patente. La manœuvre russe d'ouverture du théâtre (l'« entrée en premier ») a échoué. La phase initiale de frappes dans la profondeur, destinée à s'assurer de la supériorité aérienne et à paralyser les centres de décision et moyens de communication de l'adversaire, a clairement été mal conçue. Là où, en 2003, les États-Unis avaient ouvert le théâtre irakien avec plus de 500 frappes en quelques heures, sidérant l'adversaire par un déluge de feux de précision, l'ouverture russe en fit moins de 150, visant insuffisamment les défenses anti-aériennes ukrainiennes et des infrastructures aéroportuaires militaires, sans parvenir à les mettre hors de combat durablement ou à décapiter les forces ukrainiennes.

Ces insuffisances ont été prolongées par la faiblesse des forces aériennes russes dans la première phase du conflit. Alors qu'en 2003 la coalition contre l'Irak effectuait dans le premier mois environ 1 300 sorties aériennes par jour, combinant attaques stratégiques dans la profondeur, frappes d'interdiction sur les lignes de ravitaillement ennemies et missions d'appui rapproché aux forces au sol, les forces aérospatiales russes (VKS) en sont restées en deçà des 250. Handicapées en mars-avril par une météo qui les obligeait à voler à basse altitude, ce qui les rendait vulnérables aux armes sol-air à courte portée, elles n'ont finalement apporté qu'un appui parcimonieux aux forces terrestres, sans pour autant tenter de véritable campagne d'interdiction ou de frappes stratégiques.

Comprendre les réussites ukrainiennes

Ces différentes contre-performances russes ne doivent pas éclipser les succès des forces ukrainiennes. Surpassées en puissance de feu mais combattant « à domicile », elles ont adopté, sans panique, les éléments clés d'une défense dans la profondeur. Le commandement a tout de suite joué la carte de la résilience par une certaine décentralisation, mettant en avant les brigades de défense territoriale pour constituer une trame antichars et de nombreuses bulles d'interdiction qui ont vite freiné l'avancée russe.

Kiev a su combiner cette rusticité apparente avec une vraie plus-value informationnelle, misant sur la connaissance du terrain et surtout le renseignement technique généreusement fourni par les Occidentaux. Le maintien des réseaux de télécommunications a aussi pu compter sur des initiatives privées comme Starlink. Les armées ukrainiennes ont également fait preuve d'initiative tactique et d'innovation technique, adoptant par exemple des solutions logicielles inspirées du monde civil et développées en boucle courte au profit des armées, parfois par des réservistes ou des soldats des unités elles-mêmes (dans l'artillerie par exemple).

Cette capacité d'innovation se retrouve également dans une utilisation inventive des drones. Outre les emblématiques *TB2* turcs, les forces ukrainiennes disposent d'une myriade de petits drones, aux munitions parfois transformées au moyen d'impression 3D, employés avec une surprenante précision. Les forces russes apprennent et reproduisent ces systèmes à une échelle moindre, utilisant de simples gobelets et cuillères en plastique pour des effets similaires.

Vers une guerre longue et coûteuse

La redécouverte de la guerre de haute intensité conduit à repenser le rôle du temps dans un conflit armé. Si les guerres expéditionnaires mettaient surtout en avant les questions de soutien politique et d'adhésion des populations, le conflit ukrainien rappelle d'autres aspects stratégiques, comme la capacité à faire face aux pertes matérielles.

Renouveler les réserves de matériel

Les pertes matérielles sont assurément spectaculaires : en quatre mois de guerre, si les chiffres demeurent incertains, les sources les plus sérieuses s'accordent sur un total de plus de 30 000 morts, près d'un millier de chars détruits, au moins deux fois plus de véhicules blindés de tous genres, une cinquantaine d'avions de chasse, autant de drones, et une trentaine de navires de guerre – dont un bâtiment de premier rang. Face à cette hécatombe, la capacité à se régénérer, et donc à tenir dans le temps, fait figure d'enjeu crucial pour les belligérants.

Depuis les premiers jours du conflit, l'Ukraine a bénéficié de livraisons considérables des pays occidentaux. La durabilité de cette aide peut toutefois être mise en doute au regard des stocks eux-mêmes limités des donateurs. L'envoi de 90 obusiers *M777* par les États-Unis représente ainsi un dixième de la dotation américaine, voire près de 20 % pour les Marines, corps sur lequel les tubes ont été prélevés ; tandis que l'Australie s'est séparée de six de ses 48 canons. De même, l'envoi d'une dizaine de camions équipés d'un système d'artillerie (*CAESAR*) français ponctionne lourdement la dotation initiale, qui ne dépassait pas 80 pièces. Emblématiques de la première phase du conflit, les missiles antichars *Javelin* ont été livrés en grand nombre aux forces ukrainiennes, qui en consommaient jusqu'à plusieurs centaines par jour, alors que le fabricant reconnaissait n'en produire que 2 100 par an, malgré son intention de doubler ce chiffre. Quant aux missiles anti-aériens *Stinger*, la situation est encore plus complexe puisque leur chaîne d'assemblage a été fermée fin 2020. Enfin, la liquidation d'anciens stocks soviétiques des pays d'Europe de l'Est est par définition non renouvelable, les matériels plus récents étant généralement moins nombreux et plus onéreux.

Les difficultés de régénération sont encore plus préoccupantes pour l'appareil industriel russe. Alors que plus de 800 chars ont été perdus, seuls les *T-90* sont encore en production : les *T-72* et *T-80* détruits ne pourront être remplacés sans prélever des systèmes dans des stocks au conditionnement aléatoire. Cherchant à stimuler sa vitrine export, l'industrie russe avait tenté depuis des années d'orienter sa production vers des systèmes de pointe ; mais ces derniers, comme le char *T-14* ou le chasseur *Su-57* sont encore absents du champ de bataille, voire des inventaires réels des systèmes en service. Déjà anémiée par un carnet de commandes échantillonnaire, l'industrie de défense russe subit désormais de plein fouet les effets des sanctions, nombre de composants, notamment électroniques, étant importés. Il semble douteux que la réorientation d'une partie des chaînes de valeur vers des pays amis suffise à compenser ce déficit.

Forces morales

La guerre met aussi à rude épreuve la résilience des sociétés. L'Ukraine a tout de suite recouru à une mobilisation générale des hommes de 18 à 60 ans, qui s'est doublée d'une mobilisation de la société civile avec le phénomène des « volontaires » déjà observé autour de Maïdan en 2014. La mobilisation est soutenue par une dynamique de « ralliement autour du drapeau » et des figures érigées en symboles nationaux, dont celle du président Zelensky. Cet unanimisme se double d'une communication moderne et « virale », destinée à l'intérieur et à l'extérieur, misant tant sur les canaux traditionnels que sur les réseaux sociaux, avec un succès incontestable, du moins dans les pays occidentaux.

La Russie a adopté une stratégie plus hésitante, cherchant d'abord à minimiser « l'opération militaire spéciale » avant de renouer avec la rhétorique de la grande guerre patriotique, sans pour autant recourir à la mobilisation générale. Le discours officiel, combiné à un contrôle médiatique étroit, a permis de maintenir une certaine popularité du pouvoir auprès de la population russe, qui tend à rejeter la responsabilité de ses difficultés sur l'extérieur. Le succès de la communication stratégique russe à l'étranger est moins probant, même si, à l'échelle internationale, une majorité d'États demeure attentiste.

L. P.-P. et É. T.

Pour en savoir plus

- M. Goya, « Guerre en Ukraine : Schumpeter au pays des Soviets ? », *Politique étrangère,* vol. 87, n° 2, Ifri, juin 2022.
- J.-C. Noël, « Quelle campagne aérienne au-dessus de l'Ukraine ? Premiers éléments de réflexion », *Briefings de l'Ifri,* Ifri, 31 mars 2022.
- É. Tenenbaum, « Guerre en Ukraine : leçon de grammaire stratégique », *Briefings de l'Ifri,* Ifri, 24 février 2022.

Ukraine : des sanctions à la « guerre économique »

Économie et affirmation de la puissance

L'effet des sanctions économiques est depuis longtemps discuté. Les sanctions prises contre la Russie depuis février 2022 constituent un choc historique, par leur ampleur et leurs conséquences. Elles n'ont pas eu d'effet sur la guerre d'Ukraine en elle-même. Mais plus qu'un effondrement rapide de l'économie russe, elles annoncent une véritable séparation entre l'aire économique de l'UE et la Russie, jusqu'ici très liées, et témoignent surtout de la puissance financière des États-Unis.

Les sanctions économiques constituent un ensemble de mesures d'ordre commercial, financier et économique prises par une entité reconnue par le droit international – comme un État, une organisation régionale ou une institution internationale – à l'encontre d'une autre entité semblable, de ses élites et/ou de ses entreprises. De telles mesures interviennent généralement en réaction à une politique spécifique de l'État ciblé. Le recours aux sanctions économiques est très ancien : par le décret de Mégare de 432 avant J.-C., Athènes empêcha la flotte des Mégariens d'accéder aux ports de l'empire athénien, et au marché de l'Attique…

Qu'elles soient unilatérales ou multilatérales, les sanctions économiques peuvent être le prélude à un conflit armé (les sanctions américaines contre le Japon impérialiste en 1940) ou venir simplement en complément d'actions militaires hostiles (les deux guerres mondiales). Dans certains cas exceptionnels, elles perdurent indéfiniment, comme l'atteste la politique de la Ligue arabe à l'égard d'Israël depuis 75 ans.

L'« arme économique » est de plus en plus utilisée depuis les années 1990, en particulier par l'administration américaine. À la date du 28 juin 2022, celle-ci appliquait 37 programmes de sanctions. Le dernier programme en date vise la Russie pour la guerre qu'elle mène en Ukraine. On s'attache ici aux sanctions occidentales à l'encontre de Moscou dans leur dimension économique, et à leurs conséquences.

Quels objectifs et quels moyens pour quelle efficacité ?

Pour Giumelli (2011), les sanctions économiques sont susceptibles d'avoir trois grands types d'objectifs : contraindre, dissuader ou stigmatiser. Dans le premier cas, il s'agit d'obliger une entité à modifier sa politique. Les décisions ciblant les gouvernements qui violent les droits de l'homme ou les principes démocratiques entrent clairement dans cette catégorie. Le deuxième objectif consiste à dissuader un État de s'engager dans des activités prohibées ou réputées dangereuses, comme le nucléaire militaire. Enfin, la stigmatisation reflète la volonté de signaler et de punir une entité qui viole des règles de droit international. Les frontières entre ces trois objectifs demeurent d'autant plus floues que certaines sanctions s'avèrent très ambitieuses.

Les moyens mis en œuvre pour atteindre ces objectifs sont très variés. Les sanctions peuvent être sélectives ou générales et revêtir de nombreuses formes : désinvestissement du pays ciblé, restriction d'exportations, droits de douane sur importations, embargo sur exportations ou importations, blocus, suspension ou abrogation de certains avantages économiques, financiers ou commerciaux, gel d'actifs, limitation ou interdiction de financement auprès de certains investisseurs, sur certains marchés de capitaux et dans certaines devises, limitation ou interdiction de l'usage de certains services économiques et financiers, inscription de personnalités sur liste noire, etc. Il va de soi que ces mesures peuvent être combinées avec des sanctions diplomatiques et des actions militaires.

La question de l'efficacité des sanctions économiques est complexe, tant elle est difficile à déterminer. Hufbauer *et al.* (2008) sont pourtant parvenus à établir une échelle mesurant le succès des sanctions et leur coût pour le pays visé (en pourcentage du produit national brut).

	Coût très élevé	Coût très faible
Succès	Réduction de l'aide économique américaine au Malawi en vue de promouvoir les droits de l'homme et le multipartisme (1992-1993).	Non-renouvellement par les États-Unis d'un accord fournissant à des conditions préférentielles des céréales à l'Inde (1965-1967). L'objectif était de forcer New Delhi à réformer sa politique agricole.
Échec	Résolution 661 du Conseil de sécurité des Nations unies imposant des sanctions financières, économiques et commerciales à l'Irak après l'invasion du Koweït (1990).	Blocus de Berlin par le pouvoir soviétique contre la population berlinoise, soutenue par les armées américaine, britannique et française (1948-1949).

Source : élaboration de l'auteur à partir de Hufbauer et al. *(2008).*

Néanmoins, la majorité des sanctions décidées depuis un siècle a abouti à des résultats mitigés. Leur succès dépend de divers facteurs. Les sanctions qui visent à contraindre sont nettement moins efficaces que celles qui cherchent à dissuader ou à stigmatiser. Ce constat est limpide lorsqu'on examine les sanctions onusiennes adoptées depuis 1991. Ensuite, la mise à l'index exclusive de personnalités est vouée à l'échec, alors que les sanctions ciblant un ou plusieurs secteurs ont plus de chances de réussir. L'« arme économique » à l'encontre d'États autoritaires ou dictatoriaux est potentiellement contre-productive si elle consolide le pouvoir en place (cas nord-coréen et iranien).

Le risque de contournement des sanctions constitue un autre défi : un pays ciblé qui a un allié puissant (tel le Cuba castriste soutenu par l'Union soviétique) sera plus résilient. Les régimes de sanctions peuvent également être neutralisés si des entreprises de pays tiers viennent remplacer celles qui sont contraintes de se retirer (phénomène de *backfilling*). Dans de tels scénarios, les États qui appliquent les sanctions doivent parfois contenir l'opposition de leurs propres acteurs économiques, qui perdent des débouchés commerciaux ou des sources d'approvisionnement, et s'exposent à des contre-sanctions de la part de l'État ciblé.

Les sanctions de 2022 contre la Russie : un choc historique

La reconnaissance par le président russe Vladimir Poutine de l'indépendance des républiques populaires autoproclamées de Donetsk et Lougansk le 21 février 2022, puis l'invasion par l'armée russe de l'Ukraine trois jours plus tard ont conduit les États occidentaux à prendre des sanctions économiques sans précédent contre Moscou. Examinons ici les mesures adoptées par l'Union européenne (UE).

Une liste noire de personnes physiques et morales russes a été établie : à leur encontre sont décidés l'interdiction de voyager dans l'UE, le gel d'avoirs et l'interdiction de financer lesdites personnes. Sont ainsi visés des oligarques, des membres de l'exécutif russe, des parlementaires, des entrepreneurs, des banques et de grandes sociétés.

Les sanctions strictement financières incluent l'interdiction des prêts au gouvernement et à certains établissements de crédit, ainsi que des transactions avec certaines entreprises publiques. Sont également bannis la vente de valeurs mobilières, l'exportation de billets de banque et les services de notation financière et de conseil en matière de fiducie. Les réserves de change détenues par Moscou dans l'UE sont bloquées, et les principales banques de la Fédération de Russie sont exclues du système SWIFT (principal système de messagerie financière).

Diverses restrictions commerciales sont également entrées en vigueur. En coopération avec le G7, l'UE a déchu la Russie de son statut de nation la plus favorisée dans le cadre de l'Organisation mondiale du commerce (OMC). En parallèle, les importations de charbon, ciment, bois, alcool et caviar russes, ainsi que les exportations de produits de luxe, semi-conducteurs, équipements de transport et carburéacteurs en direction de la Russie sont interdites. L'espace aérien et les ports de l'UE sont fermés aux avions et navires russes. Enfin, les entités russes sont exclues des marchés publics et des financements européens.

La sévérité de ces sanctions, leur caractère massif, tout comme la rapidité avec laquelle elles ont été adoptées et le relatif consensus dont elles ont fait l'objet au sein des Vingt-Sept sont exceptionnels. Plusieurs raisons peuvent être invoquées pour expliquer cette réaction européenne.

Tout d'abord, en attaquant l'Ukraine, le Kremlin a délibérément violé les principes fondamentaux du droit international. Le constat est indiscutable. Alain Pellet, avocat de la Russie devant la Cour internationale de justice, avait considéré en 2014 que l'invasion russe de la Crimée ne suffisait pas à disqualifier le référendum organisé dans la foulée pour entériner le rattachement de la péninsule à la Russie. Dès le début des hostilités, en février 2022, il démissionnait de ses fonctions d'avocat, refusant de « représenter dans des enceintes vouées à l'application du droit un pays qui le méprise si cyniquement ».

Deuxièmement, transparaît un principe de *Realpolitik*. Face à une puissance nucléaire agressant un État non-membre de l'Organisation du traité de l'Atlantique nord (OTAN), les gouvernements occidentaux ont choisi de ne pas s'engager dans un conflit de haute intensité et d'utiliser seulement l'« arme économique ». Cependant, l'efficacité de cette dernière peut être plus que jamais questionnée : depuis les timides sanctions imposées en 2014, le régime de Vladimir Poutine a eu le temps de renforcer sa résilience économique en se rapprochant de la Chine, en maintenant sa dette publique bien en deçà de 20 % du produit intérieur brut (PIB) et en accroissant l'excédent de son compte courant (de 2,8 % en 2014 à 6,9 % en 2021).

Dès lors s'impose la question : quels sont les véritables objectifs de ces sanctions économiques ? Les déclarations de certains dirigeants politiques de part et d'autre de l'Atlantique sont explicites : il s'agit d'affaiblir la Russie autant que possible, voire de mener contre elle une « guerre économique ». Cet objectif affiché n'entre pas dans la typologie classique de Giumelli (2011) et suggère que le coût économique ne doit plus être vu comme un effet secondaire des sanctions, mais bel et bien comme leur finalité. Il est par conséquent nécessaire d'examiner quelques indicateurs macroéconomiques pour éventuellement déceler les premiers effets négatifs de ces sanctions.

La prévision de croissance du PIB de la Russie par le Fonds monétaire international (FMI) a été revue à la baisse de façon spectaculaire en avril. Avant l'invasion de l'Ukraine, la croissance pour 2022 était anticipée à 2,9 % ; elle est désormais attendue à - 8,5 %. À titre de comparaison, l'annexion de la Crimée en 2014 avait engendré une réévaluation beaucoup plus modeste. Pour ce qui est du taux d'inflation russe pour cette année, il a été revu à la hausse, passant de 4,8 % à 21,3 % – ce qui constituerait un niveau record sous l'ère Poutine. Quant au taux de chômage, il devrait doubler en 2022, au lieu de baisser. Ces prévisions du FMI laissent penser que l'économie russe sera durement touchée par les sanctions occidentales.

Mais si l'« arme économique » dégainée ces derniers mois a une portée historique, c'est aussi pour deux autres raisons. D'une part, l'engrenage de sanctions et contre-sanctions entre UE et Russie défait les liens économiques entre deux zones fortement imbriquées jusqu'alors, accélérant le processus de post-globalisation. D'autre part, l'ostracisation financière éclair de la Russie par les États-Unis a mis la Fédération de Russie en situation de défaut de paiement en l'espace de quelques jours.

L'engrenage des sanctions et la fin de partenariats historiques

Les sanctions européennes évoquées ci-dessus ont entraîné des représailles économiques de la part de la Russie : fermeture de l'espace aérien de la Fédération aux compagnies européennes, placement sur liste noire de dirigeants et élus européens, interdiction d'exercer le commerce de certains biens et matières premières avec l'UE, contrôle strict de Moscou sur les transactions entre entités russes et européennes, arrêt ou réduction des livraisons de gaz à certains pays (d'abord la Finlande, la Pologne et la Bulgarie), menace d'étendre ces mesures à d'autres membres de l'UE, et exigence de paiement des livraisons de gaz en roubles (ce qui contrevient aux clauses contractuelles initiales).

Néanmoins, les rétorsions les plus violentes sont les nationalisations larvées des actifs des sociétés européennes opérant en Russie. En mai, le groupe Renault a ainsi cédé pour un rouble symbolique les 68 % qu'il détenait dans AvtoVAZ (la maison-mère de Lada) à un organisme étatique russe. Une « transaction » qui s'apparente de toute évidence à une spoliation – rappelons qu'une nationalisation doit faire l'objet d'une compensation rapide, adéquate et effective…

Cette « guerre économique » entre UE et Russie oppose, en fait, deux partenaires économiques et commerciaux historiques. L'UE est à la fois le premier client de la Russie et son premier fournisseur de biens et de services, très loin devant la Chine. Elle est également le premier investisseur en Russie, tandis que cette dernière représente plus de 10 % des investissements directs étrangers en Lettonie, en Autriche et à Chypre.

Cette interdépendance est manifeste lorsque l'on examine le secteur de l'énergie. À la veille de l'invasion de l'Ukraine, Bulgarie, Finlande, Hongrie, Slovaquie, République tchèque, Estonie, Lettonie, Autriche, Roumanie et Slovénie importaient plus de 75 % de leur gaz naturel de Russie. Pour les quatre premiers États cités, il en était de même pour le pétrole. Entre le 24 février et le 28 juin 2022, les montants versés par l'ensemble de l'UE pour s'approvisionner en charbon, gaz et pétrole russes atteignaient respectivement 1,7, 30,7 et 31,8 milliards d'euros. Le total de ces recettes (64,2 milliards d'euros) équivaut à plus de 3 % du PIB russe.

L'engrenage des sanctions et contre-sanctions entre Bruxelles et Moscou a débouché sur un engagement radical de la part de l'UE : celui de se passer des hydrocarbures russes à moyen terme. Il ouvre la voie à une profonde réorganisation des chaînes d'approvisionnement et des chaînes de valeur mondiales. Après la pandémie de Covid-19, la guerre russo-ukrainienne contraint l'Europe à se lancer définitivement dans la post-globalisation : une nouvelle forme de mondialisation où la forte interdépendance économique et technologique n'existe qu'entre des États ayant des intérêts stratégiques et géopolitiques convergents, voire compatibles[1].

Le défaut de paiement de la Russie provoqué par les États-Unis

Les sanctions économiques les plus spectaculaires, et inédites, à l'encontre de la Russie sont d'ordre financier, et ont été imposées par Washington.

Dès le début de la guerre en Ukraine, les États-Unis gèlent les réserves de change de la banque centrale russe placées auprès d'entités américaines. Cette annonce empêche

1. Voir N. Gaillard, « Le Covid-19, accélérateur de la post-mondialisation », *Politique étrangère*, vol. 85, n° 3, septembre 2020.

Moscou d'utiliser ses fonds *offshore* pour rembourser sa dette et l'oblige à puiser dans ses réserves domestiques. En parallèle, Washington interdit à toute entité américaine de s'engager dans des transactions financières avec le ministère des Finances de Russie, sa banque centrale et son fonds souverain. Cependant, le 2 mars, le Trésor américain prévoit une exemption (*General License 9A*) pour le paiement de la dette souveraine russe. Faute de pouvoir rembourser ses créanciers avec ses réserves déposées dans des banques américaines, l'État russe tente de payer en roubles : peine perdue car changer la devise dans laquelle une dette est libellée est assimilable à un défaut de paiement. Soucieux de préserver sa réputation, le Kremlin parvient *in extremis* à respecter ses obligations financières en utilisant ses réserves *onshore*.

Mais le mal est fait. Les taux d'intérêt russes montent en flèche. Entre le 24 février et le 8 avril, Moody's et Standard & Poor's dégradent massivement la note souveraine russe en monnaie étrangère, de la catégorie « investissement » (jugée peu risquée) à la catégorie « défaut ». Dans la foulée, les deux agences de notation retirent leur *rating*, se conformant ainsi aux mesures occidentales relatives à l'interdiction de fournir des services financiers à Moscou.

L'expiration de la *General License 9A* le 25 mai a compliqué la tâche de Moscou, en l'empêchant de rembourser ses créanciers. Finalement, le 27 juin, la Russie est officiellement tombée en défaut de paiement : sa réputation est ruinée. Cet épisode insolite aura démontré l'hyper-puissance juridique et financière des États-Unis, qui seront parvenus à mettre en défaut un État ayant *a priori* la capacité et la volonté de rembourser sa dette.

***

Les sanctions occidentales à l'encontre de la Russie sont historiques et peuvent légitimement être assimilées à une « guerre économique ». En l'espace de quelques semaines, l'économie d'une grande puissance nucléaire a été durablement ostracisée et affaiblie, mais le conflit en Ukraine ne s'est pas arrêté pour autant. Alors que les dépenses militaires mondiales viennent, pour la première fois, de dépasser les 2 000 milliards de dollars, ces sanctions démontrent que l'« arme économique » est un outil considérable mais imparfait pour punir un État qui bafoue le droit international.

N. G.

Pour en savoir plus

- Pour une vue d'ensemble des sanctions prises depuis le début de la guerre russo-ukrainienne de 2022, consulter le site : https://sanctionsnews.bakermckenzie.com.
- F. Giumelli, *Coercing, Constraining and Signalling: Explaining UN and EU Sanctions after the Cold War*, Colchester, Rowman & Littlefield/ECPR Press, 2011.
- G. C. Hufbauer *et al.*, *Economic Sanctions Reconsidered*, Washington D.C., Peterson Institute for International Economics, 3e édition, 2008.

Dynamiques industrielles de l'armement

Performance technique et efficacité tactique

La sophistication technique continue des armements garantit une efficacité, mais elle limite les acquisitions de matériels de plus en plus dispendieux. Il faut sans doute trouver un nouvel équilibre entre performances techniques, coûts et modalités d'utilisation sur le champ de bataille. Pour les Européens, cet équilibre ne peut émerger que d'une coopération dans la conception et la production de ces armements, même si se heurtent ici les intérêts industriels, stratégiques et politiques.

En avril 2022, le secrétaire à l'US Air Force affirmait que le *Next Generation Air Dominance System* (NGAD), futur avion de combat américain, serait le plus performant au monde, mais aussi le plus cher, confirmant une dynamique dominant les logiques d'armement des grandes puissances depuis des décennies. En 1984, Norman Augustine, président de l'entreprise Martin Marietta, énonçait déjà qu'à budget de défense constant l'inflation des équipements militaires ne permettrait plus à l'Amérique d'acquérir en 2054 qu'un seul avion de combat. Particulièrement visible dans le domaine de l'aviation, cet ajustement des quantités pour financer la qualité est encore une dynamique structurante dans le monde. La sophistication continue des systèmes les dote de performances remarquables en termes de vitesse, de létalité, de furtivité, mais leur coût s'en ressent considérablement, menant à une réduction des volumes déployés à budget constant.

Pourtant, les pertes occasionnées par le conflit ukrainien interrogent sur cette réduction des quantités au profit des performances. Au cours des trois premiers mois du conflit, plus de 1 000 chars de combat ont été détruits – soit l'équivalent du parc des principaux États d'Europe de l'Ouest –, obligeant les belligérants à puiser dans des stocks de plus en plus anciens et moins sophistiqués pour compenser leurs pertes. Dans une situation similaire, les forces européennes ne pourraient remplacer rapidement leurs inventaires détruits et la faiblesse des stocks mènerait rapidement à l'impasse, sans un soutien américain massif. Les forces américaines elles-mêmes, pourtant beaucoup mieux dotées, doivent faire face à ces dynamiques, au moins sur certains secteurs : les livraisons de missiles anti-char à l'Ukraine ont creusé des stocks que l'industrie, qui produit actuellement moins de 2 000 unités par an, peinera à regarnir.

A contrario, certains acteurs émergents comme la Turquie ou la Corée du Sud semblent avoir opté pour un autre mix, préférant développer des systèmes moins avancés et aux performances plus modestes, dont le coût plus réduit permet un déploiement en plus grande quantité. Exploitant à coûts maîtrisés des segments technologiques précis comme les drones ou les logiciels de combat, ils rendent accessibles aux puissances moyennes, voire à des États aux budgets de défense limités, des capacités longtemps réservées à un nombre restreint de pays.

Incapables d'égaler les moyens américains sans pour autant renoncer aux systèmes les plus avancés, les armées européennes se situent dans un difficile entre-deux, rendu plus complexe encore par la volonté de préserver une souveraineté industrielle. Si des États comme l'Allemagne et la France tentent de développer des projets communs complexes mais prometteurs, d'autres choisissent de renoncer à l'autonomie pour disposer, à moindres frais, des avancées proposées par l'allié américain.

Technologisation de l'armement : progrès réels et contraintes fortes

La prééminence de la qualité sur la quantité touche l'ensemble du spectre de l'armement, des véhicules perfectionnés (avions, navires) aux différentes munitions. Plus complexes, les systèmes sont aussi plus coûteux à l'achat et à l'usage, maintenance et utilisation l'étant également : un char *M1 Abrams* coûte cinq fois plus cher que son prédécesseur *M60*. Véritable cercle vicieux pour des armées de taille moyenne, un coût initial élevé limite les quantités produites ou acquises, alors que la production en grande série permettait des économies d'échelle et une baisse des coûts à l'unité, que seules les plus grandes puissances peuvent encore envisager. Il en résulte des « armées bonzaï » ou « échantillonnaires » pour celles qui sont parvenues, au prix d'efforts budgétaires significatifs, à maintenir un format complet, réduit homothétiquement. Pour d'autres, le coût prohibitif de certains armements conduit inévitablement à des effets d'éviction et à la multiplication des trous capacitaires.

La technologie de premier rang

La sophistication peut prendre plusieurs formes. La première est l'accroissement des performances. Envisagé au début des années 1980, le développement de missiles et de planeurs hypersoniques (évoluant à des vitesses supérieures à Mach 5 dans les couches endo-atmosphériques suivant des trajectoires non prévisibles) semble aujourd'hui avoir atteint un niveau de maturité permettant leur usage militaire.

La précision est un autre axe de gain des performances des systèmes modernes, avec la généralisation du guidage terminal des munitions complexes : alors qu'en 1991 seuls 5 % des munitions tirées par la coalition étaient guidés, ce taux passait à 40 % durant la guerre du Kosovo et à 100 % durant la guerre de Libye. Liée à la problématique de la précision mais la dépassant, la transformation des systèmes de commandement et de contrôle (C2) est un autre axe majeur de la technologisation militaire, avec une numérisation accélérée et une dépendance accrue vis-à-vis des moyens de communication (notamment satellites), de renseignement, de reconnaissance et de ciblage.

L'autonomisation croissante des systèmes d'armes constitue un troisième axe : l'illustre le développement exponentiel des drones aux missions variées évoluant aujourd'hui en tous milieux. En 2020, l'US Navy annonçait être parvenue à automatiser intégralement un drone naval capable de relier en autonomie les deux côtes des États-Unis en passant par le canal de Panama. Si ces systèmes autonomes peuvent se substituer à d'autres plus coûteux, ils sont aussi utilisés pour démultiplier les capacités de systèmes classiques. Les futurs avions de combat sont ainsi pensés pour pouvoir collaborer *via* un *cloud* de combat avec des drones employés comme « effecteurs déportés », au plus près des menaces. Si les flottes de drones bon marché se multiplient dans les armées de la quasi-totalité des pays, le développement de drones autonomes reste cependant très coûteux, impliquant le recours à des technologies de pointe rarement totalement maîtrisées.

D'autres modèles ?

De fait, certains pays ont pris la tête de la promotion de modèles industriels et technologiques cherchant à modérer la course à la sophistication, sans pour autant accepter un décrochage. La Turquie s'est par exemple lancée dans le développement d'une base industrielle ambitieuse pouvant subvenir à ses besoins militaires, ce dont elle est aujourd'hui capable à plus de 80 %. Sans maîtriser l'ensemble du spectre, elle est en mesure de proposer à des prix maîtrisés un ensemble d'armements qui connaissent un succès croissant à l'export auprès de puissances intermédiaires. Le développement du char moyen *Kaplan* avec l'Indonésie en est un exemple. Mais c'est sans doute dans la gamme des drones que le succès est le plus flagrant, avec l'emblématique *Bayraktar TB-2* vendu à moins de 5 millions de dollars – huit fois moins cher qu'un chasseur-bombardier d'occasion et trois à quatre fois moins cher que certains drones équivalents produits en Europe ou aux États-Unis. Il équipe aujourd'hui des armées de pays émergents, mais également de certains pays industrialisés comme la Pologne, qui y voient un moyen de regagner de la masse à un coût raisonnable.

Développant également son industrie de défense depuis les années 1970, la Corée du Sud s'appuie sur ses grands groupes industriels civils, incités à investir une partie de leurs activités dans l'armement. Soucieux de conserver une avance technologique censée compenser son infériorité numérique face à son menaçant voisin du Nord, Séoul a misé sur des partenariats structurants, aussi bien au niveau politique qu'industriel (*joint-ventures* Samsung-Thalès, KAI-Lockheed), pour bénéficier de transferts de technologies et progresser rapidement. Cette stratégie de dépendance maîtrisée a permis la réussite de plusieurs programmes, comme celui du sous-marin *Chang Bogo* qui s'exporte aujourd'hui à travers l'Asie du Sud-Est (notamment en Indonésie). Séoul a également l'ambition de développer un avion de cinquième génération, même si le projet risque de se heurter à d'importantes limites politiques : si l'offre coréenne venait à concurrencer certains produits phares américains, il y a fort à parier que Washington réduirait un soutien technologique dont l'industrie coréenne pourrait difficilement se passer.

L'Europe face aux enjeux de la technologisation

Individuellement incapables d'égaler les budgets américains mais soucieux de maintenir un haut niveau de performance, et surtout une interopérabilité continue avec leur allié d'outre-Atlantique, les pays européens ont adopté des stratégies industrielles et militaires diverses, qui rendent difficile la convergence vers une base commune que les acteurs politiques appellent pourtant de leurs vœux.

Le choix de l'OTAN

Pour les systèmes les plus avancés comme les avions de combat ou l'électronique de pointe, certains États européens, comme l'Italie, disposant pourtant d'une solide base industrielle et technique de défense (BITD), ont fait le choix d'acquérir des systèmes américains, abandonnant de fait des pans entiers de leur autonomie. Ce choix déterminant s'explique par les performances desdits systèmes, mais aussi par un souci d'interopérabilité accrue, ainsi que par les importantes compensations industrielles – *offsets* – proposées par l'industrie américaine, qui permettent de poursuivre une activité dans le domaine militaire pour des industries qui n'auraient de toute façon pas pu développer de systèmes équivalents par elles-mêmes. Pour les pays de l'est de l'Europe, « l'américanisation » leur permet de remplacer le matériel hérité du Pacte de Varsovie par des systèmes plus modernes, à l'entretien garanti par l'allié américain, en plus de manifester leur attachement à l'Alliance atlantique face à la Russie.

L'émergence d'un important « club *F-35* » en Europe est emblématique de cette dynamique d'américanisation et souligne l'incapacité de l'industrie européenne à développer un avion de combat de cinquième génération. L'appareil, produit par Lockheed-Martin, est davantage qu'un simple avion de combat furtif multi-rôles ; avec son système de fusion et de partage de données, il conditionne largement l'environnement technologique, les canaux de commandement, de contrôle et de communication, ainsi que la tactique du combat aérien futur. L'avion équipe ou équipera une dizaine d'armées de l'Air européennes. L'interopérabilité quasi totale promise aux utilisateurs inquiète d'ailleurs les autres armées de l'Air européennes, qui craignent une forme d'exclusion progressive des partenaires ayant opté pour d'autres plateformes (*Rafale* ou *Gripen* aujourd'hui, *SCAF* demain).

L'industrie aéronautique européenne n'ayant pas développé d'avion équivalent, le *F-35* se retrouve en position de force, alors que bien des armées doivent remplacer leurs systèmes arrivés en fin de vie, d'autant que son fabricant, Lockheed-Martin, s'attache à proposer à ses clients des possibilités de coopération industrielle attractive. En rejoignant assez tôt le programme *F-35*, l'Italie et la Norvège ont ainsi obtenu d'importantes compensations industrielles, notamment l'ouverture d'une ligne de production complète en Italie.

Toutefois, le *F-35* souffre aussi des défauts de sa très grande avancée technologique. Bien que son prix d'achat ait fini par baisser – de 145 millions de dollars à la sortie de l'appareil à moins de 80 millions aujourd'hui dans sa variante *F-35A*, soit moins qu'un *Rafale* ou qu'un *Gripen* –, son entretien reste une lourde charge financière annuelle, menant systématiquement à une réduction des flottes aériennes. L'armée de l'Air belge remplace ainsi ses 54 chasseurs *F16* par seulement 34 appareils *F35*. Quoique très puissant, son moteur reste handicapé par une durée de vie limitée et un entretien extrêmement pointu. La disponibilité immédiate du *F35* dans toutes ses capacités (*Fully Mission Capable*) reste particulièrement basse, notamment dans ses versions B et C, où elle était inférieure à 10 %. Enfin, le constructeur reste seul maître de son algorithme et de son système de maintenance prédictive, plaçant ses clients dans une situation de totale dépendance.

Le choix de l'Europe

Tous les États européens ne se résolvent pas à cette dépendance, et d'aucuns tentent de maintenir tout ou partie de leur souveraineté industrielle de défense, choisissant de développer leurs propres systèmes. Face à l'ampleur des investissements nécessaires et à l'inflation des coûts, la coopération industrielle, technologique et financière s'est logiquement imposée comme la seule voie soutenable pour des États n'ayant pas séparément la masse critique pour développer et produire à un coût accessible (sinon compétitif) les matériels considérés.

Des projets de coopérations comme l'*Eurofighter* ont créé leurs propres structures et organisations, permettant l'émergence d'un embryon de culture industrielle partagée, de même que l'émergence de « champions » industriels européens, comme Airbus ou MBDA. L'Union européenne a également tenté de s'investir dans ce domaine *via* l'Agence européenne de défense (AED). Des agences intergouvernementales européennes comme l'Organisation conjointe de coopération en matière d'armement (OCCAR) ont aussi émergé, traduisant le besoin d'un cadre institutionnel pour les différents programmes. Travaillant en partenariat avec l'AED, l'OCCAR a aidé à l'aboutissement du programme d'avion de transport *A-400M* rassemblant huit pays (Allemagne, France, Royaume-Uni, Italie, Espagne, Portugal, Belgique et Turquie), de l'hélicoptère de combat franco-allemand *Tigre* ou encore du programme franco-italien des frégates multi-mission (FREMM). Elle a récemment lancé des appels à projets pour de nouveaux programmes, notamment pour un avion-cargo « hors-gabarit », susceptible de redonner aux forces européennes des capacités de transport stratégique longtemps sous-traitées à l'OTAN ou à des acteurs privés. D'autres programmes de coopération se développent dans un cadre intergouvernemental classique : France et Allemagne tentent ainsi de s'entendre sur des projets d'avion de chasse commun, le Système de combat aérien futur (SCAF) avec l'Espagne, ou de char du futur, le *Main Ground Combat System* (MGCS).

En dépit des progrès réalisés et de l'absence d'alternatives soutenables, les projets de coopération européens restent fragiles, souvent laborieux, accusant de nombreux retards, et peinent à démontrer les économies d'échelle attendues, de sorte que bon nombre d'entre eux ne voient finalement pas le jour. Parmi les diverses causes d'échec figure la non-concordance des cycles industriels. L'Allemagne s'est ainsi retirée du projet d'avion de patrouille maritime commun avec la France, préférant acheter des *P-8 Poseidon* américains, car le premier système serait arrivé trop tard pour remplacer ses *P-3* en bout de vie. Ce même argument menace le SCAF, qui ne doit pas aboutir avant 2040, alors que la Luftwaffe retirera ses *Tornado* bien avant cette limite, ce qui pousse Berlin à s'intéresser à l'achat de *F-35* – déjà sélectionnés comme porteurs des armes nucléaires américaines dans le pays.

Rassemblant des entreprises longtemps concurrentes, les projets de coopération butent aussi sur la répartition des tâches, chaque industriel cherchant à préserver son savoir-faire, ou au contraire à monter en compétence. L'intégration des motoristes allemands dans le projet SCAF s'avère ainsi particulièrement difficile du fait de l'écart de compétences entre Français et Allemands, les seconds n'ayant jamais conçu de moteurs d'avion de combat. Enfin, les divergences d'intérêts et de culture industrielle, la multiplication des spécifications nationales et des contraintes normatives tendent à accroître les coûts et à allonger la durée des programmes – les cas de l'*A400M* et plus récemment de l'*Eurodrone* étant des exemples particulièrement édifiants.

***

La guerre en Ukraine a montré que le choix occidental de systèmes plus performants mais moins nombreux n'était pas forcément le plus adapté aux conflits de haute intensité. Les enseignements du conflit (pertes subies, consommation de munitions dans la durée) questionnent les arbitrages des trente dernières années, au même titre que l'émergence de modèles alternatifs (turc, coréen). Il reste particulièrement difficile de concourir avec l'industrie américaine sur des systèmes de pointe, mais le besoin existe pour du matériel répondant aux trois critères suivants : être performant sans être révolutionnaire, assez bon marché pour être acquis en quantité et suffisamment simple et résilient pour être employé dans un contexte opérationnel dégradé.

Le développement et la production de tels systèmes sont largement à portée de l'industrie européenne et permettraient de disposer d'un nombre restreint de systèmes plus performants. À terme, la dualité entre matériel à haute performance en nombre restreint et matériel plus courant permettrait d'atteindre une forme de souveraineté soutenable pour l'Europe.

L. P.-P.

Pour en savoir plus

- R. Hémez, « Industrie de défense sud-coréenne : croissance et dépendance », *Revue Défense nationale*, n° 790, 2016.
- J. Henrotin, « Armes hypersoniques : quels enjeux pour les armées ? », *Briefings de l'Ifri*, Ifri, 18 juin 2021.
- « F-35 Sustainment Dod Faces Several Uncertainties and Has Not Met Key Objectives », US Government Accountability Office, 28 avril 2022.

Voir également la carte « La puissance militaire en Europe », pages 358-359 de cet ouvrage.

Quel avenir pour les stratégies nucléaires ?

Entre prolifération et sophistication

Après le relatif effacement de l'immédiat après-guerre froide, l'armement nucléaire est de retour sur scène. La guerre d'Ukraine a entraîné un glissement du narratif stratégique russe, en même temps qu'elle constitue sans doute une incitation à la nucléarisation d'autres acteurs. Et le rythme de la prolifération ne ralentit pas, notamment en Corée du Nord ou en Iran. En dépit de la défiance marquée de certaines opinions publiques, prolifération et modernisation marquent la dynamique nucléaire actuelle.

Trente ans après la fin de la guerre froide et un effacement relatif des enjeux de dissuasion au profit de la problématique de la non-prolifération et de la réduction des arsenaux, la question des stratégies nucléaires militaires semble bel et bien revenue sur le devant de la scène, du fait de la nette dégradation du contexte international. Déclarations martiales russes en pleine guerre d'Ukraine, développement de l'arsenal nucléaire chinois, persistance du dossier du nucléaire iranien, ou encore multiplication des tests balistiques en Corée du Nord, obligent ainsi les puissances nucléaires occidentales à adapter leurs stratégies, alors qu'elles doivent aussi faire face à de nouvelles avancées technologiques et à une contestation grandissante du nucléaire militaire dans les sociétés civiles.

Une grammaire de la dissuasion toujours pertinente

Depuis le premier emploi de la bombe atomique en août 1945, neuf pays se sont dotés de l'arme nucléaire et l'ont conservée jusqu'à aujourd'hui : cinq avant 1970, date de l'entrée en vigueur du Traité de non-prolifération nucléaire (TNP) – États-Unis, Union soviétique, Royaume-Uni, France et Chine –, et quatre après (Inde, Pakistan, Corée du Nord et Israël, même si ce dernier conserve une volontaire ambiguïté quant à sa possession de l'arme[1]). Chacun de ces États dispose

1. L'Inde, le Pakistan et Israël n'ont jamais signé le TNP, tandis que la Corée du Nord s'en est retirée en 2003. Pyongyang a ensuite affirmé renoncer à l'arme nucléaire avant de finalement réaliser un premier essai en 2006, et est donc considéré comme en infraction par rapport au TNP, justifiant les sanctions. Enfin, l'Afrique du Sud avait développé un programme nucléaire militaire mais l'a démantelé avant de signer le TNP en 1991.

d'arsenaux de tailles variables, principalement motivés par une posture de dissuasion, c'est-à-dire visant à le protéger contre une attaque de grande ampleur, conventionnelle ou nucléaire, menaçant ses intérêts vitaux.

Si cet équilibre en vigueur depuis la fin de la guerre froide était jusqu'à présent solide, notamment grâce à des efforts de désarmement conduits par les deux superpuissances nucléaires, États-Unis et Russie, l'invasion de l'Ukraine en février 2022 oblige à mobiliser toutes les options d'une « grammaire de la dissuasion », qui pourrait à terme être également utilisée face à la Chine.

Le retour du nucléaire russe

D'une taille légèrement supérieure à l'arsenal américain, le stock russe compterait, selon le *Bulletin of Atomic Scientists*, 5 997 têtes nucléaires, dont 2 565 considérées comme « stratégiques » (c'est-à-dire d'une portée et d'une puissance leur permettant d'atteindre les États-Unis ou l'Europe de l'Ouest). Il affiche une « triade nucléaire » fiable et crédible : une composante terrestre (des lanceurs fixes ou mobiles pour des missiles balistiques), une composante aéroportée (des missiles balistiques, de croisière ou des bombes à gravité larguées depuis des avions) et une composante sous-marine (missiles de croisière ou balistiques tirés depuis un sous-marin).

L'arme nucléaire constitue depuis des décennies la clé de voûte de la stratégie de défense russe. Son rôle s'est même renforcé dans les années post-guerre froide (1990-2010) pour compenser une infériorité conventionnelle face aux adversaires potentiels, notamment américains. Les réformes militaires du milieu des années 2000 et la modernisation des forces conventionnelles devaient, entre autres, permettre un rehaussement du seuil d'emploi de l'arme nucléaire, et une restriction des conditions d'utilisation. Le dernier document sur la doctrine nucléaire russe publié en juin 2020 fait état de quatre conditions d'emploi de l'arme nucléaire :

- une information fiable sur un lancement de missiles balistiques contre le territoire de la Russie ou de ses alliés ;
- une utilisation d'armes nucléaires ou de destruction massive contre la Russie ou ses alliés ;
- une attaque de sites gouvernementaux ou militaires critiques, dont la destruction pourrait compromettre la riposte nucléaire russe ;
- une agression avec des moyens conventionnels contre la Russie, susceptible de compromettre son existence même.

Enfin, la doctrine rappelle que l'arme nucléaire doit permettre à la Russie de mettre un terme au conflit dans des conditions « acceptables ». Si ce dernier aspect a donné lieu à quelques spéculations sur une logique d'emploi coercitif, la tonalité générale de la doctrine est bien dissuasive, c'est-à-dire qu'elle vise à empêcher une attaque d'envergure contre la Russie. Comme les autres doctrines des « États dotés », Moscou maintient volontairement un certain niveau d'ambiguïté quant au périmètre des intérêts protégés, notamment sur ce que recouvre le « territoire russe » ou la « compromission de l'existence de la Russie ».

En parallèle, le Kremlin entretient depuis plusieurs années, et particulièrement depuis le début de la guerre en Ukraine, une rhétorique offensive qui contrebalance, sur le plan de la communication, la relative prudence de la doctrine. Depuis début 2022, le pouvoir russe a enchaîné les références à la puissance de l'arsenal nucléaire russe, les menaces de « conséquences comme vous n'en avez jamais vues dans toute votre histoire » à l'attention des Occidentaux, ou encore des déclarations agressives accompagnant le tir d'exercice du missile balistique intercontinental *Sarmat*, pourtant prévu de longue date et signalé aux États-Unis dans le cadre de l'accord *New Start*. Face à la surenchère russe, les trois puissances nucléaires occidentales ont, elles aussi, eu recours au signalement stratégique, tout en refusant l'escalade. La France a ainsi procédé à un tir de qualification du missile de croisière ASMPA (air-sol moyenne portée amélioré) en avril, et aurait augmenté le nombre de ses sous-marins nucléaires lanceurs d'engins (SNLE) à la mer. On peut cependant noter qu'en dépit de la rhétorique agressive russe, aucun signe concret de changement de posture (déploiement d'armes stratégiques ou non stratégiques/tactiques) n'a pu être observé, ce qui conduit à nuancer l'image d'escalade.

La guerre en Ukraine aura en revanche des conséquences durables sur le plan de l'environnement nucléaire. La réaffirmation, en janvier 2022, par les cinq États dotés et membres permanents du Conseil de sécurité des Nations unies, de la déclaration Reagan-Gorbatchev selon laquelle « une guerre nucléaire ne peut être gagnée et ne doit jamais être menée », paraît aujourd'hui bien fragilisée par les menaces du président Poutine. Le régime de contrôle des armements semble, quant à lui, encore plus affecté alors qu'il était déjà fortement affaibli par la présidence de Donald Trump et la dénonciation des traités sur les Forces nucléaires intermédiaires (FNI) et Ciel ouvert, en 2019 et 2020. En l'état des relations russo-américaines, la perspective de renouvellement en 2026 du traité *New Start*, prorogé en 2021, semble pour le moins compromise. Le bouleversement des équilibres nucléaires mondiaux dégageant d'autant plus d'espace pour un nouvel acteur nucléaire : la Chine.

Une Chine toujours plus investie dans son programme nucléaire

Identifiée depuis des années comme le principal « compétiteur stratégique » par les États-Unis, la Chine est désormais la première préoccupation de Washington sur le plan nucléaire. La *National Defense Strategy* de l'administration Biden affiche donc le besoin de renforcer la dissuasion américaine face à Pékin. Le Département de la Défense alerte depuis quelque temps sur la décision chinoise d'accroître son arsenal. La République populaire de Chine (RPC) disposerait ainsi en 2021 de 350 têtes nucléaires, avec un potentiel de croissance à 700 têtes pour 2027 et 1 000 têtes pour 2030, qui dépasserait de ce fait largement les arsenaux français (moins de 300 têtes) et britannique (225, en légère augmentation également).

En sus de ce progrès quantitatif, la Chine procède à une modernisation capacitaire de toutes ses composantes, avec le remplacement de bombardiers vieillissants (et donc un allongement de leur rayon d'action et de leur portée), la création de nouveaux silos pouvant stocker et tirer des missiles balistiques intercontinentaux, et la crédibilisation de sa flotte sous-marine. Enfin, la doctrine nucléaire chinoise évolue également. Si le principe, adopté dès 1964, de « non-emploi en premier » de l'arme nucléaire n'est pour l'heure pas remis en question, les mécanismes de limitation d'emploi ont été récemment assouplis, avec par exemple la fin du stockage séparé des têtes nucléaires et des vecteurs. De ce fait, Pékin pourrait réagir plus rapidement à une attaque nucléaire, voire basculer vers une doctrine d'emploi en premier si certaines conditions (que la Chine pourrait – volontairement – ne pas expliciter) étaient remplies.

Enfin, ces développements qualitatifs et quantitatifs placeraient la Chine au seuil du nombre de têtes nucléaires pouvant être déployées selon le traité *New Start* actuellement en vigueur entre les États-Unis et la Russie, posant ainsi la question de son intégration dans un éventuel traité trilatéral de limitation des armements. Cela exigera une profonde évolution du rapport de vulnérabilité mutuel que les États-Unis sont prêts à afficher avec la Chine : s'engager dans une démarche de limitation des armements avec un adversaire suppose de lui reconnaître une forme de parité, dont le principe est pour l'heure loin d'être accepté par Washington. Une évolution en ce sens ne manquerait pas non plus de susciter d'importants débats parmi les alliés des États-Unis dans la région, en particulier le Japon et la Corée du Sud.

Un régime de non-prolifération de plus en plus fragile

Si les efforts de prolifération des États pour se doter de la bombe atomique ont surtout caractérisé la période de la guerre froide, deux États constituent aujourd'hui une menace pour le régime de non-prolifération et le contrôle des armements nucléaires : l'Iran et la Corée du Nord.

Le dossier épineux du nucléaire iranien

Depuis le retrait des États-Unis de l'accord sur le nucléaire iranien (*Joint Comprehensive Plan of Action* – JCPoA) en juillet 2018, Téhéran a fortement accéléré son processus d'enrichissement de l'uranium. Les dernières données publiées en mai 2022 par l'Agence internationale de l'énergie atomique (AIEA) – dont le travail sur le terrain est entravé par l'Iran – font état de 238 kilogrammes d'uranium enrichi à 20 % et de 43 kilogrammes à 60 %, alors que la limite fixée par le JCPoA était de 3,67 %. Téhéran se rapproche donc du stock d'uranium suffisamment enrichi (plus de 85 %) nécessaire pour fabriquer une bombe atomique, qui ferait de l'Iran un « État du seuil », sans toutefois qu'il affiche publiquement la volonté politique d'obtenir l'arme et de la vectoriser.

Les négociations entre les pays signataires du JCPoA (France, Allemagne, Royaume-Uni, Chine, Russie et Iran), sans les États-Unis, ont certes repris en novembre 2021, pour tenter de ranimer l'accord, mais même en dépit de progrès jugés encourageants jusqu'à mi-février 2022, la guerre d'Ukraine a bouleversé le processus. Renvoyé en queue de liste des priorités diplomatiques face à l'invasion, le dossier a également souffert d'une immixtion volontaire de la Russie, qui a tenté de protéger ses échanges commerciaux avec l'Iran des sanctions imposées par les États-Unis : une demande jugée « non pertinente » dans un premier temps par Washington, avant que les deux pays n'annoncent finalement avoir réglé le contentieux.

Un point de blocage essentiel reste l'inscription des Gardiens de la révolution islamique (*pasdaran*) sur la liste des organisations terroristes du Trésor américain, décidée par le président Trump, et du retrait de laquelle l'Iran fait la dernière condition pour signer le projet de nouvel accord. Ce n'est cependant pas le contrôle du programme nucléaire iranien par les *pasdaran* qui leur a valu cette qualification d'organisation terroriste, mais les attaques contre des militaires américains de certaines milices proches des Gardiens de la révolution en Irak et en Syrie. L'absence de la négociation des questions de l'influence iranienne dans la région et du programme balistique avait d'ailleurs justifié le retrait américain de l'accord en 2018, et fait l'objet d'une campagne des alliés de Washington au Moyen-Orient, menée en particulier par Israël et les Émirats arabes unis, pour que le prochain accord ne soit pas un « JCPoA-bis » mais bien un accord élargi – ce à quoi l'Iran s'oppose.

Une Corée du Nord décomplexée

Si le dernier test d'une arme nucléaire par la Corée du Nord remonte à septembre 2017, Pyongyang a poursuivi en 2022 une campagne intensive de tests de missiles balistiques à longue et courte portées, avec au moins 22 essais, et ce en dépit du renouvellement des sanctions. Ces essais permettent d'observer une modernisation de l'arsenal balistique nord-coréen, avec notamment le développement d'armes à possible emploi tactique, plus petites et plus légères, développement qu'avait appelé de ses vœux Kim Jong-un dans un discours de janvier 2021.

Ce développement s'accompagne d'une évolution déclaratoire. En avril 2022, le Guide suprême a affirmé que, si la mission fondamentale des forces nucléaires nord-coréennes était de dissuader une guerre, elles ne pouvaient être « confinées » à cette seule mission, et qu'un autre emploi pouvait être possible. Si aucune précision n'a été apportée sur cette « seconde mission », il pourrait s'agir là d'un glissement vers une doctrine plus agressive, incluant des armes nucléaires non stratégiques dirigées vers la Corée du Sud en cas de menace sur les intérêts fondamentaux du pays.

Quel avenir pour les armes nucléaires ?

Face à ce double constat d'une réaffirmation de la place du nucléaire dans les stratégies de puissance de certains États et des velléités proliférantes d'autres nations, il apparaît nécessaire pour les pays occidentaux d'adapter leur propre réflexion sur le nucléaire et, *a minima*, de travailler à renforcer le régime de non-prolifération. Mais d'autres défis se dessinent, comme l'émergence de nouvelles technologies et la contestation croissante du nucléaire militaire, dans la société civile et par certains gouvernements.

Conserver une dissuasion crédible

La place indéniable du nucléaire dans la guerre en Ukraine a montré qu'il était nécessaire de réapprendre les bases de la grammaire de la dissuasion et de produire des signalements stratégiques efficaces. En France, cette réappropriation passe par la sanctuarisation des budgets consacrés au nucléaire militaire, avec des projets coûteux comme les études, d'avant-projet consacrées au successeur du porte-avions *Charles de Gaulle* ou à la trosième génération de SNLE.

L'adaptation aux nouvelles technologies est également un point clé de la crédibilité de la dissuasion pour les États nucléaires, avec par exemple le développement de programmes d'armes hypersoniques, dont la vélocité et la manœuvrabilité permettraient de percer plus efficacement les éventuels systèmes de défense antimissiles développés par les compétiteurs stratégiques. L'utilisation d'armes à haute vélocité russes en Ukraine a fait l'objet d'une ample communication de la part de Moscou, visant à mettre en exergue ses capacités militaires de rupture.

Enfin, la guerre en Ukraine interroge sur la crédibilité de la dissuasion élargie américaine, et donc celle de l'Organisation du traité de l'Atlantique nord (OTAN). Bien que l'Ukraine ne fasse pas partie de l'Alliance et ne bénéficie donc pas de garanties de sécurité de cette dernière, l'invasion par la Russie et la non-implication directe des États-Unis dans le conflit ont pu être perçues en Europe de l'Est comme un échec de la dissuasion. De plus, le narratif selon lequel l'Ukraine aurait échappé au conflit si elle avait conservé les armes nucléaires soviétiques stockées sur son sol jusqu'au mémorandum de Budapest de 1994 – et donc la conviction que seule la possession d'une arme nucléaire peut dissuader une autre puissance nucléaire – s'est rapidement répandu, faisant craindre une incitation à la prolifération nucléaire, notamment pour les pays du Golfe et en Asie de l'Est.

Garantir une architecture stable de maîtrise des armements

La Corée du Nord est un État nucléaire depuis 2006, et la résolution du dossier iranien est la prochaine étape cruciale pour la stabilité du régime de non-prolifération. À ce titre, l'issue de la conférence de réexamen du TNP, prévue en 2020 mais reportée à août 2022 en raison de la pandémie de Covid-19, est cruciale. Des désaccords avaient empêché la signature d'un document de clôture commun en 2015, et il est probable que l'équité du TNP, qui sépare États dotés ayant « droit » à l'arme nucléaire et États y ayant renoncé, sera à nouveau discutée dans les mois à venir.

La possession même d'armes nucléaires et leur interdiction sont également des sujets plus que jamais présents dans l'actualité, depuis l'entrée en vigueur du Traité d'interdiction des armes nucléaires (TIAN) en janvier 2021, et sa première conférence de juin 2022. La volonté du gouvernement allemand de rejoindre le traité comme État observateur, alors même que l'Allemagne accueille des armes nucléaires américaines sur son sol dans le cadre de l'OTAN, pose aussi question quant à l'avenir des stratégies nucléaires.

H. F.

Pour en savoir plus

- B. Hautecouverture, « Armes nucléaires, stabilité stratégique, menaces et confusion », *Diplomatie*, n° 114, mars-avril 2022.
- J.-L. Lozier, « Premiers enseignements nucléaires de la guerre en Ukraine », *Briefings de l'Ifri*, Ifri, 18 mai 2022.
- N. Roche, *Pourquoi la dissuasion*, Paris, Presses universitaires de France, 2017.

Gagner la guerre avant la guerre ?

Les nouveaux cadres de la compétition stratégique

La rivalité internationale s'organise aujourd'hui pour l'essentiel autour de la remise en cause d'un ordre mondial pensé et dominé par l'Occident. Le facteur militaire reste déterminant, mais il est accompagné ou contourné par de multiples moyens de stratégie indirecte, maniés par des acteurs très divers.

La guerre d'Ukraine a brutalement remis au cœur du débat la « stratégie directe », au sens du général André Beaufre : la recherche de la décision par les moyens militaires. Mais l'agression armée n'est pas devenue la forme dominante de la compétition internationale pour autant.

Son coût reste significatif. Les sanctions économiques imposées à la Russie sont insuffisantes à empêcher seules l'emploi de la force par Moscou, mais c'est un précédent qui fera que les observateurs tentés par ce type d'action en réévalueront le ratio coût-opportunité. Le coût politique payé par Moscou est également élevé et l'isolement diplomatique à l'Assemblée générale des Nations unies, s'il ne doit pas être surinterprété, n'en est pas moins matière à réflexion pour d'éventuels épigones. Enfin, le coût humain et matériel de l'agression elle-même et surtout l'incapacité de l'outil militaire à parvenir aux résultats politiques escomptés tendent également à reconsidérer à la baisse « l'utilité de la force armée » dans la révision de l'ordre international.

Pour toutes ces raisons, la « stratégie indirecte » – les formes de conflictualité ne recourant pas à la force armée comme levier d'action principal – a de beaux jours devant elle. Elle recouvre très largement ce pan « amont » du spectre de la conflictualité que le général Thierry Burkhard, chef d'état-major des armées qualifiait dans sa Vision stratégique de 2021, de « guerre avant la guerre ».

Si une part importante de la compétition repose sur des volets strictement non militaires (diplomatiques, économiques, technologiques, etc.), les armées peuvent toutefois avoir ici un rôle à jouer, notamment à travers leur fonction de dissuasion (sur le périmètre des intérêts vitaux) et de prévention des conflits, ainsi qu'en s'appropriant des outils jusqu'alors marginaux dans la culture stratégique, mais essentiels à la mise en œuvre d'une stratégie indirecte.

Un nouveau moteur de conflictualité

La période de mondialisation caractéristique de l'après-guerre froide s'est traduite par un rattrapage économique et technologique, et donc par une redistribution de la puissance en faveur de puissances non occidentales, qui souhaitent dès lors remettre en cause des structures, des normes internationales marquées par l'héritage d'un passé où l'Occident dominait largement l'arène.

Cette attitude, parfois qualifiée de révisionniste à l'égard d'un ordre international considéré comme injuste, est aujourd'hui le principal moteur de conflictualité. Il peut être porté par différents types d'acteurs. Tout d'abord des groupes radicaux, réprouvés ou révolutionnaires, comme ceux de la mouvance djihadiste. Le deuxième groupe est celui des puissances affaiblies, se considérant comme « humiliées » par l'ordre international, désireuses de rétablir à défaut d'un statut perdu au moins une zone de sécurité géopolitique – cas typique de la Russie, et jusqu'à un certain point de l'Iran. Troisième catégorie : les puissances véritablement émergentes, considérant avec impatience le rééquilibrage et aspirant à occuper la place qui leur revient en matière de poids démographique et économique – Chine, et dans une moindre mesure Inde. Enfin, des puissances opportunistes cherchent à tirer profit de ces reconfigurations pour maximiser des intérêts immédiats : au Moyen-Orient dans les pays du Golfe, en Asie du Sud-Est, voire chez les rares émergents africains.

Les mécanismes de contournement de l'agression

La remise en cause armée de l'ordre international demeurant un cas extrême et relativement découragé par les mécanismes de sécurité collective, les acteurs révisionnistes tendent à contourner l'agression. Trois grands procédés apparaissent.

La méthode des « petits pas » – parfois qualifiée de « tactique du salami » en référence au leader communiste hongrois Mátyás Rákosi décrivant sa méthode d'élimination progressive des opposants – consiste à créer une forme d'accoutumance à l'agression en la réduisant au strict minimum, pour que chaque étape séparément considérée ne paraisse pas justifier une réponse militaire. La territorialisation, puis la militarisation, progressives par la Chine d'îlots contestés en mer de Chine du Sud ont illustré, ces dernières années, ce procédé.

Un deuxième mécanisme prend le contre-pied du précédent : le « fait accompli » prend par surprise le défenseur du *statu quo*, pour créer instantanément un précédent en rejetant la responsabilité d'une éventuelle escalade sur quiconque voudrait remettre en cause le nouvel état de fait. L'annexion en 2014 de la Crimée par la Russie correspond à ce type de manœuvre consistant à renverser la charge de l'agression sur le défenseur. Le fait accompli peut se doubler d'une forme de sanctuarisation agressive : Vladimir Poutine s'est ensuite affirmé prêt à protéger le nouveau *statu quo* par la dissuasion nucléaire si l'Ukraine cherchait à reprendre la péninsule par la force.

Enfin, troisième mécanisme – déjà présent dans les deux précédents – : l'ambiguïté stratégique. Elle passe notamment par des actions dont la lecture peut être multiple, concernant par exemple l'intentionnalité – mise en avant de prétextes sur le caractère accidentel de certains agissements ou d'erreurs de jugement –, ou jouant sur la nature même des acteurs – dont le statut de relais d'une volonté géopolitique peut être laissé à l'appréciation du défenseur du *statu quo*. Le recours de la Chine aux milices de pêcheurs par exemple, ou de la Russie à des sociétés militaires privées tel le groupe Wagner, relève d'une telle ambiguïté stratégique.

Compétition-contestation-affrontement

L'idée d'un continuum paix-crise-guerre qui dominait la grille de lecture militaire de l'après-guerre froide est aujourd'hui décalée dans un contexte marqué par la compétition permanente entre acteurs révisionnistes et défenseurs du *statu quo*. Le chef d'état-major des armées propose donc de décrire le nouveau cadre stratégique autour de trois situations : la compétition, la contestation et l'affrontement. Ces états ne définissent pas nécessairement une dynamique graduelle, mais coexistent selon les lieux ou les thématiques, les relations entre compétiteurs s'inscrivant dans l'un ou l'autre.

En dépit de son fort tropisme indirect (économique, technologique, etc.), la compétition comporte un important volet militaire : ce dernier passe par le maintien de la crédibilité de la dissuasion, et le recours éventuel à des formes de signalement stratégique (grands exercices) visant à rappeler la pertinence de l'outil militaire et son bon niveau de préparation s'il fallait basculer vers la contestation ou l'affrontement. Il peut également se traduire par un fort investissement dans la coopération de défense avec des pays devenus les champs de bataille de l'influence militaire.

Les crises récentes au Moyen-Orient, en Afrique et en Europe orientale montrent que la seule posture de dissuasion et/ou de coopération ne suffit plus à décourager le compétiteur de passer à l'action, même s'il n'est pas prêt à assumer l'affrontement direct. La stratégie de contournement asymptotique tend à cumuler tous les outils de la compétition stratégique, avec une plus grande intensité, une hostilité plus franche, tout en demeurant sous le seuil de l'agression : la guerre « juste avant la guerre »…

Enfin, l'invasion russe le rappelle, un acteur peut malgré tout aller à l'affrontement. S'il n'est pas nécessairement synonyme de guerre totale, cet engagement armé relève toutefois bien de la confrontation des volontés, et à ce titre requiert les voies et moyens censés contraindre l'adversaire à se soumettre, au terme d'un conflit ouvert.

Compte tenu de l'effet de rattrapage économique et technologique entre ses compétiteurs et le monde occidental, l'affrontement direct avec des puissances, même régionales, tend, sinon à une symétrie parfaite, du moins à une dissymétrie égalisatrice avec une haute intensité capacitaire – ceci, y compris dans des scénarios de guerre limitée, du fait de l'absence d'intérêts vitaux en jeu.

Les outils en amont du conflit armé

L'action dans le bas du spectre (compétition, contestation) explique largement le retour de modalités partiellement délaissées à l'heure des opérations extérieures contre le terrorisme. Facilités par le développement des technologies, la désinhibition des compétiteurs ainsi que l'affaissement du cadre juridique international, la guerre de l'information, l'action indirecte – clandestine ou par acteurs interposés – et le signalement stratégique sont désormais au cœur de la compétition militaire.

Cyberespace et champ informationnel

Le développement exponentiel des technologies de l'information a fait du cyberespace un domaine « d'engagement permanent » pour les armées et les services de renseignement, un champ privilégié de la « guerre avant la guerre ». Trois grands types d'action s'y déploient : l'espionnage, le sabotage et la subversion. La lutte informatique offensive (LIO) est le principal cadre des deux premiers, avec une convergence grandissante entre les pratiques de la cybercriminalité et celles des « hackeurs d'État ». Pour la subversion, la lutte informatique d'influence (L2I) est désormais essentielle dans la couche cognitive du cyberespace.

L'enjeu de l'influence et des luttes informationnelles dépasse cependant de très loin la seule question technique. L'espace public – notamment dans les démocraties libérales – est devenu le premier des champs de bataille, chacun cherchant à imposer son récit. L'action de subversion et de dénigrement des puissances occidentales est menée dans l'espace médiatique traditionnel et dans le cyberespace.

Guerre clandestine et paramilitaire

L'action clandestine dépasse désormais le seul registre du renseignement. Elle peut inclure des mesures actives comme la neutralisation d'opposants, de défecteurs voire de cadres d'une puissance adverse (voir la guerre larvée entre Israël et l'Iran). Mais aussi prendre une dimension paramilitaire de soutien à un État ou à un groupe armé *via* des acteurs à l'identité floue, comme des sociétés militaires privées. Ces entités permettent aux États d'impulser des actions variées (appui, conseil, formation, participation aux combats) sans avoir à endosser une intervention officielle. Généralement en soutien à des régimes amis, elles peuvent aussi appuyer des groupes armés dans des actions de déstabilisation : prises de gages territoriaux, ou tentatives de coup d'État.

Signalement stratégique et milieux

Enfin, la compétition militaire exploite pleinement les démonstrations de force. Ces signalements stratégiques permettent aux compétiteurs de rappeler leur capacité de nuisance dans des milieux où ils peuvent créer localement ou temporairement l'avantage. L'intimidation peut aller de l'arraisonnement de navires (Iran dans le Golfe) aux tirs de missiles balistiques (Corée du Nord) et à toute la gamme des exercices majeurs, jusque dans des zones contestées (Chine). Les zones non habitées tels l'espace exo-atmosphérique ou les fonds marins (câbles sous-marins par exemple) offrent également des champs privilégiés de confrontations non létales. Elles appellent alors une réponse graduée, calibrée pour garder la maîtrise du risque d'escalade.

L. B. et É. T.

Pour en savoir plus

- L. Bansept, « Les opérations françaises spéciales : quelle place dans la compétition de puissance ? », *Briefings de l'Ifri*, Ifri, 27 janvier 2022.
- C. Cambreling, « Guerre en Ukraine : questions militaires et stratégiques », L'invité(e) des matins, France Culture, 28 février 2022.
- D. Minic, « Invasion russe de l'Ukraine : une rupture politico-stratégique ? », *Russie.NEI.Visions*, n° 126, Ifri, mars 2022.

OTAN : retour aux fondamentaux

De la « mort cérébrale » à l'Alliance renforcée

Agitée depuis quelques années par de multiples doutes internes, l'Alliance resserre les rangs devant l'agression russe en Ukraine. Son nouveau concept stratégique constitue une réaffirmation des fondamentaux : défense collective et sécurité coopérative, en particulier avec l'Union européenne.

Depuis les propos du président Macron (*The Economist*, novembre 2019) sur l'état de « mort cérébrale » de l'Organisation du traité de l'Atlantique nord (OTAN) jusqu'au retrait unilatéral américain d'Afghanistan en août 2021, l'Alliance atlantique semblait connaître une crise significative – quoique loin d'être inédite. La montée en puissance de la crise en Ukraine, depuis les exercices russes à partir de septembre 2021 à la frontière russo-ukrainienne et en Biélorussie à l'invasion du 24 février, a sorti les travaux sur le nouveau concept stratégique d'une logique interne, en prenant le pas sur les autres travaux de l'agenda OTAN 2030, pour les recentrer sur les fondamentaux de l'Alliance : dissuasion et défense collective.

Une nécessaire mise à jour

Depuis la fondation de l'Alliance en 1949, pas moins de sept « concepts stratégiques » se sont succédé : 1949, 1952, 1957, 1968, 1991, 1999 et 2010. Ces documents-cadres décrivent à un horizon généralement décennal l'environnement sécuritaire de l'OTAN à court et moyen termes, en déduisent le rôle et les missions de l'Alliance, et orientent l'adaptation de ses structures politiques et militaires pour répondre aux menaces, risques et opportunités à venir.

En novembre 2010, l'OTAN a entériné son septième concept stratégique au sommet de Lisbonne. Son texte s'inscrivait dans la ligne du précédent de 1999, actant la fin de la guerre froide, la suprématie militaire occidentale et l'absence de menace conventionnelle sur un espace euro-atlantique présenté comme « en paix ». On y confirmait les trois piliers de l'Alliance – défense collective, gestion de crise, sécurité coopérative –, placés sur un quasi-pied d'égalité. Il s'agissait alors de doter l'Alliance d'un cadre et de moyens d'agir plus globalement dans une logique expéditionnaire déjà marquée par l'engagement de l'OTAN en Afghanistan depuis août 2003.

Le concept stratégique de 2010 précisait : « La coopération OTAN-Russie revêt une importance stratégique car elle contribue à la création d'un espace commun de paix, de stabilité et de sécurité. » En dépit de l'intervention russe de 2008 en Géorgie, l'heure était donc au rétablissement d'une forme de partenariat stratégique avec Moscou, notamment dans le cadre du *Reset* promu par l'administration Obama à compter du printemps 2009. Quant à la Chine, elle n'apparaissait même pas dans ce document.

L'année 2014 remettait profondément en cause ces postulats, avec l'annexion de la Crimée et le soutien russe aux séparatistes du Donbass. La réponse de l'Alliance au retour de la conflictualité dans l'espace européen est dès lors à la fois politique – mise en place de sanctions, suspension des principaux cadres existants de coopération OTAN-Russie – et militaire, avec l'adaptation et le renforcement du dispositif de défense collective et de dissuasion – Plan d'action réactivité (RAP), présence avancée rehaussée (eFP), présence avancée adaptée (tFP), Initiative 4x30, nouvelle stratégie militaire et nouveaux concepts militaires majeurs, concept de dissuasion et de défense pour la zone euro-atlantique (DDA) et concept-cadre sur la capacité à combattre (NWCC).

Les années 2016-2020 sont également marquées par des défis de cohésion interne de l'Alliance, la politique « transactionnelle » d'un président Trump désireux d'accentuer le « pivot » vers l'Asie, et peu porté à la solidarité au nom des « valeurs transatlantiques » pesant considérablement. La Turquie constitue un autre facteur de tension : Ankara se heurte frontalement à d'autres États membres sur le soutien aux Kurdes syriens face à Daech, sur les îles grecques en mer Égée, ou l'embargo sur les armes en Libye. À la veille du sommet de Londres qui marque les 70 ans de l'OTAN, la déclaration du président Macron sur la « mort cérébrale » de l'Alliance déclenche une crise interne qui la marquera jusqu'au 24 février 2022.

Deux ans de réflexion

La prise de position française acte la détérioration des relations dans l'Alliance : doute sur la garantie de sécurité américaine après que le président Trump l'a jugé « obsolète » et « trop coûteuse » ; achat par la Turquie du système anti-aérien russe *S-400* ; annonce unilatérale du retrait des forces spéciales américaines du nord-est de la Syrie ; incursion militaire turque, là aussi sans consultations, dans cette zone où des membres de l'Alliance étaient impliqués dans la lutte contre Daech.

Si l'organisation militaire de l'OTAN fonctionne de façon satisfaisante, la question posée est celle du fonctionnement et des orientations politiques de l'Alliance atlantique. Dès lors, le centre de gravité des discussions en amont du sommet de Londres de début décembre 2019 se déplace de la question des moyens (budget commun, partage du fardeau…) vers une réflexion sur la raison d'être politique de l'alliance militaire. La déclaration du sommet de Londres apaise la crise, prenant en compte les interrogations françaises, validant « sous les auspices du secrétaire général, avec le recours à l'expertise pertinente, un processus visant à renforcer encore la dimension politique de l'OTAN, y compris la consultation ». Elle répond également aux préoccupations américaines – la Chine étant pour la première fois citée comme présentant « à la fois des opportunités et des défis » – et à celles de la majeure partie des alliés européens inquiets des « actions agressives de la Russie », même si l'OTAN affirme rester ouverte « au dialogue et à la perspective d'établir une relation constructive avec la Russie ».

L'année 2020 est consacrée, sous l'égide du secrétaire général Jens Stoltenberg, à des réflexions sur le renforcement de la dimension politique de l'Alliance. Ce processus est mené sur deux axes : l'initiative OTAN 2030, conduite directement par le secrétaire général; et la mise en place d'un groupe de réflexion indépendant constitué de dix personnalités reconnues[1]. Ce groupe devant formuler des recommandations dans trois directions : 1) renforcer l'unité, la solidarité et la cohésion dans l'Alliance, 2) élargir la consultation et la coordination politiques entre alliés au sein de l'OTAN, et 3) consolider le rôle politique de l'OTAN en développant les instruments pertinents face aux menaces et défis actuels à la sécurité de l'Alliance. Le groupe a remis son rapport le 20 novembre, avant de rendre public ses conclusions le 3 décembre 2020. L'ensemble de ces consultations a permis au secrétaire général de préparer l'agenda OTAN 2030, entériné au sommet de Bruxelles du 14 juin 2021.

Ces recommandations sont d'autant plus importantes pour la cohésion atlantique que les relations entre Paris et Ankara restent tendues depuis le sommet de Londres, compte tenu de l'attitude turque en Méditerranée[2]. Dès lors, l'orientation stratégique de l'Alliance et l'adaptation de ses mécanismes politiques pour garantir sa cohésion sont au premier plan du sommet de Bruxelles. Sans surprise, les chefs d'État et de gouvernement y valident la rédaction d'un nouveau concept stratégique, qui doit leur être présenté au sommet de Madrid de 2022.

Alors que le sommet de Bruxelles permettait d'apaiser les tensions éclairées par les propos du président Macron de novembre 2019, le retrait américain d'Afghanistan d'août 2021 replongeait l'OTAN dans la crise, rappelant avec force que les intérêts des États-Unis primaient sur toute autre considération. La crise de confiance entre les États-Unis et les alliés européens semble alors inéluctable, mais la Russie en décide autrement.

Revenir aux piliers de base de l'Alliance

Si la Russie était tout particulièrement citée dans la déclaration du sommet de Bruxelles, l'OTAN se disait encore ouverte, sous conditions, au dialogue politique avec la Russie. Dès septembre, les mouvements de troupes russes à la frontière russo-ukrainienne et en Biélorussie, et la diffusion de renseignements américains et britanniques sur les intentions du président russe, influent sur les travaux en cours sur le concept stratégique. L'invasion de l'Ukraine par la Russie le 24 février 2022 donne à l'Alliance un adversaire tangible, parfaitement identifiable, qui confirme la nécessité d'un retour aux fondamentaux.

Le concept stratégique 2022 de l'OTAN, validé à Madrid, acte ainsi un espace euro-atlantique qui « n'est pas en paix » et l'ouverture d'une ère de confrontation stratégique avec des puissances autocratiques décidées à réviser l'ordre

1. Thomas de Maizière et Wess Mitchell, co-présidents, John Bew, Greta Bossenmaier, Anja Dalgaard-Nielsen, Marta Dassù, Anna Fotyga, Tacan Ildem, Hubert Védrine et Herna Verhagen.
2. Incident, le 17 juin 2020, entre un navire militaire français et un bateau turc au large de la Libye; activités turques en particulier dans les zones économiques exclusives grecque et chypriote mais contestées par la Turquie.

international, si nécessaire par la force militaire. Il ne représente pas en soi une révolution copernicienne, puisque nombre d'éléments du concept stratégique de 2010, et des déclarations des différents sommets tenus depuis, en particulier depuis 2020, se retrouvent dans le nouveau texte. C'est particulièrement vrai de la confirmation des trois piliers tels que définis en 2010, mais dont l'équilibre est réapprécié au bénéfice de la défense collective. Le renforcement des moyens de dissuasion conventionnelle mis en place par l'OTAN sur sa frontière orientale face à la menace russe en est le signe, tout comme la réaffirmation que l'OTAN est et restera une alliance nucléaire.

La sécurité coopérative est l'autre pilier qui apparaît renforcé dans le concept stratégique 2022. La pertinence de la coopération menée par l'OTAN avec ses partenaires est confortée par les événements de ces derniers mois, qu'il s'agisse d'accélérer l'adhésion des partenaires les plus proches, comme la Finlande et la Suède, ou d'appuyer les capacités militaires de partenaires comme l'Ukraine ou la Géorgie. Il s'agit là aussi d'un signal à destination de Pékin, puisque l'OTAN a des partenariats avec l'Australie – le plus approfondi en Indo-Pacifique –, la Corée du Sud, le Japon et la Nouvelle-Zélande.

La dépendance du gaz russe de certains membres de l'OTAN a mis en évidence l'impérieux besoin de développer la résilience énergétique des États membres et de l'Alliance. Cet axe d'effort, clairement identifié, ouvre des portes à la coopération OTAN-UE : mobilité stratégique, lutte contre les cyberattaques, impacts du dérèglement climatique, mais aussi en réponse « aux défis systémiques » présentés par la Chine. L'UE, alliance politique, peut en effet, plus aisément que l'OTAN, alliance militaire, aborder la Chine comme présentant à la fois risques et opportunités.

Ainsi, l'invasion de l'Ukraine par la Russie a indéniablement réveillé l'Alliance, induisant un « effet drapeau » qui a mis de côté toute autre considération. L'engagement des États-Unis dans la zone Europe de l'OTAN a rassuré les alliés, et au-delà. Pour autant, les discussions entre alliés autour du degré d'affaiblissement de la Russie à atteindre montrent qu'une nouvelle crise de confiance et de cohésion n'est pas à écarter. L'attitude de la Turquie qui a durci ses positions sur de nombreux sujets, induisant des négociations difficiles (adhésion de la Finlande et de la Suède), reste également un sujet délicat pour l'Alliance.

L. P.

Pour en savoir plus

- F. Alexandre, « L'offensive russe en Ukraine et la résurrection de l'OTAN », RFI, 16 mars 2022.
- J.-F. Bureau, « L'OTAN en Afghanistan : quels enseignements ? », *Politique étrangère*, vol. 87, n° 1, Ifri, mars 2022.
- Conférence « OTAN : quel concept stratégique face aux nouvelles menaces ? », Ifri, 14 mars 2022.

La compétition spatiale

Un nouveau milieu stratégique

L'évolution technologique démocratise l'accès à l'espace et multiplie les acteurs qui peuvent y manœuvrer : États ou entreprises. Les enjeux de puissance civils et militaires sont ainsi démultipliés : en temps de paix pour la maîtrise de la souveraineté, en temps de guerre pour celle des champs d'affrontement. La coopération européenne est nécessaire à la stratégie spatiale française. Tout comme un multilatéralisme, qui doit organiser et réguler le nouveau milieu stratégique de l'espace.

Le milieu spatial innerve des pans entiers de l'activité humaine, notamment en matière de communication, de géolocalisation et d'imagerie satellite. Des activités aussi diverses que le transport routier et maritime, l'agriculture ou encore le *trading* haute fréquence en dépendent étroitement. La hausse continue des investissements dans le spatial témoigne de la vitalité d'un secteur évalué en 2022 à environ 300 milliards de dollars (Md$) et qui pourrait atteindre selon certaines projections 450 Md$ en 2028 et 1 000 Md$ en 2040[1].

L'espace : un nouveau théâtre de compétition

La réduction des coûts d'accès à l'espace – rendue possible par l'arrivée des acteurs privés à l'origine du *New Space* – est l'un des facteurs expliquant ces perspectives de croissance. Les coûts de lancement ont été divisés par dix en vingt ans. Dans les années 2000, le lancement d'un kilogramme (kg) en orbite basse coûtait en moyenne 18 000 dollars; il reviendrait aujourd'hui à 2 700 dollars avec une fusée *Falcon 9* de la société Space X et serait même de l'ordre de 1 200 dollars avec son lanceur lourd *Starship*.

L'exploitation de l'espace, jusqu'ici réservée à un nombre restreint d'États pour des raisons stratégiques et financières, suscite dès lors l'intérêt de nouveaux entrants. En janvier 2021, 3 372 satellites étaient en service, 84 pays opérant déjà au moins un satellite[2]. Cette tendance devrait s'accélérer avec le lancement prévu de plusieurs dizaines de milliers de satellites dans la prochaine décennie. La constellation *Starlink*, dont l'un des objectifs affichés est de fournir de l'internet à

1. J. M. Logsdon, « Outer Space and International Diplomacy », Council of American Ambassadors, avril 2021.
2. *Ibid.*

haut débit en n'importe quel point du globe, devrait par exemple compter jusqu'à 42 000 satellites à l'horizon 2040.

Vers une nouvelle ère spatiale ?

Cette démocratisation de l'accès à l'espace bouleverse les équilibres stratégiques. La croissance des activités civiles et commerciales par rapport aux activités militaires, l'arrivée de nouveaux acteurs privés sur les segments amont (filière des lanceurs, conception de satellites) et aval (exploitation des données, commercialisation de services) engendrent de nouvelles dynamiques de compétition et complexifient l'environnement stratégique, en particulier du fait de l'ambiguïté créée par le possible détournement des moyens civils à des fins militaires.

Le conflit russo-ukrainien en a donné plusieurs exemples, avec la fourniture aux forces ukrainiennes de services de communication privés par satellite (*Eutelsat*, *Starlink*) ou d'images satellitaires civiles (Maxar, Planet) pour affiner leur appréciation des situations tactiques. Par ailleurs, la croissance du nombre d'objets spatiaux en orbite aggrave significativement les risques de collisions. Une collision accidentelle entre un satellite russe et un satellite américain a par exemple eu lieu en 2009. Certaines « routes » spatiales sont congestionnées, obligeant les opérateurs à effectuer régulièrement des manœuvres très coûteuses en carburant pour leurs satellites, réduisant leur temps de vie opérationnel et perturbant les services. Enfin, l'inflation exponentielle des données (observation, communication) constitue un autre aspect essentiel de la compétition spatiale : elle engendre de nouvelles vulnérabilités mais confère aux acteurs pouvant les exploiter un réel avantage.

Structurée par la rivalité américano-soviétique durant la guerre froide, la hiérarchie des puissances spatiales évolue. Les États-Unis restent très en avance sur leurs principaux compétiteurs, avec 56 % des satellites – civils ou militaires – officiellement en orbite. En 2018, les dépenses d'investissements annuelles du Pentagone pour les programmes spatiaux militaires représentaient 40,9 Md$, soit 72 % du total mondial et l'équivalent du budget des armées françaises… La Chine comble pourtant rapidement son retard. Depuis 2019, Pékin dépasse les États-Unis en nombre de lancements réussis. Elle développe par ailleurs sa propre station orbitale *Tianhe* et a envoyé des sondes autour de la Lune (*Chang'e*) ainsi que Mars (*Tianwen-1*). L'Agence spatiale nationale chinoise (CNSA) a également dévoilé une feuille de route conjointe avec la Russie pour déployer une base lunaire (International Lunar Research Station) à compter de 2036. Comme les États-Unis, la Russie et l'Inde, la Chine dispose de capacités contre-spatiales, dont des armes antisatellites (ASAT) directes ascendantes. En outre, la Chine développe son réseau d'observation de l'espace depuis le sol, grâce à des installations dans plusieurs pays de l'hémisphère Sud (Australie, Namibie, Argentine, Chili), ce qui lui permet de disposer d'une couverture mondiale.

La France et la souveraineté spatiale

La France s'est dotée en 2019 d'une Stratégie spatiale de défense (SSD). Portée par une volonté politique forte, elle reconnaît l'espace comme l'un des domaines d'expression de la puissance et d'exercice de la souveraineté. Pour Paris, la maîtrise de l'espace a un caractère existentiel et doit être garantie par le maintien d'un accès autonome à l'espace, la maîtrise de technologies souveraines et le développement des coopérations. À l'instar des États-Unis[3], la France a mis sur pied un Commandement de l'espace (CDE) sous la tutelle organique de l'armée de l'Air et de l'Espace. Il est responsable, avec le Centre national d'études spatiales (CNES), de la mise en œuvre des grandes lignes de cette stratégie : assurer le soutien des capacités spatiales, garantir la connaissance de la situation spatiale, appuyer les opérations terrestres à l'aide de capacités spatiales modernes et résilientes, et être en capacité d'agir dans l'espace.

Dans la nouvelle compétition, la France entend conserver une place de premier rang, certes derrière les États-Unis, la Chine et la Russie, mais devant l'Allemagne, l'Italie, Israël, l'Inde et le Japon. Elle dispose, pour des raisons historiques liées à la dissuasion nucléaire, de savoir-faire rares, parfois uniques : veille et classification spatiale, technologies liées aux optiques adaptatives et aux accéléromètres spatiaux, etc. Cet ensemble forme un socle de capacités souveraines dont l'excellence technologique est reconnue, comme les systèmes d'observation optique CSO, de renseignement électromagnétique CERES, de communication SYRACUSE et d'observation de l'espace GRAVES[4].

L'Hexagone assume toutefois sa dépendance vis-à-vis de partenaires européens – Allemagne, Italie, Agence spatiale européenne (ESA) – pour certaines capacités complémentaires (*Galileo*, *SARah*, etc.). La Loi de programmation militaire (LPM) 2019-2025 prévoit près de 5 milliards d'euros pour renforcer ses capacités. La priorité devrait aller à la détection et à la classification des objets survolant l'espace national, grâce à l'amélioration en résolution et en portée des radars SATAM et GRAVES. En outre, un « patrouilleur » spatial pour protéger les satellites militaires français, appelé Yoda (« Yeux en orbite pour un démonstrateur agile »), est annoncé pour 2023 dans le cadre du programme Action et résilience spatiale (ARES). Il devrait permettre à la France de se doter d'une première capacité de défense active dans l'espace. Que ce soit sur les plans militaire, technologique ou encore normatif, les défis que la France devra relever dans les décennies à venir pour conserver son rang s'avèrent pourtant particulièrement ardus.

Les grands enjeux de la compétition spatiale pour la France et l'Europe

La filière des lanceurs : un héritage fragile

Face au *dumping* pratiqué par les nouveaux entrants du secteur, Space X en tête, la France et les États européens ont des difficultés à proposer une offre de lanceurs compétitifs, en dépit des gains escomptés d'une fusée comme *Ariane 6*. L'ESA travaille d'ores et déjà sur une gamme de lanceurs réutilisables adaptés aux nouveaux besoins, pour faire face à l'âpre concurrence commerciale. Elle ambitionne de diviser par deux les coûts de lancement actuels d'ici 2025 – les réduisant

3. Les États-Unis reconnaissent désormais l'espace comme le 5e domaine de lutte (*warfighting domain*). Ils ont mis sur pied en 2019 la Space Force et se sont dotés d'un commandement de l'espace autonome, l'USSPACECOM.

4. CSO : Composante spatiale optique ; CERES : Capacité de renseignement électromagnétique spatiale ; SYRACUSE : Système de radiocommunication utilisant un satellite ; GRAVES : Grand réseau adapté à la veille spatiale ; SATAM : Système d'acquisition et de trajectographie des avions et des munitions.

à environ 5 000 dollars pour 1 kg en orbite basse – ce qui reste pourtant insuffisant par rapport aux coûts proposés par certaines sociétés du *New Space.*

La multiplication des débris spatiaux et la prolifération prévisible de moyens susceptibles d'endommager ou détruire des satellites en orbite rendent le développement de capacités de lancement réactives à bas coût nécessaire : États et acteurs privés réfléchissent à des solutions toujours plus économes. La *start-up* américaine Aevum a montré, avec son système composé du drone aérien *RavnX* emportant une fusée réutilisable à 95 %, qu'il était désormais possible de placer en orbite basse « à la demande » et à coût maîtrisé des charges allant jusqu'à 500 kg. Sur le plan commercial, les lancements réactifs à l'aide de micro-lanceurs réutilisables pourraient aussi accélérer la mise en service des satellites, en réduisant les délais entre la fin de fabrication et le placement sur orbite.

L'Europe s'intéresse donc de près aux lanceurs réutilisables, mais la fragmentation de la filière industrielle pose aujourd'hui question. La concurrence intra-européenne nuit en effet à la compétitivité de son modèle. La gouvernance du secteur spatial européen pâtit aujourd'hui des dissensions entre la vision de l'ESA – dont la mission est d'abord scientifique et qui milite pour un juste retour industriel – et celle de la Commission, plus axée sur les aspects capacitaires et qui prône une gouvernance plus efficiente.

Espace militaire : un atout stratégique contesté

Premier axe de réflexion, l'évolution de l'appui aux opérations. L'espace demeure un multiplicateur d'effets conférant un avantage comparatif aux armées technologiquement plus avancées. Mais en matière d'anticipation et de renseignement, par exemple, la miniaturisation des technologies et la démocratisation de l'accès à l'espace permettront à des pays de plus en plus nombreux d'avoir accès à des capacités de surveillance étendues. Dans ce domaine, les systèmes défilants offrent de nouvelles possibilités aux armées, par exemple en matière de renseignement et de ciblage en quasi-temps réel, grâce à des taux de revisite importants. La Chine envisage ainsi de déployer dans le cadre des « routes de la soie numériques » une constellation d'un millier de satellites qui lui offrirait une couverture mondiale avec un « rafraîchissement » inférieur à 15 minutes. La constellation *Yaogan-30* (27 satellites) mise en service fin 2020 dispose déjà d'une capacité similaire, mais centrée sur son environnement proche.

Autre axe majeur : le suivi de la situation spatiale (*space situation awareness*). La capacité à détecter, suivre, classifier, attribuer les objets en orbite est essentielle pour contrer des manœuvres hostiles et, le cas échéant, réagir aux intentions malveillantes. Les principales difficultés tiennent ici à la détection d'objets de plus en plus petits en raison de la miniaturisation des satellites, et au traitement de quantités exponentielles de données. En matière de détection, le Vieux Continent accuse un retard sur les États-Unis, qui suivent et émettent des alertes de collision sur plus de 25 000 objets de taille supérieure à 10 centimètres. L'Europe ne suit que 20 % de ces objets mais s'est fixé l'objectif d'en suivre 70 % – et 100 % des objets de plus de 35 centimètres – d'ici 2030.

Traiter et fusionner des données hétérogènes issues des télescopes et des radars pour reconstruire la trajectoire d'un objet douteux et l'identifier nécessite des capacités de calcul et de stockage d'autant plus importantes que le nombre d'objets réels et détectés croît exponentiellement. La maîtrise des technologies du *big data*, de l'intelligence artificielle, des capacités de calcul et de simulation, revêt donc un intérêt particulier.

Enfin, la logistique militaire pourrait également bénéficier de développements technologiques ouvrant la voie à de nouveaux usages militaires de l'espace. Le ministère de la Défense américain étudie entre autres la possibilité d'employer des fusées-cargo sur la base de lanceurs commerciaux tels que le *Starship* de Space X, pour renforcer la capacité de projection globale. Le placement en orbite de stations de ravitaillement pour satellites pourrait révolutionner l'écosystème spatial, en limitant les contraintes logistiques relatives à la durée de vie et à l'autonomie des satellites actuels.

Dans un contexte où des pays comme l'Iran ou la Corée du Nord, peu dépendants de l'espace, pourraient utiliser des stratégies asymétriques contre des puissances plus exposées, la résilience des systèmes spatiaux est au cœur des enjeux militaires de l'espace. Au niveau stratégique, il s'agit de répondre à un triple défi : 1) dissuader un adversaire d'agir contre nos intérêts en développant des capacités d'action ; 2) se soustraire à la menace ou rendre l'attaque inefficace, grâce à la redondance, ou la reconstitution rapide, des capacités ; 3) pouvoir agir indépendamment des capacités spatiales. Sur ce dernier point, le concept de Navigation Warfare (NAVWAR) témoigne de cette prise de conscience.

La résilience dans l'espace peut être appréhendée sous deux dimensions : l'une passive, l'autre active. Les architectures spatiales distribuées ou redondantes, le durcissement des infrastructures au sol, l'amélioration de la protection des satellites ou le développement de certaines capacités opérationnelles (lancements réactifs de satellites, manœuvres d'évitement, furtivité, leurres, etc.) contribuent à renforcer la résilience passive. Les actions cinétique et non cinétique, dans l'espace ou à l'encontre des installations sol (micro-ondes à forte puissance, laser, désorbitage, attaque cyber, etc.), relèvent quant à elles de la résilience active.

Coopération et multilatéralisme

La dimension planétaire de la compétition dans l'espace place les dynamiques de coopération au cœur des enjeux de puissance. À ce titre, la France fait partie depuis 2009 du Forum de coopération spatiale bilatéral avec les États-Unis et a rejoint en 2020 l'initiative Combined Space Operations (CSpO), qui réunit les Five Eyes – Australie, Canada, Nouvelle-Zélande, Royaume-Uni et États-Unis – et l'Allemagne. Le but de cette initiative est d'améliorer la coordination des efforts de chacune des sept nations participantes dans le domaine de la défense spatiale, afin d'accroître la résilience, de garantir un accès libre à l'espace et d'y protéger les moyens qui s'y trouvent, le cas échéant en coalition.

La coopération franco-allemande est également dimensionnante pour la stratégie spatiale de défense française. Sur le plan capacitaire, les accords de Schwerin prévoient depuis 2002 l'échange d'images entre les deux pays. La mise en service par l'Allemagne de la constellation *SARah* va en outre élargir les capacités d'observation radar, en échange des images de CSO. « Les coopérations multilatérales et bilatérales constituent un élément essentiel pour compléter les capacités spatiales militaires françaises, améliorer la connaissance d'un environnement spatial de plus en plus complexe, peuplé et contesté, et répondre aux enjeux futurs[5]. »

Sur le plan multilatéral enfin, on notera que le cadre juridique régulant les activités spatiales n'est plus adapté à la compétition actuelle. À titre d'exemple, le traité sur l'espace de 1967 interdit explicitement l'usage d'armes de destruction massive dans l'espace mais ne proscrit pas une « arsenalisation[6] » que dénoncent de nombreux observateurs. Le droit international et les organes du multilatéralisme sont d'ailleurs les objets d'une compétition effrénée où chacun cherche à imposer ses visions et ses normes. La Chine et la Russie soutiennent par exemple, en vain depuis 2008, un projet de traité prévoyant le non-placement en premier d'armes dans l'espace, tandis que la France et ses principaux alliés promeuvent le partage de bonnes pratiques pour un usage pacifique et responsable de ce milieu.

***

L'accès à l'espace s'est démocratisé et est désormais le cadre d'une nouvelle compétition entre acteurs étatiques et non étatiques. La dépendance de nos sociétés et de nos armées en fait un enjeu vital pour notre souveraineté. La France est aujourd'hui bien placée dans cette course stratégique mais elle doit poursuivre ses efforts, en particulier aux côtés de ses partenaires européens, pour disposer d'une filiale spatiale compétitive et autonome lui permettant de surmonter les obstacles identifiés.

En outre, la tentative russo-chinoise d'utiliser le droit pour imposer de nouvelles normes montre que la compétition spatiale entre grandes puissances ne peut ignorer le niveau du *lawfare*. L'enjeu de la régulation de l'espace, urgent du fait de l'accroissement des activités spatiales civiles et militaires, pose la question du rôle et du poids du multilatéralisme. La France et ses principaux alliés devront, dans les années à venir, se positionner clairement sur ce sujet.

R. B. et G. S.

Pour en savoir plus

- M. Borowitz, « The Military Use of Small Satellites in Orbit », *Briefings de l'Ifri*, Ifri, 4 mars 2022.
- R. Briant, « La synergie homme-machine et l'avenir des opérations aériennes », *Focus stratégique*, n° 106, Ifri, septembre 2021.
- É.-A. Martin, « Le secteur spatial européen dans la compétition internationale », *Questions internationales*, n° 110, novembre-décembre 2021.

5. Plaquette du CDE, 2022.
6. C'est-à-dire le déploiement de capacités militaires actives dans l'espace à des fins aussi bien spatiales que terrestres.

Djihadisme et contre-terrorisme

Adaptations croisées

Le terrorisme est un mode opératoire qui se concrétise dans des actions très diverses. D'où, également, la variété des moyens à mettre en œuvre pour le contrer. Terrorisme de nuisance, terrorisme stratégique, wikiterrorisme, terrorisme multipolaire et rhizomique sont ainsi successivement apparus au fil des décennies, les réponses tentant de s'adapter. La menace décroît ici ou là, se déplace, passe au second plan des préoccupations stratégiques, mais il serait naïf de la croire disparue.

La lutte contre le terrorisme a considérablement évolué au cours des vingt dernières années, au gré de la transformation des menaces. Un groupe terroriste ne se combat pas de la même manière si sa structure est centralisée ou décentralisée, s'il dispose d'un sanctuaire ou opère sans base territoriale ni populaire, s'il cible le territoire national ou se contente de frapper des ressortissants à l'étranger, s'il se sert d'internet comme d'une plateforme opérationnelle ou seulement comme vecteur de propagande, etc.

Autrement dit, pour lutter efficacement il faut bien appréhender l'ennemi. En réalité, les services spécialisés ne combattent pas *le* terrorisme – qui est un mode opératoire –, mais des réseaux plus ou moins structurés, des groupes aux frontières fluides, et des individus agissant parfois sans lien opérationnel avec une organisation. La compréhension de ces adversaires est souvent complexe, en dépit de moyens de renseignement considérablement renforcés depuis deux décennies.

Tous les États ne font pas face au terrorisme de la même manière. La culture stratégique, les traditions politiques, les attributs de puissance sont quelques-uns des paramètres à prendre en compte. L'impact mondial du 11 Septembre a néanmoins conduit à des convergences, notamment entre pays occidentaux. Un des cas les plus frappants est celui de la France, passée d'un rejet du concept américain de « guerre contre le terrorisme » dans la première décennie du XXIe siècle à son adoption et sa mise en pratique dans la décennie suivante.

Le terrorisme existait bien avant les attentats de New York et Washington. Sans remonter aux anarchistes du XIXe siècle, ni même aux guerres de décolonisation du XXe, un minimum de perspective historique est nécessaire pour saisir la particularité du moment présent. Dans un article de la revue *Commentaire* en 2008[1], on évoquait « les trois âges du terrorisme » : prolongeant cette réflexion, on arguera ici que nous sommes désormais entrés dans son cinquième âge.

Le premier âge : le terrorisme de nuisance

Les spécialistes font généralement remonter la naissance du terrorisme transnational contemporain à la fin des années 1960. Après la guerre des Six Jours de 1967, les groupes armés palestiniens comprennent que l'armée israélienne est trop puissante pour être vaincue dans un affrontement militaire classique. Ils optent alors pour des actions spectaculaires dans le monde occidental (détournements d'avions, prises d'otages, assassinats), afin de faire connaître leur cause et de pousser la communauté internationale à faire pression sur Israël. Ce « terrorisme de négociation » – qui a aussi été qualifié de « publicitaire » – tue relativement peu. Quand, en 1970, le Front populaire de libération de la Palestine détourne des avions de ligne vers un aéroport de Jordanie, puis les fait exploser devant la presse, il prend soin d'évacuer passagers et membres d'équipage.

Dans le contexte de la guerre froide, ce type de terrorisme n'est pas perçu par les pays occidentaux comme une menace de premier ordre, mais plutôt comme une forme de nuisance stratégique. La réponse qui lui est apportée est d'autant moins ferme que les services spécialisés dans la lutte contre le terrorisme en sont encore à un état embryonnaire. Le traitement de la menace est alors en partie diplomatique : on cherche à faire comprendre aux groupes terroristes – parfois en leur faisant des concessions – qu'ils ne devraient pas s'en prendre aux intérêts nationaux. Si, malgré tout, des attentats finissent par viser ces intérêts, la réponse est essentiellement policière : les terroristes sont considérés comme des criminels, pas comme des guerriers. En France, l'enquête qui suit l'attentat de 1980 contre la synagogue de la rue Copernic montre que la police n'était pas suffisamment préparée. Dès lors, des services spécialisés et centralisés sont progressivement mis en place, tant au ministère de l'Intérieur qu'à celui de la Justice.

Face au terrorisme d'État pratiqué par des services clandestins ou des *proxies*, la réponse est plus musclée et, déjà, militarisée. À l'automne 1983, après l'attentat contre le Drakkar à Beyrouth, le président Mitterrand ordonne un raid aérien contre une caserne des Gardiens de la révolution islamique dans la plaine de la Bekaa. Autre exemple : en avril 1986, après un attentat dans une discothèque de Berlin fréquentée par des militaires américains, les États-Unis mènent une opération aérienne contre la Libye de Mouammar Kadhafi. Dans les deux cas, l'effet recherché est à la fois punitif et dissuasif.

Les représailles militaires sont aussi l'option choisie par Washington après les attentats d'Al-Qaïda contre les ambassades américaines de Nairobi et Dar-es-Salam. En août 1998, des missiles *Tomahawk* sont ainsi tirés en direction de camps d'entraînement en Afghanistan et d'une usine pharmaceutique au Soudan. Ces frappes ne permettent toutefois ni d'affaiblir, ni de dissuader l'organisation terroriste.

1. M. Hecker, « Les trois âges du terrorisme », *Commentaire*, n° 121, printemps 2008.

Le deuxième âge : le terrorisme stratégique

Le 11 Septembre marque une rupture dans l'histoire du terrorisme : pour la première fois, un acteur non étatique parvient à infliger instantanément des pertes (près de 3 000 morts) et des dégâts d'une si grande ampleur. Le saut n'est au demeurant pas seulement quantitatif, mais bien qualitatif : on imaginait jusqu'alors que seule une armée pouvait détruire simultanément plusieurs immeubles et aéronefs. Le choc est tel que George W. Bush choisit d'y répondre par une « guerre globale contre le terrorisme ».

La partie la plus visible de cette guerre s'ouvre en Afghanistan dès octobre 2001 et se poursuit en Irak à partir de mars 2003. En 2008, le pic du déploiement extérieur américain est atteint, avec 187 900 militaires (157 800 en Irak et 30 100 en Afghanistan). Les États-Unis mettent alors en œuvre une stratégie de contre-insurrection qui requiert de nombreuses *boots on the ground*. Ils s'engagent plus légèrement sur d'autres théâtres (Enduring Freedom–Horn of Africa, Enduring Freedom–Trans-Sahara, etc.), notamment pour former les armées locales au contre-terrorisme.

L'action américaine a également un important volet clandestin. Dès le 17 septembre 2001, la Maison-Blanche autorise la Central Intelligence Agency (CIA) à arrêter, interroger et tuer des membres d'Al-Qaïda où que ce soit dans le monde. En novembre 2002 a lieu au Yémen la première d'une longue série d'éliminations ciblées de terroristes par drone. D'autres djihadistes sont enlevés, transférés sur des sites secrets et torturés – le cas le plus connu étant celui de Khalid Cheikh Mohammed, souvent présenté comme « le cerveau du 11 Septembre ».

Outre les armées et les services de renseignement, plusieurs autres institutions réorientent une partie de leur action vers la lutte contre Al-Qaïda, comme le département d'État, l'Agence américaine de développement (USAID) ou encore le département du Trésor. Il s'agit pour elles de participer, entre autres missions, à la « guerre des idées », de lutter contre les « causes profondes » du terrorisme (éradication de la pauvreté, promotion de la bonne gouvernance, etc.), ou encore de traquer le financement de cellules djihadistes.

Le troisième âge : le wikiterrorisme

Pour faire face à la puissance de frappe de ses adversaires, Al-Qaïda mise sur une stratégie de décentralisation qui emprunte deux formes. D'une part, le groupe ouvre des « filiales » dans différents pays : en Irak (AQI) en 2004, au Maghreb (AQMI) en 2006-2007, dans la péninsule arabique (AQPA) en 2009, etc. D'autre part, il utilise sa propagande en ligne – couplée à la diffusion d'orientations stratégiques et de conseils tactiques – pour susciter des vocations d'apprentis djihadistes, notamment dans les pays occidentaux. C'est l'époque où le webmagazine anglophone *Inspire* apprend à ses lecteurs à fabriquer des bombes artisanales dans leur cuisine. Cette décentralisation de l'ère numérique est parfois qualifiée de « wikiterrorisme » ou de « djihadisme *open source* ». Elle produit un « terrorisme d'inspiration », perpétré par des individus n'ayant pas de lien organique avec Al-Qaïda et passant à l'acte seuls ou en petits groupes, avec des moyens rudimentaires.

Elle rappelle les théories développées par le stratège Abou Moussab al-Souri dans son *Appel à la résistance islamique globale*.

Face à cette double mutation, la lutte contre le terrorisme évolue également. Dans les pays avec lesquels les États-Unis ne sont pas officiellement en guerre, Washington soutient les armées locales ou régionales, conduit des actions clandestines et frappe les *high value targets* à l'aide de drones. Au cours de sa première année de présidence, Barack Obama valide ainsi une soixantaine de frappes hors d'Irak et d'Afghanistan, soit davantage que durant les deux mandats de George W. Bush. Lorsqu'une cible est vraiment exceptionnelle, Washington peut opter pour un raid de forces spéciales, comme en 2011 pour l'élimination d'Oussama Ben Laden. La décentralisation sur internet est, quant à elle, combattue par différentes méthodes : suppression de contenus, infiltration de réseaux à des fins de disruption, production de contre-discours…

Le quatrième âge : le terrorisme multipolaire et rhizomique

L'année de la mort du chef d'Al-Qaïda est aussi celle des Printemps arabes. La situation sécuritaire dégénère en guerre civile en Libye et en Syrie. Cette dernière devient progressivement l'épicentre du djihadisme mondial. Entre 2011 et 2017, environ 40 000 combattants étrangers affluent en zone syro-irakienne, dont 5 000 à 6 000 Européens. Certains rejoignent initialement des groupes djihadistes locaux, d'autres s'orientant vers la mouvance Al-Qaïda. Mais à partir de 2013, la majorité d'entre eux se dirige vers une nouvelle organisation – Daech –, qui réalise un coup d'éclat l'année suivante en annonçant le rétablissement du califat.

Le cœur du territoire de Daech représente, à son apogée, un espace d'environ 100 000 kilomètres carrés (km^2), à cheval sur la Syrie et l'Irak, où l'émir Abou Bakr al-Baghdadi et ses hommes régissent la vie d'une dizaine de millions de personnes en appliquant la charia de manière très brutale. Cependant, le califat ne se limite pas au Levant et se veut d'emblée global : des provinces (*wilayas*) – souvent issues de scissions d'Al-Qaïda – sont créées dans différentes parties du monde musulman. Dans deux États, la Libye et l'Afghanistan, l'organisation cherche, sans grand succès, à dupliquer son modèle syro-irakien, tentant de contrôler des territoires et d'y imposer sa gouvernance.

Daech se distingue aussi par sa capacité à frapper ses ennemis chez eux, perpétrant des attentats particulièrement meurtriers dans les pays occidentaux, mais aussi en Turquie ou en Iran. La Russie est également visée, en particulier en 2015 lorsqu'un avion civil russe explose au-dessus du Sinaï. En France, trois grandes formes d'actions violentes sont observées en lien avec le califat d'Abou Bakr al-Baghdadi. Tout d'abord le « terrorisme projeté », perpétré par des commandos entraînés à l'étranger. L'exemple le plus retentissant est celui des attentats du 13 novembre 2015 à Paris. Ensuite, le « terrorisme téléguidé » est exécuté par des individus qui ne se sont pas rendus dans un sanctuaire djihadiste, mais obéissent à un commanditaire se trouvant dans une province du califat : par exemple pour l'attaque de l'église de Saint-Étienne-du-Rouvray. Enfin, Daech met en œuvre, à une échelle supérieure, le « terrorisme d'inspiration » déjà utilisé par Al-Qaïda.

Face à cette structure fonctionnant à la fois de manière multipolaire (avec ses différentes provinces) et rhizomique (avec les vocations suscitées par son utilisation foisonnante d'internet), la réponse prend elle aussi différentes formes. Pour lutter contre le cœur de l'organisation, l'option militaire est privilégiée. Les États-Unis reviennent en Irak à partir de 2014, avec le soutien de nombreux alliés. Contrairement à la décennie précédente, il n'est toutefois plus question de déployer d'importants contingents pour faire de la contre-insurrection. L'accent est mis sur l'utilisation de la puissance aérienne et, au sol, sur des actions de contre-terrorisme, d'accompagnement de troupes locales au combat (armée irakienne, combattants kurdes en Syrie) et de formation. Les capacités militaires sont également utilisées pour tenter d'entraver le financement de l'organisation, notamment lorsque des frappes ciblent les convois de pétrole destinés à l'exportation clandestine.

En France, ce quatrième âge du terrorisme induit des modifications majeures. La militarisation de la lutte contre le djihadisme se renforce nettement, les armées étant engagées au Sahel (opérations Serval, puis Barkhane), au Levant (opération Chammal) et sur le territoire national (opération Sentinelle). Pour contrer la menace rhizomique, les services de renseignement, la police, la gendarmerie et la justice sont en première ligne. L'arsenal législatif est considérablement durci, et l'état d'urgence, en vigueur de novembre 2015 à fin octobre 2017, permet à l'autorité administrative de décider rapidement de mesures telles que perquisitions ou assignations à résidence. La lutte contre la radicalisation devient une préoccupation majeure, reflétée dans le Plan national de prévention de la radicalisation de février 2018. Elle s'articule autour du triptyque détection/formation/prise en charge et concerne des acteurs variés (Éducation nationale, collectivités territoriales, milieu associatif, entreprises, etc.).

Le cinquième âge : l'après-guerre contre le terrorisme

Face au nombre et à la puissance de ses adversaires, Daech finit par s'effondrer. En 2017, il perd Mossoul et Raqqa, puis continue à reculer jusqu'à être délogé de son dernier bastion, Baghouz, en mars 2019. En octobre de la même année, l'émir Abou Bakr al-Baghdadi est éliminé. Avec la chute du sanctuaire syro-irakien, les capacités de projection de l'organisation déclinent fortement. L'exemple français l'illustre : pendant le quinquennat de François Hollande (2012-2017) le terrorisme tue 239 personnes sur le territoire national ; le nombre de victimes tombe à 24 durant la mandature suivante (2017-2022).

Si cette situation amène certains responsables à crier victoire, à l'instar de Donald Trump, d'autres se montrent plus prudents, évoquant une phase de reflux et de possible reconfiguration. Globalement, le constat est celui d'une nette amélioration, qui permet de réduire l'intensité de la lutte contre le terrorisme et de se concentrer sur d'autres priorités stratégiques. La thématique de la « compétition de puissance » monte en effet depuis plusieurs années. En Europe, les coups de force de la Russie en Géorgie en 2008, puis en Crimée en 2014, font réapparaître le spectre de la « menace russe ». Au niveau plus global, la Chine est de plus en plus vue comme un « rival systémique », et les tensions sino-américaines ne font que s'aggraver avec la pandémie de Covid-19.

Trois événements récents confirment ces tendances. D'abord l'assaut de partisans de Donald Trump sur le Capitole, le 6 janvier 2021, fait passer, aux yeux de l'administration Biden, la menace de l'ultra-droite devant le djihadisme. Ensuite, le retrait chaotique des troupes américaines d'Afghanistan, alors que les talibans marchent sur Kaboul, acte la fin – et l'échec au moins partiel – du cycle stratégique de la guerre contre le terrorisme. Enfin, en février 2022, l'invasion russe de l'Ukraine marque le retour de la guerre interétatique en Europe.

La menace djihadiste n'a pourtant pas disparu. Elle semble même regagner quelque vigueur en zone syro-irakienne et s'étendre au Sahel, où la France – fatiguée elle aussi de nombreuses années d'engagement militaire ne produisant pas l'effet stratégique escompté – clôt l'opération Barkhane, se retire du Mali et réorganise son dispositif. Dans ce contexte, il serait donc inconséquent de délaisser la lutte contre le terrorisme. Le volet militaire est amené à se prolonger, selon des modalités plus légères combinant notamment soutien à des alliés locaux, utilisation de moyens aériens et raids de forces spéciales. On en a vu un exemple début 2022, avec l'élimination d'Abou Ibrahim al-Hachimi al-Qourachi, le successeur d'Abou Bakr al-Baghdadi.

En France, les services spécialisés pourront capitaliser quelque temps sur les moyens législatifs, financiers, technologiques et humains acquis durant la période de l'apogée de Daech. Mais l'attention dédiée à la lutte contre le terrorisme et la radicalisation risque de décliner rapidement. Ce serait pourtant une erreur que de s'en détourner : les menaces internes ne manquent pas. Les djihadistes, par exemple, sortent de prison à un rythme rapide, le pic du nombre de terroristes incarcérés ayant été atteint en 2020. En parallèle, les tentatives d'attentats émanant de l'ultra-droite augmentent : on en dénombre une demi-douzaine entre 2017 et le début de l'année 2022. En outre, d'autres formes de violence politique pourraient émerger à la faveur de l'approfondissement du malaise social, du développement des mouvements « antisystème » et de la tendance à l'« archipellisation » d'une partie de la société. Dans ce contexte, baisser la garde ne serait pas une erreur, mais une véritable faute.

M. H.

Pour en savoir plus

- M. Hecker et É. Tenenbaum, *La Guerre de vingt ans. Djihadisme et contre-terrorisme au XXIe siècle*, Paris, Robert Laffont, 2021.
- T. Renard, *The Evolution of Counter-Terrorism Since 9/11: Understanding the Paradigm Shift in Liberal Democracies*, Londres, Routledge, 2021.
- J. Warner, R. O'Farrell, H. Nsaibia et R. Cummings, *The Islamic State in Africa: The Emergence, Evolution, and Future of the Next Jihadist Battlefront*, Londres, Hurst, 2021.

Le *lawfare* : une prise en compte stratégique

Le droit au service d'un nouvel ordre mondial ?

La compétition internationale fait désormais une large place au droit, chacun en usant pour appuyer ses manœuvres stratégiques, délégitimer celles de l'adversaire, élaborer de nouvelles normes, bref tenter de construire un nouvel ordre international conforme à ses intérêts bien compris.

La conceptualisation des relations interétatiques comme un « *rules-based international order* » (RBIO) se trouve aujourd'hui remise en cause par des puissances dites « révisionnistes », telles la Chine, la Russie ou la Turquie. Leur objectif n'est pas de contester la légitimité du droit international mais d'en promouvoir une version alternative, plus favorable à leurs intérêts. Les États-Unis ne s'y sont pas trompés : « C'est le moment où les choses changent. Il va y avoir un nouvel ordre mondial et nous devons le diriger », affirme Joe Biden le 21 mars 2022 devant des chefs d'entreprise, soulignant ainsi la dimension économique de la confrontation. Cette déclaration trouve écho neuf jours plus tard chez Sergueï Lavrov, ministre des Affaires étrangères russe en visite en Chine : « Je suis convaincu qu'à l'issue de cette étape, la situation internationale sera nettement plus claire et que nous […] nous dirigerons vers un ordre mondial multipolaire, juste et démocratique. »

Si l'instrumentalisation du droit au profit d'ambitions politico-stratégiques n'est pas nouvelle, la combinaison de trois facteurs indique un changement d'échelle. Sur le plan théorique, la confusion récurrente entre légalité et légitimité fait jouer aux arguments juridiques un rôle d'uniques déterminants de la moralité d'une action, avec pour conséquence la multiplication des critiques portant sur la légalité des opérations militaires, pour les décrédibiliser. En témoignent les accusations mutuelles de génocide entre l'Ukraine et la Russie, mais également les critiques formulées à l'encontre de la France au Sahel, qui mobilisent un discours juridique alléguant des crimes de guerre, aux effets réputationnels dévastateurs.

De plus, l'augmentation numérique des cours et instances de justice et leur mondialisation, conjuguée à l'extension de leur compétence, qui donne la possibilité à de simples citoyens de traduire en justice des États, crée un écosystème complexe aux multiples acteurs. La montée en puissance du droit dit « souple » (*soft law*), formé de règles juridiques formulées par les acteurs eux-mêmes, ainsi que les phénomènes de *legal shopping* où les entreprises choisissent leur lieu d'implantation en fonction des environnements juridiques, favorisent les recours mondialisés à des instances juridiques en compétition.

Sur le plan proprement militaire, la multiplication de capteurs sur le champ de bataille facilite la documentation d'exactions, et les vidéos des téléphones portables peuvent constituer des preuves de crimes de guerre acceptées par les juridictions compétentes. La Cour pénale internationale (CPI) s'appuie pour son travail d'enquête sur les données en *open source* collectées par des organisations non gouvernementales telles que Forensic Architecture ou Bellingcat, qui passent au crible vidéos et photos prises sur les théâtres d'opérations.

Chine, Russie, États-Unis : des stratégies étatiques offensives

Dans ce contexte, plusieurs États ont mis sur pied des stratégies faisant du droit un instrument au service de leur puissance. La Chine l'a officiellement théorisé dès 2003, dans le cadre de la doctrine des « Trois guerres », formulée dans le Règlement sur le travail politique de l'Armée populaire de libération. Aux côtés de la guerre de l'opinion publique et de la guerre psychologique, la guerre du droit vise à utiliser d'une manière générale les normes pour acquérir une « supériorité normative » et atteindre un objectif stratégique sans recourir à l'action militaire cinétique. En 2021, Xi Jinping détaille[1] une conception de l'état de droit comme instrument de pouvoir au service du Parti communiste chinois (PCC). Le *Plan on Building the Rule of Law in China* (2020-2025) vise une participation active à la formulation des règles de droit international déterminant un nouvel ordre mondial.

La Fédération de Russie illustre également la manière dont le droit peut être mobilisé au service d'une stratégie militaire. L'entretien du flou sur ses intentions vis-à-vis de l'Ukraine en utilisant les dispositions 41 et 58 du Document de Vienne réglementant les exercices militaires dans le cadre de l'Organisation pour la sécurité et la coopération en Europe (OSCE) en constitue un exemple frappant : les mouvements de troupes ont été présentés comme de simples exercices militaires, prévus sans notification préalable. De même, la facilitation de l'accès à la citoyenneté russe pour les minorités russophones du Donbass – la « passeportisation » –, dans le but de justifier l'intervention au nom de leur protection, illustre la manière dont le droit peut accompagner des actions cinétiques. Enfin, le dépôt de nombreuses requêtes de citoyens ukrainiens russophones devant la Cour européenne des droits de l'homme (CEDH), faisant état de violences subies du fait de leur appartenance ethnique, alimente le récit d'une intervention de la Russie menée à des fins humanitaires. Sur le plan défensif, la sortie progressive du dollar en prévision des sanctions aurait pu alerter la communauté internationale sur la réalité des intentions russes. Quant à la réponse de l'Occident à l'invasion russe, elle passe aussi par l'arme du droit, y compris dans le cadre d'un conflit économique, en recourant largement à l'arme des sanctions.

Le camp occidental n'est pas en reste, les États-Unis utilisant aussi le droit à des fins de puissance. C'est d'ailleurs par l'observation de leurs pratiques que la Chine a théorisé la guerre du droit. Le terme même de *lawfare* a été inventé par Charles Dunlap,

1. R. Moritz, « Xi Jinping Thought on the Rule of Law », *SWP Comment*, Stiftung Wissenschaft und Politik, avril 2021.

de l'US Air Force, dans le contexte de l'intervention de l'Organisation du traité de l'Atlantique nord (OTAN) au Kosovo, pour dénoncer les contraintes jugées excessives pesant sur l'utilisation de la force armée. Si les États-Unis ne revendiquent pas le terme, considéré comme péjoratif, la stratégie juridique américaine se caractérise par une critique des mécanismes de droit pénal international au nom de la souveraineté de l'État, par une analyse stratégique de l'impact des nouvelles normes sur l'environnement technologique, et une application extraterritoriale du droit américain. L'ancienne procureure de la CPI, Fatou Bensouda, en a fait les frais en 2020, ayant fait l'objet de sanctions américaines gelant ses avoirs et lui interdisant l'accès au sol américain, après sa décision d'examiner une requête sur de possibles crimes de guerre de l'armée américaine en Afghanistan. Quant à la portée extraterritoriale du droit américain, elle est soutenue par la puissance américaine, qui dispose de ressources considérables pour monter les dossiers et de la volonté politique d'user des moyens nécessaires à la poursuite des individus concernés. Meng Wanzhou, directrice financière du groupe Huawei, en a également fait les frais, arrêtée au Canada en 2018 pour avoir dérogé au régime de sanctions à l'égard de l'Iran après le retrait unilatéral des États-Unis du *Joint Comprehensive Plan of Action* (JCPoA).

Les quatre visages du *lawfare*

Les États tendent tout d'abord à réinterpréter les normes de droit en leur faveur. À ce titre, les tentatives russes et chinoises d'étendre leurs zones économiques exclusives (ZEE) en requalifiant leurs limites géographiques – dans le cas de la dorsale Lomonossov en Arctique ou par la poldérisation d'îlots en mer de Chine du Sud – entendent redéfinir les modalités d'application de la convention de Montego Bay. Les arguments des deux pays sur une « souveraineté historique » participent également d'une volonté de redéfinir les bases ouvrant des droits à l'exercice d'une souveraineté.

L'émission de nouvelles normes, particulièrement dans le domaine des nouvelles technologies, permet également de faire valoir des intérêts étatiques particuliers. Dans ce domaine, l'initiative sino-russe visant à promouvoir un traité de prévention d'une course aux armements dans l'espace (*Prevention of an Arms Race in Outer Space* – PAROS) suppose *in fine* l'obsolescence du cadre juridique actuel (traité de 1967 sur les principes régissant les activités des États en matière d'exploration et d'utilisation de l'espace extra-atmosphérique). Réalisé, le projet n'entraverait pas certaines pratiques hostiles de ces deux États comme les tirs antisatellites. Les États-Unis lui ont opposé leur véto en 2008 et 2014, et ont développé leur propre cadre juridique, en adoptant sept *space directives* entre 2017 et 2021.

La judiciarisation stratégique des différends constitue un troisième modèle, *via* le recours aux mécanismes internationaux comme ceux de la Cour permanente d'arbitrage, la CEDH ou la CPI, l'utilisation de cours nationales, la prise de sanctions avec des effets extraterritoriaux ou des procédures-baillons. Même en l'absence de condamnation, une action en justice peut parvenir à un but d'entrave, par le coût de la procédure ou ses effets réputationnels.

Enfin, le droit peut être utilisé comme un outil de communication, en construisant des habillages juridiques visant à renforcer sa légitimité et en instrumentalisant des notions telles que celles de crimes de guerre ou de génocide, moyen peu onéreux et efficace d'user du droit dans le cadre d'une guerre informationnelle.

Vers des opérations juridiques françaises ?

Face à ces utilisations du droit, la France entend préserver son rôle de puissance d'équilibre, attachée à la défense du RBIO, et à ce titre alerte régulièrement la communauté internationale contre les tentatives de subversion du droit international. L'actualisation stratégique de 2021 présente ainsi « l'utilisation du droit (*lawfare*), par la promotion unilatérale de normes, la réinterprétation de normes existantes ou l'emploi extensif de sanctions extraterritoriales » comme « un levier de puissance disponible pour atteindre des objectifs stratégiques et économiques ». Le Secrétariat général de la défense et de la sécurité nationale (SGDSN) a créé en 2021 un groupe de travail qui a produit un rapport en 2022, non public à ce jour. L'OTAN a mis en place une « *lawfare team* » dans son bureau juridique (Office of Legal Affairs – OLA) avec trois missions.

Premièrement, la préparation aux opérations juridiques au sein même des forces, intégrant cette dimension aux exercices conduits, pour créer des synergies et opérer un travail de pédagogie s'appuyant sur des cas d'études. Deuxièmement, renforcer les capacités de renseignement juridiques, avec pour objectif d'anticiper les menaces potentielles, d'identifier des opportunités de promouvoir des interprétations juridiques en lien avec les intérêts de l'Alliance, et de prendre conscience des vulnérabilités existantes. Il s'agit enfin de développer une boîte à outils visant à détecter les attaques et à produire des contre-argumentaires. L'OLA a développé en 2018 une *Matrix for Identification of Legal Operations* (MILO), supposée détecter les attaques potentielles en analysant l'intention, le vecteur et l'impact d'une possible attaque juridique. Ces indicateurs peuvent être couplés à d'autres instruments – diplomatie, renseignement, armées, économie, finance, information et droit – qui pourraient être utilisés au niveau militaire ou politique pour évaluer et répondre à une opération légale malveillante.

Une institutionnalisation des pratiques de *lawfare* devrait être menée conjointement avec les partenaires européens, tant l'Union européenne apparaît comme un terrain privilégié, offrant la possibilité d'adopter des réglementations s'imposant à l'ensemble de ses membres. Elle est dotée dans ce domaine d'atouts de poids et se doit donc de mener une réflexion sur l'utilisation stratégique de sa puissance normative pour défendre ses intérêts dans un monde marqué par le renouveau de la compétition internationale.

A. F.

Pour en savoir plus

- J. Ancelin et A. Férey (dir.), « *Lawfare* : le droit en procès », *Raisons politiques*, vol. 85, n° 1, février 2022.
- N. Barrotte, « Le conflit ukrainien peut-il faire évoluer le droit de la guerre ? », *Le Figaro*, 20 avril 2022.
- A. Férey, « Vers une guerre des normes ? Du *lawfare* aux opérations juridiques », *Focus stratégique*, n° 108, Ifri, avril 2022.

Ordres et désordres africains

Peut-on parler d'Afrique(s) ?

Entre espoir d'unité et réalités plurielles

L'image d'une Afrique unitaire est le résultat d'un héritage composé pour l'essentiel par le passé colonial, les découpages en États apparemment semblables lors de la décolonisation, et l'imposition de modèles politiques et économiques venus de l'extérieur. La diversité – humaine, sociale, politique et économique – est pourtant la règle, même si se multiplient les tentatives institutionnelles de coordination, et même si globalement l'Afrique est bel et bien tout entière entrée dans la mondialisation.

« Le drame de l'Afrique, c'est que l'homme africain n'est pas assez entré dans l'histoire. » En écrivant et prononçant ce « discours de Dakar » aux accents hégéliens, Henri Guaino et le président Nicolas Sarkozy n'anticipaient pas la controverse que provoquerait cette vision d'un continent africain monolithique, peuplé d'êtres homogènes, plongé dans un univers anhistorique et non intégré à la mondialisation. L'utilisation du singulier pour désigner un continent de 30 millions de kilomètres carrés, de 54 États entretenant des relations diplomatiques, économiques et culturelles avec des acteurs extracontinentaux, ainsi que 1,4 milliard de résidents appartenant à plus de 2 000 groupes ethnolinguistiques, peut être interrogée.

Sur le plan géopolitique, l'un des contre-arguments les plus récents au paradigme essentialisant a été entendu lors de l'invasion de l'Ukraine de février 2022. Le vote d'une résolution à l'Assemblée générale de l'Organisation des Nations unies (ONU) condamnant l'« opération militaire spéciale » russe le 2 mars 2022 a été marqué par la polyphonie de ce que l'on appelle l'Afrique. Les prises de position des pays africains (un vote contre, cinq abstentions et quinze pays pratiquant la politique de la chaise vide) ont témoigné de la multiplicité des intérêts politiques et des relations bi- ou multilatérales de pays africains qui sont partie intégrante de la mondialisation.

Le besoin d'affirmer la pluralité du continent découle de la négation historique dont elle a fait l'objet dans les discours justificatifs de la colonisation, dans les approches standardisées du développement et dans des représentations géopolitiques paresseuses. En miroir, plusieurs courants intellectuels et politiques insistent sur l'unité du continent, du fait de l'expérience commune de la colonisation, de la recherche de l'émancipation et de la cohésion politique. Leurs discours ont été nourris par la traversée de gré ou de force des océans et portés par les voix regroupées sous l'expression d'« Afro-descendants » ou diasporas. Mais certains récits panafricanistes ne sont pas exempts d'émanations paternalistes : en suggérant que son salut résiderait dans une fusion en un tout politique indistinct, ces derniers flirtent paradoxalement avec les visions les plus rustres d'une Afrique « balkanisée ».

À continent dynamique, grilles de lecture figées

En dépit de la persistance des discours unidimensionnels, la pluralité de l'Afrique repose, au-delà du découpage hérité de la colonisation, sur des distinctions culturelles, ethnolinguistiques et religieuses, ainsi que sur une catégorisation définie par les langues véhiculaires importées par les anciennes puissances coloniales (Afrique francophone, anglophone, lusophone…), aux côtés d'éléments juridiques et institutionnels.

Les discours unidimensionnels sur l'Afrique font souvent fi des particularités sociales et historiques des sociétés. Pas plus que l'approche phénotypique partageant « Afrique blanche » et « Afrique noire », la séparation classique entre Afrique du Nord et Afrique subsaharienne ne peut rendre compte de l'articulation particulière entre rupture et continuité qui doit défier un déchiffrage figé du continent. La « rupture saharienne » et la question identitaire en Mauritanie en sont des exemples patents. Des entités politiques précoloniales, comme l'empire du Ghana (IIIe-XIIIe siècles), avaient formalisé le contrôle des routes transsahariennes (routes de l'or) et investissaient le Sahara comme espace de mobilité et d'échanges. Aujourd'hui encore, les populations nomades, une multitude d'acteurs économiques, les flux de traversées transsahariennes – formelles ou informelles – et les conflictualités transnationales défient toute séparation stricte entre les deux rives du désert.

La situation (entre Sahara occidental, Maroc et Sénégal) de la République islamique de Mauritanie fait d'elle un carrefour culturel réunissant identités maure (arabo-berbère) et noire. L'interpénétration des cultures s'incarne dans le monde maure par les *haratines*, couches d'anciens esclaves quasi exclusivement noirs mais de culture arabe. Ancienne membre de la Communauté économique des États de l'Afrique de l'Ouest (CEDEAO) – jusqu'en 1997 –, aujourd'hui membre d'une Union du Maghreb arabe (UMA) moribonde, la Mauritanie se rapproche de nouveau de la communauté économique régionale ouest-africaine depuis que son voisin marocain lui porte attention. Entre identification symbolique et réalisme géopolitique, le royaume du Maroc revendique en effet très officiellement son africanité : retour dans l'Union africaine (UA), positionnement économique (et sur les questions de migrations) en interface des mondes méditerranéen et africain… comme hier le panafricanisme assumé du Libyen Mouammar Kadhafi.

Les dialogues culturels, religieux et géostratégiques entre la Corne de l'Afrique et la péninsule arabique constituent d'autres remises en cause de la mythique superposition entre appartenance identitaire et culturelle, et délimitation territoriale stricte – qui fait, pour l'essentiel, écho à l'histoire de la formation des États-nations en Europe.

Les trajectoires de formation de l'État en Afrique : négation, importation, hybridation

À la conférence de Berlin de 1885, les principales puissances coloniales ont découpé des Afriques à la règle, et ces frontières artificielles ont été en grande partie conservées lors des indépendances. L'écart entre le comportement des agents de l'État en Afrique et les normes wébériennes est souvent associé aux logiques sociales traditionnelles. Ce jugement néglige le dynamisme qui caractérise à la fois les héritages des pratiques politiques précoloniales et les phénomènes d'hybridation des trajectoires de formation post-indépendance des États.

En deux siècles, le paysage politique africain a connu le passage d'entités politiques diverses à des États souverains territorialement délimités. La fluidité des organisations politiques précoloniales nourrit le mythe d'une absence de politique sur le continent avant les entreprises civilisatrices européennes. Les Touaregs, qui partagent une langue, un alphabet et une culture communs sous des variations régionales, n'ont jamais produit d'État centralisé pour se substituer à des constructions politiques tribales et segmentées. La région des Grassfields au Cameroun abrite, depuis le XIVe siècle, des chefferies traditionnelles. Ces organes politiques et culturels de régulation sociale, variés, définis par un territoire, l'autorité d'un chef et des pratiques communes, ont finalement été intégrés au système décisionnel : leurs chefs bénéficient d'un statut légal d'auxiliaires administratifs depuis la création de l'État camerounais en 1961.

La coexistence de lois et de dispositifs hérités de l'ère coloniale et de pratiques dites coutumières précoloniales a produit des régimes où se superposent les normes sociales et institutionnelles de différentes sources. Le pluralisme normatif en matière de foncier, où coexistent les droits statutaires et coutumiers, individuels et collectifs, est à ce titre exemplaire. Les territoires des États africains sont marqués par des administrations directes ou indirectes qui, tant à l'époque coloniale qu'après les indépendances, produisent des formes d'hybridité qui influence la relation entre gouvernants et gouvernés.

La négation des spécificités des trajectoires politiques africaines a façonné une approche standardisée du continent sur deux points cruciaux : la notion de démocratisation et celle de développement. La première étant supposée permettre la seconde ainsi que la paix, elles sont ensemble le reflet d'une lecture téléologique de l'État et de l'insertion dans le processus de mondialisation. Entre injonction à une démocratisation centrée sur le multipartisme et l'élection, et plans d'ajustement structurel inspirés du *New Public Management* pour les approches de l'aide au développement, les acteurs extérieurs influencent la pratique politique des pays endettés. Les critères uniformes de démocratisation imposés par les bailleurs du monde de l'aide, en dépit des spécificités locales, ont creusé les écarts entre les normes officiellement diffusées et les pratiques sur le terrain : c'est la « revanche des contextes » de Jean-Pierre Olivier de Sardan.

La formation des États et des régimes post-coloniaux est donc lourdement cadencée par l'intervention d'acteurs extérieurs à travers la conditionnalité de l'aide. Mais les réformes et politiques publiques recommandées, comme les programmes idéologiques importés, ne cessent d'être réappropriés et réinterprétés par les acteurs politiques nationaux et locaux.

Économies : trajectoires singulières et dénominateurs communs

Sur le plan économique, l'Afrique est aussi un terrain de contrastes, même si les économies des pays du continent ont un certain nombre de caractéristiques en commun, non sans lien avec leur passé colonial. Les systèmes basés sur l'exportation, caractéristique des comptoirs coloniaux, comme la formation des États-nations à partir des frontières issues de l'époque coloniale, ont marqué la trajectoire des économies post-indépendances.

Les déficits d'investissements, de productivité et d'industrialisation figurent d'ordinaire au nombre des principaux obstacles à la croissance économique. En 2020, le produit intérieur brut (PIB) de l'Afrique subsaharienne s'élevait à 1 700 milliards de dollars, celui des pays d'Afrique du Nord étant de 692 milliards de dollars. À titre de comparaison, le PIB de l'Italie était cette même année de 1 800 milliards de dollars. Si la croissance du PIB du continent reste relativement faible, elle connaît de fortes variations d'un pays à l'autre. Ainsi le Nigeria, l'Éthiopie, l'Afrique du Sud, puis l'Égypte pour l'Afrique du Nord sont-ils souvent décrits comme les locomotives économiques régionales du continent[1]. Si l'on compare les performances économiques de deux régions du continent, souvent séparées dans les analyses, l'Afrique du Nord – l'Égypte, la Libye, la Tunisie, l'Algérie et le Maroc – contribue à elle seule à hauteur de 30 % au PIB du continent.

En Afrique subsaharienne, les structures économiques des différents pays comportent certains dénominateurs communs. Les recettes de la plupart de ces économies sont basées sur l'exportation des matières premières, souvent non transformées et issues des secteurs agricole et minier. Une douzaine de pays africains sont producteurs de pétrole. Au Nigeria, premier pays exportateur du pétrole, ce secteur est à l'origine de 89 % des exportations du pays (96 % en Algérie). Si les inégalités socio-économiques dérivant d'une faible redistribution des richesses caractérisent la plupart des économies africaines, ces inégalités sont souvent plus exacerbées encore dans les pays pétroliers, souvent qualifiés d'économies de rente[2], caractérisées par des transactions peu transparentes, une gestion floue des ressources issues de ce secteur souvent captées par les membres de l'élite politique et économique.

Toujours sur le plan macro-économique, les pays du continent africain peuvent être considérés comme vivant sous régime d'aide. La fabrication et la mise en œuvre des politiques publiques dépendent, dans la plupart des secteurs, au moins partiellement de ressources externes (aide bi- ou multilatérale, projets d'investissements, fonds et autres outils de financement, etc.). Si l'Afrique subsaharienne reste la région du monde qui reçoit la plus grande part de l'aide publique, la dépendance vis-à-vis de cette aide varie d'un pays à l'autre avec les relations qu'entretiennent les différents gouvernements avec les bailleurs. La Tanzanie, généralement considérée comme un *donor darling*, a connu plusieurs périodes de

1. En 2020, le PIB de ces quatre pays s'articulait autour de 432 milliards, 107,6 milliards, 302 milliards et 363 milliards de dollars. En Tanzanie, ce chiffre s'élevait à 62 milliards de dollars, au Bénin à 15,6 milliards de dollars et à 49,8 milliards de dollars en République démocratique du Congo.
2. P. Hugon, *L'Économie de l'Afrique*, Paris, Presses universitaires de France, 2013.

tensions avec les bailleurs multilatéraux, comme le Fonds monétaire international (FMI) ou encore la Banque mondiale, l'aide publique au développement versée au gouvernement du pays ayant fortement diminué après l'arrivée à la présidence du nationaliste John P. Magufuli en 2015.

La dépendance vis-à-vis des financements externes se traduit également par les cycles d'endettement récurrents d'une grande partie des pays africains. La dette croissante des années 1980 – à la suite du choc pétrolier des années 1970 – s'est stabilisée dans les années 1990, pour baisser dans les années 2000. Mais, les effets de la pandémie de Covid-19 et de la guerre en Ukraine en témoignent, les économies africaines restent vulnérables aux chocs économiques, et à l'intervention des acteurs externes qui financent leurs dépenses.

La performance de ces économies, les choix de politique économique et le comportement des acteurs dépendent pourtant largement des régimes politiques et idéologiques suivis par les différents gouvernements. Les positions adoptées par les différents chefs d'État lors des discussions sur l'intégration économique régionale – entre fédéralisme et souverainisme – sont à ce titre emblématiques et soulignent l'oscillation du continent entre effort d'unité et affichage de diversité.

Des échelles d'intégration multiples au cœur de la mondialisation

La nécessité de l'intégration sur le continent africain semble émaner d'un constat : celui de la fragilité des souverainetés des nouveaux États, dans un contexte post-colonial marqué par la recherche des moyens destinés à pallier ce que l'on a qualifié de retard ou de sous-développement. L'UA, héritière des mouvements transnationaux panafricanistes appelant à la solidarité noire et africaine dans une quête d'émancipation, incarne depuis sa création en 2002 le projet de donner des solutions africaines aux problèmes africains. Mais la conciliation de trajectoires particulières et des ambitions continentales s'avère complexe.

Défis et objectifs économiques communs sont à l'origine des projets continentaux, à l'instar de la Zone de libre-échange continentale africaine (ZLECAF), mais l'intégration et ses effets *spill-over*, de l'économie vers les domaines du politique, de la sécurité et du maintien de la paix, se traduisent à des échelles multiples. L'UA reconnaît huit Communautés économiques régionales, et son organe phare, le Conseil de paix et sécurité, qui entend incarner l'africanisation de la gestion des crises sécuritaires, doit lui aussi composer avec l'émergence de dispositifs régionaux ou bilatéraux. Les efforts d'intégration régionale traduisent bien une volonté d'unité, mais la multiplicité et la superposition des organisations régionales et sous-régionales, auxquelles se combinent les tendances souverainistes, complexifient les tentatives de coordination – notamment face à des menaces déterritorialisées comme le terrorisme.

Ces tensions défient le cliché bien ancré d'une Afrique qui aurait, dans son ensemble, été oubliée par la mondialisation. La diversification des partenariats, dans le contexte actuel d'un multilatéralisme déréglé, relève de stratégies réalistes et individuelles pour gagner en efficacité, même si elle peut construire des affinités non historiques et de nouvelles co-dépendances asymétriques. Les manifestations antifrançaises et pro-russes au Mali après l'annonce, en juin 2021, de la fin de l'opération militaire française Barkhane, tout comme le creusement de la dette envers la Chine pour les pays accueillant les infrastructures des Nouvelles routes de la soie sont exemplaires de ces deux phénomènes.

L'exploitation des sols et des travailleurs africains ont été aux racines des enrichissements extra-africains et les soutiennent toujours largement, tandis que les diasporas incarnent au sens propre cette imbrication des pays africains avec d'autres parties du monde. Ces diasporas animent des liens sociaux, politiques et d'informations avec leurs pays d'origine, et contribuent significativement à leurs économies. En 2020, année marquée par les effets économiques de la pandémie de Covid-19 qui a frappé la majorité des travailleurs informels sans filet social, les pays d'Afrique subsaharienne ont bénéficié, de manière variable, selon l'Organisation internationale pour les migrations, de ces transferts à hauteur de 42 milliards de dollars.

***

Dire l'Afrique au singulier, c'est user d'un terme englobant pour désigner une complexité de trajectoires politiques et culturelles – pour nier cette pluralité, ou pour revendiquer une forme de solidarité face à des défis historiques, actuels ou futurs, communs. La problématique est ici discursive : la position et les ambitions de l'énonciateur définissent le sens que prend le label Afrique.

La désignation plurielle peut se présenter comme une opportunité de mettre en lumière une notion sous-jacente, déclinable sur le continent mais aussi au-delà, exprimant à la fois la manière dont on est perçu par le reste du monde et dont on se perçoit soi-même : ici, le concept d'identité africaine ou d'africanité, dans toute sa complexité et son caractère dynamique.

C. H. et S. S.

Pour en savoir plus

- C. Aillet, C. Capel et E. Voguet (dir.), « Le Sahara précolonial : des sociétés en archipel ? », *Revue des mondes musulmans et de la Méditerranée*, n° 149, 2021.
- S. Le Gouriellec, *Géopolitique de l'Afrique*, Paris, Presses universitaires de France, 2022.
- M. Lours, « Une Afrique ou des Afriques ? », *Conflits*, 1er octobre 2020.

La croissance démographique au sud du Sahara

Une question globale pour le xxie siècle

La donnée de la croissance globale de la population de l'Afrique subsaharienne doit être contrebalancée par une analyse de la répartition, très inégale, de cette population. Le sujet même de cette croissance est polarisant : elle ne représente pas forcément un atout économique, et les politiques de freinage conseillées de l'extérieur viennent souvent heurter une douloureuse mémoire coloniale. Les rapports sociaux évoluent cependant (conception du mariage, urbanisation) et peuvent constituer la matrice de changements à venir.

La dynamique démographique de l'Afrique subsaharienne (ASS) constituera un enjeu global du xxie siècle. La croissance de la population y emprunte en effet une trajectoire impressionnante. En 1950, on comptait 227 millions d'habitants sur le continent, dont 177 millions en ASS, sur une zone de 22 millions de kilomètres carrés (km^2) – soit 6,8 % de la population mondiale pour 14 % des terres émergées. Ce chiffre passe à 605 millions d'habitants en 2000, à 1,14 milliard d'habitants en 2020 et avoisinera les 2,2 milliards en 2050. Entre 2020 et 2050, l'accroissement démographique de l'ASS comptera pour la moitié dans l'accroissement de la population mondiale. À la fin du siècle, si l'on prend au sérieux les projections à 80 ans, elle pourrait représenter entre un tiers et 40 % de la population mondiale. La qualité de la projection repose essentiellement sur la capacité à anticiper le rythme de baisse d'un indicateur : l'indice synthétique de fécondité (ISF).

Aujourd'hui, la population mondiale augmente de 1 % par an, contre 2,7 pour celle de l'ASS. L'épisode de croissance du produit intérieur brut (PIB) – 4,5 % par an, enregistré au sud du Sahara entre 2000 et 2018 – a été absorbé à 62 % par la croissance de la population (contre 10 % en Asie de l'Est et 25 % en Asie du Sud). Sur cette période, la croissance du PIB par tête n'aura été que de 1,7 % par an. Loin de porter un développement économique par un « dividende démographique » – proclamé plus qu'observé –, cette démographie semble aujourd'hui être l'une de ses principales entraves.

La population de l'ASS a été multipliée par 5 entre 1960 et 2020 (par 2,7 en Asie, et par 3 en Amérique latine). Sur un siècle (1950-2050), l'Amérique latine, l'Asie et l'ASS verront leurs populations être multipliées respectivement par 4,7, 3,7, et 11. Loin d'être sur une trajectoire d'émergence et de rattrapage, l'ASS est progressivement distancée par les autres zones du monde en développement. Pire : les projections des années 2000 à l'horizon 2040 prévoyaient un ralentissement de la croissance démographique de l'ASS qui n'a pas été observé.

Si ces chiffres dégagent des tendances globales, les évolutions varient en fonction des régions et des pays, de même que l'on constate de fortes hétérogénéités de peuplement dans la zone. De plus, la démographie en ASS constitue un sujet délicat, qui fait l'objet de positions/perceptions antagoniques et peu réconciliables : les discours de l'extérieur font souvent douloureusement écho localement aux spectres de la saignée esclavagiste et de la domination coloniale. Enfin, il faut considérer les importantes transformations sociales induites par ces évolutions démographiques, en particulier le phénomène de l'urbanisation.

Les populations d'Afrique : vides et pleins

Aux indépendances, nombre d'experts en économie du développement prédisaient aux pays d'ASS une évolution très positive du fait de la taille modeste des populations et de la relative abondance des ressources disponibles – les mêmes étant plus circonspects sur les chances de certains pays asiatiques « surpeuplés ».

Le continent africain présente au demeurant d'importants contrastes de population et de densités de populations. Six zones de peuplement important peuvent être détachées. Maroc, nord de l'Algérie et Tunisie d'une part, et vallée égyptienne du Nil avec son embouchure d'autre part constituent les deux premières zones. Au sud du Sahara, une troisième zone regroupe les espaces littoraux, sur une bande de 200 kilomètres de large depuis Dakar jusqu'à Douala, en incluant l'ensemble du territoire nigérian. Enfin, sur une diagonale qui va d'Asmara jusqu'à Port Elisabeth, on trouve les trois autres zones : l'Éthiopie, la zone des Grands Lacs, et le nord et l'est de l'Afrique du Sud. Ces six zones rassemblent les deux tiers de la population du continent[1].

Sur une densité moyenne de 54 habitants au km^2 en 2019 (contre 114 dans les pays de l'Union européenne), de grandes variations peuvent être observées d'une région à l'autre (27 pour l'Afrique centrale, 64 pour l'Afrique australe) ou d'un pays à l'autre. Rien de commun entre le Rwanda (498 habitants au km^2), le Burundi (425), Maurice (636) le Nigeria (223) ou la Namibie (2,85 habitants par km^2), et la République centrafricaine (8), la Mauritanie (5) ou le Botswana (4).

Difficile dès lors d'avoir un discours englobant sur les populations au sud du Sahara, les rythmes de croissance présentant aussi d'importants écarts. Avec 4,5 enfants par femme en moyenne en ASS en 2017 (6,6 en 1980), rien de commun là encore entre les 2,38 enfants par femmes de l'Afrique du Sud et les 6,82 du Niger en 2019. Certains pays sont plutôt confrontés à un problème posé par la petite taille de leur population. La taille réduite des marchés intérieurs, le coût élevé des infrastructures dans les zones à faible densité, l'enclavement dû à l'absence d'infrastructures et sa cascade de conséquences (surcoût des

1. **Voir la carte « La démographie africaine », page 362 de cet ouvrage.**

transports des hommes et des marchandises) représentent des enjeux cruciaux pour le développement de vastes espaces africains nullement concernés par les problèmes de surpopulation.

Cette Afrique des vides et des pleins est assise sur une grammaire multiséculaire des mobilités : expansion bantoue et déplacements induits des peuples autochtones ; fortes densités témoins d'anciennes constructions politiques ou de systèmes d'agriculture intensive très tôt mis en place ; déplacements de populations pour échapper aux traites esclavagistes ; déplacements pour fuir la domination d'autres communautés et le travail forcé pendant la colonisation ; fixation le long des axes de transport construits pendant mais surtout depuis la fin de la colonisation ; tropisme poussant vers les littoraux, les poches d'économie prospères et les villes... À l'inverse, dans les « diagonales du vide », on trouve déserts, forêts humides, vallées marquées de parasites, zones anciennement touchées par les razzias, espaces enclavés, marges territoriales abandonnées par les pouvoirs centraux…

Démographie : un sujet polarisant

Le sujet est peu abordé politiquement : il oppose deux registres de rationalité largement antagoniques. D'une part, dans la communauté internationale et certaines élites africaines, on déploie une rationalité de type économique, déplorant les effets d'une croissance démographique non maîtrisée qui engloutirait une partie importante des gains de PIB pour simplement maintenir le même niveau de vie en ASS : « [...] Si entre 1960 et 2018 son PIB a été multiplié par 7, son PIB par tête n'a augmenté que de 50 %. Dans le même temps, le PIB par tête de l'Amérique latine a été multiplié par 2,6, celui de l'Asie du Sud par 5,7 et celui de l'Asie de l'Est par 22.[2] »

L'exemple du secteur de l'éducation montre ce décalage entre croissance démographique et développement humain. En dépit de budgets en hausse, les sommes consacrées à chaque élève ou étudiant peinent à être maintenues. Dans certains cas, elles diminuent même, du fait de l'accroissement important de la population scolaire sous le double effet de la hausse de la population générale et de la mise en place, ces dernières décennies, de politiques de massification scolaire.

L'UNESCO a comparé en 2015 la dépense publique consacrée aux élèves du primaire dans différentes régions du monde : l'ASS était très largement à la traîne avec 246 dollars par élève contre 488 en Asie du Sud, 1 288 en Asie du Sud-Est, 1 585 en Amérique latine et 8 186 en Europe et Amérique du Nord[3]. Ces données sur l'éducation confirment qu'en dépit d'indéniables progrès, l'ASS est distancée par les autres régions du monde, une tendance qui vient infirmer l'idée – ou plutôt le mantra – du dividende démographique, soit : « la perspective d'un dividende économique qu'un pays pourrait tirer d'une évolution particulière de sa démographie, c'est-à-dire cette période particulière où les personnes à charge/dépendantes

2. J.-P. Guengant, « La forte croissance démographique de l'Afrique freine son émergence », *Vie publique*, 2019.
3. « Le financement de l'éducation en Afrique subsaharienne : les chiffres parlent », France TV Info, 2018.

(à savoir les moins de 20 ans et les plus de 65 ans) sont moins nombreuses que les personnes actives ou potentiellement actives[4] ».

Dans beaucoup de discours officiels, en Afrique et chez les afro-optimistes, on utilise l'expression de dividende démographique pour simplement exprimer l'idée que l'augmentation de la population amène mécaniquement de la croissance. En réalité, selon ce concept, l'effet bénéfique de la démographie sur la croissance économique ne se vérifie que quand certaines conditions sont réunies, soit entre autres : une baisse rapide de la fécondité appuyée par des politiques volontaristes de planning familial; un poids des classes d'âge des moins de 20 ans qui diminue par rapport à l'ensemble de la population; un investissement massif dans l'éducation, pour que les classes d'âge entrant dans la population active soient mieux formées et plus productives que leurs aînées; une population active qui s'accroît rencontrant un marché de l'emploi dynamique créant beaucoup d'emplois « de bonne qualité »…

Le poids de l'histoire

D'autre part, beaucoup d'élites mais aussi de larges parties des opinions publiques africaines, jugent cette rationalité étroitement malthusienne et anhistorique – la croissance démographique d'autres parties du monde s'est accompagnée d'un développement économique : pourquoi y aurait-il un exceptionnalisme africain ? Plus profondément, les politiques « d'ajustement démographique » prônées par les partenaires des pays de l'ASS sont ressenties comme faisant douloureusement écho à des traumatismes qui se déploient sur deux niveaux.

Pour beaucoup, la croissance actuelle de la population de l'ASS est une sorte de réajustement historique, une réparation de la « saignée en hommes » qu'ont représenté les traites esclavagistes orientale (arabo-musulmane) du VIIe au XIXe siècle et atlantique du XVe au XIXe siècle. De 1700 à 1900, la population de la zone a tendance à stagner, tandis que les populations des autres régions du monde augmentent. Dominique Tabutin et Bruno Schoumaker rapportent que, pour certains historiens, le poids de la population de la zone dans la population mondiale recule de 17 % au XVIe siècle à 6 % à la fin du XIXe, et qu'il faut attendre 1920 pour la voir à nouveau augmenter. Essayer de maîtriser la démographie de l'ASS, ce serait donc tenter de s'opposer à la puissance africaine et à sa place dans le monde. Cette logique s'appuie sur une vision vitaliste mais est également, comme on le voit, une logique du temps long.

Deuxième niveau, la replongée tout aussi pénible dans la période coloniale. Les appels à la maîtrise de la fécondité, au planning familial, et même certaines campagnes de vaccination viennent raviver le souvenir des multiples dispositifs de « contrôle des corps » de la période coloniale : déplacements forcés, prison, punitions physiques (la chicotte), mutilations (les fameuses « mains coupées » du Congo belge), impôt, travail forcé, massacres coloniaux, disponibilité sexuelle imposée au service du personnel colonial… Même si l'on essaye de les euphémiser dans les anciennes métropoles, ces traumas, bel et bien ancrés

4. S. Rabier, « Les enjeux du dividende démographique pour les pays d'Afrique, une perspective de genre », *Policy Paper*, Agence française du développement, 2020.

dans les chairs, peuvent être facilement réveillés. Dans un article de *Politique étrangère*, l'anthropologue Cheikh Ibrahima Niang, a décrit la manière dont les différents dispositifs mis en place par la communauté internationale (équipes d'experts, organisations non gouvernementales, agences des Nations unies...) pour aider les autorités de la Guinée-Conakry à lutter contre l'épidémie d'Ebola ont pu rencontrer, pour certaines d'entre elles, une résistance voire une franche opposition parmi des populations réagissant à l'isolement, à l'interdiction de certaines pratiques de cérémonies mortuaires, à l'interdiction de consommer de la viande de brousse, etc. Ces populations s'opposaient à un « biopouvoir » comportant, dans leur compréhension des choses, un fort écho entre les dispositifs coercitifs qu'on leur imposait dans le contexte de l'épidémie et certains aspects du « contrôle des corps » des décennies de la colonisation. Une méfiance évidemment difficile à comprendre pour les acteurs extérieurs qui venaient pour aider ces populations.

À travers cette divergence sur la question de la croissance de la population, deux visions des trajectoires de l'ASS dans le monde s'opposent.

Transformations

Même si c'est à un rythme plus lent que prévu, l'ISF diminue cependant, sous l'effet de différents facteurs : montée de la scolarisation des filles et retardement induit de l'âge du mariage et donc de la venue du premier enfant; taux d'urbanisation; politiques de planning familial dans certains pays... Cette tendance témoigne de profondes évolutions sociologiques, déjà observées ailleurs. C'est le cas en particulier pour la réduction de la taille de la famille nucléaire dans les espaces urbains, afin que les ménages puissent investir davantage dans les frais de scolarité et l'éducation des enfants, le capital scolaire étant de plus en plus déterminant pour la carrière de ceux-ci et donc pour la prospérité générale de la famille.

Ce paradigme est en rupture avec les conceptions familiales des milieux paysans où, les ressources naturelles et la possibilité d'accéder au foncier rural n'étant pas un problème, la taille des familles et le nombre de bras ont été très longtemps synonymes de surcroît de capacités pour mettre en valeur ces ressources, et donc de richesse. « Il n'est de richesse que d'hommes », disait autrefois Jean Bodin... Cette disponibilité des ressources naturelles et des terres se vérifie de moins en moins dans de nombreux terroirs, et l'augmentation considérable des densités sous-tend au contraire toute une gamme de conflits d'usage, plus ou moins bien régulés par la puissance publique ou les autorités traditionnelles, fournit parfois le carburant à des conflits violents.

Néanmoins, les mentalités évoluant moins vite que les conditions matérielles, le modèle de la famille nombreuse demeure très valorisé. Le mariage, souvent considéré dans les sociétés traditionnelles comme un « échange de femmes », dont la circulation doit continuer à cimenter la cohésion des communautés, voire à tisser des alliances avec d'autres communautés, a lui aussi beaucoup évolué, et est vu de plus en plus souvent comme la rencontre de deux personnes, et non de deux familles ou de deux groupes, cette évolution témoignant de l'émergence de ce qu'Alain Marie nommait « l'Afrique des individus ».

L'urbanisation et les villes sont, enfin, un catalyseur de ces transformations. La croissance urbaine est deux fois plus rapide que le croît démographique. Entre 2020 et 2050, la population urbaine au sud du Sahara passera de 370 millions d'urbains à au moins 1,1 milliard. En 30 ans, l'ASS devra donc accueillir 730 millions d'urbains, soit plus d'une fois et demie la population actuelle de l'Union européenne. Dynamiques économiques, floraisons d'initiatives, présence de services rares, meilleure connectivité au monde, rente foncière et immobilière participant à la croissance générale, nouvelles possibilités d'épargne et de prévoyance : les villes transforment les sociétés et les économies. Mais ces villes, et en particulier les villes millionnaires et les capitales « vitrines des régimes » captent l'essentiel des investissements publics, ce qui renforce les inégalités territoriales et aggrave l'exode rural.

L'évolution démographique de l'ASS est porteuse de réelles transformations, de vraies opportunités, d'un potentiel de croissance qu'il ne faut cependant pas exagérer (dividende démographique), mais également de grands défis pour les pays de la zone : la densification des terroirs et la multiplicité des conflits d'usage ; les budgets sociaux qui, malgré leur hausse, peinent à maintenir l'investissement par tête d'habitant, en particulier dans l'éducation ; la croissance mal gouvernée des villes dont certaines s'étouffent sous leur propre poids (problèmes de mobilité, de gestion des déchets, de pilotage de l'extension des villes qui se fait parfois dans des terrains impropres à la construction…) – espaces par ailleurs incomparablement mieux dotés en aménités et en investissements publics… aux dépens des autres parties du territoire, générant des inégalités croissantes.

L'ASS n'est pourtant pas un tout indistinct. Les trajectoires des pays sont diverses, certains d'entre eux restant caractérisés par de faibles densités de population. Mais du fait même de son ampleur, l'évolution démographique et urbaine de l'ASS constituera sans nul doute une des grandes questions globales du XXIe siècle, sur les mobilités intra-africaines et en dehors de l'Afrique, sur les questions de conflictualités, et plus globalement sur le rapport de l'ASS au monde et sur l'afropolitanisme, c'est-à-dire, dans la pensée de l'un des créateurs du concept, l'historien Achille Mbembe, du rapport de l'Afrique aux diasporas d'afro-descendants et plus largement à la circulation des idées et au métissage culturel.

A. A.

Pour en savoir plus

- A. Marie *et al.* (dir.), *L'Afrique des individus. Itinéraires citadins dans l'Afrique contemporaine (Abidjan, Bamako, Dakar, Niamey)*, Paris, Karthala, 2008.
- C. I. Niang, « Ebola : une épidémie postcoloniale », *Politique étrangère*, vol. 79, n° 4, Ifri, décembre 2014.
- D. Tabutin et B. Schoumaker, « La démographie de l'Afrique au sud du Sahara des années 1950 aux années 2000. Synthèse des changements et bilan statistique », *Population*, vol. 59, n° 3-4, 2004.

Diversité et recompositions religieuses en Afrique subsaharienne

Une carte contrastée

La carte religieuse de l'Afrique exprime surtout la diversité : d'une partie à l'autre du continent, selon les héritages historiques, d'un État à l'autre… Ces contrastes se complexifient de nombreuses références religieuses et en évolution constante. Les acteurs du fait religieux se multiplient, évoluent avec les sociétés, s'investissent davantage dans l'éducation ou la communication, gagnant, avec ou sans l'appui d'acteurs extérieurs, de nouvelles capacités d'influence sociale et politique.

L'analyse des évolutions religieuses qui affectent le continent africain doit être menée sous l'angle de la diversité, tant les situations nationales sont contrastées, et tant les dynamiques qui concernent les différents groupes religieux y apparaissent plurielles. Il est cependant possible de déceler des évolutions de fond, qui se manifestent selon des formes et avec des intensités variées en fonction des contextes, et des logiques de recomposition transversales aux différents acteurs religieux.

Une certaine prudence s'impose cependant, d'autant que le recueil de données sur les appartenances religieuses s'avère d'emblée particulièrement problématique. D'une part, il est impossible dans certains pays confrontés à des situations de crises ou de conflits violents de procéder à une évaluation, même sommaire, de l'évolution des affiliations religieuses. D'autre part, les sources, lorsqu'elles sont disponibles, apparaissent partielles et parfois contradictoires : recensements de la population, décomptes émanant de structures confessionnelles, bases de données d'organisations transnationales souvent de seconde main, etc. Enfin, la diffusion d'estimations sur les rapports de force religieux peut être l'objet d'enjeux et d'instrumentalisations politiques, notamment dans des États fortement divisés sur ce plan, à l'instar du Nigeria, pays le plus peuplé du continent qui ne diffuse officiellement aucune donnée sur les appartenances religieuses.

Des paysages religieux diversifiés

Les paysages religieux africains sont caractérisés par une diversité qu'on peut appréhender à deux niveaux. D'une part, il existe une pluralité de situations entre les États : certains sont ainsi marqués par une prégnance très forte de l'islam, tandis que d'autres peuvent par exemple compter une large majorité de fidèles du christianisme. D'autre part, beaucoup d'États se caractérisent par une assez remarquable hétérogénéité religieuse.

Une première approche, pour appréhender la diversité religieuse en Afrique, consiste à esquisser un tableau par grandes zones géographiques à l'échelle du continent. Les processus historiques de diffusion religieuse ont contribué à donner forme aux paysages religieux contemporains. Les grandes religions sont de ce fait réparties de manière inégale. L'islam s'est diffusé par des voies sahéliennes, en particulier à partir de l'Afrique du Nord, ainsi que, dans une moindre mesure, par la côte orientale, tandis que l'évangélisation empruntait les chemins de la colonisation occidentale, progressant à partir d'implantations littorales vers l'intérieur du continent (à l'exception notable de l'Éthiopie, christianisée de manière précoce dès le IVe siècle). Les paysages religieux actuels sont donc d'abord le produit de trajectoires historiques ancrées dans la longue durée. Dans cette perspective, il est possible de repérer un ensemble de pays inscrits dans l'espace sahélien et marqués par une présence dominante, voire quasi exclusive, de la religion musulmane, du Sénégal au Soudan, en passant par le Mali ou le Niger. À l'inverse de ces zones largement islamisées, les États de l'Afrique centrale et de l'Afrique australe apparaissent comme des espaces fortement christianisés, à l'image du Congo, du Rwanda ou de l'Afrique du Sud, pays dont plus de 75 % de la population serait chrétienne. Certains États situés à l'interface de ces deux zones (Côte d'Ivoire, Nigeria) semblent partagés entre un « nord musulman » et un « sud chrétien ».

Pour autant, il est erroné d'opposer mécaniquement une « Afrique musulmane » à une « Afrique chrétienne » : l'islam et le christianisme ne constituent nullement des blocs homogènes ou des groupes unifiés, mais ils sont caractérisés par une forte diversité interne. De plus, quasiment tous les champs religieux intègrent des minorités au poids parfois croissant.

Une pluralité religieuse marquée

La diversité observable à l'échelle continentale se double d'une hétérogénéité à l'intérieur de nombreux États. En s'intéressant ainsi à la diversité religieuse intra-étatique, une vision renouvelée émerge : à une opposition entre des espaces fortement islamisés et des zones largement christianisées, selon un axe nord/sud, se substitue une distinction entre des États relativement homogènes sur le plan religieux, peu nombreux, diversement situés sur le continent, et d'autres caractérisés par une profonde hétérogénéité. L'indice de diversité religieuse élaboré par le Pew Research Center est ici utile[1]. En extrayant les données relatives à l'Afrique, c'est l'image d'un continent travaillé par la pluralité religieuse, à des degrés très divers en fonction des États mais globalement très prononcée, qui émerge. C'est notamment le cas d'une partie importante de l'Afrique de l'Ouest ainsi que de l'Afrique

1. « Global Religious Diversity », Pew Research Center, avril 2014.

de l'Est. Plusieurs États, comme la Côte d'Ivoire, le Bénin, la Guinée-Bissau, le Mozambique ou l'Île Maurice obtiennent un indice de diversité religieuse très élevé. Et encore cet indice ne prend-il pas en compte la pluralité interne aux grandes familles religieuses qui accentue encore cette hétérogénéité.

Des acteurs religieux en recomposition

Si une lecture géographique amène à souligner la diversité des paysages religieux, une approche par grands groupes religieux permet d'appréhender les recompositions qui les affectent. De manière synthétique, trois grands ensembles religieux dominent sur le continent.

Religions traditionnelles

Un premier groupe est constitué de cultes endogènes qui sont apparus et se sont développés en Afrique. L'adjectif « traditionnel » est souvent utilisé pour qualifier ces religions mais il tend à les figer dans une approche anhistorique alors qu'elles évoluent et se transforment. Il est délicat de regrouper dans une même catégorie ces cultes qui peuvent avoir leurs spécificités. Cependant, certaines caractéristiques peuvent être mentionnées : la croyance en un monde invisible en lien avec le monde des vivants ; l'existence de divinités ou d'esprits liés à des phénomènes naturels, des maladies, des lieux ou des ancêtres divinisés ; les pratiques de possession ; le rôle thérapeutique ; le recours à la divination, etc. Si beaucoup de ces cultes se déploient sur des périmètres restreints, ce n'est pas toujours le cas, certains pouvant avoir une dimension plus importante et bénéficier d'une structuration plus aboutie – comme le *vodun*, prégnant dans le sud du Bénin et du Togo. Il s'agit d'une religion avec des divinités, des croyances, des officiants (les *hunons*) et des disciples (les *vodunsis*), des lieux de culte et des sanctuaires, des pratiques (libations, sacrifices d'animaux, danses) et des cérémonies rituelles. Transplanté dans les Antilles et en Amérique du Sud lors de la traite négrière (les esclaves déportés amenant leurs croyances), le *vodun* y a donné naissance à d'autres cultes, comme le *vaudou* haïtien ou le *candomblé* brésilien. Ces religions « traditionnelles » ne bénéficient aujourd'hui d'un certain poids que dans un nombre limité de pays, même si localement, essentiellement en milieu rural, elles peuvent très fortement imprégner l'existence.

Le poids de l'islam

L'islam s'est diffusé, depuis la péninsule arabique qui en est son berceau originel, de manière assez précoce dans la partie septentrionale du continent – et dans une moindre mesure sur la côte orientale. L'importance des échanges à travers le Sahara – qui ne constituait nullement un obstacle à la circulation des hommes, des biens et des idées – a facilité cette propagation. La conversion de chefs de royaumes ouest-africains dès le XIe siècle a favorisé le processus. L'islam dominant en Afrique est un islam sunnite, principalement de rite malékite, l'une des quatre écoles traditionnelles du sunnisme. De grandes confréries, ayant une origine maghrébine, à l'instar de la *Tijaniyya* dont le centre spirituel est situé à Fès au Maroc, ou nées en Afrique subsaharienne comme la *Mouridiyya* au Sénégal, ont largement contribué à l'enracinement de cette religion. Il s'agit de mouvements centrés sur des figures maraboutiques, reconnues pour leur savoir et leur charisme, autour desquelles se regroupent des disciples, et qui proposent une version plus ésotérique et mystique de l'islam, caractéristique du soufisme. Cet islam confrérique traditionnel est depuis au moins quatre décennies fortement concurrencé par des courants dits réformistes, notamment wahhabites, prônant une orthodoxie religieuse et un rejet de pratiques jugées non conformes à la doxa musulmane. L'implication croissante des États arabes (accueil d'étudiants et de prédicateurs en formation, financement sur le continent de mosquées et de centres islamiques, développement d'une diplomatie active) a contribué fortement à la progression de ces courants. Les frontières entre ces deux grandes catégories ne sont cependant pas étanches comme le montre le développement de courants réformistes au sein de l'islam confrérique. Le chiisme demeure quant à lui très minoritaire, avec des implantations locales remarquées, comme dans le nord du Nigeria.

Un christianisme lui aussi très divers

Plus encore qu'ailleurs, le christianisme doit s'appréhender au pluriel sur le continent africain. S'il est d'implantation plus récente que l'islam – à quelques exceptions notables sa présence n'est pas antérieure aux premières décennies du XIXe siècle –, il apparaît aujourd'hui beaucoup plus diversifié. Les implantations missionnaires ont permis la diffusion du catholicisme, en particulier dans les empires coloniaux français et portugais, et du protestantisme (par exemple des Églises méthodistes ou baptistes) plus fortement dans les colonies britanniques. Un christianisme indépendant s'est également rapidement développé avec des Églises dites « afro-chrétiennes », parfois vues comme syncrétiques du fait de leurs proximités avec des conceptions ou des pratiques traditionnelles. Ces Églises aux fortes dimensions prophétique ou guérisseuse (Église du christianisme céleste [Bénin, Nigeria], Kimbanguisme [Congo], etc.), émergent dès la première moitié du XXe siècle et demeurent vivaces. Plus récemment, c'est le développement des courants évangéliques (mettant l'accent sur la conversion individuelle, le changement de vie induit, l'activisme évangélisateur) et pentecôtistes (caractérisés par la figure centrale de l'Esprit saint et sa capacité à produire des miracles) qui retient l'attention. Sans qu'il s'agisse d'un phénomène totalement nouveau et aussi massif qu'on le prétend parfois – nulle vague évangélique submergeant l'Afrique –, il s'agit sans conteste d'une recomposition notable.

Ces nouveaux courants chrétiens, très divers notamment dans leur dimension (des *mega churches* à l'américaine et des « Églises portatives » aux implantations éphémères), sont parfois liés à des structures exogènes mais le plus souvent portés par de grandes Églises africaines. Cette dynamique s'observe prioritairement dans des zones déjà christianisées et dans les pays anglophones avant leurs voisins francophones. La dimension transnationale de ces mouvements est importante : le Nigeria et le Ghana sont ainsi devenus de grandes « nations missionnaires » avec la diffusion d'Églises créées localement ayant acquis une puissance au-delà de leurs frontières nationales, à l'image de la *Deeper Life Bible Church* (Nigeria) ou de la *Church of Pentecost* (Ghana), fortes de millions de fidèles.

D'autres acteurs religieux sont présents de manière minoritaire et parfois très localisée comme l'hindouisme (notamment dans les communautés d'origine indienne d'Afrique orientale ou australe) ou des groupes d'implantation plus récente, comme le mouvement *Sukyio Mahikari* d'origine japonaise.

Des dynamiques religieuses au cœur des transformations sociales

On le voit, l'offre religieuse semble ainsi s'être considérablement élargie, avec une démultiplication des acteurs : de nouveaux courants se sont diffusés tant dans le champ chrétien que dans le monde musulman, tandis que de nouvelles propositions religieuses apparaissaient. Cette fragmentation des champs religieux en Afrique a été favorisée par les processus de globalisation et d'urbanisation.

Tout d'abord, la globalisation a accentué la circulation sur le continent d'une offre religieuse transnationale marquée par un renouvellement des réseaux missionnaires. Ainsi, dans le champ chrétien, des pays comme le Brésil (par exemple avec l'Église universelle du royaume de Dieu) ou plus encore la Corée du Sud (plusieurs centaines de missionnaires coréens comptabilisés au Kenya dans les années 2000) sont devenus des pôles importants du prosélytisme évangélique, notamment à destination du continent. De même pour l'islam avec le déploiement de réseaux missionnaires depuis le Pakistan (avec un mouvement comme le *Tabligh*) ou la Turquie (qui accueille et forme de nombreux prédicateurs africains sur son territoire). Dans le même temps, des pôles africains sont devenus, à l'instar du Nigeria dans le monde évangélique, des foyers de production et de diffusion religieuse à l'échelle continentale, et même bien au-delà, notamment par le biais des processus migratoires. En Europe, en Amérique ou en Asie, se constituent ainsi des Églises africaines diasporiques.

Par ailleurs, l'accroissement urbain a entraîné l'émergence et la croissance de métropoles qui grossissent sous l'effet de migrations provenant de vastes aires régionales. Le taux d'urbanisation est estimé à près de 40 % en Afrique subsaharienne et les villes y sont plus densément peuplées, la majorité des citadins résidant désormais dans des cités de plus de 300 000 habitants. Ces espaces urbains, à l'image de Lagos, d'Abidjan, de Kinshasa ou de Nairobi, jouent un rôle central dans la reconfiguration du religieux, favorisant notamment « le temps des villes multiconfessionnelles[2] ». En agrégeant de fait des populations parfois diverses sur le plan confessionnel, ces métropoles permettent un voisinage religieux renouvelé. Surtout, par leur ouverture et leur porosité aux échanges, elles constituent des portes d'entrée pour de nouvelles offres religieuses tout en étant des lieux centraux de production et d'innovation dans ce domaine.

L'ouverture d'espaces publics au religieux

Depuis les années 1990, marquées sur une grande partie du continent par une libéralisation politique et une ouverture des espaces publics, la fragmentation des champs religieux s'est aussi accompagnée d'un investissement de nouveaux espaces par des acteurs religieux.

Ainsi, le recours aux médias et aux réseaux sociaux s'est généralisé avec l'émergence de radios confessionnelles locales (Radio Jésus vous aime, créée à Lomé au Togo en 1995) et de chaînes de télévision liées à des acteurs religieux (Cherifla TV,

2. M. Lasseur, « Le pluralisme religieux dans la production des villes ouest-africaines », *Géoconfluences*, octobre 2016.

lancée au Mali en 2015 par l'influent guide musulman Chérif Ousmane Madani Haidara), accessibles sur une grande partie du continent *via* leur diffusion sur les bouquets satellitaires et par internet.

Certains secteurs sont fortement investis par des acteurs religieux. Dans le secteur éducatif, par exemple, l'offre confessionnelle classique (écoles catholiques ou protestantes) s'est renforcée et diversifiée. Les écoles « franco-arabes », proposant dans les pays du Sahel un enseignement mixte (enseignements profanes conformes aux programmes nationaux et apprentissage de l'arabe), distinctes des écoles coraniques basées exclusivement sur la mémorisation et la récitation du Coran, se sont développées. En 2020, la Côte d'Ivoire recensait 3 500 « structures islamiques d'éducation » dont 10 % seulement étaient reconnues par l'État. L'éducation est aussi devenue un instrument de *soft power* pour plusieurs pays soucieux de la diffusion de l'islam. Ainsi, la Turquie dispose sur le continent d'un impressionnant réseau d'établissements scolaires (175 établissements dans 25 pays), mis en place à l'initiative du prédicateur Fethullah Gülen, mais repris en main par le pouvoir turc après 2016. Les pays du Golfe persique financent des infrastructures éducatives désormais jusqu'au niveau supérieur, à l'image de l'Institut Cheikh Zayed des sciences économiques et juridiques, mis en place à Bamako, au Mali, avec un financement des Émirats arabes unis.

Le dynamisme religieux contemporain ne se manifeste ainsi pas seulement dans une sphère purement cultuelle. À côté du développement d'une offre religieuse renouvelée et de recompositions, tant dans le champ musulman que chrétien, d'autres espaces sociaux sont investis par des acteurs religieux et constituent pour eux autant de lieux de visibilité et de prosélytisme. Mais les acteurs religieux peuvent aussi intervenir encore plus directement dans l'espace public et se poser en acteurs de la société civile. C'est ainsi le cas lorsque des groupes s'activent pour rejeter des réformes touchant aux questions de famille ou de sexualité. Des groupes musulmans sont fortement mobilisés dans la rue pour contester des réformes du Code de la famille jugées trop libérales au Sénégal comme au Mali (2009). En Ouganda ou au Kenya, des réseaux évangéliques sont actifs pour empêcher toute dépénalisation de l'homosexualité, tandis qu'au Bénin l'Église catholique s'est publiquement élevée contre la légalisation de l'avortement promulguée fin 2021.

C. M.

Pour en savoir plus

- J.-F. Bayart, *Violence et religion en Afrique*, Paris, Karthala, 2018.
- A. Dieckhoff et P. Portier (dir.), *L'Enjeu mondial. Religion & politique*, Paris, Presses de Sciences Po, 2017.
- M. Lasseur et C. Mayrargue, « Le religieux dans la pluralisation contemporaine. Éclatement et concurrence », *Politique africaine*, n° 123, 2011.

Voir la carte « Les religions en Afrique », page 363 de cet ouvrage.

La France face à l'échec sahélien

Le temps du repli défensif

Au-delà des coups portés au djihadisme, la présence française au Sahel n'a pas réussi à assurer la sécurité de sociétés fragiles et se heurte désormais à une opposition locale soutenue par les manœuvres russes. Le *soft power* français est atteint, en même temps qu'est questionnée l'efficacité du dispositif militaire et de l'aide au développement qui l'accompagne. La France garde cependant des cartes efficaces, à condition qu'elle sache redéployer son dispositif et le concentrer sur l'Afrique de l'Ouest.

La politique africaine de la France, définie en 1960 pour accompagner l'indépendance des colonies subsahariennes, est depuis longtemps un vêtement rapiécé aux multiples ravaudages. Elle a néanmoins conservé son étoffe bureaucratique et son allure générale en dépit des évolutions des sociétés africaine et française. Dès le début de son premier quinquennat, Emmanuel Macron prétendit s'en défaire : il n'y « avait plus de politique africaine » et la relation entre la France et l'Afrique allait être réorganisée sur une base neuve et continentale. L'ambition paraît aujourd'hui lointaine. Dans une période de confrontation internationale et au-delà des discours sur le nouveau « partenariat » entre l'Europe et l'Afrique, la ligne dominante de ses prédécesseurs a perduré : une proximité particulière avec les anciens territoires français, marquée par une présence militaire permanente et l'appui monétaire aux mécanismes de la zone franc.

On pourrait penser que l'étroitesse et la technicité de la relation franco-africaine déterminent un rapport quasi immuable, défiant le temps, échappant aux aléas de la conjoncture comme aux revirements politiques. Pourtant, dans un climat international dégradé, avec des conflits en Europe qui marginalisent *de facto* les enjeux sécuritaires africains, la France n'est plus aussi libre que naguère de ses choix de membre permanent du Conseil de sécurité très attentif à la situation de l'Afrique.

Confrontée à une concurrence accrue sur le terrain en matière d'économie et de sécurité, voire de diplomatie, elle est aussi mise en cause par un discours anticolonialiste revenu en force : recyclant les thèmes du temps des indépendances, il les greffe sur des enjeux actuels, celui des migrations et des diasporas africaines constituées un peu partout ces dernières décennies. Ces dernières s'affirment de plus en plus sur les réseaux sociaux, y convergeant et divergeant à la fois entre dénonciation unanimiste du racisme anti-Noirs et défense d'intérêts communautaires, culturels, religieux ou ethniques. Comme les États, ces diasporas interviennent dans de multiples conflits locaux, en marge de tout contrôle régulateur des diplomaties traditionnelles.

Dans un paysage de plus en plus complexe, la France est donc poussée à des choix imposés sur un continent qui échappe de plus en plus à son emprise traditionnelle, tout en gardant avec elle des liens très forts, et en tout premier lieu celui de la langue.

Réalignement douloureux au Sahel

Au Sahel, un réalignement militaire et diplomatique est en cours dans des conditions incertaines, avec un déplacement vers l'est (Niger, Tchad) et le sud (Côte d'Ivoire) de ses points d'appui. Début 2013, une première intervention militaire massive au Mali (opération Serval) avait redonné à la politique africaine de la France une tonalité interventionniste, surprenante sous une présidence socialiste. Il ne s'agissait plus cependant de sauver un régime ami comme au temps de la « Françafrique » et de ses compromissions, mais de participer sous mandat de l'Organisation des Nations unies (ONU) à la lutte contre le « terrorisme international » – en d'autres termes de stopper en première ligne la progression d'une nouvelle phase du djihad à la lisière sud du Sahara.

Après le coup d'État d'août 2020 à Bamako, la détérioration des relations diplomatiques entre la France et le Mali a conduit à une remise en cause de tout l'édifice sécuritaire bâti avec l'ONU et les alliés européens, britanniques ou américains, en soutien à des pays sahéliens regroupés depuis 2015 dans une organisation régionale *ad hoc*, le G5-Sahel (Burkina Faso, Mali, Mauritanie, Niger, Tchad). La France a décidé début 2022 d'un retrait complet du Mali de l'opération Barkhane, qui avait succédé à l'opération Serval avec une dimension régionale et déjà en repli, après avoir déployé jusqu'à 5 000 soldats. La Task Force Takuba, constituée plus récemment de forces spéciales européennes sous commandement français pour appuyer les Forces armées maliennes, devait également quitter le pays.

L'échec diplomatique et militaire constituait, dans le contexte du retrait américain d'Afghanistan et de la crise ukrainienne, un déconcertant épilogue de près de dix années d'efforts militaires et civils considérables pour stabiliser l'Afrique de l'Ouest, combattre l'influence d'un radicalisme islamique hostile à l'Occident et consolider les organes gouvernementaux de pays « fragiles ». Trois coups d'État dans des pays francophones (Mali, Guinée, Burkina Faso) et le retour à un régime militaire et patrimonial au Tchad à la mort d'Idriss Déby révélèrent les limites à l'imposition d'un modèle étatique occidental sur toute la zone, alors que la réforme civile de l'État et de son déploiement était, dans la vision française, l'indispensable corollaire de l'action armée. Le Nouveau Sommet Afrique-France du 8 octobre 2021 à Montpellier, réduit à un dialogue direct entre le président Macron et des représentants cooptés de la jeunesse africaine, échouait à traiter ce type d'urgence. Il l'esquivait même, se trompant de cible, substituant aux chefs d'État comme interlocuteurs privilégiés une « société civile » aux contours flous, sur des questions éminemment politiques qu'elle ne pouvait traiter.

Le fond de la crise avec Bamako, et plus généralement des critiques de l'Afrique sahélienne sur le bilan de l'appui militaire extérieur, tenait en effet à son absence d'impact sur la sécurisation effective d'immenses espaces, allant du Mali central aux abords du lac Tchad et au-delà : en dépit de leur engagement et de leurs efforts de coordination, ni les Français, ni leurs partenaires européens ou la Mission des Nations unies au Mali (MINUSMA), au rôle uniquement défensif, n'obtinrent de résultats concrets à hauteur des sommes investies et des sacrifices consentis (plus de 50 militaires français tués au Sahel depuis le début de l'opération Serval).

En dépit de l'élimination de chefs djihadistes, la situation sécuritaire tend à s'aggraver, avec un impact de plus en plus lourd sur les populations rurales et un glissement vers les pays du golfe de Guinée. Après l'optimisme de 2013-2015, c'est la désillusion, comme dix ans plus tôt en Afghanistan, qui se nourrit d'incompréhensions montantes et de rancœurs croisées entre la France et ses partenaires locaux sur les moyens mis en œuvre, la localisation des interventions militaires, et la conception même de l'État et de son déploiement dans les zones éloignées des capitales. L'hostilité envers la France s'est tout particulièrement installée au Mali, pays au fort nationalisme ayant repris le nom d'un vaste empire pré-colonial le long du fleuve Niger. La réconciliation nationale promise par les accords d'Alger de 2015 patine et la France y est une fois de plus soupçonnée de soutenir secrètement, derrière le paravent du terrorisme, les Touaregs du Nord n'ayant jamais intégré l'empire du Mali. Le choix du nom de la Task Force « Takuba » (« épée » en langue touarègue) n'ayant guère contribué à lever de tels soupçons…

Face aux Russes

Du côté français, la décision du nouveau pouvoir militaire malien d'appeler comme « conseillers » les mercenaires russes de Wagner a été au cœur du différend avec Bamako dès 2020. La menace de retirer Barkhane, de cesser toute collaboration avec l'armée malienne, n'eut aucun effet. Paris, déjà confronté aux mercenaires russes et à une campagne hostile orchestrée par Moscou en République centrafricaine (RCA) après le retrait de son opération Sangaris (2013-2016), ne pouvait tolérer cette intervention nouvelle, qui rappelait trop le moment de l'indépendance, lorsque les dirigeants marxistes maliens s'étaient tournés vers l'Union des républiques socialistes soviétiques (URSS) contre leur colonisateur. Quittant alors la zone franc, ils avaient combattu une première rébellion touarègue de 1963 à 1964 avec de l'armement soviétique. L'habillage djihadiste actuel ne parvient pas à dissimuler les assonances avec cette époque.

En mai 2022, la France exerçant un semestre de présidence du Conseil des ministres européen, la Russie reconnaissait publiquement la « fourniture de services de sécurité » du groupe Wagner au Mali, « sur une base commerciale ». Des accusations d'exactions et de massacres de masse ont été portées contre les mercenaires russes tant en RCA qu'au Mali, par des organisations non gouvernementales internationales mais aussi par l'armée française. Celle-ci a également dû se défendre d'avoir laissé un charnier au Mali, et accusé les Russes de manipulation.

Cette confrontation, psychologique plus encore que diplomatique ou militaire, doit être lue dans un cadre élargi. Après l'inévitable véto de la Russie au Conseil de sécurité, l'Assemblée générale de l'ONU a condamné, le 2 mars 2022, l'invasion de l'Ukraine à une large majorité de 141 voix sur 193. Lors du vote, un seul pays africain, l'Érythrée, s'est opposé à cette résolution, mais 16 autres se sont abstenus – dont le Mali et la RCA, mais aussi le Sénégal ou l'Afrique du Sud qui, dans la vision d'Emmanuel Macron, demeurent pour la France des alliés étroits et importants. En outre, sur 12 États n'ayant pas pris part au vote, on trouve l'Éthiopie, autre allié privilégié à Paris, mais aussi le Burkina Faso, membre du G5-Sahel, la Guinée, le Cameroun, le Maroc et le Togo : des pays africains réputés proches de la France ne suivent donc plus nécessairement sa ligne à l'égard de la Russie.

C'est d'autant plus le cas que celle-ci n'est pas nette. En voulant poursuivre, au nom de l'Europe, un dialogue avec Vladimir Poutine et « éviter d'humilier la Russie » sur l'Ukraine, le président français s'est placé lui-même en porte-à-faux par rapport à sa position en Afrique, beaucoup plus ferme vis-à-vis de Moscou : il n'a pas hésité à suspendre l'aide budgétaire à la RCA suite à l'implantation du groupe Wagner dans le pays; il dénonce également sans relâche l'offensive sécuritaire, économique et politique russe sur le continent, demandant à ses alliés, africains ou occidentaux, de faire de même.

Cet affrontement direct avec la Russie sur le terrain africain marque la fin de trois décennies de prééminence incontestée de la France dans son ancien pré carré, période ouverte par la disparition de l'URSS qui mettait fin aux rivalités géopolitiques de la guerre froide sur le continent africain. Des tensions rappelant cette dernière apparaissent à nouveau, dans une conjoncture plus diversifiée, avec les ambitions de la Turquie et des Émirats arabes unis par exemple. On peut parallèlement constater une résurgence du discours anticolonialiste et d'un rejet d'un modèle démocratique occidental et des sociétés libérales. Ceci ne peut qu'interpeller la France dans son influence politique et culturelle, son *soft power* irriguant en permanence ses rapports avec le sud du Sahara.

Un nouveau combat idéologique

L'importation du modèle institutionnel et sociétal français dans les États décolonisés ne va en effet plus de soi, particulièrement au Sahel. Ce problème a pris, dans le contexte de Barkhane, une place considérable par rapport au passé récent. Emmanuel Macron est le premier président français à se référer formellement à la doctrine de coordination des 3 D (Diplomatie/Défense/Développement) pour traiter les « situations de fragilité et de conflit » comme celles des pays sahéliens. Dans cette conception, la réforme de l'État, qui relève de l'aide au développement, est plus importante à long terme que la sécurisation militaire.

Sur ce point, le chef de l'État français se réfère à des idéaux et des concepts issus de l'histoire européenne, qui n'ont pas d'écho immédiat dans l'opinion des pays concernés. Dans une posture pouvant être interprétée comme paternaliste, il invoque rituellement l'esprit des Lumières comme fondement d'un État de droit moderne et universel, alors que ses interlocuteurs, au Mali par exemple, préfèrent se référer à leur Charte du Manden : un acte juridique médiéval dont le pays est particulièrement fier. Parallèlement à son action militaire, la France doit ainsi poursuivre avec plus de vigueur que jamais un combat idéologique entamé dès les indépendances de ses anciennes colonies, et qui visait alors à les éloigner de l'influence communiste (URSS et Chine) : leurs constitutions, à base de « république laïque et sociale », sont encore aujourd'hui rédigées sur le modèle de celle de la IVe République française de 1946.

Or les sociétés africaines, surtout avec le renouveau islamique ou la christianisation massive des dernières décennies, se renouvellent idéologiquement dans une tout autre direction que celle d'un universalisme dont Emmanuel Macron répète qu'il caractérise la France par rapport aux Anglo-Saxons. Dès avant l'expansion djihadiste actuelle, le combat éducatif a été perdu par l'ancien colonisateur dans la zone sahélienne, où le modèle de l'école publique à la française est en régression face à la dynamique de l'enseignement islamique, du confessionnel en général, ou simplement du privé. Les sociétés locales, urbaines comme rurales, y sont de moins en moins organisées sur un modèle français, ce qui a pour conséquence, l'insécurité aidant, de réduire le champ d'une aide au développement impuissante à prendre, comme elle le devrait, le relais de l'action militaire.

Les solutions envisagées à ce problème crucial sont pour l'instant très rhétoriques. L'abandon du terme d'« aide au développement » pour celui de « partenariat », et le changement consécutif du nom de l'Agence française de développement, principal vecteur d'une aide française en croissance, ont été présentés à Montpellier comme symbolisant une « nouvelle ère des relations franco-africaines ». Dans le cadre d'une « nouvelle alliance avec l'Afrique », ces engagements, comme celui d'un « changement de modèle de l'engagement militaire français », avec « une réduction de l'empreinte directe des forces au profit d'un partenariat en soutien » aux armées sahéliennes, ont été réitérés lors du sixième sommet Union européenne-Union africaine, qui s'est tenu à Bruxelles les 17 et 18 février 2022 durant la présidence française du Conseil de l'UE. À cette occasion, ont été annoncés des engagements financiers à hauteur de 150 milliards d'euros en soutien à une « vision commune d'un partenariat renouvelé » avec l'Afrique. Mais, presque immédiatement, la guerre d'Ukraine est venue bouleverser les priorités européennes, relativisant encore d'incertaines promesses.

Une concentration sur l'Afrique de l'Ouest

Dans cette nouvelle conjoncture, le retour au réalisme s'impose. Pour la France et sa politique africaine, il passe par une concentration de sa présence et de ses moyens sur l'Afrique de l'Ouest et l'Afrique centrale atlantiques, déjà redevenues zones d'action prioritaires au sens diplomatique, militaire et financier. L'échec de l'opération Barkhane a montré l'impact mortel de la dispersion des efforts – de longue date une tentation majeure de la politique africaine.

Militairement parlant, et quelle que soit la forme de l'engagement français au Sahel, les bases de Dakar, N'Djamena et Libreville bornent un périmètre de présence permanente dont l'épicentre est aujourd'hui la Côte d'Ivoire, avec un déploiement à hauteur de 1 000 hommes. En termes économiques et financiers, ce pays, qui a retrouvé la paix civile mais est menacé par l'extension du djihadisme sahélien, est redevenu un partenaire majeur de la France en Afrique intertropicale, au même titre que le Kenya l'est toujours pour la Grande-Bretagne. Culturellement, comme le reste des pays bornant le golfe de Guinée, il est beaucoup plus ouvert que le Sahel aux influences européennes. Ces dernières sont présentes depuis plus d'un demi-millénaire sur ses côtes après les explorations portugaises, alors que le Sahel n'a été pénétré par les Européens qu'au XIXe siècle. L'évolution régionale actuelle vient rappeler cette donnée historique fondamentale.

Pour la France, la stabilité future de la Côte d'Ivoire, où siège également une grande institution multilatérale, la Banque africaine de développement, et cœur économique de la zone franc d'Afrique de l'Ouest, reste un enjeu primordial. Emmanuel Macron, qui a fêté le 21 décembre 2019 à Abidjan son anniversaire en compagnie du président Alassane Ouattara, y est personnellement tout aussi attentif qu'à la situation au Tchad.

Cet ancrage ouest-africain se justifie également par la proximité géographique, alors que l'Afrique de l'Est ou du Sud, plus lointaines, ainsi que l'océan Indien, relèvent en partie d'une stratégie indopacifique distincte. Il vient compléter le maintien d'une approche multilatérale des problèmes africains, qui n'a pas varié sous la présidence actuelle depuis 2017 : en témoigne l'appui effectif de la Communauté économique des États de l'Afrique occidentale (CEDEAO), sous forme de sanctions économiques envers Bamako, aux positions françaises dans la confrontation avec le Mali.

Ce repli défensif sur l'ancien pré carré, après les tentations irréalistes d'un appui privilégié de la politique africaine sur les grands pays anglophones du continent (Égypte, Afrique du Sud, Nigeria, Éthiopie), correspond à une nouvelle ère de confrontation mondiale. Dans ce temps, et contrairement à un défaitisme répandu, la France semble loin d'avoir perdu ses moyens d'action en Afrique, dont elle est et restera un partenaire majeur à condition que son redéploiement au Sahel n'apparaisse pas comme une défaite cuisante.

F. G.

Pour en savoir plus

- Dossier « Sahel : les sociétés contre l'État ? », *Politique étrangère*, vol. 86, n° 4, Ifri, décembre 2021.
- A. Antil, « La force du G5 Sahel, espoir déçu de relais dans l'engagement militaire français », *Courrier international*, 18 février 2022.
- L. Bansept et É. Tenenbaum, « Après Barkhane : repenser la posture stratégique française en Afrique de l'Ouest », *Focus stratégique*, n° 109, Ifri, mai 2022.

Mali, année zéro

vidéo
http://dunod.link/rz01reg

Déstructuration interne et externe

La série de coups d'État intervenue au Mali signe l'échec du pouvoir civil à reprendre le contrôle de son propre territoire. Mais les juntes successives ne donnent nullement aux Forces armées maliennes l'efficacité requise : ces dernières sont, au contraire, un élément central du problème. Le dernier coup d'État a confirmé un revirement diplomatique symbolisé par l'appel au groupe russe Wagner. Défiance régionale et oppositions internes à la société malienne se mêlent en un composé dangereux.

Le conflit au Mali a maintenant dix ans : il a fait plus de 12 000 victimes et connaît une nette détérioration depuis 2017, tant en nombre d'attaques que de victimes. Fin avril 2022, le Bureau de la coordination des affaires humanitaires des Nations unies (OCHA) décomptait 370 548 déplacés internes et estimait qu'à l'horizon d'août 2022 1,8 million de personnes seraient en situation d'insécurité alimentaire. Si le conflit a d'abord touché les trois régions du Nord (Tombouctou, Gao et Kidal), il s'est progressivement diffusé au centre du pays, dans la région de Ségou, et surtout celle de Mopti, qui est devenue ces deux dernières années la région la plus affectée.

Parler de conflit au singulier est d'ailleurs discutable, tant se sont multipliés en dix ans les acteurs de la violence. Plusieurs conflits se développent sur le territoire malien, la lutte contre le terrorisme n'étant que l'un d'eux. Insurrections, conflits communautaires, révolution sociale violente se déroulent de manière concomitante, parfois s'hybrident. Même le camp terroriste (on préférera ici[1] le terme de « salafistes-djihadistes ») est hétérogène, les deux plus grands acteurs – le Groupe pour la protection de l'islam et des musulmans (GSIM), lié à Al-Qaïda, et l'État islamique au Grand Sahara (EIGS) – étant en conflit.

L'évolution du conflit tient d'abord à la faiblesse de l'appareil sécuritaire malien, en particulier de l'armée. Faiblesse au combat, corruption, tensions internes, faillite à la mission de protection des civils, violence contre ces mêmes civils : l'armée est l'un des éléments de l'aggravation de la situation. Face à la défaillance de l'État, une partie des populations se trouve dans un état de déréliction. Cet état de fait a produit des contestations importantes du pouvoir et conduit en 2012, 2020 et 2021 à des coups d'État – au nombre de cinq depuis l'indépendance, et près de 25 années avec un militaire à la tête de l'État. L'interventionnisme de

1. On qualifie ainsi le but politique plus que le mode d'action, dont certaines dimensions (assassinat de civils désarmés, racket, viols) peuvent être partagées par d'autres belligérants, y compris les forces armées.

l'armée dans le champ politique est ici sinon une permanence du moins une rémanence forte.

Depuis le coup d'État de 2020, justifié par la mauvaise gouvernance et les médiocres résultats sécuritaires du président Ibrahim Boubacar Keïta, dit « IBK » (2013-2020), la junte parle de « montée en puissance » des forces armées, mais le nombre d'attaques et de victimes n'a pourtant pas diminué. Le Mali reste sur une trajectoire de dégradation, et des présences djihadistes sont désormais avérées dans le sud et l'ouest du pays. Le deuxième coup d'État enclenche quant à lui un net virage diplomatique, puisque le Mali s'éloigne de son partenaire de sécurité principal, la France, et s'isole progressivement, ne trouvant comme partenaire de remplacement qu'une société militaire privée russe : Wagner. Les autorités ont développé un discours ultra-nationaliste pour galvaniser la population et éloigner son regard des errances diplomatique et sécuritaire.

Armée malienne : une « montée en puissance » ?

Lorsque quatre mouvements armés se lèvent en janvier 2012 au nord du pays contre l'État central, l'armée malienne est vite en grande difficulté, avant de s'effondrer après le coup d'État à Bamako, où des hommes de troupe encadrés de quelques officiers subalternes, prennent d'assaut la présidence malienne. Le président Amadou Toumani Touré s'échappe prestement en taxi de Koulouba, avant d'être exfiltré au Sénégal. Le plus gradé de ces officiers, le capitaine Amadou Haya Sanogo, professeur d'anglais au Prytanée militaire de Kati, devient président du Comité national pour le redressement de la démocratie et la restauration de l'État (CNRDRE) et chef de l'État. Les putschistes expriment de nombreux griefs contre le pouvoir en place et la haute hiérarchie militaire (népotisme, détournements, voire commerce coupable avec le camp d'en face), et plus largement contre le contexte de dénuement matériel et de faillite logistique dans lequel on envoie les soldats combattre.

Au pouvoir, la junte menée par le capitaine Sanogo ne réussit qu'à accélérer la débâcle militaire au Nord : une retraite sans honneur où l'on laisse armes et véhicules à l'ennemi et où un pont aérien doit être organisé en hâte pour évacuer la troupe vers les pays voisins. Sous pression de la Communauté économique des États de l'Afrique de l'Ouest (CEDEAO), la junte accepte de céder le pouvoir aux civils après quelques mois.

Après l'opération Serval et en dépit de la mise en place d'une formation de la European Union Training Mission (EUTM) à compter de 2013, ainsi que de la coopération avec l'armée française dans le cadre de l'opération Barkhane (2014-2022), les Forces armées maliennes (FAMa) ne brillent guère par leur efficacité. Les exemples sont nombreux, mais le plus symbolique fut, en septembre 2018, le repli obligé du Quartier général de la Force conjointe du G5-Sahel, initialement sis au centre, à Sévaré, vers la capitale Bamako, pour des raisons de sécurité (attaque terroriste subie en juin 2018). La Force conjointe, et d'abord ses membres issus des FAMa, n'arrivait donc pas à se sécuriser elle-même, alors qu'elle devait être le fer de lance de la reconquête des espaces frontaliers délaissés : l'augure n'était pas excellent.

Les faiblesses structurelles des FAMa sont largement documentées : sous-équipement chronique, sous-dotation en munitions, problèmes logistiques multiples (essence, prise en charge des blessés…), importante corruption de l'appareil militaire : une partie de la haute hiérarchie puise dans les budgets, trempe parfois dans les trafics, quand les officiers subalternes peuvent parfois revendre munitions, armes et nourriture, jusqu'aux adversaires. Des vidéos fuitant sur les réseaux sociaux montrent une très luxueuse fête d'anniversaire du directeur général de la sécurité d'État. À l'Assemblée nationale, c'est le propre fils du président, Karim Keïta, qui préside la commission de la Défense. Des soupçons de surfacturation planent sur certains contrats d'armement. Cette « ambiance » contribue à fragiliser la confiance de la troupe en sa hiérarchie, et plus largement dans les autorités. La promotion plus rapide des officiers « fils à papa », qui ont fait carrière dans les bureaux à Bamako au détriment d'officiers plus aguerris, crée un autre malaise.

La coupure qui sépare les FAMa de certaines composantes de la société – en particulier les communautés peules et touarègues – est un facteur d'aggravation du conflit. Adoptant une lecture ethnique de la société malienne, certains officiers supérieurs englobaient hier les Touaregs dans la catégorie « rebelles », comme ils voient aujourd'hui la communauté peule comme un tout indifférencié proche des « terroristes ». Si le regard vis-à-vis des Touaregs a légèrement évolué avec l'intégration d'unités composées d'éléments de cette communauté, la méfiance de l'institution militaire vis-à-vis de la communauté peule reste, en revanche, importante. Les FAMa se livrent à des exactions et s'appuient localement sur les milices d'autres communautés (notamment dogon) au centre du Mali, avant d'être parfois débordées par elles – comme elles le faisaient lors de la rébellion touarègue des années 1990 en soutenant la milice songhaï (Ganda Koy).

La junte qui a pris le pouvoir en août 2020, comme sa consœur burkinabée installée en janvier 2022, a justifié son geste par les piètres résultats sécuritaires du pouvoir civil, vilipendé pour sa mollesse et sa corruption, tant matérielle que morale. Le quarteron d'officiers maliens (outre Assimi Goïta, les autres figures militaires de cette junte sont Sadio Camara, Malick Diaw et Ismaël Wagué) et les civils qui ont rallié son pouvoir de transition insistent depuis lors sur la « montée en puissance » de l'armée malienne, qui serait le gage de leur plus-value au regard du pouvoir civil renversé.

Leur narratif s'appuie sur des éléments concrets : une augmentation des effectifs, une amélioration de l'équipement[2] et la création de nouvelles unités (Unités légères de reconnaissance et d'intervention [ULRI], Unités spéciales antiterroristes [USAT] ou Guetteurs aériens tactiques avancés [GATA]). Mais toutes ces évolutions avaient été enclenchées et largement mises en œuvre pendant la période IBK. Même les hélicoptères russes reçus avec force communication à l'automne 2021 par les autorités maliennes avaient été commandés pendant la période IBK.

2. « Mali : l'armée réceptionne de nouveaux équipements de combat de la Russie », Agence Ecofin, 19 avril 2022.

Une « wagnérisation » des esprits

Une évolution sécuritaire qui n'est pas positive, des éléments de renforcement de l'armée plutôt hérités de la période civile qui a précédé, une rupture brutale avec le premier partenaire de sécurité du pays (Paris) : les putschistes doivent forcer un peu le réel pour faire adhérer la population à leur narratif. Un narratif ponctué de « combativité nouvelle », « d'honneur retrouvé » « de deuxième indépendance vis-à-vis de la France », etc. Il est indéniable toutefois que l'armée malienne connaît depuis un an un nouvel élan. Pour Rahmane Idrissa, cet allant témoigne d'un retour à une technique de conflit difficilement praticable lorsque les Français étaient là : cibler non seulement les groupes djihadistes mais aussi les communautés ou localité d'où ils sont majoritairement originaires.

La nouvelle comptabilité officielle des « djihadistes » abattus fait de moins en moins la différence entre les combattants et ceux qui sont soupçonnés de l'être. Ce nouveau pli a été particulièrement visible lors des événements de Moura (région de Mopti). Fin mars 2022, sur la foi d'informations jugées crédibles faisant état de la présence de leaders de la Katiba Macina, composante locale du GSIM, les FAMa encerclent la localité pendant plusieurs jours et vont rechercher les djihadistes et en exécuter un grand nombre. Les autorités maliennes parlent de 200 djihadistes tués, mais des témoignages locaux recueillis par des journalistes et des organisations non gouvernementales des droits de l'homme évoquent jusqu'à 400 morts, des corps calcinés, des charniers. S'il est indiscutable que des djihadistes se trouvaient dans la localité et que certains ont été éliminés par les FAMa – les exécutions sommaires en lieu et place d'arrestations et de traitement judiciaire posant déjà question –, une majorité des victimes n'étaient, selon les témoignages, pas des djihadistes.

Ces actes de terreur de la part de militaires maliens, présentés comme l'une des preuves les plus manifestes de leur « montée en puissance » dans le centre du pays, permettront-ils d'inverser le rapport de force ? C'est en tout cas la nouvelle logique de la lutte antiterroriste malienne.

Cette évolution de doctrine se met en place dans un contexte de changement d'alliance : au départ des forces françaises coïncide l'arrivée au Mali d'un nouveau partenaire de sécurité, le groupe Wagner. La société militaire privée, dont les autorités maliennes nient la présence mais dont les activités au Mali ont été confirmées à la fois par les autorités russes – par la voix du ministre des Affaires étrangères Sergueï Lavrov – et par différentes enquêtes de journalistes, est présente depuis le début 2022. Existence d'une base accolée à l'aéroport de Sénou-Bamako, sécurisation des institutions, appui au combat des FAMa : les « chiens de guerre » se sont dès lors singularisés par leur violence contre les civils, comme dans le triste épisode de Moura. Ils ont investi certaines bases (Tombouctou, Gossi, Ménaka…) rétrocédées par Barkhane, tentant même, dans le cas de Gossi, de décrédibiliser Barkhane en enfouissant à la hâte des corps près de la base. Le groupe Wagner s'est aussi illustré dans des actes de torture récurrents[3].

3. M. Le Cam, « "Ce camp est devenu un centre de torture" : au Mali, l'armée et Wagner accusés d'exactions sur des civils », *Le Monde Afrique*, 13 mars 2022.

L'enfer, c'est les autres...

La rupture avec la France s'accompagne d'une véritable rupture stratégique, et parallèlement à ce divorce d'autres signes clairs de réorientation se sont manifestés. Les autorités maliennes ont ainsi multiplié, à partir de 2021, les obstacles au déploiement de la Task Force Takuba. Cette entité, constituée de forces spéciales européennes, était un appendice de Barkhane et devait originellement se déployer sous le même statut des forces (*Status of Force Agreements*) que celui négocié pour Barkhane en 2014. Ces difficultés ont conduit plusieurs pays européens à annuler leur participation à cette force, ce qui a amené *in fine* à sonner son glas.

Face au déploiement du groupe Wagner sur le terrain en supplétif violent de l'armée malienne, les différents pays impliqués dans l'EUTM ont demandé des garanties à l'État malien, et en particulier que les unités des FAMa formées ne soient jamais engagées sur le terrain avec les éléments de Wagner. Bamako s'est refusé à donner cette garantie, jugeant même la demande européenne attentatoire à la souveraineté malienne. En avril 2022, l'Union européenne (UE) a donc arrêté son programme de formation.

Les autorités maliennes, dans leur volonté de reconquérir leur souveraineté nationale ont multiplié les mesures d'empêchement du survol aérien de plusieurs parties de leur territoire, créant des difficultés logistiques pour certains partenaires. Ainsi, en mai 2022, la rotation du contingent sénégalais de la Mission multidimensionnelle intégrée des Nations unies pour la stabilisation au Mali (MINUSMA) s'est retrouvée bloquée en raison d'une interdiction de survol de l'espace aérien malien. Plus inquiétant, un des hélicoptères *Mi-35* maliens, peut-être piloté par un Russe, a envoyé en mars 2022 plusieurs roquettes à proximité d'un détachement britannique de la MINUSMA. Enfin, arguant du fait que la présidence tournante du G5-Sahel lui avait été refusée par les autres membres, le Mali déclarait en mai 2022 se retirer de toutes les composantes de l'organisation.

Des relations régionales dégradées

Ce détricotage en règle est-il le reflet de la volonté malienne, ou l'une des conditions du déploiement du groupe Wagner sur le terrain ? Il est pour l'heure difficile de le savoir. Mais cette dégradation des coopérations sécuritaires doit évidemment être resituée dans le contexte de dégradation politique des relations avec les partenaires du Mali qui a précédé l'arrivée de la junte au pouvoir. Les voisins du Mali se plaignent du manque de fiabilité de Bamako depuis 2012. Nombre de recherches effectuées dans le cadre du G5-Sahel entre 2015 et 2020 pointaient la méfiance qu'inspirait le partenaire malien, vu comme un maillon faible. Ses relations avec le Niger et la Mauritanie ont toujours été difficiles. Si la junte qui s'installe au pouvoir à Bamako en août 2020 rassure ses partenaires pendant les premières semaines, affirmant vouloir respecter tous les engagements du pays et organiser une élection présidentielle en février 2022, le « coup d'État dans le coup d'État » de mai 2021 et les déclarations qui l'accompagnent viennent altérer la confiance. Les élections sont reportées *sine die*, la junte produit une feuille de route (février 2022) prévoyant une transition sur cinq ans.

Parallèlement, le Premier ministre Choguel Kokalla Maïga multiplie les déclarations ambiguës à l'égard des accords de paix d'Alger de 2015, censés organiser les modalités de sortie de crise. La CEDEAO réagit à ces différentes dérives en décidant de sanctions en janvier 2022, dont un spectaculaire embargo terrestre et aérien, exigeant un calendrier de retour à l'ordre institutionnel plus réaliste. Ces sanctions sont endossées par l'Union économique et monétaire ouest-africaine (UEMOA) puis par l'Union africaine (UA). L'UE et les États-Unis approuvent de leur côté ces sanctions, tout en en mettant d'autres en place, plus ciblées.

***

Cet isolement progressif du Mali génère, sur la scène politique intérieure, un nationalisme exacerbé contre la CEDEAO, contre les voisins, contre certains chefs d'État brocardés comme « valets de Paris » (Alassane Dramane Ouattara, Macky Sall ou Mohamed Bazoum), et en premier lieu contre l'ancienne puissance coloniale, jugée comme la source de tous les maux du Mali. Technique connue du bouc émissaire : les discours nationalistes se parent d'oripeaux panafricanistes et ont de plus en plus souvent tendance à désigner aussi des ennemis de l'intérieur.

Aggravation sécuritaire, isolement diplomatique, désignation des ennemis de l'extérieur et de l'intérieur, appui sur un allié aussi peu recommandable qu'une société militaire privée russe : certains spécialistes des conflits n'hésitent pas à alerter sur l'ambiance « pré-génocidaire » qui régnerait aujourd'hui à Bamako.

A. A.

Pour en savoir plus

- R. Idrissa, « Moura, ou "a problem from hell". Comment la guerre entre deux faiblesses interdit la paix », *La Gazette perpendiculaire*, 7 avril 2022.
- T. Quidelleur, « Courtiser l'État et traquer les djihadistes : mobilisation, dissidence et politique des chasseurs-miliciens dogons au Mali », *Critique internationale*, n° 94, 2022.
- J. Thompson, C. Doxsee et J. Bermudez Jr., « Tracking the Arrival of Russia's Wagner Group in Mali », Center for Strategic & International Studies, 2 février 2022.

Corne de l'Afrique : une déstabilisation à deux échelles

Au croisement des appétits…

L'espoir né de la réconciliation Éthiopie-Érythrée a fait long feu. Rivalités interétatiques et conflits internes se renouvellent. Tous les grands acteurs régionaux et mondiaux sont désormais présents dans une région jugée stratégique. Face aux défis existentiels, l'organisation régionale est défaillante.

Nourri par la réconciliation signée en 2018 entre l'Érythrée et l'Éthiopie, en guerre depuis des décennies, un vent d'optimisme a soufflé sur la Corne de l'Afrique. Ces espoirs ont été déçus. Le déclenchement, par le Premier ministre éthiopien – pourtant prix Nobel de la paix –, de la guerre du Tigré en novembre 2020 menace la stabilité de la région, aujourd'hui touchée par une sécheresse qui fait peser un risque de famine sur vingt millions de personnes.

Cette région n'a pas de définition consensuelle. Littoral ouest de la mer Rouge et de l'océan Indien, côte sud du Golfe d'Aden, la Corne de l'Afrique borde un segment stratégique de l'axe euroasiatique, une des routes commerciales les plus fréquentées au monde et menacée par la piraterie. Conflits, expansion du djihadisme, événements climatiques extrêmes (sécheresses, inondations) y ont des conséquences humanitaires tragiques et contribuent à des évolutions géopolitiques majeures. La région compte 20 % des réfugiés du monde. En deux décennies, elle a vu la naissance de trois États : le Somaliland, non reconnu internationalement, a proclamé son indépendance de la Somalie en 1991 ; l'Érythrée et le Soudan du Sud ont obtenu leurs indépendances en 1993 et 2011, tandis que le Puntland, à l'est du Somaliland, se considère comme autonome depuis 1998.

Les engagements extérieurs se sont intensifiés, avec une militarisation de la présence des acteurs étrangers sur les littoraux stratégiques de la Corne : les installations, en 2017, de bases chinoise et turque à Djibouti et à Mogadiscio ont, à ce titre, marqué un tournant. La région est ainsi devenue le témoin de la reconfiguration d'un système international multipolaire. La cohabitation militaire de puissances aux intérêts dissemblables peut constituer un danger pour sa stabilité, mais la diversité des sollicitations peut offrir aux États de la Corne la chance de faire valoir leurs propres agendas.

Une dépression régionale

Le conflit qui oppose le gouvernement central d'Abiy Ahmed aux insurgés de l'État fédéré du Tigré menace désormais le pays entier, dont l'équilibre précaire reposait depuis 1991 sur une structure ethno-fédérale. L'extension de la guerre se joue sur une opposition idéologique entre unionistes et fédéralistes, ses conséquences dépassant les frontières de l'Éthiopie. L'effondrement de cet *hegemon* régional qui recueillait la majorité des investissements et entreprises étrangères fait courir un risque économique à toute la région. L'implication de l'Érythrée – qui a affronté entre 1998 et 2000 le Front de libération du peuple tigréen (TPLF) – aux côtés du gouvernement central d'Addis-Abeba, réduit les perspectives de pacification. À l'ouest du Tigré, les Soudanais ont profité du conflit pour avancer leurs troupes dans le triangle de Fashaga. Depuis le coup d'État du général al-Burhan d'octobre 2021, les relations se sont fortement dégradées entre Khartoum et Addis-Abeba, et des violences éclatent régulièrement à la frontière disputée.

La situation politique et économique du Soudan reste préoccupante. Dans un pays en transition depuis l'éviction d'Omar el-Béchir en avril 2019, les militaires, en reprenant le pouvoir en octobre 2021, ont déclenché une contestation populaire violemment réprimée. En Somalie, l'élection d'un nouveau président en mai 2022, qui était très attendue, ne peut pourtant cacher l'ampleur des défis. Le pays a traversé une crise politique de quinze mois, qui l'a divisé sur la question fédérale tout en paralysant la lutte contre le terrorisme islamiste. Les Shebabs sont parvenus à consolider leur présence dans certaines régions et multiplient les attaques, alors que l'African Transition Mission in Somalia (ATMIS), la nouvelle force de l'Union africaine (UA), prévoit son retrait progressif d'ici 2024.

À Djibouti, la question de la succession se pose, alors qu'Ismaël Omar Guelleh, qui a entamé son cinquième et supposé dernier mandat, a été réélu en avril 2021 avec 97,44 % des voix. Le contrôle quasi exclusif du pays par son sous-clan Mamassans (composante de la tribu somalie des Issas) limite les perspectives de transition. La traque des opposants s'est intensifiée au-delà même des frontières (Somaliland). La reconfiguration géopolitique ouverte par la paix entre l'Éthiopie, l'Érythrée et la Somalie en 2018 a isolé Djibouti, allié traditionnel d'Addis-Abeba, toujours en froid avec Asmara. Au Soudan du Sud, l'accord censé clore la guerre civile (2013-2018) n'a créé qu'un « État chaotique ». Sans un accord pré-électoral sur la place que le camp perdant pourra occuper à l'issue du scrutin, les élections, repoussées en 2023, pourraient conduire à de nouveaux affrontements entre le président Kiir et le vice-président Machar.

Dénominateur commun à ces crises : la défaillance des organisations régionales, de l'UA et de l'Autorité intergouvernementale pour le développement (IGAD, selon l'acronyme anglais). Le poids politique régional de l'Éthiopie, qui accueille le siège de l'UA, et le risque de son implosion menacent des organismes multilatéraux en mal de leadership. L'inefficacité de l'IGAD, créée originellement pour lutter contre la désertification et la sécheresse à l'échelle régionale, est particulièrement préoccupante alors que la région (Somalie, Éthiopie, Kenya) subit une sécheresse historique.

Un regain d'intérêt stratégique pour les acteurs extérieurs

La Corne de l'Afrique a été un théâtre de compétition important durant la guerre froide. À la suite de la chute de l'Union soviétique (URSS) en 1991, l'intérêt des acteurs extérieurs pour la région s'est quelque peu amenuisé. Le renouveau de leur intérêt stratégique pour la Corne intervient au début des années 2000, quand les États-Unis lancent leur guerre contre le terrorisme et investissent le camp Lemonnier à Djibouti (2002), leur première et unique base permanente sur le continent africain. À la même période, deux nouveaux acteurs pénètrent dans la région, la Chine et la Turquie, sans implication militaire à ce stade.

Les littoraux de la Corne de l'Afrique sont d'une importance stratégique majeure pour la Chine : ils bordent la route eurasiatique réinvestie par Pékin à partir de 2013 dans le cadre de la Belt and Road Initiative (BRI, ou Initiative Ceinture et Route). Pékin, qui a massivement investi dans des projets d'infrastructures pour relier ses zones d'intérêt économique, est désormais le premier partenaire économique (commercial et financier) des pays de la Corne. Présente désormais dans des zones à risques, la Chine se doit donc d'assurer la sécurité de ses ressortissants et de ses infrastructures maritimes et terrestres. L'envoi d'un émissaire chinois pour la Corne, avec notamment pour mission d'organiser une conférence pour la paix, souligne les préoccupations de Pékin quant à la sécurité de la région, mais il constitue aussi un signal destiné à Washington, qui désignait au même moment son nouvel envoyé spécial.

Quant aux Turcs, c'est par la Somalie qu'ils pénètrent au sud du Sahara, misant sur une offre plus diversifiée (diplomatie, commerce, humanitaire, éducation, sécurité). L'activisme turc dans la zone bute cependant sur l'influence de l'Arabie Saoudite et des Émirats arabes unis qui voient dans les États de la Corne un réservoir humain, militaire (base arrière de la guerre au Yémen) et de denrées. Les deux pétromonarchies mènent leurs manœuvres (Soudan, Érythrée, Somaliland) dans une logique de profondeur stratégique face à leurs concurrents iranien et qatari, et s'inquiètent de voir Ankara s'installer sur les rives de la mer Rouge (Suakin, au Soudan).

Des acteurs plus traditionnels dans la région renouvellent également leur intérêt. Washington souhaite réinvestir les dossiers régionaux et intensifier ses activités antiterroristes. Au lendemain du scrutin somalien, le président Joe Biden a annoncé le retour de troupes américaines dans le pays pour y combattre le groupe djihadiste des Shebabs, affilié à Al-Qaïda. Quelques États européens ont aussi réinvesti la région, sous l'égide d'une Union européenne, guidée par des préoccupations sécuritaires, en particulier par les migrations (Processus de Khartoum). Moscou, qui multiplie les accords de coopération militaire (Soudan, Érythrée, Éthiopie), est redevenu un marchand d'armes central pour les États de la Corne. Le coup d'État militaire à Khartoum pourrait permettre au Kremlin de bénéficier de facilités navales sur les côtes de la mer Rouge, à Port-Soudan. Une telle base pourrait constituer un point d'appui pour les forces militaires russes au Moyen-Orient et en Afrique orientale, un relais pour les mercenaires de la société Wagner, et aider les activités d'extraction des compagnies russes dans la région. Le retour de la junte profite également au régime militaire égyptien, qui voit dans les militaires au pouvoir à Khartoum des alliés contre le projet du Grand barrage de la Renaissance éthiopienne (GERD) sur le Nil.

Face à la multiplication des sollicitations, les autorités de la Corne tentent de manœuvrer et d'utiliser la compétition pour servir leurs propres agendas, internes et régionaux. Djibouti, plus petit État de la région, est longtemps parvenu à tirer profit du contexte régional (piraterie, BRI, terrorisme) pour attirer des partenaires internationaux et générer la rente[1] qui permet au régime d'Ismaïl Omar Guelleh de se maintenir au pouvoir. Toutefois, la concurrence s'intensifie autour du port congestionné de Djibouti, qui voit les options somalilandaise et érythréenne se confirmer pour la société portuaire émirienne expulsée de Doraleh en 2018.

À l'est de la Corne, la Somalie et le Somaliland ont profité des demandes des acteurs concurrents du Moyen-Orient. Le soutien de Doha et Ankara au gouvernement fédéral de Mogadiscio a permis à l'ancien président Farmajo de poursuivre ses tentatives de centralisation du pouvoir, ignorant les revendications des cinq administrations régionales. En réponse, le Puntland et surtout le Somaliland ont profité des ambitions émiriennes en mer Rouge pour attirer des investissements (ports de Berbera et Bossasso) et développer des relations diplomatiques autonomes.

La chute, au Soudan, de l'islamiste Omar el-Béchir en 2019 s'est traduite par une réduction de l'influence de la Turquie et du Qatar, au profit de la pénétration des alliés égyptien, saoudien et émirien, sur lesquels la junte peut compter pour se maintenir au pouvoir, alors que le pays est privé d'autres aides extérieures.

En Éthiopie, en dépit de la concurrence accrue entre les Émirats d'un côté, et le Qatar et la Turquie de l'autre (Somalie), mais aussi des rivalités entre l'Arabie Saoudite et l'Iran, tous soutiennent Abiy Ahmed dans la guerre qu'il mène au Tigré, pour laquelle il bénéficie aussi du soutien russe et chinois aux Nations unies.

***

Dans la Corne l'Afrique, les multiples mutations se jouent à plusieurs échelles, toutes décisives. L'implication d'acteurs extérieurs, préoccupés ou attirés par les innombrables conflits de la région, n'a eu dans les faits que peu d'effet pacificateur. Le jeu des puissances n'explique pourtant pas la déstabilisation continue de la région. Le risque d'éclatement de l'Éthiopie semble constituer à ce jour le facteur le plus important, décisif, pour l'avenir de la Corne de l'Afrique. L'intégration régionale représentant la seule perspective pacificatrice, au premier chef face à l'extrême menace climatique et à ses conséquences humanitaires, communes à l'ensemble des États de la sous-région.

É. D. dos S.

Pour en savoir plus

- S. Le Gouriellec, « Éthiopie : dynamiques de la guerre civile », *Politique étrangère*, vol. 87, n° 1, Ifri, mars 2022.
- B. Novel, « Somalie, pays de toutes les convoitises », *Orient XXI*, 15 octobre 2019.
- Dossier « Red Sea Dynamics », *The Africa Report*, novembre 2020.

1. Des forces françaises, américaines, chinoises, japonaises, allemandes, italiennes et espagnoles sont déployées de manière permanente à Djibouti. Lire S. Le Gouriellec, *Djibouti. La diplomatie de géant d'un petit État*, Villeneuve d'Ascq, Presses universitaires du Septentrion, 2020.

À quoi sert l'Union africaine ?

Vingt ans après…

En succédant à l'OUA, l'Union africaine entendait suivre le modèle européen pour construire une communauté politique des États du continent. Mais l'aspiration à l'unité n'a pas permis de bousculer l'affirmation des souverainetés. Les institutions de l'UA souffrent de leur faiblesse par rapport à des États surtout obsédés par la sauvegarde de leur propre marge de manœuvre politique. L'application des principes se fait donc différenciée, au fil du poids des États et des influences régionales.

Le 9 juillet 2002 naissait officiellement à Durban, en Afrique du Sud, l'Union africaine (UA), sur les cendres de l'Organisation de l'unité africaine (OUA) créée en 1963, au lendemain des indépendances des anciennes colonies françaises et britanniques. Lors du sommet de Maputo, au Mozambique, en 2003, l'architecture de l'institution était mise en place, avec un Conseil de paix et de sécurité (CPS), un Groupe des sages, un Système continental d'alerte rapide (SCAR) et une Force africaine en attente (FAA).

L'UA a pourtant éprouvé des difficultés à traduire sa vision panafricaine en réalisations concrètes pour les 1,2 milliard d'habitants du continent, en dépit des ambitions rénovatrices impulsées notamment par Abdelaziz Bouteflika (Algérie), Abdoulaye Wade (Sénégal), Thabo Mbeki (Afrique du Sud) et Olusegun Obasanjo (Nigeria).

L'UA subit, de plus, des critiques similaires à celles qui visent l'Union européenne (UE) : elle serait trop technocratique, loin des préoccupations quotidiennes des citoyens. À titre général, le choix des commissaires ou des fonctionnaires pour l'UA fait régulièrement l'objet de rapports commandés par l'institution, qui éclairent le manque de transparence et parfois de compétence ou de légitimité, des intéressés[1].

1. PwC a notamment rendu un rapport en novembre 2020 concernant les années 2012-2018, « Project Synchrony Independent Forensic and Performance Audit of the African Union Commission », dont l'un des axes se concentrait sur les procédures d'embauche dans l'institution lors des périodes de l'ancienne commissaire Dlamini Zuma, ainsi que la première année de la Commission de Faki. Le rapport n'a jamais été rendu public. Pour une description du rapport, voir : « Union africaine : malgré des audits au vitriol, la gestion des carrières à la commission reste discrétionnaire », *Africa Intelligence*, 9 juillet 2021.

Deux décennies après sa création, l'UA a tenté à nouveau de se réformer pour devenir plus efficace, à la suite de la désignation en 2016 du président rwandais Paul Kagamé comme « champion » de la réforme. Si ce dernier a été désigné par la conférence des chefs d'État (55 membres), il a été fortement contesté par les grands contributeurs, réticents envers la méthode du chef de l'État rwandais. Et l'organisation panafricaine demeure largement prisonnière des rapports de force internes qui paralysent son action sur certaines crises et l'amènent parfois à gérer certaines autres avec partialité.

En 2022, la présidence de l'UA est entre les mains du Sénégalais Macky Sall jusqu'en février 2023 alors que le thème de l'année est : « Renforcer la résilience en nutrition et sécurité alimentaire sur le continent africain ». Dans une forme de bilan provisoire, on tente ici de dire pourquoi, en dépit de nombreuses tentatives de réformes, l'UA demeure en décalage par rapport à ses ambitions originelles et ses textes fondateurs.

Une Commission entravée

Une des principales carences de l'UA demeure le flou sur sa nature en tant qu'organisation internationale. Comme l'indique son nom, les États africains semblent prendre comme modèle l'UE. Le mimétisme s'étend au nom de certains organes (Commission de l'Union africaine) et objectifs (intégration économique, marché commun). Toutefois, la réalité de l'UA est celle d'une organisation strictement intergouvernementale, dans laquelle une majorité d'États réprouve l'émergence de toute dimension supranationale. Il en résulte une marge de manœuvre limitée pour la Commission ainsi que pour son président. Depuis la présidence de la Commission de l'ancien président malien Alpha Oumar Konaré (2003-2008), les chefs d'État sont réticents envers toute configuration où le président de la Commission pourrait se prendre pour leur *alter ego*. D'où la préférence donnée, pour les successeurs de Konaré, à des anciens ministres des Affaires étrangères : le Gabonais Jean Ping (2007-2012), la Sud-africaine Nkosazana Dlamini-Zuma (2012-2017), le Tchadien Moussa Faki Mahamat (2017-2021 ; 2021-2025). En dépit de leurs styles différents, chacun de ces présidents a pu découvrir la faiblesse de leur marge de manœuvre face à des États mal disposés vis-à-vis de toute manifestation d'indépendance du président de la Commission.

Le dernier exemple de cet état de fait est la controverse qui a entouré l'accréditation d'Israël auprès de l'UA, décidée par Moussa Faki Mahamat en juillet 2021. Bien que le processus ait été conforme à la décision de la conférence des chefs d'État de l'UA adoptée au sommet de Syrte en 2009, plusieurs chefs d'État (Afrique du Sud, Nigeria, Algérie) s'y sont fermement opposés. Les contestataires arguaient de l'insuffisance des consultations menées par le président de la Commission avant la décision. Pour régler le différend, et en sapant encore plus l'autorité du président de la Commission, la conférence de février 2022 décidait de créer une commission *ad hoc* sur le sujet avec trois des pays les plus réticents – Algérie, Afrique de Sud et Nigeria –, et trois membres favorables à l'arrivée d'Israël – Rwanda, République démocratique du Congo et Cameroun. Le Sénégal, président du conseil de l'UA en 2022, sera aussi membre du comité qui rendra un rapport à la conférence des chefs d'État en février 2023.

Cet épisode illustre l'étouffement institutionnel du président de la Commission, dans ses prérogatives elles-mêmes. Le débat s'est cristallisé lors des échanges sur la réforme des institutions de l'UA à partir de 2017. Un des objectifs du président de la Commission était d'élargir sa marge de manœuvre dans la gestion de la Commission, notamment pour l'attribution des portefeuilles de commissaires, sur le modèle de l'UE. En effet, en dépit de son titre, la tutelle qu'exerce le président de la Commission sur ses collègues est limitée. À titre d'exemple, l'administration et les finances relèvent de la vice-présidence. D'autre part, le titulaire du portefeuille stratégique Paix et sécurité (désormais : Paix et sécurité et Affaires politiques), traditionnellement un Algérien, a souvent semblé indépendant du président de la Commission.

Cette faiblesse institutionnelle du président de la Commission est toutefois à relativiser. Par exemple, le protocole établissant le CPS stipule que cet organe « exerce ses pouvoirs en conjonction avec le président de la Commission ». Ce même protocole inclut un article sur le président de la Commission, qui « peut, de sa propre initiative [...] user de ses bons offices [...] prévenir les conflits potentiels, régler les conflits en cours et promouvoir les initiatives et les efforts de consolidation de la paix et de reconstruction post-conflit ».

Sur la base de ces dispositions juridiques, on peut estimer que les difficultés des présidents de la Commission tiennent à leur conception et à leur pratique timides de leurs propres compétences. Quant aux dynamiques internes à la Commission, l'affirmation inégale de l'autorité du président sur le département Paix et sécurité – cénacle le plus opérationnel et puissant de l'UA – tient à la nationalité du responsable dudit département, souvent issu de pays comptant au nombre des principaux contributeurs (Algérie, Nigeria).

De façon générale, le président de la Commission souffre des contradictions inhérentes à la nature ambiguë de l'UA : même lorsque ses compétences sont entamées par les États membres, le président ne dispose pas de recours – à l'exemple de la Cour de justice de l'Union européenne – pour statuer sur l'interprétation des cadres juridiques de l'organisation.

La réforme, pour quoi faire ?

La réforme institutionnelle de l'UA, lancée lors du sommet de Kigali en juin 2016 et coordonnée par le président rwandais Paul Kagamé qui a pris la présidence de l'organisation en 2017, devait ouvrir une nouvelle phase pour l'Union. Toutefois, la contestation permanente de la réforme par des États prépondérants, ainsi que le flou entretenu autour de ses objectifs, a limité son impact. Dans le rapport initial, le groupe d'experts réunis par le président rwandais identifiait plusieurs défis de l'UA : « Une crise de mise en œuvre des décisions de l'UA ; la perception d'une pertinence limitée par les citoyens africains ; une organisation fragmentée avec des objectifs multiples ; une dépendance aux financements des partenaires ; la sous-performance de certains organes et institutions en raison de mandats peu clairs ou d'un sous-financement chronique ; une capacité de gestion limitée ; le manque de responsabilité pour les performances à tous les niveaux ; une division du travail peu claire entre la Commission de l'UA ; les communautés économiques régionales et autres mécanismes régionaux et les États membres ; des méthodes de travail inefficaces tant à la Commission qu'à la conférence des chefs d'État et de gouvernement. »

Pour remédier à ces carences, la réforme avançait quatre axes principaux : une concentration sur une des priorités clés d'échelle continentale (paix et sécurité, affaires politiques, intégration économique, et représentation de l'Afrique sur la scène internationale) ; un réalignement des institutions de l'UA en fonction de cette optique ; une gestion efficiente de l'Union aux niveaux politique et opérationnel ; et un financement durable par les États africains. Les principaux bailleurs du continent sont aujourd'hui ses plus grandes économies : Égypte, Algérie, Maroc, Afrique du Sud et Nigeria (chacune pour 7,25 % du total des fonds décaissés par les pays membres).

La mise en œuvre de cette réforme a connu des bonheurs divers, sur la forme comme sur le fond. Sur la forme, plusieurs États dont l'Afrique du Sud et l'Égypte ont de manière systématique exprimé leurs réserves envers un processus de réforme « adopté » dans le cadre de retraites des chefs d'État à Kigali et Addis-Abeba, sans passer par les canaux usuels de décision de l'organisation : Comité des représentants permanents (COREP), Conseil exécutif, puis conférence des chefs d'État.

Sur le fond, la pertinence de plusieurs recommandations peut être discutée. La réforme a par exemple décidé d'une réduction du nombre des sommets des chefs d'État à un seul, le sommet traditionnellement organisé chaque mois de juin étant consacré à l'adoption du budget par le Conseil exécutif ainsi qu'à la coordination entre l'UA et les communautés économiques régionales. On peut se demander si le renforcement de la coopération au sein de l'Union n'aurait pas au contraire supposé de multiplier les occasions de rencontre entre chefs d'État…

Enfin, la crise diagnostiquée sur la mise en œuvre des décisions de l'UA n'a pas débouché sur un dispositif permettant de changer radicalement les choses. Le rapport d'étape sur l'application de la réforme en 2018 concluait à l'impossibilité de mettre en place un mécanisme supranational de suivi de la mise en conformité des États avec les décisions de l'UA.

Un constat qui illustrait le principal obstacle à une réforme de fond de l'Union : la réticence de la majorité des États à limiter leurs marges de manœuvre au profit de la Commission. Les velléités de renforcement des pouvoirs du président de la Commission sur le fonctionnement de l'organe, ou même de révision des critères pour intégrer comme membre le CPS, ont ainsi progressivement disparu de l'agenda de la réforme.

L'affaiblissement de l'architecture de paix et sécurité

L'année 2021 s'est notamment caractérisée par une inconstance croissante du CPS dans la gestion des crises politiques et sécuritaires du continent. Ainsi le CPS a-t-il suspendu le Soudan, le Mali, le Burkina Faso et la Guinée, suite à des changements inconstitutionnels de gouvernement, alors que le Tchad ne l'a pas été en avril 2021 lorsque le fils du président défunt lui a succédé dans l'ignorance des dispositions constitutionnelles.

Cette inconstance résulte d'une régionalisation progressive du fonctionnement du CPS : seuls les États d'une région sont en mesure d'inscrire une crise de leur voisinage à l'agenda du Conseil et d'en façonner la décision finale. Cette régionalisation explique, par exemple, l'absence de toute session du CPS sur les changements inconstitutionnels de pouvoirs au Zimbabwe ou en Algérie, ou sur la crise dans l'aire anglophone du Cameroun. Une seule réunion s'est préoccupée de la guerre civile en Éthiopie, alors que les coups d'État en Afrique de l'Ouest débouchaient sur des suspensions systématiques des États en question, échos de l'inflexibilité sur cette question de la Communauté économique des États de l'Afrique de l'Ouest (CEDEAO) siégeant à Abuja.

En conséquence, le fonctionnement du CPS a glissé d'une logique de principes à une logique de voisinage, avec tous les risques de connivence et d'inconstance institutionnelle que cela implique. Une autre conséquence étant que le CPS se concentre sur les crises ouvertes (Soudan, Sud-Soudan, Sahel, Centrafrique, Libye) ainsi que sur des questions thématiques, délaissant les crises émergentes.

Cette régionalisation du CPS, ainsi que sa focalisation sur les crises ouvertes, s'expliquent également par la timidité des représentants des États qui y siègent, depuis une décision adoptée le 17 décembre 2015. Ce jour-là, le CPS décidait de l'envoi d'une force de l'UA au Burundi afin de prévenir un risque de génocide. Non seulement le Burundi, membre du CPS, s'opposa à cette décision, mais les chefs d'État réunis à Addis-Abeba en sommet en janvier 2016, décidèrent d'annuler cette décision. Depuis cet épisode, les représentants permanents ne souhaitent pas se retrouver en porte-à-faux avec leurs chefs d'État respectifs : d'où l'alignement étroit sur les préférences régionales.

Le dynamisme qui avait marqué les premières années du CPS, avec le déploiement de missions au Darfour et en Somalie, s'est en conséquence essoufflé, remplacé par une prudence extrême qu'on pourrait aisément assimiler à de l'attentisme. Une rapide revue des crises ouvertes sur le continent montre que l'UA est rarement moteur dans leur règlement, exception faite du cas somalien, une force de 20 000 hommes, composée de troupes des pays voisins, étant déployée dans le pays.

Parallèlement à ces tendances de fond, l'architecture de paix et sécurité fait face à une réelle crise normative. L'annulation de la décision du Conseil sur le Burundi, les fluctuants consensus sur les ruptures constitutionnelles intervenues ici ou là ont considérablement érodé l'autorité de l'UA et de ses organes dans la gestion des crises politiques et sécuritaires.

Alors qu'une cause majeure des conflits apparaît être le déficit de gouvernance, l'UA est impuissante à aborder cette question avec les États. Ces derniers entendent limiter les interventions de l'Union au déploiement de missions d'observation électorale, et arguent du « respect de la souveraineté et de l'intégrité territoriale des États membres » pour rejeter toute intervention élargie de la Commission dans ce domaine. La création en 2013 d'une Architecture africaine de gouvernance n'a nullement permis de renforcer les compétences de la Commission et des différents organes qui lui sont affiliés dans ce domaine. Le risque est désormais réel que la fusion entre les départements Paix et sécurité et Affaires politiques n'entraîne une focalisation exclusive sur les crises sécuritaires, au détriment des problématiques de gouvernance.

***

Vingt ans après sa création, l'UA, en dépit des progrès réalisés par rapport à l'OUA, continue de faire face à un défi majeur : l'écart entre ses ambitions, ses textes juridiques d'une part, et son fonctionnement quotidien, ses réalisations, d'autre part. Une majorité des chefs d'État, jaloux de leurs prérogatives, demeurent fort peu enclins à renforcer les compétences de la Commission, ou à y promouvoir des dirigeants ayant une conception audacieuse de leurs fonctions.

Des avancées peuvent certes être relevées : avec notamment, dans le domaine de l'intégration économique, la création d'une Zone de libre-échange continentale africaine (ZLECAF) ; avec l'adoption d'un protocole de libre circulation des personnes en 2018 ; et avec le rôle prépondérant du Centre épidémiologique africain dans la gestion de la pandémie de Covid-19.

La soutenabilité de telles réalisations est toutefois hypothéquée par l'absence, chez les chefs d'État, de conceptions ambitieuses pour l'UA. L'influence au sein de l'organisation panafricaine semble aujourd'hui se mesurer à l'aune des stratégies déployées pour éviter le débat sur les questions sensibles, plutôt qu'aux tentatives de renforcement de ses différents organes dans l'espoir d'apporter des réponses aux problèmes des citoyens du continent.

B. A et F. D.

Pour en savoir plus

- B. Augé et F. Djilo, « Nouvelle Commission de l'Union africaine (2021-2025). Défis et enjeux après la réforme initiée par Paul Kagamé », *Briefings de l'Ifri*, Ifri, 21 décembre 2021.
- P. Kagamé, « The Imperative to Strengthen our Union – Report of the Proposed Recommendations for the Institutional Reform of the African Union », Union africaine, 29 janvier 2017.
- « Progress Report on the Implementation of Decision, Assembly/AU/Dec.635 (XXVIII) on the African Union (AU) Institutional Reform », Union africaine, janvier 2018. Le rapport évoque à la page 40 la « crise de la mise en œuvre » des décisions de l'UA.

Comprendre les engagements russes en Afrique

Vers une Afrique post-occidentale ?

La Russie réinvestit l'Afrique, ranimant la mémoire des engagements de l'URSS. Le réengagement est d'abord économique, puis très vite stratégique : il s'agit de briser l'isolement russe et d'éliminer la présence occidentale, par tous les moyens : accords de sécurité, groupe Wagner, moyens de propagande...

Il est encore difficile de trancher entre l'approche opportuniste et le grand dessein stratégique de la Russie en Afrique. Dans les faits, on ne peut que constater l'accroissement progressif de l'empreinte russe au travers d'un activisme diplomatique tous azimuts depuis le troisième mandat de Vladimir Poutine en 2012. Outre les « bruits de bottes » de la société militaire privée (SMP) Wagner et l'occupation de l'infosphère africaine par des fermes à trolls visant à saper les positions occidentales, on peut observer des navettes régulières de consultants et hommes d'affaires, y compris dans des espaces où la Russie reste en position d'*outsider* comme le Sénégal. La guerre en Ukraine a mis en évidence le levier céréalier dont dispose Moscou face à une vingtaine d'États africains, contraignant la Banque africaine de développement à lever un fonds dédié pour diversifier les sources d'approvisionnement[1].

Les contours de l'engagement russe en Afrique ont été précisés par Vladimir Poutine, lors du forum Russie-Afrique de Sotchi en 2019 :

> « La Russie et l'Afrique sont liées par des liens traditionnellement amicaux. Notre pays a constamment soutenu les mouvements de libération nationale des peuples d'Afrique, nous avons apporté une contribution significative à la formation de jeunes États et au développement de leurs économies, ainsi qu'à la constitution de forces armées prêtes au combat. »

Vladimir Poutine survend ainsi le soutien de l'Union des républiques socialistes soviétiques (URSS) aux mouvements de libération nationale, pour apparaître comme celui qui accompagne les États africains indépendants dans leur émancipation politique et dans la construction d'un ordre multipolaire, libéré de la domination américaine.

1. M. Songne, « BAD : un plan à 1 milliard de dollars pour se passer du blé russe », *Jeune Afrique*, 18 mars 2022.

La dimension géopolitique est ici essentielle, mais elle ne fonctionne que parce que l'Afrique devient un marché à conquérir pour les entreprises russes. En termes opérationnels, cela se traduit par deux tendances. D'une part occuper les espaces sous influence occidentale en vue de les fragiliser – quitte à générer des États faillis (scénario malien) – pour apparaître comme un fournisseur de sécurité. D'autre part exploiter les faiblesses, susciter le doute et placer les entreprises russes partout où cela est possible. C'est là grosso modo le plan d'action de Wagner, qui s'engouffre dans les États déstabilisés ou en voie de l'être, pour vendre de la sécurité et ouvrir aux groupes russes la porte de nouveaux clients.

De l'absence au réengagement économique

La trajectoire russe en Afrique illustre parfaitement les propos de Vladimir Poutine. Tout commence par une absence. La Russie ne fait pas partie des puissances coloniales qui se partagent le continent au début du XXe siècle à l'exception de l'Éthiopie, seul État à avoir toujours conservé son indépendance. La grande vague de la décolonisation, sur fond de guerre froide, entre 1956 et 1990, permet à l'URSS d'investir le continent africain et de positionner l'Afrique au cœur des intérêts de sa politique extérieure. Il s'agit pour Moscou de soutenir les luttes anticoloniales et de signer des accords de sécurité avec un maximum d'États africains pour renforcer l'aile communiste de l'Organisation des Nations unies (ONU), vendre de l'armement, et transmettre le mythe du réveil de tous les prolétariats contre l'impérialisme américain. Le pouvoir soviétique développe une rhétorique de la culpabilité occidentale, particulièrement orientée contre les puissances coloniales européennes. Un discours largement repris par le ministre russe des Affaires étrangères Sergueï Lavrov, qui rappelait, lors de sa tournée africaine de 2018, que contrairement à l'Europe la Russie n'avait jamais participé à l'esclavage et encore moins à la colonisation.

L'effondrement de l'URSS ouvre une nouvelle absence. C'est l'effacement diplomatique de la « nouvelle Russie », avec la fermeture de plusieurs ambassades, à l'exception des postes culturels qui maintiennent leurs canaux de coopération académique et scientifique, notamment par le biais de l'Institut des études africaines de l'Académie des sciences. L'Afrique n'est pas abandonnée, mais la pause décennale (1991-2001) plonge le continent dans un angle mort du Kremlin, qui au mieux le voit comme un appendice des puissances européennes, au pire le néglige.

Les premiers signes du réengagement de la Russie en Afrique sont économiques. En 2004, Vladimir Poutine donne carte blanche au président des Chambres de commerce, Evgueny Primakov, pour mobiliser les entreprises russes en s'appuyant sur une politique systématique d'annulation et de compensation de la dette soviétique. Le complexe militaro-industriel, locomotive du réengagement, est le premier à en bénéficier.

Le réengagement diplomatique à l'aune de la guerre russo-ukrainienne

Sur le plan diplomatique, on s'interrogera sur la correspondance chronologique entre l'ascension aux extrêmes russo-ukrainienne et la reconnexion russo-africaine. Ce n'est ainsi qu'après l'annexion de la Crimée en 2014, que l'activisme diplomatique qu'incarne l'envoyé spécial de Vladimir Poutine pour l'Afrique, Mikhaïl Bogdanov, s'intensifie. Aujourd'hui vice-ministre des Affaires étrangères, il est la cheville ouvrière du sommet Russie-Afrique prévu pour l'automne 2022 à Saint-Pétersbourg, qui se veut être la répétition améliorée du précédent forum de Sotchi en 2019[2].

Les conséquences de cet activisme ont certainement été sous-estimées jusqu'en 2017 : la Russie surprend alors en signant un accord militaire avec la République centrafricaine (RCA) pour livrer des armes et former un bataillon de 1 300 soldats des Forces armées centrafricaines, en dépit de l'embargo onusien alors en vigueur. Approuvé par le Conseil de sécurité des Nations unies, l'accord profite du vide juridique ouvert par la fin de l'opération française Sangaris. Ce premier coup diplomatique est soutenu par une communication disruptive anti-française : le grand retour de la Russie en Afrique est acté, et de nombreux récits sur les ambitions russes en Afrique l'accompagnent. Le deuxième coup diplomatique intervient trois ans plus tard, en 2020 au Mali, où Wagner signe un accord de sécurité avec la junte au pouvoir, lui garantissant une protection armée. Il s'agit encore de briser l'influence de la France au profit de la Russie, qui a toujours voulu être un acteur du jeu sahélien aux côtés de son allié algérien.

Avec le recul, il est difficile de croire ces « coups » purement opportunistes et seulement dirigés contre la France. Ils semblent procéder d'une même préoccupation visant à anticiper une mise en quarantaine économico-diplomatique de la Russie. En 2014, la Russie a été sanctionnée par les États-Unis et par l'Union européenne pour l'annexion de la Crimée. Et si l'on en croit les nombreuses déclarations de l'opposant russe Boris Nemtsov cette même année, cette annexion n'aurait été que la répétition d'une opération de plus grande envergure visant le Donbass et l'ensemble des zones russophones de l'Ukraine[3]. L'Afrique devenait alors un espace idéal pour limiter l'isolement que la Russie allait subir en mettant à exécution son plan ukrainien le 24 février 2022.

À cet égard, la feuille de route des missions diplomatiques russes en Afrique suit trois axes : l'influence, le militaire et l'économie. Les exemples sénégalais, centrafricain et malien sont parfaitement en ligne. Dmitry Kourakov, l'ambassadeur de Russie au Sénégal, se positionne en pourfendeur de l'arrogance européenne et en VRP du business, tout en consolidant la coopération culturelle, paravent historique des services secrets russes. Le Sénégal figure parmi les priorités de Moscou, notamment en raison du nouveau site de la « Grande Tortue Ahmeyim » – nom donné aux blocs d'exploration communs avec la Mauritanie qui, à l'horizon 2026-2027, pourraient produire annuellement 10 millions de tonnes de gaz naturel liquéfié (GNL)[4]. En RCA, Alexandre Bikantov est l'ancien adjoint de la responsable de l'information et des relations presse du ministère russe des Affaires étrangères Maria Zakharova, et à ce titre, un expert de l'influence. Il s'appuie sur Wagner pour faire du « culturel » à l'exemple de l'inauguration d'un monument

2. B. Vitkine, « À Sotchi, la Russie se pose en défenseure des souverainetés africaines », *Le Monde*, 24 octobre 2019.
3. O. Boldyrev, « Nemtsov Report Exposes Russia's Human Cost in Ukraine », BBC, 12 mai 2015.
4. D. V. Kourakov, « L'année 2022 est très importante pour nos relations bilatérales », *Dakaractu*, 10 mars 2022.

« en mémoire des soldats centrafricains et russes morts pour la libération de la RCA », le 1er décembre 2022 (fête de l'Indépendance). Igor Gromyko, ambassadeur russe pour le Mali et le Niger, est le point de contact visible de la junte avec le Kremlin et sert de facilitateur pour les entreprises afin de prendre des marchés.

Dans leur déploiement, les missions russes sont accompagnées par des structures comme Wagner, qui opèrent avec les représentations diplomatiques. Ces entités de droit privé sont aussi la nouvelle marque de fabrique d'une Russie qui se veut être un producteur de sécurité, au travers d'accords de coopération militaire censés garantir l'État client contre le risque d'un coup d'État ou d'une révolution de couleur.

En général, ces accords sont assortis de contrats de conseil avec la société Concord, propriété de l'homme d'affaires Evgueni Prigojine, actionnaire de Wagner et de plusieurs usines à trolls, et réputé comme œuvrant dans le premier cercle de Vladimir Poutine. Ces accords sont conçus comme des paquets juridiques englobant des services multiples. Plusieurs États ont souscrit en 2022 de tels contrats, comme Madagascar ou le Cameroun, qui ont ainsi rejoint d'autres clients : l'Angola, le Mali, le Nigeria, le Rwanda, la Guinée équatoriale, l'Éthiopie, Madagascar, le Mozambique et la Zambie.

***

L'engagement russe en Afrique semble faire écho à l'assèchement de la relation russo-occidentale. Il répond ainsi à une géopolitique eurasiste[5], qui projette l'image d'un monde idéalement multipolaire réparti entre plusieurs *heartlands*, l'Afrique ayant pour vocation de devenir un « *heartland* du Sud », soi-disant libéré de toute influence occidentale.

Cette approche explique l'abandon de la vision d'une Afrique à deux vitesses (la partie utile étant en Afrique du Nord et la partie inutile dans l'espace subsaharien) au profit d'une approche panafricaine, plus en ligne avec les intérêts immédiats de la Russie. Le sommet Russie-Afrique de Saint-Pétersbourg à l'automne 2022 devrait pouvoir confirmer le rôle que la Russie entend se donner sur le continent : constituer la seule alternative légitime aux anciennes puissances coloniales et à l'Occident. Quant à la Chine et à ses réseaux d'influence concurrents, le combat semble perdu d'avance : elle détient 19,6 % des parts de marché en Afrique contre 2,4 % pour la Russie…

A. K.

Pour en savoir plus

- M. Audinet, « Le lion, l'ours et les hyènes », *Étude de l'IRSEM*, n° 83, juillet 2021.
- A. Kalika, « Le "grand retour" de la Russie en Afrique », *Russie.NEI.Visions*, n° 114, Ifri, avril 2019.
- S. Sukhankin, « Sociétés militaires privées russes en Afrique subsaharienne », *Russie.NEI.Visions*, n° 120, Ifri, septembre 2020.

5. M. Laruelle, *L'Idéologie eurasiste russe ou comment penser l'empire*, Paris, L'Harmattan, 1999.

La Turquie en Afrique

Un succès diplomatique de 20 ans d'AKP

Investissement économique et affirmation diplomatique, l'action turque en Afrique subsaharienne est devenue un axe majeur de la manœuvre extérieure d'Ankara. Elle s'adjoint désormais une présence sécuritaire plus visible. Au seuil d'une année politique importante, son activisme africain peut être revendiqué comme un succès par l'AKP.

Depuis son arrivée au pouvoir, le Parti de la justice et du développement (AKP) a multiplié les initiatives à l'égard de l'Afrique subsaharienne (ASS). Le voyage présidentiel en République démocratique du Congo (RDC) et au Sénégal de février 2022, écourté par le déclenchement de la guerre en Ukraine, intervenait moins de six mois après la visite précédente sur le continent (Angola, Togo et Nigeria) et à peine deux mois après le 3e sommet Afrique-Turquie organisé à Istanbul en décembre 2021. Au Forum diplomatique d'Antalya, en mars 2022, pas moins de 18 rencontres bilatérales ont eu lieu entre Recep Tayyip Erdoğan, ou son ministre des Affaires étrangères, et les délégations africaines présentes. Un marathon diplomatique représentatif de l'activisme turc en ASS.

Limitées à l'Afrique du Nord pendant la période ottomane, inexistantes à la naissance de la République, puis orientées par les dynamiques de la guerre froide, les relations d'Ankara avec l'ASS regagnent de l'intérêt dans les années 1970 pour une Turquie en quête de soutiens diplomatiques. En dépit d'un faux départ en 1998, l'AKP relance en 2003 le « plan d'action pour une ouverture à l'Afrique ». Les acteurs turcs profitent alors de la recherche de diversification des partenaires des États africains, mais aussi de l'instabilité des transitions politiques et de la dégradation des situations humanitaires pour s'implanter au sud du Sahara. En Afrique de l'Ouest ou vers le cône austral, la démarche turque se distingue par la diversité d'une offre à la fois diplomatique, économique, humanitaire, et plus récemment sécuritaire. Sa percée rapide intrigue, voire inquiète certains concurrents, au premier rang desquels la France, bousculée au Sahel.

Lancée il y a vingt ans pour répondre à des objectifs avant tout économiques, la politique africaine constitue désormais une vitrine des capacités de la Turquie et un efficace levier diplomatique. Son bilan pourrait se révéler bénéfique à l'AKP, à quelques mois de scrutins décisifs (présidentiel et législatif) pour l'avenir du parti.

Un terrain opérationnel pour la diplomatie de l'AKP

Pourquoi l'Afrique ? L'ouverture au continent s'inscrit dans une diplomatie de puissance émergente, qui vise à diversifier ses partenariats économiques, à autonomiser ses relations diplomatiques et à faire reconnaître son statut international, d'où une politique étrangère proactive et multidirectionnelle, avec l'implication renforcée d'acteurs non gouvernementaux. L'ASS s'est révélée un espace idéal pour la mise en œuvre d'une telle approche.

Les 49 pays d'ASS constituent autant de marchés pour l'économie turque à la recherche de nouveaux partenaires. La libéralisation du pays dans les années 1980 a conduit à une diversification de l'espace politique et à l'affirmation d'une classe moyenne musulmane. Des organisations entrepreneuriales et des organisations non gouvernementales (ONG) conservatrices, proches de l'idéologie de l'AKP ont dès lors pu jouer un rôle dans le renouvellement de la politique étrangère, jadis chasse gardée du pouvoir militaire. L'activisme diplomatique actuel bénéficie ainsi de relations plus anciennes avec des partenaires africains, tissées par des organisations de la société civile. L'installation du mouvement de Fetullah Gülen (Hizmet) et l'établissement d'un réseau d'écoles réputées dès le milieu des années 1990 ont jeté les fondements de la présence turque actuelle en Afrique. Ce réseau a ouvert la voie aux entreprises, dont certaines appartiennent à sa mouvance (TÜKSON). Les entrepreneurs conservateurs (les « tigres anatoliens ») constituent une clientèle centrale pour l'AKP, qui s'est attelé à trouver des débouchés pour les petites et moyennes entreprises anatoliennes, moins connectées aux marchés européens.

De grands groupes turcs sont désormais actifs sur tout le continent. Karpowership fournit de l'électricité à huit pays d'ASS – notamment 100 % de l'électricité de Guinée-Bissau. La filiale Çalik, dirigée par le milliardaire Ahmet Çalik, proche d'Erdoğan, développe désormais ses activités dans les sous-sols de la RDC. Le groupe Summa, qui a construit et gère avec le groupe Limak l'aéroport Blaise-Diagne de Dakar, se lance dans l'exploitation aurifère au Niger.

Acteur désormais incontournable, Ankara joue de la spécificité de son modèle, qu'elle propose comme une alternative à la conditionnalité de l'aide occidentale. Par son approche multidimensionnelle et son appareil multi-acteurs (agences gouvernementales, ONG, entreprises, agences de presse), la Turquie se démarque de l'asymétrie des partenariats avec la Chine et du tout *hard power* russe. La méthode turque emprunte également des éléments au modèle occidental, en s'impliquant dans le *peacebuilding*. Elle s'approprie enfin la dimension religieuse, propre à l'activisme des acteurs du Golfe, qu'elle promeut par sa diplomatie humanitaire et éducative, et omniprésente dans le discours de l'AKP.

Valorisant l'héritage ottoman et les connexions musulmanes, l'AKP façonne un discours qui met en valeur une histoire culturelle commune plus qu'un passé impérial. L'ASS est ainsi un espace où se teste le récit identitaire de la Turquie moderne : l'AKP y diffuse un narratif anticolonialiste pour se démarquer de ses rivaux occidentaux, et une image de leader du monde sunnite qui irrite son concurrent saoudien.

Une vitrine de la puissance turque

La Somalie a été le laboratoire de la diplomatie multidimensionnelle que la Turquie souhaite exporter partout sur le continent. Son intervention de 2011, alors que la Somalie, en guerre civile depuis 1991, traversait la pire famine de son histoire, a constitué un tournant dans la politique africaine de la Turquie. Ankara s'est appuyé sur un réseau d'ONG islamiques (Humanitarian Relief Foundation, Hizmet) installées dans le pays depuis les années 1990 pour renouer diplomatiquement avec l'État paria, et développer une diplomatie humanitaire affichant les valeurs islamiques et incarnée par la figure de la Première dame Emine Erdoğan. Dès novembre 2011, une ambassade turque était ouverte et une ligne aérienne connectait Mogadiscio et Istanbul *via* Khartoum dès mars 2012. La Turquie a ensuite poursuivi son implication comme médiateur, puis acteur du développement. C'est en Somalie qu'Ankara a entrepris ses premières manœuvres en matière de sécurité, en ouvrant une base à Mogadiscio (2017) où les militaires somaliens sont formés à la lutte contre les terroristes d'Al Shebab.

Depuis, les acteurs turcs font du continent une vitrine pour les multiples outils de *soft* et, plus récemment, de *hard power* du pays. Le réseau diplomatique turc, le plus dense du continent, compte 43 ambassades et se superpose à la toile aérienne de la Turkish Airlines qui dessert, depuis la Turquie, 61 destinations africaines. Les entreprises turques s'implantent dans les secteurs du BTP, de l'énergie, du textile, de la santé, de la défense… Entre 2003 et 2020, les échanges commerciaux avec l'Afrique sont passés de 5,1 milliards à 29,45 milliards de dollars. Chaque visite officielle d'Erdoğan est accompagnée d'un aréopage de patrons en quête de marchés, mais aussi de personnalités proches du parti comme Selim Bora, patron de Summa, bien connu des milieux politiques et d'affaires du continent, ou Sinan Aran, directeur du groupe hospitalier Florence Nightingale. L'Agence turque de coopération et de coordination (TIKA), bras armé du *soft power* turc, dispose quant à elle de 22 bureaux en Afrique et chapeaute notamment l'incontournable diplomatie sanitaire (construction d'hôpitaux, formation, tourisme médical).

Enfin, les récents développements de la diplomatie turque en matière de sécurité, priorité du programme de coopération des cinq années à venir signé lors du sommet Afrique-Turquie de 2021, peuvent inquiéter, de Riyad à Paris. L'importance de la demande en drones (Maroc, Tunisie, Libye, Éthiopie, Nigeria, Niger) et en véhicules blindés annonce une progression de ventes pour l'industrie de défense turque, dont le sous-secrétariat est placé sous contrôle présidentiel direct depuis 2017.

Une diplomatie africaine au service d'autres dossiers

Alors qu'Ankara traversait une période de « déshabilitation » de la part de ses partenaires traditionnels – embourbement du processus d'adhésion à l'Union européenne, mauvaise presse liée à l'intervention turque en Syrie et en Libye, activisme en Méditerranée orientale, difficultés dans l'Organisation du traité de l'Atlantique nord (OTAN) –, sa brouille avec l'Égypte, l'Arabie Saoudite et les Émirats arabes unis, du fait de son alignement avec le Qatar sous embargo (2017-2021), a encore creusé son isolement régional. La percée diplomatique en ASS a pourtant résisté aux revers de l'AKP dans d'autres espaces et a permis à un parti en perte de crédibilité de démontrer une certaine agilité.

L'AKP use désormais du terrain africain pour s'opposer à certains rivaux occidentaux comme la France. Après la détérioration de 2020, le récent réchauffement des relations bilatérales pourrait ouvrir la voie à de nouvelles coopérations, notamment au Sahel. Les Occidentaux pourraient ainsi bénéficier de la bonne réputation de la Turquie, de son implication dans la lutte contre le terrorisme et face aux progrès russes (groupe Wagner). L'influence d'Ankara concurrence également les pétromonarchies du Golfe, notamment dans la Corne de l'Afrique, où l'Arabie Saoudite et les Émirats arabes unis tentent de sécuriser des positions stratégiques autour de la mer Rouge. Sa capacité à se placer comme pourvoyeur de paix en 2011 en Somalie a permis à l'AKP de se ressaisir au moment même où sa stratégie était mise en échec par les révolutions arabes.

En 2016, la tentative de coup d'État attribuée au prédicateur Gülen sert de prétexte à la reconquête de ses réseaux en Afrique, dernier bastion de fidèles du mouvement devenus embarrassants. L'AKP, qui affirme lutter contre une « organisation terroriste », use de ses leviers diplomatiques pour éradiquer l'influence du mouvement. En Éthiopie, partenaire économique primordial pour la Turquie, la fondation gouvernementale Maarif, établie au lendemain de la tentative du coup d'État pour récupérer l'autorité sur les écoles, s'est imposée en échange de la fourniture de matériel militaire (drones) utile au Premier ministre Abiy Ahmed dans la guerre qu'il mène au Tigré.

Les retombées de cet activisme peuvent aussi s'observer en Turquie. Le succès de l'offre d'armement turc concourt à réaliser l'objectif d'Erdoğan de faire entrer la Turquie dans le club des dix premiers exportateurs d'armement en 2023. Depuis l'introduction de programmes de bourses en 2012, le nombre d'étudiants subsahariens dans les universités turques a bondi : un investissement important pour l'avenir des relations entre la Turquie et l'ASS. Enfin, la Turquie est devenue la nouvelle destination médicale des élites subsahariennes qui contribuent aux objectifs du plan « Vision 2023 » lancé par le parti en 2011.

***

L'année 2023 sera décisive pour l'avenir politique de l'AKP et de son leader. Alors que le pays traverse une grave crise économique et s'inquiète des développements de la guerre qui se déroule sur l'autre rive de la mer Noire, les succès de politique étrangère pourraient être utiles au discours du président à l'approche des élections. Le centenaire de la République, cette même année, constituera un moment idéal pour dresser le bilan de l'hyper-activisme diplomatique du parti. Les gains multisectoriels sur le théâtre africain pourraient être instrumentalisés pour démontrer l'efficience de la politique de l'AKP pour ouvrir les opportunités économiques et valoriser le statut de la Turquie sur la scène internationale.

É. D. dos S.

Pour en savoir plus

- H. Armstrong, « La Turquie au Sahel », International Crisis Group, juillet 2021.
- F. Donelli, *Turkey in Africa: Turkey's Strategic Involvement in Sub-Saharan Africa*, Londres, Bloomsbury, 2021.
- J. Jabbour, « La Turquie : une puissance émergente qui n'a pas les moyens de ses ambitions », *Politique étrangère*, vol. 85, n° 4, Ifri, décembre 2020.

Partie 3

Le monde en questions

- » Russie/NEI 196
- » Europe 212
- » Amériques 224
- » Asie 240
- » Moyen-Orient 264
- » Énergie/Climat 284
- » Migrations 292
- » Économie 300
- » Santé 308
- » Sport 312

La Russie dans la guerre

vidéo

http://dunod.link/mblzavi

Un choc aux multiples conséquences

La guerre d'Ukraine est un bouleversement lourd pour Moscou. Son économie semble résiliente, mais les sanctions occidentales n'ont pas encore atteint leur plein effet. Le régime a gardé ses soutiens mais une guerre longue pourrait les affaiblir. La Russie n'est pas isolée internationalement, mais nulle architecture de sécurité n'est désormais négociable avec elle en Europe.

Le 24 février 2022, la Russie déclenchait son offensive sur l'Ukraine. Cette guerre est l'une des conséquences directes de l'évolution du système autoritaire de Vladimir Poutine. La solitude du leader vieillissant, l'emprise des *siloviki* (agents des structures militaires et de renseignement) sur la vie politique, l'éviction du champ politique de toute opposition, et le contrôle des médias et du Parlement par le Kremlin ont fait qu'aucune force intérieure ne pouvait prévenir – ou s'opposer à – cette prise de décision désastreuse, y compris pour les intérêts de long terme de la Russie.

La résistance farouche des Ukrainiens et l'aide de l'Occident qui leur livre massivement des armes ont obligé Vladimir Poutine à réviser à la baisse ses objectifs de guerre en se concentrant sur le Donbass et certaines régions du sud du pays, comme Kherson et une partie de Zaporojié. Les dynamiques militaires sur le terrain, en évolution rapide, ne permettent pas pour l'heure d'envisager de véritables pourparlers, et encore moins une véritable issue du conflit.

Les vrais objectifs stratégiques de Poutine ont été dévoilés dans les premiers jours de la guerre avec l'attaque contre Kiev : la fin de la souveraineté de l'Ukraine et le retour de cette dernière dans le giron de Moscou. Mais de toute évidence la guerre sera durable, avec des séquences de baisse et de reprise des tensions, de négociations et de regain des combats : une guerre d'usure où chacun vise l'épuisement de l'adversaire. L'économie ukrainienne est saignée à blanc : certains pronostics évaluent les pertes à hauteur de 50 % de son produit intérieur brut (PIB). Quant à la Russie, après un premier choc, son économie paraît résister aux sanctions, alors qu'une grande partie de la population et des élites semble soutenir l'« opération militaire spéciale ». Les conséquences de long terme pour le système Poutine sont pourtant difficilement calculables.

La résilience économique en question

Aucun pays n'a jamais été aussi lourdement sanctionné : le cas russe est sans précédent. Les propos de certains responsables occidentaux laissent entendre que les sanctions doivent mettre à genoux l'économie russe. C'est en effet comme une véritable guerre économique que les Russes perçoivent les sanctions occidentales, dont la vraie limite semble être la dépendance vis-à-vis du pétrole et du gaz russes, et la crainte d'une déstabilisation économique et sociale des pays européens. C'est ce qu'ont montré les difficultés qu'a eues l'Union européenne (UE) à s'entendre sur un sixième train de sanctions comprenant un embargo sur les livraisons de pétrole russe par voie maritime. Les chancelleries occidentales ne semblent pourtant plus penser que les sanctions pourraient infléchir le comportement de Vladimir Poutine ou aboutir à un changement de régime à Moscou. Leur objectif est de ne pas laisser impunie l'agression russe contre un État souverain et de contraindre autant qu'il est possible le financement de la guerre de la Russie dans la durée.

Pour l'heure, l'économie russe fait preuve de résilience. Après une forte chute, le cours du rouble, première victime des sanctions, s'est stabilisé grâce à l'excédent commercial et aux restrictions sur les opérations en devises imposées par la Banque centrale. La Russie s'était préparée aux sanctions depuis 2014, que ce soit par la substitution aux importations dans le secteur agroalimentaire ou par la création d'un système national de transferts financiers, lequel a assuré la continuité des transactions à l'intérieur du pays après que le système SWIFT eut été coupé pour plusieurs banques. La flambée des prix des hydrocarbures implique que leurs exportations continuent à rapporter des recettes considérables au budget russe, même si les ventes se négocient avec d'importantes remises, par exemple sur le marché indien. Dans le contexte des sanctions, le rôle de la Chine est crucial pour la Russie : Moscou devient beaucoup plus dépendant de Pékin qu'auparavant, même si la Chine ne se précipite guère pour remplacer les Occidentaux, ses compagnies craignant le caractère extraterritorial des sanctions américaines. Quant aux compagnies occidentales, nombre d'entre elles ont quitté la Russie, parfois sans être directement concernées par les sanctions.

Les Russes ressentent la crise avant tout à travers une inflation importante : + 17,4 % depuis le début de l'année. Certains secteurs sont déjà lourdement touchés. Ainsi la vente des automobiles – souvent la première touchée dans les crises – accuse-t-elle une chute de 83,5 % en mai. L'aéronautique est un autre secteur en difficulté : en avril 2022, la compagnie nationale Aeroflot a transporté 35 % de voyageurs de moins qu'un an auparavant. Une partie du parc aérien des compagnies russes devrait être utilisée pour les pièces détachées que l'Occident refuse désormais de fournir. La dépendance de la Russie, très intégrée à l'économie mondiale, à l'égard des équipements, pièces et technologies occidentaux risque de mettre en péril plusieurs secteurs. « Nous ne réalisons pas encore pleinement ce qui est en train de se passer », déclarait début juin Alexeï Mordachov, magnat de l'acier russe dont la compagnie a été coupée des fournisseurs de logiciels et d'équipements occidentaux. Dans ses prévisions de juin, la Banque centrale russe prévoit une chute de 7,5 % du PIB pour l'année en cours, alors que l'UE laisse planer le spectre d'un septième paquet de sanctions qui pourrait concerner les livraisons du gaz russe, auxquelles certains pays européens comme la Pologne ou la Bulgarie ont déjà renoncé.

Élites et société : soutien jusqu'où ?

La guerre a donné une nouvelle ampleur aux tendances déjà bien réelles du régime autoritaire de Vladimir Poutine, le poussant sur une pente totalitaire, notamment en matière d'endoctrinement renforcé à l'école. Les protestations ou pétitions signées contre la guerre aux premiers jours du déclenchement de l'offensive se sont étiolées depuis l'adoption, début mars, d'une loi pénalisant sévèrement la propagation de « *fake news* » sur l'action de l'armée russe et interdisant même de parler de guerre : il ne s'agirait que d'une « opération militaire spéciale »... Les derniers médias indépendants ont été fermés. Des dizaines de milliers de personnes ont émigré depuis le début de la guerre, dont beaucoup de journalistes : les uns ouvrent des rédactions en exil (comme *Novaïa Gazeta* ou la chaîne de télévision indépendante Dojd), d'autres continuent à exister essentiellement *via* YouTube (comme la radio Écho de Moscou), pour l'heure encore accessible en Russie.

Abreuvée de propagande, menacée de répression, privée de leaders d'opposition (même en prison, l'opposant Alexeï Navalny ne cesse d'être l'objet de poursuites nouvelles pouvant allonger la durée de sa peine), la population russe est peu susceptible de se mobiliser dans l'immédiat. Les sondages indiquaient au début un soutien affiché à l'opération militaire, même chez ceux qui n'étaient pas de fervents partisans de Vladimir Poutine. Le discours sur le nazisme ukrainien, sur le « génocide » dans le Donbass, sur l'avancée inexorable de l'Organisation du traité de l'Atlantique nord (OTAN) et la menace occidentale semblait trouver preneur. Les sanctions, y compris celles contre les sportifs et les artistes, confirment aux yeux des Russes l'hostilité de l'Occident. Une certaine fatigue émotionnelle commence pourtant à percer : les Russes suivent les événements d'Ukraine avec moins d'attention, et il est possible que la durée de la guerre et la dégradation des conditions économiques et sociales, alors même qu'un effort considérable devra être consenti pour la reconstruction du Donbass, réduisent le soutien à Poutine, sans forcément se traduire par la recherche d'une démocratisation et d'un nouveau rapprochement avec l'Occident.

Quant aux élites, leur état d'esprit a aussi connu quelque flottement depuis le début de la guerre. Le premier choc a laissé place au soutien et à l'adaptation aux nouvelles conditions, avant de générer une grogne sourde du fait de l'enlisement de l'opération. Elles ont beaucoup à perdre des sanctions : les conditions de vie se sont dégradées, les possibilités de s'enrichir se sont réduites. Le spectre des répressions plane sur de futurs boucs émissaires. Des mouvements peu lisibles de l'extérieur s'ébauchent dans les élites : les disparitions et réapparitions de généraux et hauts responsables des services de renseignements – à commencer par le ministre de la Défense Sergueï Choïgou et le chef d'état-major Valeri Guerassimov, ce dernier n'ayant pas pris part aux célébrations du Jour de la Victoire le 9 mai –, suscitent de multiples rumeurs. Combinées aux bruits sur la possible maladie de Poutine, elles font planer quelque doute sur la cohérence de la gestion de l'opération militaire. Quant aux élites économiques, elles subissent autant de pertes personnelles que de reculs d'actifs de leurs entreprises : l'investissement de longue durée dans la relation avec l'Occident ne leur a pas été d'un grand secours.

Le pouvoir de Vladimir Poutine n'est sans doute pas menacé à court terme. Mais, selon le déroulement et l'issue de l'opération, sa réélection en 2024 pour un cinquième mandat pourrait s'avérer source de désaccords entre les groupes d'influence et les pousser à chercher un successeur susceptible de recueillir le consensus nécessaire à la gestion de la transition.

La Russie est-elle isolée ?

Dans cette crise, la Russie est moins isolée qu'il n'y paraît. La résolution du 2 mars de l'Assemblée générale des Nations unies qui exigeait le retrait des forces russes d'Ukraine a été votée par une grande majorité (141 pays sur 193) ; mais parmi les 35 abstentions figurent plusieurs pays africains, ainsi que la Chine et l'Inde. Les abstentions ont été encore plus nombreuses lors du vote de la résolution du 7 avril sur la suspension de la Russie du Conseil des droits de l'homme pour « violations flagrantes et systématiques des droits de l'homme » en Ukraine. Plus qu'à un vrai soutien à l'agression russe contre l'Ukraine, ces prises de position font écho aux rancunes accumulées contre l'Occident.

Les relations de la Russie avec ce dernier porteront longtemps les séquelles des événements actuels. À ce stade, nulle discussion sur l'architecture de sécurité européenne n'est plus possible. L'adhésion de la Finlande et de la Suède allongera la frontière terrestre entre OTAN et Russie, risquant de pousser Moscou à renforcer sa présence militaire au nord-ouest et de générer de nouvelles tensions dans l'Arctique.

L'unité et la crédibilité de l'Occident sont en jeu. L'équilibre entre intérêt collectif et égoïsmes nationaux se cherche, à travers les positions hongroises sur le gaz russe, les livraisons de drones turcs à l'Ukraine, les tentatives d'Ankara d'entraver l'adhésion de la Finlande et de la Suède à l'OTAN. Deux camps se dessinent dont la composition ne surprend pas : les uns (Pologne, États baltes, États-Unis, Royaume-Uni) adoptent une approche intransigeante face à Moscou, prônant une victoire ukrainienne ; d'autres, plus conciliants (France, Allemagne), insistent sur l'importance de la voie diplomatique et montrent une préoccupation de « ne pas humilier la Russie » (Emmanuel Macron).

L'Occident joue gros dans la guerre d'Ukraine, qui révolutionne la situation stratégique et politique en Europe et au-delà, et ouvre les portes de potentielles crises énergétique, alimentaire et migratoire.

T. K.-J.

Pour en savoir plus

- M. Eltchaninoff, *Dans la tête de Vladimir Poutine,* Arles, Actes Sud, mars 2022 [2e édition].
- J. de Gliniasty, *La Russie, un nouvel échiquier,* Paris, Eyrolles, avril 2022.
- D. Teurtrie, *Russie : le retour de la puissance,* Paris, Armand Colin, novembre 2021.

Voir également la carte « La Russie dans son environnement régional », page 355 de cet ouvrage.

Ukraine : le choc des armes

Une nation forgée dans le conflit

L'agression russe a eu pour effet principal de souder le pays dans la résistance. L'État ukrainien, réputé faible et corrompu, a montré d'étonnantes capacités d'organisation. Les armées ont acquis depuis 2014 une efficacité inédite. Et c'est tout le champ politique interne qui sortira modifié du conflit.

La guerre en Ukraine a provoqué un énorme choc, tant pour les observateurs (occidentaux, à tout le moins) que pour la population ukrainienne. Le pays était en état de guerre non déclarée depuis 2014 dans la région du Donbass. Cette guerre avait atteint un niveau d'assez haute intensité à l'été 2014 et au début de 2015, avec plus de 3 000 morts civils (et trois fois plus pour les combattants). Après les accords de Minsk de février 2015, le front délimitant les républiques auto-proclamées n'a plus bougé, bien que les cessez-le-feu aient été constamment violés. Cette guerre sans nom a tué un autre millier de soldats, mais très peu de civils.

La marche à la guerre

Les accords de Minsk prévoyaient une autonomie des deux républiques auto-proclamées de Donetsk et de Lougansk *avant* sécurisation des frontières avec la Russie ; ils se sont rapidement retrouvés dans une impasse. Une nouvelle attaque russe semblait peu probable aux yeux d'experts et de diplomates qui croyaient que les dirigeants russes éviteraient de s'exposer à des pertes sérieuses face à une armée ukrainienne renforcée par des années de guerre de tranchées – en 2014, les pertes russes avaient été minimes dans le Donbass et inexistantes en Crimée.

Le président russe s'attendait à ce que les Ukrainiens ne résistent pas – au deuxième jour de la guerre, il appelait l'armée ukrainienne à rendre les armes et à se retourner contre le gouvernement –, et sa réaction face aux pertes russes a été de les dissimuler, et non de repenser la guerre. Poutine avait repris, l'été précédent, le vieux credo du nationalisme russe : Russes et Ukrainiens ne forment qu'un seul peuple. L'idée, exprimée sur un registre mémoriel ou religieux, avait ses partisans en Ukraine, surtout à l'Est : environ 40 % de la population, selon un sondage d'avant-guerre. Il était pourtant clair dès 2014 que l'affinité culturelle et historique des Ukrainiens russophones de l'Est ne se traduisait pas forcément en loyauté envers l'État russe. L'annexion de la Crimée et l'insurrection du Donbass oriental bénéficiaient d'un certain appui populaire, mais seulement dans les territoires ukrainiens à la plus forte concentration de citoyens s'identifiant comme russes. Et pour les Ukrainiens russophones, le recours à la force de la part de la Russie constituait une ligne rouge. Huit ans plus tard, la Russie ne faisait toujours pas la distinction : russophone devait signifier pro-russe.

Et pourtant, quand les bombardements commencèrent, le 24 février 2022, les villes russophones de l'Est – Kharkiv, Kherson, Mykolaïv, Chastya, Volnovakha et assez rapidement Marioupol dans le Donbass – furent les premières visées, outre des villes frontalières ukrainophones comme Tchernihiv ou Soumy où l'Église orthodoxe subordonnée à Moscou est dominante. La Russie s'attaquait à ceux qu'elle prétendait défendre dans son « monde russe » fantasmé… La réaction de l'ex-gouverneur de Kharkiv, Mykhailo Dobkin – sur qui la Russie comptait pour diriger une fronde anti-Maïdan en 2014 – était éloquente : « Une grande partie de ce en quoi je croyais s'est effondré du jour au lendemain. » Le métropolite de l'Église orthodoxe ukrainienne du patriarcat de Moscou, dominante dans la région, dénonçait une « guerre injuste ». Le maire d'Odessa, qui avait longtemps joué la carte électorale d'une mémoire commune impériale et soviétique, se disait stupéfait de l'appui populaire russe à l'agression contre l'Ukraine : « Je ne m'attendais pas à ce que le peuple russe nous déteste autant, nous les Ukrainiens. »

La rupture a donc été brutale et profonde, avec les conséquences que l'on peut imaginer sur l'identité ukrainienne elle-même, sur la recomposition politique du pays, et bien sûr sur les relations à venir avec Moscou.

Une résistance nationale

En juillet 2013, avant Maïdan, 80 % des Ukrainiens avaient une opinion[1] favorable de la Russie. En février 2022, après huit ans de guerre, ce chiffre était descendu à 35 %. Trois mois plus tard, il disparaissait presque (2 %). Plus la guerre dure et plus le discours russe s'éloigne du slogan de « l'unité des peuples » pour en appeler à l'élimination de l'identité ukrainienne. Avec ce résultat que cette identité ukrainienne n'a jamais été aussi forte, d'ouest en est du pays. Fin mai, l'Église orthodoxe ukrainienne du patriarcat de Moscou a annoncé sa « pleine indépendance », rompant avec plus de 300 ans de subordination au siège de Moscou. La « dé-communisation » post-Maïdan (d'abord symbolisée par le déboulonnage des statues de Lénine) tourne à la « dé-russification », toute référence topographique, culturelle, historique, à la Russie semblant vouée à disparaître.

Comment pourrait-il en être autrement ? La Russie dit mener une guerre « existentielle » contre l'Occident, mais les Ukrainiens luttent, eux, concrètement pour la survie de leur être collectif. L'armée russe ne se contente pas de détruire les agglomérations qu'elle attaque, elle y élimine toute trace d'identité ukrainienne – à commencer par l'enseignement de la langue.

De l'indépendance jusqu'à Maïdan, le jeu politique ukrainien s'est structuré sur un axe Est-Ouest, les partis ayant leur assise électorale soit à l'Est (de majorité russophone), soit à l'Ouest (de majorité ukrainophone). À partir des années 2000, le Parti des régions de Donetsk a dominé l'Est, alors que deux partis rivalisaient à l'Ouest. Le parti du Donbass était « pro-russe » sur la géopolitique et

1. Chiffres d'après l'institut de sondage Kyiv International Institute of Sociology, mai 2020.

le symbolique (statut du russe, mémoire soviétique), bien que protectionniste. Les partis de l'Ouest étaient nationalistes en ce qu'ils affirmaient l'identité ukrainienne face à la Russie.

L'après-Maïdan a davantage brouillé les cartes, avec l'élection d'un Ukrainien de l'Est russophone (Volodymyr Zelensky) non aligné sur Moscou. Avec la guerre de 2022, le clivage électoral russe/ukrainien s'est désintégré. Les partis étiquetés comme « pro-russes » ont été bannis – mais ils avaient déjà condamné la guerre. Contrairement à 2014, où des manifestations du « printemps russe » avaient eu lieu dans plusieurs grandes villes de l'Est, nul mouvement pro-russe n'a été signalé en 2022, et les collaborations semblent se faire sur des bases individuelles, et être rarement le fait de politiciens connus.

Il est trop tôt pour imaginer les lignes de recomposition du jeu politique ukrainien d'après-guerre, mais il serait étonnant que le facteur régional redevienne déterminant. Zelensky bénéficie, comme chef de guerre, d'une popularité historique, mais dans un contexte où la contestation politique est provisoirement suspendue – il avait, avant la guerre, trahi une certaine tendance autoritaire, en particulier pour s'en prendre à ses opposants, dont l'ancien président Porochenko. Désormais, le pluralisme est trop ancré dans la culture politique ukrainienne, comme l'ont montré la Révolution orange de 2004 et Maïdan en 2014, pour ne pas survivre à la guerre. Un règlement politique avec Moscou semble illusoire, même à moyen terme, compte tenu de la radicalisation russe. La compétition politique ukrainienne pourrait donc demain s'organiser entre partis proclamant tous leur attachement à la défense de la patrie et se distinguant sur des questions identitaires ou de politique intérieure (statut de l'Église autrefois dépendante de Moscou, usage de la langue russe, répression de présumés collaborateurs…).

Une armée et un État renforcés

En dépit du « brouillard de la guerre » qui masque la situation réelle sur le terrain, il est clair que l'Ukraine a récemment montré des capacités militaires dont elle était dépourvue en 2014. L'armée ukrainienne était très faible au moment de l'invasion de la Crimée. Lorsque la Russie a envoyé des unités régulières de son armée dans le Donbass à la fin de l'été 2014, ces troupes ne faisaient face qu'à des bataillons de volontaires. Et le combat, sanglant mais inégal, s'est terminé en quelques jours. Le même scénario s'est répété cinq mois plus tard et, à travers les accords de Minsk, la Russie a voulu imposer diplomatiquement ce qu'elle venait d'arracher par la force. Le fait que Poutine s'attende en 2020 à une répétition, à grande échelle, du fiasco ukrainien de 2014, montre à quel point le renseignement russe sur l'Ukraine est resté tout aussi déficient qu'en 2014, quand la Russie s'attendait à ce que Kharkiv et Odessa – et non Donetsk – défient Kiev. Et huit années de guerre de positions et d'entraînement militaire par les forces de l'Organisation du traité de l'Atlantique nord (OTAN) ont en fait complètement transformé la culture opérationnelle de l'armée ukrainienne.

Au-delà de l'armée elle-même, la force de résistance de l'État ukrainien et de ses représentants a étonné. Zelensky a certes, par son charisme et son courage, largement inspiré son peuple, mais le rôle des autorités locales a été tout aussi frappant. L'État, quelle que soit la forme qu'il emprunte, a toujours incité une grande méfiance dans l'espace post-soviétique, et l'Ukraine n'a pas échappé à cette défiance, même après les révolutions de 2004 et 2014. Face au danger suprême, l'État ukrainien a pourtant montré, à tous les niveaux, sa capacité à organiser la défense territoriale (avec des zones d'ombre comme au Sud) et l'évacuation des populations civiles urbaines, et à communiquer en temps réel les éléments vitaux d'information. Alors qu'en 2014 la société civile avait souvent dû se substituer à un État défaillant (par exemple pour l'accueil des déplacés du Donbass), l'impression générale est aujourd'hui celle d'un État dynamique qui a réussi à mobiliser une société qui s'était préparée depuis huit ans à l'éventualité d'une guerre, sans pour autant se militariser : l'État demeure sous contrôle civil, alors que les militaires maintiennent un profil politique discret.

On semble être ainsi très loin de l'étiquette d'« État défaillant » que plusieurs commentateurs, dont l'historien économiste Adam Tooze, pouvaient accoler à l'Ukraine avant la guerre. La corruption était alors identifiée comme le talon d'Achille du pays. Il est impossible pour l'heure de mesurer l'impact que la guerre aura, à terme, sur ce problème structurel. On peut cependant remarquer que l'armée ukrainienne, bénéficiaire d'aides se montant à des milliards de dollars (et considérablement plus depuis février), ne semble pas minée de détournements de fonds internes. Tout aussi impressionnant est le fait qu'en dépit d'attaques systématiques contre les infrastructures économiques, les services publics aient tenu le coup (à l'exception des villes du Donbass en état de siège et pilonnées par l'artillerie russe).

***

En dépit de toutes les incertitudes qui demeurent sur le déroulement ultérieur de la guerre et des pertes immenses déjà subies, l'Ukraine sortira, sans nul doute grandie et renforcée de l'épreuve du feu. Quelle que soit sa future posture diplomatique, Kiev a acquis un nouveau statut auprès de l'Union européenne et de l'OTAN.

La grande inconnue reste la reconstruction du pays : les évaluations des sommes nécessaires donnent le vertige, même si les avoirs saisis de la Banque centrale russe et des oligarques russes pourraient en financer une partie. Il est difficile aujourd'hui de planifier de manière réaliste les étapes de cette reconstruction. La seule quasi-certitude est que l'Ukraine n'acceptera plus jamais un règlement imposé par les armes, cherchera à reconquérir les territoires perdus depuis février 2022, et à se constituer en État-forteresse face à la Russie.

D. A.

Pour en savoir plus

- D. Arel et J. Driscoll, *Ukraine's Unnamed War: Before the Russian Invasion of 2022*, Cambridge, Cambridge University Press, automne 2022 [à paraître].
- A. Colin Lebedev, *Jamais frères ? Ukraine et Russie : une tragédie post-soviétique*, Paris, Seuil, automne 2022 [à paraître].
- A. Goujon, *Ukraine : de l'indépendance à la guerre*, Paris, Le Cavalier bleu, 2021.

Biélorussie : le statut difficile d'allié fidèle de la Russie

Répression interne et isolement

Le régime a répondu par la répression à la contestation des résultats de l'élection présidentielle de 2020. Le chantage à la déstabilisation exercé sur l'Europe de l'Ouest n'a fait qu'accentuer son isolement international. Un isolement qui aggrave une dépendance vis-à-vis de Moscou que le régime s'efforce pourtant de limiter.

Profondément ébranlé par la vague de contestation qui a secoué le pays suite à sa réélection frauduleuse en août 2020, le président biélorusse Alexandre Loukachenko a pourtant réussi à se maintenir au pouvoir grâce à la loyauté de l'appareil d'État, à une répression violente de l'opposition, et au soutien diplomatique et économique russe.

L'année 2021 a ainsi été consacrée à la consolidation d'un pouvoir fragilisé à l'intérieur du pays, dans un contexte géopolitique marqué par une aggravation de la dépendance vis-à-vis de la Russie, et une hostilité grandissante dans les relations avec les pays occidentaux. Le déclenchement de la guerre russo-ukrainienne en février 2022 constitue un nouveau défi pour le maître de Minsk : elle réduit sa marge de manœuvre et le met dans une situation difficile.

La consolidation du régime : répressions tous azimuts et référendum constitutionnel

Depuis l'automne 2020, les autorités biélorusses se sont concentrées sur la lutte contre l'opposition. Elles ont tout d'abord poussé à l'exil ou emprisonné ses leaders et violemment réprimé toute manifestation de contestation du régime en place dans l'espace public. Par la suite, tout au long de l'année 2021, elles ont cherché à éradiquer la base de la contestation en poursuivant une répression ciblée, interdisant organisations non gouvernementales, médias et sites d'informations indépendants, et poussant à la fermeture de plusieurs entreprises privées à coups de multiples inspections. Ainsi, selon un rapport de l'Organisation des Nations unies (ONU), entre mai 2020 et mai 2021 plus de 37 000 personnes ont été arrêtées, subissant une détention d'au moins 15 jours. Le nombre de prisonniers politiques a atteint, en mars 2022, le chiffre de 1 084, un record dans l'histoire du pays.

Parallèlement à cette lutte contre les « ennemis intérieurs », les autorités biélorusses ont cherché les moyens de restaurer la légitimité du régime, fortement érodée depuis 2020. Sous l'influence et l'insistance de Moscou, une réforme constitutionnelle a été proposée. Le projet de modification de la Constitution a été publié le 27 décembre 2021, et le texte définitif approuvé, au terme d'un simulacre de consultation populaire d'un mois, par référendum le 27 février 2022, avec 82,86 % des suffrages.

Cette réforme – en apparence ambitieuse puisqu'elle ajoutait au texte 1 chapitre et 11 nouveaux articles, en plus d'en modifier 83 – avait pour principal objectif de poser les bases institutionnelles d'un maintien légal de Loukachenko au pouvoir. L'une des principales nouveautés consistait à inscrire dans la Constitution l'existence d'une Assemblée populaire pan-biélorusse (institution extra-constitutionnelle créée en 1996) dotée d'importants pouvoirs. Ainsi Loukachenko pourrait-il soit se présenter encore pour deux mandats présidentiels successifs, soit envisager le transfert de son pouvoir à la tête de l'Assemblée populaire, en désignant un successeur officiel au poste de président.

La Commission de Venise a d'ailleurs dénoncé le maintien d'un déséquilibre entre les pouvoirs, l'absence de transparence lors de la préparation du texte constitutionnel, ainsi que de toute coopération entre le pouvoir, la société civile et l'opposition[1]. Quant à l'appel de l'opposition à saboter le référendum en rendant des bulletins de vote invalides, il s'est avéré être un échec, attestant du succès de Loukachenko dans la reprise en main de la situation politique et de la marginalisation de l'opposition interne du pays.

La dégradation des relations avec les pays occidentaux

La période de normalisation des relations entre autorités biélorusses et pays occidentaux (2014-2019) a brutalement pris fin en 2020. La majorité des gouvernements occidentaux n'a pas reconnu les résultats de l'élection présidentielle d'août 2020 et a adopté ensuite diverses sanctions à l'égard du régime biélorusse, tout en dénonçant la violence des répressions contre les leaders de l'opposition et des manifestations pacifiques. Courant 2021, Loukachenko a définitivement abandonné toute ambition de faire passer la Biélorussie pour un État neutre, prêt à jouer un rôle de médiateur. Il a pleinement assumé, voire parfois surjoué, son rôle de leader imprévisible d'un État voyou, aux frontières de l'Union européenne (UE) et sous l'aile protectrice de Moscou.

Si sa rhétorique anti-occidentale lui a permis d'afficher son allégeance à l'égard de l'allié russe, il a néanmoins cherché, à travers des actions ouvertement provocatrices, à renouer un dialogue direct avec les dirigeants européens, dans l'espoir d'être pris au sérieux comme élément menaçant, à défaut de pouvoir prétendre au statut de médiateur. Mais le détournement et l'atterrissage forcé du vol Ryanair à Minsk le 23 mai 2021, qui visait l'arrestation de l'un des opposants emblématiques au régime biélorusse, le journaliste Roman Protassevitch, n'a fait que susciter

1. Communiqué de presse du Conseil de l'Europe, Réf. DC 026(2022), publié le 22 février 2022.

de fortes protestations face à un acte avéré de piraterie aérienne. Un quatrième paquet de sanctions s'est donc ajouté le 21 juin 2021 aux trois premiers adoptés par l'UE à l'automne 2020, en plus du blocage de l'espace aérien biélorusse[2].

Quant à l'instrumentalisation des mouvements de migrants en provenance des pays du Proche- et du Moyen-Orient, elle a permis à Loukachenko de menacer de renoncer à son rôle de rempart contre l'immigration illégale en direction de l'UE – un rôle hautement revendiqué dans le passé par son pays. La crise des migrants qui éclate sur la frontière polonaise en novembre 2021[3] provoque pourtant de nouveau la manifestation de la solidarité européenne face au chantage. L'UE dénonce l'instrumentalisation des migrants à des fins politiques et les attaques hybrides menées à ses frontières, qui s'ajoutent à des violations persistantes des droits de l'homme. Le 2 décembre 2021, Bruxelles élargit les mesures restrictives du cinquième paquet de sanctions à 183 personnes et 26 entités biélorusses au total. Le 24 février 2022, le Conseil européen proroge l'ensemble de ces mesures restrictives jusqu'au 28 février 2023.

En guise de riposte, le porte-parole du ministère des Affaires étrangères biélorusse a dénoncé « l'abysse de l'absurdité » des sanctions visant à étouffer le pays et à « détériorer le niveau de vie de sa population ». Le 7 décembre 2021, le gouvernement biélorusse décide d'un embargo sur l'importation des produits agro-alimentaires en provenance de l'UE. Les autorités biélorusses avaient déjà précédemment élaboré leur propre « liste noire » de personnes interdites de séjour sur leur territoire. Elles avaient également cherché à réorienter le transit de leurs exportations par les États baltes vers le territoire russe afin de les punir économiquement pour le soutien fourni à l'opposition biélorusse.

Une intégration limitée avec la Russie, et le défi du conflit russo-ukrainien

Si l'isolement international sans précédent de la Biélorussie semble accroître sa dépendance vis-à-vis de la Russie, Loukachenko ne semble pas pour autant s'être résigné à la perte totale de sa souveraineté. Il a âprement négocié au cours de ses nombreuses visites à Moscou en 2021 la transformation des 30 feuilles de route sectorielles prévoyant l'approfondissement de l'intégration dans le cadre de l'Union Russie-Biélorussie (qui aurait pu signifier dans les faits l'absorption économique, voire politique, progressive de la Biélorussie par son grand voisin) en 28 programmes au contenu délibérément flou, signés officiellement le 4 novembre 2022.

Il a également réussi à obtenir un crédit russe d'un montant de 1,5 milliard de dollars pour 2020-2021, ainsi qu'une promesse de 630 millions de dollars supplémentaires pour 2022, et à lancer les négociations sur un nouveau prêt *via* la Banque de l'Union eurasienne. Quant à la promesse de création d'un marché énergétique commun, garantissant l'accès au gaz et au pétrole russes à des tarifs avantageux, sa concrétisation a été repoussée à la fin de l'année 2023.

2. Voir la rubrique « Mesures restrictives de l'UE à l'égard de la Biélorussie » sur le site officiel du Conseil européen : www.consilium.europa.eu.
3. H. Flavier, « Crise migratoire entre la Biélorussie et l'UE : tragique géopolitique », *The Conversation*, 15 novembre 2021.

In fine, le seul domaine dans lequel Loukachenko a été contraint à des concessions importantes en faveur de la Russie a été celui de la sécurité. Outre la participation à des manœuvres conjointes en 2020 et 2022 et l'adoption d'une doctrine militaire commune, Loukachenko a dû reconduire pour 25 ans le bail de location de deux bases militaires russes et accepter le stationnement de nouveaux équipements et de personnels militaires russes. L'utilisation du territoire biélorusse pour le déclenchement de l'offensive russe contre l'Ukraine en février 2022 a révélé le degré de dépendance stratégique biélorusse.

Loukachenko a pourtant rapidement changé de rhétorique, abandonnant dès mars-avril ses menaces de déployer des armes nucléaires russes dirigées contre l'Organisation du traité de l'Atlantique nord (OTAN) sur territoire biélorusse, refusant d'envoyer son armée en renfort des troupes russes en Ukraine et appelant à une résolution pacifique du conflit. Après avoir affiché sa conviction inébranlable dans une victoire rapide de Poutine, il s'est permis quelques mois plus tard de remarquer : cette « opération spéciale dure trop longtemps à mon goût ».

La pique à l'adresse du Kremlin dissimule mal la difficulté de la situation actuelle pour la Biélorussie. Son économie se trouve, en particulier, très fortement impactée par le sixième paquet de sanctions européennes adopté en mars 2022 en raison de l'implication de la Biélorussie dans l'invasion militaire de l'Ukraine, mais également par la rupture des liens économiques avec Kiev.

Si, au premier regard, la situation géopolitique actuelle semble arrimer définitivement la Biélorussie à son grand voisin, elle pourrait aussi paradoxalement éloigner le spectre de son absorption progressive au sein de « l'espace russe ». Du moins tant que Loukachenko joue son rôle d'allié exemplaire et de rempart contre les révolutions de couleur, toujours loyal à l'égard du Kremlin, tout en espérant garder son pouvoir intact.

O. G.-B.

Pour en savoir plus

- A. Paratnikau, « Un régime dans la tourmente : le système de sécurité intérieure et extérieure du Bélarus », *Russie.NEI.Reports*, n° 32, Ifri, août 2020.
- M. Szczerba, « 2021 – Report – Belarus: Political, Economic, and Diplomatic Challenges », Assemblée parlementaire de l'OTAN, 21 octobre 2021.
- Rapport du Haut-Commissariat des Nations unies aux droits de l'homme, « Situation des droits de l'homme au Bélarus à la veille et au lendemain de l'élection présidentielle de 2020 », Réf. A/HRC/49/71, 4 mars 2022.

La Russie et les républiques d'Asie centrale

Le révélateur de la guerre d'Ukraine

Les positions des républiques centrasiatiques sur la guerre d'Ukraine apparaissent très diverses, mais nulle part on n'enregistre de soutien décidé à Moscou. La guerre russo-ukrainienne sera sans doute l'occasion pour ces États de se distancier, chacune à sa manière, de l'influence russe.

Le 24 février 2022, la Russie déclenche son offensive sur l'Ukraine. Préparée depuis des mois, cette guerre incommode les républiques d'Asie centrale, proches des deux belligérants. Comment cette crise remodèle-t-elle les relations bilatérales entre les pays centrasiatiques et la Russie ? Quelles conséquences aura-t-elle sur les organisations régionales ?

Kazakhstan et Ouzbékistan : frondeurs latents

L'éclatement de la guerre en Ukraine suscite des réactions communes au Kazakhstan et en Ouzbékistan, alors même que ces pays – les deux puissances majeures de l'Asie centrale – ont connu des trajectoires diamétralement opposées avec la Russie depuis leurs indépendances en 1991.

Le Kazakhstan, qui a conservé des liens forts avec Moscou sur les plans politique et économique, œuvrant à la création de l'Organisation de coopération de Shanghai (OCS), de l'Organisation du Traité de sécurité collective (OTSC) et de l'Union économique eurasiatique (UEEA), s'est attiré les foudres russes en refusant de reconnaître l'annexion de la Crimée en 2014, ce qui devait entraîner une dégradation des relations bilatérales. À l'inverse, après avoir conduit une politique étrangère conflictuelle avec la Russie (illustrée par le rapprochement avec les États-Unis au lendemain du 11 Septembre), l'Ouzbékistan mise depuis 2016 sur la coopération politique, économique et militaire avec Moscou.

Kazakhstan et Ouzbékistan se gardent donc de condamner ouvertement l'action de la Russie en Ukraine et ne votent aucune des résolutions adoptées par l'Assemblée générale de l'Organisation des Nations unies (ONU) les 2 et 24 mars pour exiger le retrait immédiat des troupes russes (abstention du Kazakhstan à chaque fois; absence de l'Ouzbékistan lors du premier vote, abstention lors du second). Cependant, les deux pays affichent leur clair attachement à la souveraineté ukrainienne, dans le discours prononcé par le ministre ouzbékistanais des Affaires étrangères, Abdoulaziz Kamilov, le 17 mars devant le Sénat à Tachkent, ou dans la tribune publiée par le président kazakhstanais, Kassym-Jomart Tokaïev, dans la revue américaine *The National Interest* le 4 avril.

Les propos les plus forts, symboliquement, sont ceux tenus le 28 mars par le vice-ministre kazakhstanais des Affaires étrangères, Roman Vassilenko, affirmant que le Kazakhstan refusait de se retrouver derrière « un nouveau Rideau de fer » et qu'il était prêt à accueillir les sociétés étrangères désertant le marché russe. L'absence du président Tokaïev à la cérémonie commémorant la victoire sur l'Allemagne nazie le 9 mai 2022 sur la place Rouge fut un signe supplémentaire des très fortes tensions actuelles entre Nour-Soultan et Moscou. Un sondage réalisé en avril 2022[1] révèle cependant un possible décalage entre les autorités et l'opinion kazakhstanaises sur l'action russe en Ukraine : elle serait soutenue par 39 % des citoyens du Kazakhstan, 10 % seulement se déclarant en faveur de l'Ukraine.

Le Kazakhstan comme l'Ouzbékistan sont, quoi qu'il en soit, dans une logique de diversification économique depuis le début de cette crise. Échaudé par le blocage russe de ses exportations pétrolières *via* l'oléoduc CPC (qui relie le gisement Tenguiz au port russe de Novorossiïsk sur la mer Noire), Nour-Soultan développe des corridors de transport transcaspiens, en synergie avec les pays du Caucase et la Turquie. L'Ouzbékistan regarde, pour sa part, vers le Sud (création d'une ligne ferroviaire avec l'Afghanistan et le Pakistan, dans l'optique d'atteindre le port ultra-moderne de Gwadar – le PAKAFUZ) et vers la Chine. L'augmentation des échanges avec cette dernière est l'objectif clairement affiché par la nouvelle Stratégie de développement économique de l'Ouzbékistan pour la période 2022-2026, présentée à Pékin et qui ne fait nullement mention de la Russie.

Kirghizstan et Tadjikistan : des réactions contrastées en dépit de dépendances communes

Au début de la guerre d'Ukraine, le Kirghizstan et le Tadjikistan ont affiché une ligne de conduite identique, jouant l'équilibre : abstention lors du vote des résolutions de l'ONU condamnant l'invasion russe ; rappel de leur neutralité lorsque l'Administration présidentielle russe ou le Service de presse du Kremlin présentent les échanges en haut lieu consacrés à la guerre comme des marques de soutien envers la Russie.

Progressivement cependant, la convergence de vues entre Bichkek et Douchanbé s'étiole. Le premier infléchit sa position dans un sens plus favorable à l'Ukraine, le second restant prioritairement focalisé sur l'Afghanistan, avec lequel il partage 1 350 kilomètres de frontière, alors qu'il refuse de dialoguer avec le régime taliban. Le 21 mars, le vice-Premier ministre kirghizstanais, Edil Baïssalov, réaffirmait la neutralité de son pays, tout en rappelant le droit reconnu par la Charte de l'ONU à chaque État de déterminer librement sa politique étrangère. En outre, Bichkek, où s'est tenue le 26 mars une manifestation de soutien au peuple ukrainien, affrète des convois humanitaires vers l'Ukraine. En Asie centrale, le Kirghizstan campe sur une position intermédiaire sur la guerre russo-ukrainienne, entre la réprobation

1. « Sondage : une part significative de la population kazakhstanaise est soumise à l'influence de la propagande russe », Demoscope, 7 avril 2022 [en russe].

de l'action russe exprimée en filigrane par le Kazakhstan et l'Ouzbékistan, et la neutralité affichée par le Tadjikistan, mais aussi par le Turkménistan.

Cette divergence d'approche entre Bichkek et Douchanbé surprend quelque peu, tant ces deux pays accusent, communément, les liens de dépendance les plus forts vis-à-vis de la Russie. Les transferts des migrants en provenance de Russie contribuent à 26 % du produit intérieur brut de Douchanbé et à 31 % de celui de Bichkek, deux capitales qui hébergent les seules bases militaires actuelles de la Russie en Asie centrale (999e Base aérienne et 201e Division d'infanterie motorisée). Leur statut de membre de l'OTSC permet au Kirghizstan et au Tadjikistan de bénéficier de livraisons gratuites d'armements russes et de participer à des programmes d'entraînements militaires conjoints avec Moscou, lequel a profité de la conquête de Kaboul par les talibans en août 2021 pour renforcer son leadership sécuritaire sur ces pays.

États les plus petits, pauvres et fragiles d'Asie centrale, le Kirghizstan et le Tadjikistan sont tributaires du territoire kazakhstanais, par lequel transitent leurs importations de produits raffinés et agro-alimentaires depuis la Russie, mais aussi de l'Afghanistan, où les négociations entre Iraniens et talibans pour la construction d'une ligne ferroviaire Khaf–Hérat leur permet d'espérer rallier le port iranien de Chabahar, en mer d'Oman. Des perspectives économiques se dessinent avec la Chine, avec l'annonce de la reprise, pour l'automne 2022, du chantier de la ligne ferroviaire Chine–Kirghizstan–Ouzbékistan et, potentiellement, l'ajout d'un quatrième segment (la Ligne D) au gazoduc Asie centrale–Chine, qui devrait traverser les territoires tadjikistanais et kirghizstanais pour raccorder le Xinjiang au gisement de Galkynych, au Turkménistan.

Turkménistan : neutralité à géométrie variable

Voisin de l'Afghanistan sur près de 750 kilomètres, le Turkménistan s'inquiète de la situation dans ce pays depuis le retour au pouvoir des talibans. Afin de ne pas s'aliéner la Russie, le Turkménistan redonne donc, face à la guerre en Ukraine, ses lettres de noblesse au dogme de sa neutralité (*Bitaraplyk*), qui en a fait un pays fantôme sur la scène régionale – Achkhabad ne siège ni dans l'OCS, ni dans l'OTSC, ni dans l'UEEA, et a renoncé à son statut de membre de la Communauté des États indépendants (CEI). À l'ONU, le Turkménistan n'a participé à aucune des deux sessions organisées en mars 2022 pour condamner l'intervention russe. Hormis pour ses personnels diplomatique et consulaire, le Turkménistan n'organise aucun pont aérien pour évacuer ses ressortissants d'Ukraine (5 000 personnes), à la différence du Kazakhstan et de l'Ouzbékistan. La guerre n'est même pas traitée par les médias nationaux.

En plein redémarrage depuis la signature d'un traité de partenariat stratégique en 2017 – renforcé le 10 juin 2022 –, la relation turkméno-russe ne devrait pas pâtir de la guerre en Ukraine. Achkhabad continuera à chercher de nouveaux débouchés gaziers, une démarche qui a déjà produit ses résultats (mise en valeur conjointe d'un gisement caspien actée avec l'Azerbaïdjan en 2021, reprise des exportations gazières vers l'Iran en 2022).

Face au risque d'enlisement du chantier du gazoduc Turkménistan–Afghanistan–Pakistan–Inde, Achkhabad étudie depuis avril 2022 la possibilité de recourir à la mer Caspienne et à l'Iran pour acheminer son gaz vers le marché indien. La Chine a renforcé sa coopération militaire avec Achkhabad fin avril 2022, pour sécuriser ses approvisionnements gaziers en provenance de Galkynych. Enfin, l'octroi au Turkménistan, en novembre 2021, d'un statut d'observateur au sein de l'Organisation des États turciques (OET), qui a annoncé dans le même temps vouloir se doter d'un Fonds d'investissement turcique, augure d'un renforcement des relations économiques avec la Turquie, principal fournisseur d'armements du régime d'Achkhabad.

Un multilatéralisme en recomposition

Sans entraîner à court terme de rupture brutale dans les relations russo-centrasiatiques, la guerre d'Ukraine risque pourtant d'édulcorer progressivement l'influence que Moscou avait récemment consolidée en Asie centrale, à la faveur des crises afghane en 2021 et kazakhstanaise début 2022.

Les dissensions sont déjà patentes dans les organisations régionales, principalement avec le Kazakhstan. Ce dernier ne s'estime nullement tenu de suivre les orientations stratégiques du Kremlin, en dépit de l'aide militaire que lui a apportée l'OTSC (sous leadership russe) pour lui permettre de s'extraire des troubles intérieurs auxquels il était confronté en janvier. Le Kazakhstan promeut une vision restrictive du domaine d'intervention géographique de l'OTSC, incompatible avec la volonté russe de mobiliser, à terme, ses Forces de maintien de la paix sur des théâtres d'opérations extérieurs (notion d'« État coordonnateur »).

Le Kazakhstan s'oppose également à la proposition russe de « dé-dollariser » les échanges dans l'UEEA, une organisation avec laquelle on peut se demander si l'Ouzbékistan – observateur depuis 2020 – a objectivement intérêt à poursuivre son rapprochement. Tachkent pourrait profiter de sa présidence de l'OCS en 2022 pour mettre l'accent sur la connectivité régionale, un axe majeur de la politique de bon voisinage menée par le président Mirzioïev depuis son arrivée au pouvoir. La nomination, fin avril 2022, au ministère des Affaires étrangères à Tachkent de Vladimir Norov, qui aura vu Zhang Ming lui succéder au secrétariat général de l'OCS en janvier, laisse présager d'un renforcement de la convergence sino-ouzbékistanaise, en dehors du seul cadre bilatéral.

Enfin, la possible accélération de l'institutionnalisation des Réunions consultatives des chefs d'État d'Asie centrale, forum de discussions mis en place dans la région en 2018, pourrait constituer un indicateur supplémentaire de la volonté d'affranchissement des républiques centrasiatiques vis-à-vis de Moscou.

M. L.

Pour en savoir plus

- R. Alimov, « Russie–Asie centrale : comment développer un partenariat dans un contexte d'instabilité » (en russe), Club Valdaï, 17 mai 2022.
- M. Levystone, « La guerre en Ukraine vue d'Asie centrale », *Briefings de l'Ifri*, Ifri, 13 juillet 2022.
- P. Stronski, « The Common Theme in Central Asia's Response to Russia's Invasion of Ukraine », Carnegie Endowment for International Peace, 30 mars 2022.

L'Allemagne sous « feu tricolore »

Des ambitions modelées par la guerre

Les ambitions de la coalition « feu tricolore » ont été bousculées par la guerre d'Ukraine. Livraisons d'armes à Kiev, crédits exceptionnels au profit de la Bundeswehr, 2 % du PIB pour la défense : c'est toute la politique de sécurité de l'Allemagne qui annonce sa mue, en dépit des contradictions entre partis au pouvoir.

Les élections fédérales de septembre 2021 ont été marquées par le départ de la chancelière sortante, Angela Merkel. La remontée soudaine dans les sondages du Parti social-démocrate d'Allemagne (SPD) d'Olaf Scholz à l'été 2021 a permis à celui-ci d'arriver très légèrement en tête (25,7 % contre 24,1 % pour l'Union chrétienne démocrate d'Allemagne et l'Union chrétienne sociale en Bavière [CDU-CSU] d'Armin Laschet). Néanmoins, pour la première fois depuis 1949, aucun parti n'a atteint la barre des 30 %. Par nécessité, le choix a été rapidement fait de constituer une coalition à trois partis, le SPD, le Parti libéral démocrate (FDP) et les Verts, coalition dite « feu tricolore » en raison des couleurs respectives – rouge, jaune, vert – qui leur sont associées. Celle-ci a permis l'élection d'Olaf Scholz à la chancellerie le 8 décembre.

L'aggravation des tensions entre la Russie et l'Ukraine au début 2022 et le déclenchement de la guerre le 24 février ont mis à l'épreuve la cohésion de la nouvelle coalition, l'autorité du chancelier Olaf Scholz et l'orientation même de la politique étrangère allemande. Le discours du chancelier au Bundestag le 27 février annonçait un changement de cap de cette politique et remettait en cause les principes qui faisaient consensus en Allemagne depuis trente ans. Mais la mise en œuvre du nouveau cap demeure difficile.

Nouvelle coalition, nouvelles ambitions

Après moins de deux mois de négociations, le contrat de coalition entre les trois partis a été signé le 24 novembre. En matière de politique étrangère, ce contrat affiche une double orientation : répondre aux engagements traditionnels de l'Allemagne sur la scène internationale, mais aussi proposer un renouveau des orientations de sa politique étrangère et européenne.

La défense

Dans le domaine de la défense tout d'abord, le texte réaffirme que « l'alliance transatlantique [est] un pilier central et l'Organisation du traité de l'Atlantique nord [OTAN] un élément indispensable » de la sécurité de l'Allemagne. Certains engagements que les partenaires de l'Allemagne craignaient voir remis en question, comme la participation au « partage nucléaire », y sont garantis. Quelques orientations ont néanmoins suscité des remous lors de la publication du contrat de coalition. Tout d'abord, l'objectif de dépenses de 2 % du produit intérieur brut (PIB) pour la défense – correspondant aux attentes de l'OTAN – n'était pas mentionné ; le contrat indiquait que l'Allemagne allait investir « à long terme 3 % de son PIB dans l'action internationale », laquelle englobe la diplomatie et le développement, sans que soit précisée la part réservée à la défense. De même, l'engagement, pris sous la pression des Verts, à rejoindre le Traité d'interdiction des armes nucléaires (TIAN) « en tant qu'observateur » (et non en tant que membre) faisait lever de nombreuses inquiétudes. Cette dernière velléité pouvant néanmoins être nuancée, notamment en ce qu'elle est conditionnée à une « étroite concertation avec [ses] alliés » et sans échéance précise. Le contrat de coalition souligne également que « tant que les armes nucléaires joueront un rôle dans le concept stratégique de l'OTAN, l'Allemagne a intérêt à participer aux discussions stratégiques et aux processus de planification ». Enfin, si l'on relève un relatif scepticisme à l'égard des interventions militaires extérieures, la coalition promet la définition d'une stratégie de sécurité nationale sous un délai d'un an.

L'Europe

Le nouveau gouvernement a également défini les orientations d'une ambitieuse politique européenne, l'Union européenne (UE) étant considérée comme l'échelle la plus pertinente de la prise de décision. Si la relation franco-allemande et la France sont à peine évoquées dans le texte, l'ensemble des aspirations affichées semblent constituer une réponse (tardive) au discours de la Sorbonne d'Emmanuel Macron de septembre 2017.

L'utilisation de l'expression « souveraineté stratégique de l'Europe », certes plus nuancée que celle d'« autonomie stratégique », semble témoigner d'une réelle volonté de rapprochement vis-à-vis des positions françaises. L'objectif de Berlin est ainsi de construire une « UE souveraine », actrice forte « dans un monde marqué par l'incertitude et la concurrence systémique ». Pour ce faire, le nouveau gouvernement opte pour une véritable politique étrangère, de sécurité et de défense commune en Europe, tout en prônant une coopération plus intense entre l'OTAN et l'UE.

Propositions clés pour que l'UE puisse agir « de manière plus efficace et plus unie sur la scène internationale » : remplacer la règle de l'unanimité au Conseil des ministres de l'UE pour la Politique étrangère et de sécurité commune (PESC) par un vote à la majorité qualifiée, et développer un mécanisme permettant d'associer de manière adéquate les petits États membres à cette démarche.

La guerre d'Ukraine : catalyseur du « changement d'époque »

La guerre en Ukraine crée un véritable « changement d'époque » (*Zeitenwende*) pour la politique étrangère et de sécurité allemande. Tout d'abord, la décision du chancelier de livrer des armes « offensives » à l'Ukraine rompt avec le principe selon lequel les livraisons d'armes ne doivent pas être autorisées dans des pays impliqués dans des conflits armés ou menacés de l'être. C'est le « changement d'époque » que marque l'invasion russe en Ukraine qui a servi de justificatif à ce revirement et qui a également conduit le gouvernement allemand à revoir le financement de la Bundeswehr.

Le changement de cap est clair : la Bundeswehr devrait recevoir 100 milliards d'euros pour les investissements et les projets d'armement, financés par un fonds spécial. Le chancelier Olaf Scholz a également promis de « porter [les] dépenses de défense à au moins 2 % de [la] production économique d'ici 2024 ». Le ministre des Finances, le libéral Christian Lindner (FDP), s'est montré ouvert à financer ces efforts *via* l'emprunt. Ces fonds devraient être mis à disposition dans le budget fédéral 2022. Ces 100 milliards d'euros figurant dans un budget annexe, ils ne s'opposeront pas à la modération de l'endettement, qui sera maintenue.

La modernisation de la Bundeswehr passera à la fois par une coopération dans l'UE et par une réaffirmation du lien transatlantique. Le chancelier s'est prononcé en faveur de l'avion du futur franco-germano-espagnol (Système de combat aérien du futur – SCAF) et, en attendant celui-ci, pour la mise en œuvre de l'avion de combat américain *F-35* pour remplacer les « *Tornados* obsolètes » dans le cadre du « partage nucléaire ». Cette annonce a été controversée, mais elle devrait pourtant rassurer les partenaires européens de Berlin : le projet de la ministre de la Défense, la sociale-démocrate Christine Lambrecht, ne concerne que 35 avions *F-35* sur les 83 *Tornados* que comptent aujourd'hui les forces allemandes. Et parallèlement l'Allemagne va s'équiper de 15 *Eurofighters*, en réaffirmant son engagement dans le projet SCAF. La hausse du budget de la défense laisse ainsi penser que le financement des deux projets est possible.

Un équilibre fragile au sein de la coalition

La réception positive aux annonces d'Olaf Scholz a traduit un consensus de la classe politique et de la population allemandes, d'autant qu'elles sont intervenues dans un moment émotionnel fort. Toutefois, passé l'effet d'annonce, les difficultés surgissent.

Comme les fonds doivent provenir de crédits nouveaux hors limites habituelles à l'endettement, la coalition souhaite une modification de la Loi fondamentale. Mais il lui faut pour cela réunir une majorité des deux tiers au Bundestag, pour laquelle elle aura besoin des voix de l'opposition conservatrice CDU-CSU. Le nouveau président de la CDU, Friedrich Merz, avait annoncé, dans sa réponse au discours du chancelier du 27 février, qu'il soutiendrait le gouvernement dans ses projets de renforcement de l'armée allemande. La CDU-CSU est depuis longtemps favorable à l'objectif des 2 % fixé par l'OTAN, et le fonds spécial de 100 milliards va également dans son sens. Toutefois, Friedrich Merz et son parti ont exigé que les fonds soient exclusivement destinés à l'armée allemande, rejetant l'idée qu'ils puissent profiter à la « capacité d'alliance et de défense » de l'Allemagne, dans le cadre de la notion dite de « sécurité élargie ».

Les tensions existent aussi à l'intérieur de la coalition. Le fonds spécial est en partie une remise en cause de principes pacifistes très vivaces chez les Verts, mais aussi à l'aile gauche du SPD. Son acceptation a été particulièrement douloureuse pour les

Verts, le ministre de l'Économie Robert Habeck et la ministre des Affaires étrangères Annalena Baerbock n'ayant pas été informés par Olaf Scholz ni le ministre des Finances Christian Lindner du montant précis de ce refinancement. Les Verts rejettent également depuis longtemps l'objectif otanien des 2 %.

Mais le principal point d'achoppement est l'utilisation des crédits du fonds spécial. Les Verts souhaitent qu'ils soient utilisés pour la « capacité d'alliance et de défense », et pas seulement consacrés à la Bundeswehr. Le ministère des Affaires étrangères désire également profiter de l'aubaine et n'est toujours pas prêt à renoncer au fonds spécial, même s'il a revu ses prétentions à la baisse.

En dépit de ces divergences, les Verts se sont montrés très clairs sur la nécessité de livrer des armes lourdes à l'Ukraine, comme le FPD par la voix de la présidente de commission de la Défense du Bundestag, Marie-Agnes Strack-Zimmermann, quand le chancelier s'était d'abord montré hésitant. Par ailleurs, les polémiques liées à la proximité de certains dirigeants sociaux-démocrates avec Vladimir Poutine (notamment le président fédéral Frank-Walter Steinmeier) n'ont pas contribué à apaiser les tensions.

Quelles perspectives face à un enlisement de la guerre ?

La séquence politique qui a suivi le début de la guerre d'Ukraine a été favorable aux Verts. Ils ont porté des idées *a priori* aux antipodes de leurs engagements, mais fait preuve d'une grande clarté dans leur orientation politique : une attitude ferme vis-à-vis de la Russie de Vladimir Poutine. Les élections qui ont eu lieu en mai 2022 dans plusieurs *Länder* – et notamment en Rhénanie-du-Nord-Westphalie – ont éclairé les attentes de la population : les hésitations du SPD lui ont fait perdre un grand nombre d'électeurs, au profit de la CDU mais aussi des Verts, dont les deux principaux représentants au gouvernement sont perçus comme très efficaces dans la crise actuelle. Par ailleurs, en acceptant de déroger à ses principes d'orthodoxie budgétaire, le parti libéral du ministre des Finances a payé le prix des urnes, avec des résultats très décevants.

Tout ceci pourrait conduire à une plus grande affirmation des Verts dans la réorientation de la politique étrangère et de sécurité allemande, d'autant que la ministre de la Défense sociale-démocrate est parfois considérée comme trop effacée. Les libéraux, quant à eux, reviennent à leurs fondamentaux, en limitant la marge d'action budgétaire du gouvernement, dans un contexte d'inflation forte et de croissance ralentie.

P. M.

Pour en savoir plus

- P. Maurice, « Un "changement d'époque" ? Vers une réorientation de la politique étrangère allemande après l'invasion russe en Ukraine », *Briefings de l'Ifri*, Ifri, 7 mars 2022.
- H. Stark, « Le changement de paradigme de la politique de sécurité et de défense de l'Allemagne après l'invasion russe de l'Ukraine », *Allemagne d'aujourd'hui*, n° 239, janvier-mars 2022.

Le problème énergétique allemand

Vecteur et enjeux du « changement d'époque »

La guerre en Ukraine contraint l'Allemagne à réduire sa dépendance en énergies fossiles vis-à-vis de la Russie. Pilier du « changement d'époque » annoncé par le chancelier Olaf Scholz, sa politique énergétique doit être vecteur de modernisation économique allant vers la décarbonation, mais aussi intégrant les contraintes d'autonomie imposées par la rivalité globale des puissances.

La guerre en Ukraine contraint Berlin à revisiter brutalement les fondamentaux de la politique économique et de sécurité qu'elle a mise en place depuis la fin de la guerre froide. C'est là tout le sens du discours prononcé par le chancelier Olaf Scholz devant le Bundestag le 27 février 2022, qui prend acte d'un « changement d'époque ». Ce constat inclut tout d'abord la nécessité pour l'Allemagne de moderniser son outil militaire, afin d'assurer sa sécurité et celle de ses alliés. Elle comprend aussi la nécessité pour Berlin de traiter les implications géoéconomiques de ses relations commerciales et d'investissement avec la Russie, au premier rang desquelles figure la dépendance au gaz russe. C'est un moment délicat pour un pays qui a engagé son économie vers une décarbonation complète d'ici 2045, tout en choisissant le gaz comme énergie de transition.

Dépendance énergétique et vulnérabilité de l'économie allemande

Le débat relatif au gazoduc Nord Stream 2 a eu un effet cathartique, et la décision du chancelier Scholz de ne pas certifier cette infrastructure restera comme le marqueur du revirement allemand. La guerre en Ukraine a éclairé le fait que le soutien inconditionnel à ce projet poussait Berlin dans une impasse diplomatique et stratégique, sans pour autant lui permettre de résoudre son problème d'approvisionnement en énergie.

L'argument selon lequel il s'agissait d'un projet entièrement privé devenait irrecevable et, pire, pouvait être interprété comme le signe d'une duplicité allemande, ou à tout le moins d'un égoïsme inacceptable, à un moment où il s'agissait d'affirmer sa solidarité avec l'Ukraine et les pays occidentaux. Pour les États-Unis et nombre de pays européens, le projet de gazoduc Nord Stream 2 constituait un élément incontournable dans un régime de sanctions face à une agression militaire russe contre l'Ukraine, afin que soit exercée une pression maximale contre Moscou. La mise en service de ce gazoduc aurait conforté le statut de l'Allemagne en tant que plus gros acheteur de gaz russe, avec 55 % de ses importations contre une moyenne de 40 % pour l'Union européenne (UE). Or, ce qui était au départ une « interdépendance » apparaissait de plus en plus comme une « dépendance », génératrice de risques. Le ministre allemand de l'Économie et du Climat, Robert Habeck, reconnaissait en effet que la mise en service de Nord Stream 2 aurait accru le risque géopolitique pour l'Allemagne, non seulement à travers la concentration des flux sur une voie d'approvisionnement vulnérable, mais aussi par la possibilité pour la Russie d'utiliser les approvisionnements en gaz contre les intérêts allemands, par exemple en coupant les approvisionnements ou en augmentant les prix.

Au fil des négociations sur le durcissement des sanctions européennes à l'encontre de la Russie, la vulnérabilité de l'économie allemande en matière énergétique devenait ainsi évidente : comment concilier la solidarité européenne face à la Russie et la minimisation de son impact sur l'activité économique du pays ?

Le chancelier Scholz a en effet mis en garde contre l'effet récessif, sur l'économie allemande et européenne, d'un embargo brutal sur les importations d'énergies fossiles russes (gaz, pétrole et charbon). Pour sa part, le ministre allemand de l'Économie et du Climat déclarait qu'en l'absence de solutions alternatives au gaz russe, l'Allemagne ne disposerait pas des ressources nécessaires pour chauffer sa population l'hiver prochain, et qu'il faudrait envisager des coupures d'approvisionnement dans certains secteurs d'activité à forte intensité énergétique, comme l'industrie chimique ou la métallurgie.

Berlin, qui importait jusque-là de Russie un tiers de son pétrole et 45 % de son charbon, a toutefois annoncé pouvoir se passer des importations de charbon et de pétrole russe d'ici la fin de l'année 2022. S'agissant du gaz, et compte tenu du niveau de dépendance, cela ne sera sans doute pas possible avant l'été 2024. La prudence des autorités fédérales tranche avec le soutien d'une large partie de la population allemande qui, à mesure que se prolonge la guerre et que se multiplient les révélations autour des exactions commises par l'armée russe, soutient des mesures plus fermes à l'encontre de la Russie : une moitié des Allemands interrogés soutenant un boycott des importations d'énergies fossiles russes.

L'énergie, vecteur du débat sur la souveraineté stratégique en Allemagne

Comment réduire les vulnérabilités géopolitiques générées par la confiance excessive manifestée à Berlin envers la Russie dans le domaine énergétique ? La question se pose avec acuité, car l'Allemagne n'a nullement cherché depuis l'annexion de la Crimée en 2014 à diversifier ses approvisionnements, ce qui lui lie les mains au moment même où elle renonce, de surcroît, au nucléaire et au charbon pour la production d'électricité. Par contraste, les réponses apportées à cette question par la nouvelle coalition au pouvoir, quoiqu'encore incomplètes, ont été rapides et variées. Le débat est devenu le vecteur d'une dynamique rompant avec l'immobilisme qui avait prévalu dans les dernières années. Cette dynamique permet d'aligner le temps politique, la redéfinition des priorités et la redistribution des moyens, au profit d'un objectif plus large : la modernisation de l'économie allemande.

Une première mesure vise à diversifier les sources d'approvisionnement en énergie, afin de diminuer la dépendance par rapport au gaz russe, laquelle a déjà été réduite en l'espace de quelques semaines, passant ainsi de 55 % à 40 %. Les achats de gaz naturel liquéfié (GNL) y contribuent. Les États-Unis ont déjà annoncé des livraisons substantielles de GNL à l'Europe. De surcroît, le ministre allemand de l'Économie et du Climat a engagé des discussions avec le Qatar et les Émirats arabes unis, afin de conclure des accords complémentaires. Pour pouvoir recevoir ces livraisons, l'Allemagne a annoncé la mise en chantier de deux terminaux GNL, à Wilhelmshaven et à Brunsbüttel, qui ne seront pas en service avant un à deux ans.

La question se pose cependant de savoir jusqu'où la coalition « feu tricolore » pourrait aller dans la remise en cause de ses choix énergétiques, afin d'assurer la sécurité énergétique du pays. L'accord de coalition stipule notamment que l'Allemagne devra éliminer progressivement le lignite à partir de 2030. Dans quelle mesure cette date est-elle négociable, afin que puissent être compensés les effets d'un embargo sur l'énergie en provenance de Russie ? Le ministre Habeck entend se montrer pragmatique et n'exclut pas une utilisation ponctuelle des centrales à charbon pour faire la soudure en cas de difficulté d'approvisionnement. La priorité du programme de la coalition « feu tricolore » demeure l'urgence climatique, ce qui implique d'engager l'Allemagne dans un cycle de modernisation vers « une économie sociale et écologique de marché ». La nouvelle coalition se fixe donc pour objectif d'atteindre la neutralité carbone en 2045, avec une étape intermédiaire en 2030, qui consiste à produire 80 % de l'électricité à partir de sources renouvelables, contre 50 % aujourd'hui.

Le principal enseignement de la guerre russo-ukrainienne est que loin d'opposer transition énergétique d'une part et indépendance énergétique d'autre part, elle doit les réconcilier, tout au moins sur le long terme. Pour y parvenir, la capacité de l'Allemagne à développer les nouvelles technologies et les réseaux qui lui permettront d'atteindre ses objectifs de décarbonation sera essentielle. Le développement des énergies renouvelables s'impose dès lors comme partie intégrante de la solution. La vraie question est de savoir si le calendrier que s'est fixé le gouvernement allemand est encore tenable.

Redéfinir le modèle économique allemand

Les événements de ces trois dernières années ont révélé, à travers la guerre commerciale sino-américaine ou la pandémie de coronavirus, la vulnérabilité des économies européennes face aux nombreuses dépendances générées par la globalisation. Le programme de la coalition « feu tricolore » témoignait d'une prise de conscience de ces enjeux en intégrant des dispositions visant à renforcer la souveraineté stratégique des membres de l'UE, définie comme une capacité à agir dans un contexte mondial, et à être moins dépendants et vulnérables dans des domaines stratégiques déterminants comme l'approvisionnement énergétique, la santé, les importations de matières premières et le numérique – sans pour autant isoler l'Europe.

La guerre en Ukraine a un effet d'accélérateur, en contraignant l'Allemagne à reconsidérer les notions d'indépendance et d'autonomie, lesquelles ne doivent plus être seulement considérées en lien avec la seule sphère économique, mais s'imposent comme impératifs de sécurité nationale. Ce qui a pour conséquence de faire entrer la transition énergétique parmi les priorités politiques, non plus seulement au nom de l'urgence climatique mais comme garante de l'indépendance énergétique, voire de la sécurité nationale. Les notions d'indépendance et d'autonomie recouvrent par suite une dimension élargie, depuis l'énergie et l'alimentation jusqu'à la santé ou encore l'industrie et la technologie.

Comme le soulignait le programme des Verts, les industries automobile et chimique, qui ont été les piliers du succès de l'économie allemande, doivent se réinventer pour relever les défis du XXIe siècle. Ce cycle de modernisation ambitieux devra contribuer à assurer la compétitivité à long terme du site de production allemand en surmontant certaines faiblesses structurelles, telles la dépendance importante envers les combustibles fossiles, ou encore une spécialité productive marquée par le poids des industries traditionnelles.

Pour répondre aux nouveaux besoins révélés par cette guerre, les politiques publiques, nationales et européennes devront prévoir des investissements importants pour assurer le développement des énergies décarbonées, la modernisation des technologies, des réseaux de transport et de communication (cybersécurité, télécommunications, espace), ainsi qu'une mise à niveau des secteurs de la sécurité et de la défense. Cette politique d'investissements devra contribuer à renforcer la résilience de l'économie, en assurant la sécurité des chaînes de valeur, ainsi que des approvisionnements en matières premières critiques, indispensables à la fabrication des nouveaux produits nécessaires à la transition énergétique et numérique (batteries, hydrogène, semi-conducteurs). Ce qui impose d'élaborer une nouvelle géopolitique des filières, en veillant à ne pas reproduire les erreurs du passé. Tout un programme…

É-A. M.

Pour en savoir plus

- « Oser plus de progrès », Contrat de la coalition 2021-2025 entre le Parti social-démocrate d'Allemagne (SPD), le Parti libéral-démocrate (FDP) et les Verts, décembre 2021.
- M.-A. Eyl-Mazzega, « Facing a Wall: Climate in the German Elections and Perspectives for France », *Briefings de l'Ifri*, Ifri, 20 septembre 2021.
- É.-A. Martin, « Le choc de la réalité : la coalition feu tricolore dans la crise russo-ukrainienne », *Notes du Cerfa*, n° 167, Ifri, février 2022.

Royaume-Uni et Irlande après le Brexit

Un Protocole inappliqué, inapplicable ?

L'accord du Brexit signé par le gouvernement britannique bouleverse le dispositif mis en place par l'accord du Vendredi Saint. Unionistes et indépendantistes s'affrontent à nouveau sur l'idée de frontière et sur la place de cette dernière entre l'Irlande et la Grande-Bretagne. Le blocage politique est annoncé.

La décision du Royaume-Uni de quitter l'Union européenne (UE), quarante-trois ans après son adhésion, a eu des répercussions sévères en Irlande, au Nord comme au Sud, tant dans les domaines diplomatique et politique qu'économique. Elle a relancé le débat sur la question de la frontière irlandaise qui avait, suite à la partition de l'île, ouvert un violent conflit intercommunautaire en Irlande du Nord, dont la résolution a longtemps paru insoluble. Une issue favorable avait pourtant été trouvée en 1998 avec la signature des accords de paix : accord multipartite nord-irlandais de partage du pouvoir entre les deux principales formations nationaliste et unioniste d'une part, et traité bilatéral entre l'Irlande et le Royaume-Uni, co-garants de l'accord du Vendredi Saint, d'autre part. La vocation de l'accord signé à Belfast était, avec ses trois volets, de normaliser les relations entre les deux communautés nord-irlandaises, les relations entre le nord et le sud de l'Irlande, et les relations entre le Royaume-Uni et la République d'Irlande.

Le dispositif du Vendredi Saint

Le troisième des volets de l'accord du Vendredi Saint, étroitement imbriqués et interdépendants, avait officialisé, sur de nouvelles bases institutionnelles, une relation positive et mutuellement bénéfique entre Londres et Dublin, partenaires dans l'UE. Cette nouvelle relation, qui pouvait s'assimiler à une forme de co-souveraineté entre les deux capitales pour la gestion de la question nord-irlandaise, avait largement affadi le contentieux séculaire opposant l'ancienne puissance dominante à la petite île voisine. La rhétorique des « meilleurs amis » était censée prévaloir dans les relations britannico-irlandaises, avec l'idée d'interdépendance, et non plus de dépendance, ni d'indépendance.

Deux organes issus du troisième volet de l'accord de Belfast visent à renforcer les liens entre les deux États : le Conseil britannico-irlandais (BIC) et la Conférence intergouvernementale britannico-irlandaise (BIIGC). Le Conseil britannico-irlandais, qui tient sommet deux fois par an, réunit non seulement les gouvernements britannique et irlandais, mais aussi les exécutifs régionaux issus de la dévolution, ainsi que des représentants des îles anglo-normandes et de l'île de Mann. Il réunit également de façon plus régulière des représentants officiels des divers secteurs pour débattre de questions spécifiques et de priorités communes. La Conférence intergouvernementale, destinée à promouvoir la coopération bilatérale à tous niveaux, se réunit également tantôt en sommet en présence des deux chefs de gouvernement, tantôt entre ministres des secteurs concernés, et fonctionne comme un forum d'échanges sur les questions d'intérêt mutuel non dévolues aux institutions nord-irlandaises. Si le souhait de maintenir de bonnes relations entre les États est très largement partagé, les questions très clivantes comme celle du *backstop* ou du Protocole nord-irlandais ont créé des tensions parfois vives entre représentants britanniques et irlandais.

Les chefs de gouvernement irlandais ont toujours manifesté un grand intérêt pour les sommets du BIC qui, en revanche, ont été boudés par les Premiers ministres britanniques depuis 2007 – absence d'autant plus remarquée depuis le Brexit. Il est manifeste que la rupture du Royaume-Uni avec l'UE, fondée sur un repli identitaire, allait à l'encontre de la dynamique d'échange et de partage mise en place par le troisième volet de l'accord de Belfast. Alors même que les ministres britanniques cessaient de se réunir avec leurs homologues irlandais à la table de négociation de l'UE, le bon fonctionnement de ces structures interétatiques a été largement entaché par les dissensions et heurts récurrents entre négociateurs britanniques et européens.

Face au Protocole du Brexit

Du fait de son économie très imbriquée dans celle du Royaume-Uni et de sa situation périphérique à l'ouest de la Grande-Bretagne, l'Irlande a subi de plein fouet le contrecoup du départ du Royaume-Uni, partenaire économique vital. Elle a dû opérer un découplage économique de ses activités avec la Grande-Bretagne, suite aux difficultés logistiques et administratives d'application du Protocole nord-irlandais, et réorganiser ses échanges en optant pour de nouvelles voies de communication vers le continent, de façon à remplacer le pont terrestre (*landbridge)* qu'empruntaient naguère les transporteurs routiers irlandais à travers le territoire britannique.

Les relations entre les administrations irlandaise et nord-irlandaise ont inévitablement pâti des difficultés liées au Brexit et à l'application du Protocole nord-irlandais. Le Parti unioniste démocrate nord-irlandais (DUP) a décidé en 2021 de ne plus assister aux réunions du Conseil ministériel nord-sud instauré par le deuxième volet de l'accord du Vendredi Saint, conseil réunissant les responsables des exécutifs irlandais et nord-irlandais. Son rôle est de développer une coopération transfrontalière à l'échelle de tout le territoire irlandais et de mettre en œuvre des politiques communes dans les domaines d'intérêt mutuel pour des questions transfrontalières ou internationales. Si les relations politiques entre les deux exécutifs ont été mises à mal depuis la sortie du Royaume-Uni de l'UE, on relève en revanche une intensification des échanges entre le nord et le sud de l'île, qui demeurent libres de tout contrôle douanier. L'Irlande du Nord a manifestement réorienté sa politique commerciale en faveur de l'axe Nord-Sud, comme le révèlent les chiffres de l'Office central des statistiques irlandais[1].

La décision britannique a été largement perçue sur le territoire irlandais comme un bouleversement compromettant gravement le *statu quo* en Irlande du Nord, où, malgré les nombreux ratés et blocages institutionnels, paix et stabilité semblaient être durablement installées. Les multiples désaccords, affrontements et blocages entre Européens et Britanniques qui ont émaillé les cinq années de négociation ont en outre créé un climat de méfiance des autorités irlandaises vis-à-vis du gouvernement britannique, et particulièrement à l'égard d'un Premier ministre prompt à rompre ses engagements.

C'est autour du Protocole nord-irlandais qui régit les échanges entre les deux îles que se sont cristallisés griefs et rancœurs contre les autorités britanniques et leurs menaces de déclencher l'article 16 pour suspendre l'application du Protocole. Le projet de loi sur le marché interne de décembre 2020, tout comme celui sur le Protocole, à l'étude en mai 2022, ont provoqué colère et indignation en Irlande et dans toute l'Europe. Les appels répétés des responsables britanniques à rouvrir la négociation sur un traité international signé et ratifié par le Royaume-Uni voici moins de trois ans ont ôté toute crédibilité à Boris Johnson.

Le Brexit a enfoncé un coin entre la Grande-Bretagne et l'Irlande du Nord qui, à l'inverse de l'Angleterre et du Pays de Galles, s'est prononcée à près de 56 % contre la sortie de l'UE. Il a largement creusé les divisions de la société nord-irlandaise suivant le clivage communautaire qui sépare les unionistes protestants, très majoritairement partisans du Brexit, et les catholiques nationalistes attachés à leur appartenance à l'Union européenne. Quelques groupes d'élus du Parlement de Stormont, ainsi que des représentants de groupes de pression pour le respect des droits de l'homme, nationalistes mais aussi loyalistes, ont introduit sans succès des recours auprès de tribunaux, y compris la Cour Suprême, contre l'application du Brexit, perçue comme contraire à l'esprit et à la lettre de l'accord du Vendredi Saint, lequel exclut tout changement constitutionnel sans le consentement de la majorité.

Où passe la frontière ?

Les unionistes du DUP, que satisfait la décision de quitter l'UE, se sont par ailleurs opposés aux deux solutions destinées à éviter le retour d'une frontière dure, qui figurent dans chacun des Protocoles sur l'Irlande et l'Irlande du Nord, annexés à l'accord de retrait et signés par Theresa May, puis par Boris Johnson. Leur poids dans les négociations s'est considérablement renforcé suite à la décision de Theresa May de dissoudre le Parlement de Westminster en 2017 et de provoquer des élections anticipées. Faute de majorité, elle s'est vue forcée de sceller un pacte contraignant (*Confidence and Supply Agreement*) avec le DUP, qui a instauré une

1. On assiste en effet à une baisse de 40 % du volume des échanges Est-Ouest (entre l'Irlande du Nord et la Grande-Bretagne) et une hausse de 40 % des échanges Nord-Sud (entre l'Irlande du Nord et la République d'Irlande). Source : « Goods Exports and Imports », Central Statistics Office, 15 juin 2021.

relation asymétrique entre la Grande-Bretagne et l'Irlande du Nord et biaisé le déroulement des négociations.

Le choix du *frontstop* proposé par Boris Johnson, qui place en mer la frontière entre la Grande-Bretagne et l'Irlande du Nord, a provoqué un rejet des Unionistes, quasi unanimes mais à des degrés divers. Ce choix démentait la promesse du Premier ministre au congrès du DUP du 24 novembre 2018 d'écarter toute idée de frontière en mer d'Irlande. Cette volte-face, un an plus tard, fut vécue comme une trahison, et les dix élus unionistes à Westminster ne votèrent pas le nouvel accord de retrait.

Le 21 février 2021, le Parti unioniste démocrate décidait de s'en remettre à la justice pour statuer sur la légalité du Protocole au regard de plusieurs textes fondamentaux, parmi lesquels l'Acte d'union de 1800[2] avec la Grande-Bretagne et l'accord du Vendredi Saint de 1998, Protocole contraire au principe de consentement inscrit dans ce dernier accord. La polémique a perduré jusqu'aux élections du Parlement de Stormont du 5 mai 2022, qui ont scellé la victoire du parti nationaliste Sinn Fein, mettant un terme à près d'un siècle de domination unioniste.

La crise autour du Protocole, que les unionistes perçoivent comme une menace à l'encontre de la place de la province dans le Royaume-Uni, s'est aggravée avec le refus du DUP, devenu le deuxième parti en nombre de sièges, de pourvoir le poste de vice-Premier ministre qui lui revient et de participer à l'élection du *Speaker* – président de l'Assemblée de Stormont – aussi longtemps que perdurerait, du fait du Protocole, une frontière en mer d'Irlande. Ce double refus a plongé l'Irlande du Nord dans un marasme institutionnel qui, avec le soutien du Premier ministre britannique[3], risque de se prolonger durant de longs mois, au terme desquels une nouvelle élection à l'Assemblée de Stormont pourrait avoir lieu.

M.-C. C.-C.

Pour en savoir plus

- K. Hayward, « The Pivotal Position of the Irish Border in the UK's Withdrawal from the European Union », *Space and Polity*, vol. 22, n° 2, août 2018.
- M. C. Murphy et J. Evershed, *A Troubled Constitutional Future: Northern Ireland after Brexit*, New Castle, Agenda Publishing, 2022.
- J. O'Brennan, « Requiem for a Shared Interdependent Past: Brexit and the Deterioration in UK-Irish Relations », *Capita and Class*, vol. 43, n° 1, janvier 2019.

2. L'Acte d'union instaurait un commerce sans entraves dans tout le Royaume-Uni.

3. Vu le contexte économique très difficile, il est peu probable que le gouvernement britannique, qui a déclaré le Protocole inapplicable en l'état, veuille entraîner le pays dans une guerre commerciale avec l'UE, qui s'est déclarée prête à recourir à toutes les mesures de rétorsion nécessaires.

États-Unis : Biden face aux *midterms*

Une société politique divisée et radicalisée

Le traditionnel obstacle de mi-mandat se complique pour Joe Biden d'une radicalisation des républicains : ils contestent toujours son élection et s'opposent à ses projets. Les perspectives démocrates sont peu brillantes, mais les réactions récentes au débat sur l'avortement pourraient présager d'un changement de donne.

Le paysage politique américain se caractérise, à quelques semaines des *midterm elections* de novembre 2022, par quelques singularités notables. La première est la chute brutale et massive de la popularité du président Joe Biden, accélérée à l'été 2021 par le retrait d'Afghanistan, mal anticipé par son administration. Fin mai 2022, Joe Biden partage avec son prédécesseur Donald Trump le niveau d'approbation le plus bas de tous les présidents contemporains depuis Truman après 18 mois de pouvoir (autour de 40 % selon le baromètre Gallup).

La structure de la popularité présidentielle éclaire une polarisation partisane désormais achevée. Joe Biden ne trouve nulle grâce chez les électeurs républicains : ils sont, d'après Gallup, à peine 3 % à lui faire confiance. De façon encore plus surprenante, la guerre en Ukraine n'a donné à Joe Biden aucun sursaut de popularité, en dépit de son engagement lourd en faveur du président Zelensky et de la démocratie ukrainienne. Si un large consensus existe entre démocrates et républicains contre la Russie de Poutine et pour l'assistance militaire massive apportée à l'Ukraine, l'opposition républicaine n'en crédite aucunement le président Biden.

Héritage du trumpisme : le *Big Lie*

Cette impopularité massive de Joe Biden auprès de l'électorat républicain prend racine dans le procès en illégitimité qui lui est adressé. Autre première dans l'histoire des États-Unis : une majorité d'électeurs républicains reste convaincue que Joe Biden n'a pas gagné l'élection présidentielle de 2020 contre Donald Trump – lequel n'a jamais reconnu sa défaite. Le mythe de l'élection volée est devenu pour l'ex-président Trump la justification de son maintien dans le jeu politique, quand la tradition veut qu'un président battu s'efface de son parti. Donald Trump reste omniprésent, depuis janvier 2021, sur une scène nationale qui s'articule autour de lui et de son héritage politique après l'insurrection du Capitole menée par ses partisans le 6 janvier 2021.

Chez les républicains, la puissance de Donald Trump s'est traduite par la mise à l'écart systématique des élus qui avaient voté son second *impeachment* pour cause d'incitation à l'insurrection en février 2021, et de ceux, plus rares, qui avaient souhaité la mise en place d'une commission d'enquête parlementaire spéciale sur l'insurrection du Capitole. Sur les dix représentants républicains ayant voté l'acte d'accusation d'*impeachment* contre Donald Trump en février 2021, quatre ont été contraints de ne pas se représenter. Et Donald Trump a apporté son soutien aux rivaux en primaire de cinq autres. Quant à la commission spéciale d'enquête de la Chambre, qui aurait pu être l'occasion d'une réconciliation nationale après le traumatisme des cinq morts de l'attaque contre le Congrès, elle a été mise en place contre le vote de presque tous les représentants républicains. Les deux seuls à accepter d'y participer – Liz Cheney (Wyoming) et Adam Kinzinger (Illinois) – ont été condamnés par le Comité national du Parti républicain (RNC).

Cette politisation partisane de la commission d'enquête de la Chambre permet à Donald Trump d'en dénoncer par avance les conclusions, d'autant qu'il a veillé à ce que ses anciens collaborateurs majeurs de la Maison-Blanche – comme son ex-conseiller politique Stephen Bannon ou son ancien secrétaire général Mark Meadows – refusent de coopérer. Les témoignages recueillis malgré tout par la commission d'enquête de la Chambre attestent pourtant d'une gravité des événements du 6 janvier 2021 bien supérieure à ce qui avait été d'entrée envisagé. La Maison-Blanche de Donald Trump a refusé, même après l'insurrection du Capitole, le verdict des urnes, puis celui des grands électeurs, recourant à des pressions directes sur les responsables locaux des élections – comme dans l'État de Géorgie – et sur le ministère fédéral de la Justice, en dépit de la tradition de non-ingérence de la Maison-Blanche dans les poursuites judiciaires. Quant à l'attitude du président Trump pendant l'assaut violent sur le Capitole, elle semble avoir été pour le moins ambiguë, celui-ci se réjouissant du déchaînement contre son vice-président Mike Pence, qui avait refusé de renverser le résultat du vote des grands électeurs dont il assurait le décompte.

En dépit de ces acquis de la commission d'enquête de la Chambre, exposés à l'été 2022 par des auditions télévisées, Donald Trump poursuit sa dénonciation d'une élection truquée et entend purger le Parti républicain des éléments n'acceptant pas le mythe d'une élection volée : le *Big Lie*. Les résultats de cette opération sont mitigés, mais les primaires républicaines pour les élections sénatoriales – principal enjeu des élections de mi-mandat 2022, avec 34 sièges sur 100 à renouveler, qui départageront l'actuel équilibre de 50-50 dans la Chambre haute du Congrès – ont malgré tout été un grand succès pour Trump. Ainsi, le Parti républicain aligne en Ohio (James David Vance), Géorgie (Herschel Walker) et Caroline du Nord (Ted Budd) des candidats soutenus par Trump, dont les positions témoignent d'un glissement vers un radicalisme de droite antisystème, parfois poreux aux thèses du suprémacisme blanc.

Dans l'élection sénatoriale de l'Ohio, scrutée par le pays entier dans un État pivot des Grands Lacs, l'essayiste James David Vance, fort d'un considérable succès de librairie en 2016 avec son livre *Hillbilly Elegy* sur la nostalgie de l'Amérique blanche de sa jeunesse, soutient ainsi le mythe du « grand remplacement ». Pour lui, les démocrates organisent par l'immigration illégale le remplacement des électeurs républicains blancs par des votants étrangers. À l'échelon moins visible du renouvellement des secrétaires d'État, responsables de l'organisation des élections, des candidats négateurs du résultat de la présidentielle de 2020 et fervents de Donald Trump ont déjà été investis par le Parti républicain, au Michigan ou dans le Minnesota.

Un trumpisme sans Trump ?

Mais le trumpisme, doctrine politique, dépasse sans doute la personne de Donald Trump. Ses soutiens, quand ils étaient trop ouvertement motivés par une pure vendetta personnelle, ont été rejetés par les électeurs. En Géorgie, le gouverneur Brian Kemp et son secrétaire d'État, Brad Raffensperger, deux républicains qui avaient refusé en décembre 2020 de céder aux pressions du président pour invalider la victoire de Biden dans leur État, ont été réélus triomphalement face aux candidatures de David Perdue et Jody Hice, montées de toutes pièces par Donald Trump. Ce qui n'a pas empêché Kemp et Raffensperger, pour démontrer leur *bona fides* conservatrice radicale aux électeurs de Trump, de faire adopter de nouvelles dispositions électorales dès 2021, restreignant l'accès au vote pour les minorités.

Ce « trumpisme sans Trump » pourrait être la nouveauté, pour les républicains, du scrutin de mi-mandat de 2022, comme le suggère la popularité grandissante du gouverneur de Floride Ron DeSantis. Il s'est fait connaître pendant la pandémie de Covid-19 par son hostilité totale aux obligations vaccinales et de port du masque, n'hésitant pas à flirter avec les thèses complotistes contre la science médicale. DeSantis cible les mêmes marges électorales que Donald Trump, nourries de conspirationnisme anti-État et de violence politique – celles que le Parti républicain avait rejetées, au moins officiellement, par le passé. Le conservatisme républicain contemporain s'était ainsi bâti dans les années 1960 en repoussant la John Birch Society, de tendance conspirationniste et anticommuniste, puis en excluant en 1996 Pat Buchanan, aux accointances racistes. DeSantis a aussi enfourché les guerres culturelles et sociétales comme socle du combat conservateur. Il a fait adopter au printemps 2022, par une législature républicaine de Floride à sa main, une loi interdisant l'enseignement des thématiques LGBTQ+ dans les écoles primaires. Il a également fait retirer à la firme Disney, qui s'opposait à cette loi, ses privilèges fiscaux et réglementaires pour le district de Reedy Creek, autour de son parc d'Orlando. Cette rupture avec les grandes entreprises est un autre trait caractéristique du nouveau conservatisme trumpiste, qui s'adresse en priorité à des électeurs populaires et non diplômés dont les petites donations sont censées se substituer à celles du « Big Business ».

Cette radicalisation à droite, dont Trump est un instrument mais pas nécessairement la fin, explique en partie les difficultés de la première partie de mandat de Joe Biden. Au lendemain de l'insurrection du Capitole, il inscrivait sa présidence sous le signe d'une concorde bipartisane à reconstruire. Or les républicains du Congrès se sont vite figés dans une obstruction permanente, sauf pour les dépenses publiques d'infrastructures de 1 000 milliards de dollars. Ce plan, populaire pour la remise à niveau des routes et ponts, a été voté par une petite minorité de 19 sénateurs républicains derrière leur chef McConnell. Sur tous les autres axes forts du programme Biden, les républicains ont refusé de collaborer avec la nouvelle administration, retardant de plus d'un an les nominations à des postes clés du département d'État, ou votant unanimement, à la Chambre comme au Sénat, contre le premier plan de secours contre la pandémie de Covid-19.

Ce refus de la tradition de coopération bipartisane souligne, depuis 18 mois, l'étroitesse des majorités démocrates de Joe Biden, à la Chambre et au Sénat, qui le rendent dépendant, au Sénat, des éléments les plus modérés du groupe démocrate : les sénateurs Joe Manchin (Virginie occidentale) et Kyrsten Sinema (Arizona). À eux deux, ces élus ont réussi à court-circuiter le *Build Back Better*, un volet de dépenses publiques climatiques et sociales de 3 200 milliards de dollars. Cette promesse écologique et redistributive de Biden restant lettre morte, la démobilisation de l'électorat jeune (18-29 ans) et de la minorité afro-américaine – piliers de la coalition victorieuse de Biden en 2020 – risque d'être très forte aux élections de mi-mandat.

***

Une inflation galopante, inédite depuis le début des années 1980, assombrit encore les perspectives démocrates pour ces élections, décisives pour la suite de la présidence. Outre la tradition historique de *midterm elections* défavorables au président après deux ans d'exercice (voir les désastres des trois derniers présidents démocrates Carter, Clinton et Obama), les démocrates devront se confronter à un charcutage (*gerrymandering*) des 435 districts de la Chambre, qui les défavorise. L'absence de majorité nette en sièges des démocrates en 2020 à la Chambre pouvait déjà être imputée au découpage électoral des districts du début de la décennie 2010 par les républicains dans de nombreux États. Un nouveau redécoupage décennal, opéré après le recensement de 2020, contribue à rendre beaucoup des 435 districts non concurrentiels pour l'un ou l'autre parti, avec un avantage persistant – quoique réduit – pour les républicains.

Ce paysage politique demeure pourtant suspendu aux conséquences imprévisibles de la décision de la Cour suprême fédérale dans l'affaire Dobbs *vs.* Jackson Women's Health sur le droit à l'avortement. Le probable revirement de la jurisprudence Roe/Casey, qui donne depuis 1973 une garantie constitutionnelle au droit des femmes à choisir une interruption volontaire de grossesse, pourrait bouleverser les élections de novembre, comme semblent l'indiquer les manifestations, spontanées et massives, consécutives à la publication, début mai 2022, d'un arrêt provisoire signé du juge conservateur Alito.

C. S.

Pour en savoir plus

- A. Burns et J. Martin, *This Will Not Pass: Trump, Biden and the Battle for America's Future*, New York, Simon and Schuster, 2022.
- M. Kazin, *What It Took to Win: A History of the Democratic Party*, New York, Farrar, Straus & Giroux, 2022.
- L. Nardon, « Un an après sa victoire, où en est Joe Biden ? », *Revue Études*, janvier 2022.

Face à la Chine, une Amérique désorientée

De l'abandon d'une politique à la redéfinition d'une stratégie

Le relatif consensus dégagé sous l'administration Trump vis-à-vis de la Chine s'est heurté au conflit ukrainien. Il s'agit toujours de contenir l'influence régionale chinoise, en réévaluant les alliances régionales, mais aussi d'éviter tout dérapage pouvant conduire à la guerre. La doctrine globale de Washington reste à expliciter.

À tort ou à raison, les milieux dirigeants des États-Unis sont désormais convaincus d'avoir fait une erreur en favorisant, quarante années durant, le développement économique de la Chine. Ils peinent cependant à définir les objectifs de la stratégie qui doit succéder à leur politique d'ouverture, alors même que la situation du monde paraît toujours plus incertaine.

La priorité contrariée de l'administration Biden

La remise en cause du choix fait par Nixon et Kissinger de se tourner vers la Chine avait été la grande affaire de l'administration Trump. Nullement propre à la personne de l'ancien président, elle reflétait un consensus nouveau aux États-Unis. Affolée par les progrès des ambitions et des capacités militaires chinoises, irritée par la compétition commerciale et technologique de la Chine, et désabusée par la consolidation autocratique du Parti communiste chinois (PCC) autour de la personne de Xi Jinping, l'Amérique avait été gagnée par le sentiment collectif – et, chose rare à Washington de nos jours, bipartisan – d'avoir passé un demi-siècle à jouer à l'apprenti-sorcier. En bref, les États-Unis auraient créé un monstre, déterminé à détruire d'un même geste l'hégémonie américaine et la démocratie libérale.

C'est dans ce contexte que Joe Biden est arrivé au pouvoir. Beaucoup a alors été écrit sur la continuité apparente de la politique chinoise des deux administrations, opposées sur presque tous les autres sujets. Les démocrates n'avaient démenti leurs prédécesseurs ni sur leur évaluation de la répression chinoise des Ouïghours – qualifiée de génocide –, ni sur le choix d'intensifier les contacts de haut niveau avec Taïwan, et ils avaient maintenu les taxes sur les marchandises chinoises décidées par Donald Trump. Seul le retour des États-Unis dans l'Accord de Paris sur le climat laissait présager la recherche d'une entente avec la Chine.

En mars 2021, un premier sommet sino-américain s'était déroulé à Anchorage dans une ambiance exécrable. Le nouveau ministre des Affaires étrangères, Antony Blinken, avait conclu : « La relation des États-Unis avec la Chine sera compétitive là où elle devrait l'être, collaborative là où elle peut l'être, antagoniste quand il le faudra. » Cette politique mixte était inspirée par la conscience de ce que la Chine, désignée comme le plus sérieux compétiteur des États-Unis, n'était pas l'Union soviétique de jadis. Les tensions stratégiques et l'opposition des deux modèles politiques ne pouvaient faire oublier une forte interdépendance, encore soulignée par la pandémie de Covid-19.

Plus vieux président jamais élu à la Maison-Blanche, Joe Biden avait à cœur, au moment de prendre ses fonctions, de ne pas paraître l'homme du passé. L'enjeu de son mandat serait de hisser les États-Unis à la hauteur d'un défi chinois sans précédent, dont l'issue configurerait un siècle inévitablement très différent de celui dans lequel il avait vécu la majeure partie de son existence.

L'agression russe de l'Ukraine a enrayé cette dynamique, détournant les États-Unis de l'horizon encore indistinct du Pacifique pour les ramener aux vieilles certitudes transatlantiques. Survenant après le fiasco du retrait des troupes américaines d'Afghanistan en août 2021, la guerre décidée par Vladimir Poutine, vue de Washington, constituait un nouveau rappel de ce que l'Amérique ne saurait négliger ses ennemis d'hier pour se concentrer exclusivement sur celui de demain.

La Chine est bien sûr un facteur de poids dans un conflit déclenché au lendemain de la proclamation, aux Jeux olympiques d'hiver de Pékin, d'une amitié sino-russe « sans limite », qu'elle peine à réconcilier avec sa défense traditionnelle de la souveraineté des États. En mars 2022, Joe Biden a menacé la Chine de « conséquences » si elle s'avisait de fournir une assistance à la Russie, comme celle-ci le lui aurait demandé. Un mois plus tard, le sujet a été abordé dans la première conversation téléphonique entre le secrétaire à la Défense Lloyd Austin et son homologue Wei Fenghe – un contact dont le long retard, pour raisons protocolaires, avait fini par symboliser les complexités de la mise en place d'une nouvelle politique chinoise à Washington.

La résistance de l'Ukraine à l'invasion d'un voisin niant son existence comme nation n'aura pas manqué de faire réfléchir à Pékin sur l'opportunité d'une unification de Taïwan à la Chine par la force, perspective qui demeure au centre des calculs des États-Unis.

La compétition s'intensifie dans le Pacifique

À cet égard, Joe Biden a pu donner à plusieurs reprises l'impression de répudier la traditionnelle politique d'ambiguïté stratégique des États-Unis, pour être aussitôt démenti par sa propre administration.

Lors de son voyage au Japon de mai 2022, le président américain a ainsi répondu un « oui » sans équivoque à la question sur un éventuel soutien militaire à Taïwan face à une agression chinoise, avant d'ajouter : « C'est l'engagement que nous avons pris. » La Maison-Blanche assure, depuis, que les États-Unis n'ont pas changé de position, ce qui ne laisse pas d'interroger sur un chef d'État connu pour ses gaffes, et peut-être fatigué par son âge. La sortie de l'ambiguïté sur Taïwan n'en répond pas moins aux aspirations d'un courant de plus en plus influent dans le débat américain de politique étrangère, selon lequel la stabilité dans le détroit de Taïwan dépend aujourd'hui d'une manifestation ferme de la résolution américaine[1].

Le soutien accru à Taïwan répond par ailleurs au souci de l'administration Biden de revigorer les alliances et partenariats des États-Unis, dédaignés pendant les années Trump, en vue d'opposer à la Chine une large unité plurilatérale. Le lecteur français de ces lignes n'aura pas oublié qu'en septembre 2021, la formation de l'AUKUS – coopération de défense entre l'Australie, les États-Unis et le Royaume-Uni, destinée à fournir à la marine australienne des sous-marins à propulsion nucléaire de conception américaine – avait entraîné la rupture sans notification préalable du contrat passé avec la France. Dans une stratégie indopacifique américaine dont la signification antichinoise ne fait plus de doute, l'AUKUS doit désormais être articulé avec le Quadrilateral Security Dialogue (Quad). Cette entente des démocraties de la région, qui réunit l'Inde et le Japon en sus de l'Australie, s'est traduite pour la première fois, sous Joe Biden, par des sommets au niveau des chefs d'État. Le quatrième de ce genre, tenu à Tokyo en mai 2022, a notamment vu l'annonce d'un Indo-Pacific Partnership for Maritime Awareness, projet de surveillance maritime par satellite qui vise les activités contestées des navires de pêche et des milices maritimes, telles celles menées par la Chine en mer de Chine méridionale.

Souvent critiqué pour son caractère trop exclusivement militaire, l'investissement américain dans la région sera par ailleurs complété par un volet économique, baptisé Indo-Pacific Economic Framework (IPEF). Cette initiative, qui ne devrait pas impliquer de réduction des droits de douane, est un substitut, plus acceptable par l'opinion américaine, à l'Accord de partenariat transpacifique (TPP) dont Donald Trump avait retiré les États-Unis. Douze États représentant près de 40 % du produit intérieur brut mondial ont accepté d'y prendre part, en se donnant pour priorités une économie numérique et décarbonée, les chaînes d'approvisionnement, ou encore la lutte anti-corruption.

Tant sur le plan économique qu'en matière sécuritaire, les États-Unis auront fort à faire pour contrer les initiatives chinoises qui s'étendent dans le Pacifique. Une certaine sidération a accompagné la signature, en avril 2022, d'un accord de sécurité entre la Chine et les Îles Salomon, que les États-Unis n'ont pu empêcher en dépit de leur décision de rouvrir une ambassade à Honiara. Le contenu de cet accord est secret, mais pourrait permettre l'implantation d'une base militaire. Au moment même où Biden se rendait en Asie pour y proposer son IPEF, le ministre chinois des Affaires étrangères Wang Yi visitait les Îles Salomon et sept autres États du Pacifique Sud pour promouvoir un projet majeur de coopération multisectorielle.

À quelques mois du 80e anniversaire de la bataille de Guadalcanal, l'hégémonie américaine sur le Pacifique est ainsi plus que jamais contestée par la Chine.

En quête d'une nouvelle doctrine

Le 26 mai 2022, Antony Blinken a finalement prononcé à l'université George Washington un discours attendu sur la doctrine de l'administration Biden à l'égard de la République populaire de Chine (RPC). Son intervention nous renseigne sur

1. R. Haas et D. Sacks, « American Support for Taiwan Must Be Unambiguous: To Keep the Peace, Make Clear to China That Force Won't Stand », *Foreign Affairs*, 2 septembre 2020.

ce dont les États-Unis disent ne pas vouloir avec la Chine ; elle est moins explicite sur la finalité positive de leur stratégie.

Tout d'abord, les États-Unis cherchent à éviter une guerre avec Pékin. Si le soutien américain à l'Ukraine agite le spectre de la co-belligérance et menace de dégénérer en affrontement direct entre les pays de l'Organisation du traité de l'Atlantique nord (OTAN) et la Russie, engageant une incontrôlable escalade, les États-Unis semblent parier sur un épuisement de l'armée russe qui leur permettrait de rester concentrés sur leur objectif principal : prévenir un conflit catastrophique avec la Chine. Dans cette perspective, on peut penser que Pékin aura tiré toutes les leçons des mesures restrictives coordonnées par les États-Unis et leurs alliés pour mettre à genoux l'économie russe.

Les États-Unis ne veulent pas davantage d'une guerre froide avec la Chine – une affirmation qui fait écho à l'accusation chinoise constamment répétée selon laquelle les Américains auraient conservé une « mentalité de guerre froide ». La déclaration de Blinken exclut l'objectif du changement de régime qu'avait agité son prédécesseur Mike Pompeo, illustrant aussi les limites du récit de la lutte contre l'autocratie, au nom duquel avait été organisé, en décembre 2021, un sommet pour la démocratie en demi-teinte. Elle rejette également l'idée d'un découplage entre les économies des deux pays, auquel n'est pas favorable le patronat américain, en dépit des fortes tendances autarciques de la politique chinoise.

En définitive, la position américaine en revient à une vision assez convenue, qui consiste à façonner l'environnement stratégique de la Chine par un investissement renouvelé dans la puissance américaine, une meilleure coordination avec les alliés, et une lutte pour la domination des technologies du futur, en vue de préserver l'ordre international. Washington se réfère là encore à une notion popularisée sous l'administration précédente : le *rules-based international order*, dont elle n'a jamais clarifié la relation exacte au droit international, mais que Blinken présente comme fondé d'abord sur la Charte des Nations unies.

La Chine ne manquera pas de protester de son attachement à la Charte et de mettre en doute celui des États-Unis. C'est que le respect du droit international ne saurait en lui-même créer un terrain d'entente : c'est toujours de la mésentente que naissent les accusations de violation du droit international.

Antony Blinken conclut son discours en jugeant « qu'il n'y a pas de raison que nos deux grandes nations ne puissent coexister en paix ». Il reste à nous montrer comment.

C.-E. D.

Pour en savoir plus

- C.-E. Detry, « Le dilemme chinois de Trump à Biden : un consensus et trois visions du monde », *Asie.Visions*, n° 122, Ifri, juillet 2021.
- A. Friedberg, *Getting China Wrong*, Cambridge, Polity Press, 2022.
- K. Rudd, *The Avoidable War: The Dangers of a Catastrophic Conflict between the US and Xi Jinping's China*, New York, PublicAffairs, 2022.

Les États-Unis face à leurs engagements extérieurs

Deep engagement contre *restraint*

La communauté des spécialistes des relations internationales oppose aux États-Unis les partisans d'un engagement extérieur lourd, seul susceptible de préserver l'ordre international créé par l'Amérique, et ceux d'un retrait qui laisserait les alliés – en particulier européens – prendre en main leur destin.

La communauté des universitaires américains spécialistes des relations internationales abrite plusieurs sous-groupes. La plus importante division sépare deux écoles de *Grand Strategy* : les partisans du *deep engagement* (engagement en profondeur) et ceux du *restraint* (retenue). La première, qui règne à Washington depuis plusieurs décennies, estime que les États-Unis peuvent continuer à diriger l'ordre mondial, à exercer leur puissance sur tous les continents, à un coût abordable et pour un temps indéfini. L'« ordre libéral fondé sur des règles », affirme-t-on, est facile à rejoindre et difficile à perturber ; les puissances émergentes, y compris la Chine, finiront par y être cooptées. Pour les *restrainers* en revanche, les États-Unis ont dangereusement étendu leur empreinte internationale, en particulier depuis la fin de la guerre froide. Ils se sont engagés dans des guerres à l'étranger insensées et contre-productives (Afghanistan, Irak…), à un coût économique et politique énorme, et en négligeant gravement la politique intérieure, avec des résultats délétères en matière de polarisation de la société américaine. Barack Obama et Donald Trump ont semblé, à des égards différents, plus favorables à cette dernière école que leurs prédécesseurs. Les implications pour l'Europe de ce choc des perspectives sont importantes.

Deep engagement et sauvegarde de l'ordre international libéral

Le représentant le plus connu du *deep engagement* est sans doute le chercheur de Princeton John Ikenberry. Dans son livre phare de 2011, Ikenberry soutient que trois types d'ordre mondial ont dominé l'histoire depuis le traité de Westphalie : les ordres basés sur l'équilibre des puissances ; les ordres basés sur un commandement hiérarchique quasi impérial ; et l'ordre mondial libéral américain, qu'il considère fondé sur le consentement des États participants. Des crises ont certes émergé dans cet ordre suite au « moment unipolaire » qui a suivi la guerre froide, mais il s'agissait de crises d'autorité et de rôle internes à cet ordre plus que de crises de l'ordre lui-même – qu'Ikenberry voit avec un avenir solide et sûr.

Adoptant ces analyses dans le domaine de la *Grand Strategy*, des spécialistes comme William Wohlforth ou Stephen Brooks[1] plaident pour le *deep engagement*. La stratégie de George W. Bush a été largement critiquée par les universitaires « de la retenue » : il fallait donc théoriser le *deep engagement*. Cette approche postule que l'ordre libéral américain, fondé sur une série d'alliances régionales comme l'Organisation du traité de l'Atlantique nord (OTAN) en Europe, stabilise et consolide les régions du monde les plus riches en ressources, protège les voies maritimes du commerce international, et favorise la coopération indispensable à la préservation d'un ordre international dynamique.

Pour les *deep engagers*, les États-Unis bénéficient largement de leur engagement en l'Europe *via* l'OTAN. Les débats sur le partage du fardeau qui agitent l'Alliance pratiquement depuis sa création étant un épiphénomène. Les États-Unis peuvent facilement se permettre les coûts du leadership dans l'OTAN. De plus, deux avantages semblent l'emporter sur ceux, potentiels, de la retenue. Le premier est que la présence militaire américaine stabilise le Vieux Continent et offre des garanties de sécurité introuvables ailleurs : l'OTAN est donc un élément crucial de l'équilibre européen. Le deuxième avantage est que les États-Unis consolident leur propre sécurité grâce à l'OTAN. Les forces européennes peuvent ainsi assister les forces américaines dans des opérations hors zone (Afghanistan). Les États-Unis ont aussi accès à tout une gamme de bases permanentes, de ressources logistiques et de droits de survol. La coopération des alliés en matière de renseignement étant également d'une réelle valeur pour les États-Unis. Enfin, l'influence des États-Unis sur les Européens garantit que l'euro ne constituera jamais une menace sérieuse pour la domination mondiale du dollar. Bref, le *deep engagement* en Europe est d'une valeur inestimable, pour les Européens comme pour les Américains.

Les partisans de cette approche attachent peu d'importance aux tentatives de développer une Politique de sécurité et de défense commune (PSDC) européenne, considérant que les ambitions d'autonomie stratégique de l'Union européenne (UE) sont erronées. Dans un article récent, deux spécialistes du *deep engagement* soumettent cette perspective à une critique soutenue[2]. Les auteurs prétendent proposer le premier codage complet des perceptions nationales des menaces en Europe, avec une analyse des capacités de défense territoriale européenne sur trois décennies. Leur argument central est que, loin de s'approcher d'une autonomie stratégique, les États européens se retrouvent enlisés dans une « cacophonie stratégique », et que leurs déficits capacitaires sont si graves que la défense territoriale européenne est inimaginable pour l'avenir prévisible. La Russie, insistent-ils, ne pouvait être dissuadée par les seules forces européennes. Les auteurs déplorent la multiplication inutile d'initiatives diverses, dont beaucoup n'apportent rien de significatif à la cause commune. Ils soulignent les besoins européens urgents

1. S. G. Brooks et W. C. Wohlforth, *America Abroad: Why the Sole Superpower Should Not Pull Back from the World*, Oxford, Oxford University Press, 2016.
2. H. Meijer et S. G. Brooks, « Illusions of Autonomy: Why Europe Cannot Provide for its Security if the United States Pulls Back », *International Security*, vol. 45, n° 4, 2021.

en matière de mobilité, de forces spéciales et de cyberdéfense. Bref, pour ces *deep engagers*, l'avenir ressemblera au passé : une Europe dominée par la *Grand Strategy* américaine.

Certains éléments indiquent pourtant que la guerre en Ukraine a provoqué un débat entre les spécialistes du *deep engagement*, en particulier autour des « vraies intentions » de la Russie. Mais la consolidation de l'OTAN et de l'hégémonie stratégique américaine en Europe suggère que cette crise ne produira pas de remise en cause majeure dans ce camp.

Restraint : rendre l'Europe aux Européens ?

L'école du *restraint* adopte une approche diamétralement opposée. Ses partisans[3] soutiennent qu'il n'est ni financièrement ni militairement dans l'intérêt des États-Unis de policer le monde, et que les forces américaines devraient être retirées de leurs positions avancées vers le continent américain, dans une posture « d'équilibrage *offshore* » leur permettant d'être rapidement déployées dans une crise affectant l'intérêt vital des États-Unis – et seulement dans ce cas. Dans cette logique, les alliés des États-Unis, en Europe ou en Asie, devraient assumer la responsabilité première de leur sécurité. Cette approche est aussi soutenue par un conservateur réaliste « classique » comme Andrew Bacevich.

L'école du *restraint* déplore que, depuis la fin de la guerre froide, les États-Unis aient dépensé massivement pour ce qu'elle considère comme des efforts imprudents, ayant pour la plupart échoué : sauvetage d'États défaillants ; interventions ostensiblement « humanitaires », à des fins souvent contre-productives ; imposition de la « démocratie » ; opposition à ce que Washington perçoit comme des mouvements nationalistes indésirables ; *containment* des « États-voyous » ; bref, une aspiration à dominer le monde militairement, économiquement et politiquement. Pour les *restrainers*, la suprême folie du *deep engagement* a été l'engagement en Irak et en Afghanistan. Les troupes américaines, notent les *restrainers*, ont passé deux fois plus de temps au combat depuis la fin de la guerre froide que durant cette dernière.

L'approche du *deep engagement* a autorisé les alliés, en Europe et partout dans le monde, à réduire leurs propres dépenses militaires au nom des garanties de sécurité américaines. En 2014, Barry Posen a appelé à un retrait progressif américain de l'OTAN (sur dix ans), accompagné d'un transfert progressif aux Européens des fonctions de l'Alliance. Bacevich a appelé à mettre fin à la tradition consistant à nommer un Américain commandant suprême des forces alliées en Europe (SACEUR), demandant d'établir un calendrier de fermeture des principaux quartiers généraux américains en Europe, et une date ferme de fin d'adhésion des États-Unis à l'OTAN. Mearsheimer et Walt recommandent également de remettre l'OTAN aux Européens, soutenant qu'aucun pays n'a la capacité de dominer l'Europe. L'Allemagne et la Russie, suggèrent-ils, perdront de leur puissance à mesure que diminuera leur population. Et même si un conflit survenait en Europe, insistent-ils, il ne menacerait pas les intérêts vitaux des États-Unis.

3. B. R. Posen, *Restraint: A New Foundation for U.S. Grand Strategy*, Ithaca, Cornell University Press, 2015 ; S. M. Walt, *The Hell of Good Intentions: America's Foreign Policy Elite and the Decline of U.S. Primacy*, New York, Farrar, Straus and Giroux, 2018.

L'objectif principal est de plaider pour la prise en charge par les alliés européens de la responsabilité sur leurs propres affaires. Ces derniers, insiste cette école, coûtent plus qu'ils ne valent. Si les États-Unis étaient plus prudents dans leurs dépenses de défense, les alliés n'auraient d'autre choix qu'en faire plus pour eux-mêmes. Dans son évaluation globale de l'OTAN depuis la guerre froide, Posen a déploré l'inconscience récurrente et le *cheap riding* des Européens, concluant que l'UE donne elle-même le meilleur argument du monde en faveur du désengagement américain. En bref, l'OTAN devrait être transférée aux Européens ; et, s'ils ne le veulent pas, Washington devrait « la laisser tomber ».

L'Ukraine confirme les certitudes des deux côtés

Parmi les réalistes universitaires américains, une telle analyse était devenue presque banale avant l'invasion russe. Elle avait par ailleurs reçu grande publicité avec l'écho apparent que répercutait l'administration Trump – même si tous les *restrainers* critiquaient vivement la naïveté stratégique de ce dernier. Si la décision de Poutine a pris de nombreux *restrainers* par surprise, semblant initialement invalider leur vision stratégique de l'Europe, les mauvaises performances de l'armée russe pourraient finir par étayer leurs thèses. Dans un article fondateur de 2021[4], Posen a tenté de prouver que l'Europe seule, sans l'aide des États-Unis, pourrait se défendre contre une attaque russe. Son article a ouvert un débat substantiel sur l'état réel des capacités militaires européennes[5].

À supposer que le conflit russo-ukrainien débouche sur un accord de paix, ces deux logiques contradictoires demeureront d'actualité. La conviction des *deep engagers* est que, une fois de plus, l'implication des États-Unis a profité au monde entier. Celle des *restrainers* que l'insouciance américaine a sensiblement aggravé le conflit et que, compte tenu de l'état réel de l'armée russe, l'Europe devrait être capable de se débrouiller seule. La guerre, semble-t-il, confirmera les deux camps dans leurs convictions.

J. H.

Pour en savoir plus

- A. J. Bacevich, *The Age of Illusions: How America Squandered Its Cold War Victory*, New York, Metropolitan Books, 2020.
- G. J. Ikenberry, *Liberal Leviathan: The Origins, Crisis and Transformation of the American World Order*, Princeton, Princeton University Press, 2012.
- J. J. Mearsheimer, *The Great Delusion: Liberal Dreams and International Realities*, New Haven, Yale University Press, 2019.

4. B. Posen, « Europe Can Defend Itself », *Survival*, vol. 62, n° 6, décembre 2020-janvier 2021.
5. Voir *Survival*, vol. 63, n° 1, février-mars 2021 ; S. Walt, « Exactly How Helpless Is Europe? », *Foreign Policy*, 21 mai 2021.

Vers un nouveau Chili ?

L'espoir des Andes

La longue marche politique ouverte par la chute de la dictature n'a pas fondamentalement changé la donne économique, ni réduit les inégalités profondes créées par la logique hyper-libérale. L'Assemblée constituante issue des révoltes de 2019 entend mettre en place des institutions représentant en tous domaines un véritable renouveau démocratique.

Début 2022, la vie du peuple chilien continue d'être régie par une Constitution non démocratique, scellant les injustices sociales créées par un modèle politique imposé au gré du parti le plus conservateur du pays. Pourtant, depuis plus de trois ans, le Chili vit des bouleversements importants sur le plan politique et se donne l'opportunité historique de se débarrasser d'une Constitution datant de la dictature Pinochet.

Une longue transition

En 1973, le coup d'État actait l'effondrement démocratique, l'imposition d'une dictature et l'installation du modèle néolibéral des *Chicago Boys*. Salvador Allende n'était plus ; Pinochet prenait le contrôle du pays et allait marquer l'histoire par 17 années de dictature sanglante. Le retour à la démocratie en 1990 est aujourd'hui vu comme une transition inachevée, sans que soit remise en cause la lutte qui a rendu possible ce passage historique. Mais depuis plus de trois décennies, le modèle néolibéral s'est approfondi au détriment de la justice sociale, avec des droits sociaux inexistants, ainsi qu'une santé et une éducation aux coûts très élevés, donc difficiles d'accès. En dépit du recul de la pauvreté dû à certaines politiques sociales de différents gouvernements de centre-gauche – notamment sous les mandats de l'ancienne présidente Michelle Bachelet (première femme présidente du Chili, de 2006 à 2010, puis de 2014 à 2018) –, les inégalités restent considérables. Le Chili est le pays où les ménages sont les plus endettés d'Amérique latine : selon le dernier rapport de la Banque centrale, la dette représente désormais en moyenne 74,5 % de leurs revenus.

Au-delà du Chili, l'Amérique latine est l'une des régions les plus inégalitaires au monde. Après un début de siècle marqué par une croissance économique soutenue et des prix élevés des matières premières, plusieurs pays avaient réussi à inverser la tendance avec des politiques redistributives, mais sans pouvoir véritablement s'attaquer aux problèmes structurels, ni parvenir à imposer – *via* la fiscalité – une part plus importante des secteurs les plus riches. En Amérique latine, les 10 % les plus riches concentrent plus de 70 % de la richesse totale, mais ne paient des impôts que sur 5,4 % de leurs revenus[1], ce qui prive largement les États de moyens d'agir. Cette faiblesse fiscale ne leur permet donc pas d'investir suffisamment dans des domaines comme l'éducation, la santé, le logement, la sécurité alimentaire, l'égalité des sexes ou le développement des infrastructures. Avec la pandémie, le produit intérieur brut (PIB) régional a connu une baisse de 7,7 % en 2020, alors que l'augmentation de la pauvreté était de l'ordre de 8 % et de 4,5 % pour l'extrême pauvreté. Au Chili, les inégalités marquent les esprits et constituent le déclencheur de la révolte sociale d'octobre 2019.

Un tournant populaire

Le soulèvement populaire qui a débuté le 18 octobre 2019 restera dans les mémoires comme une période de transformation pour tenter d'aller vers un nouveau pacte social. Le président conservateur Sebastián Piñera, élu en décembre 2017 pour un second mandat (le premier mandat ayant eu lieu entre 2010 et 2014), a tenté de maintenir le modèle néolibéral en jouant la carte de la répression. Amnesty International a documenté, lors des manifestations massives d'octobre 2019, les graves violations des droits de l'homme, ainsi que d'éventuels crimes au regard du droit international. Selon les chiffres du Parquet et de l'Institut national des droits de l'homme, on dénombre plus de 8 000 victimes de violences d'État et plus de 400 cas de traumatismes oculaires.

D'Atacama à la Patagonie, le sentiment de ne pas vivre dignement se répand. Ce réveil au son des casseroles n'aurait pas dû surprendre au regard de l'accumulation d'années d'injustice et de la multiplicité des voix qui avaient alerté sur la gravité et la profondeur de la fracture sociale, dont plusieurs rapports d'organisations internationales. La cristallisation du soulèvement résulte également de la conjonction de multiples révoltes, comme la « révolution des pingouins » en 2006 (les lycéens chiliens revêtent alors un uniforme noir et blanc) ou le mouvement étudiant de 2011, dont le président actuel Gabriel Boric et plusieurs de ses ministres furent des visages emblématiques.

Le détachement citoyen vis-à-vis des partis politiques et de la vie démocratique est très répandu, mais il résulte surtout au Chili des abus des élites, ou au moins de leur indolence face aux inégalités. La désobéissance civile est devenue source d'espoir pour les manifestants. Elle a permis de rompre avec la voie parfaitement bornée imposée par la dictature et d'ouvrir un chemin aboutissant à un cadre constitutionnel neuf, reflétant la société d'aujourd'hui. Le 18 octobre marquait ainsi le début d'une ère où s'exprimait la raison passionnée d'un peuple neutralisé durant plusieurs décennies par la religion du marché.

1. *Panorama fiscal de América Latina y el Caribe 2021. Los desafíos de la política fiscal en la recuperación transformadora post COVID-19*, Santiago de Chile, Commission économique pour l'Amérique latine et les Caraïbes (CEPAL), avril 2021.

Vers une nouvelle Constitution

Le premier grand pas vers une nouvelle Constitution fut le « oui » au référendum du 25 octobre 2020 (avec 78 % des suffrages). Quelques mois plus tard, les Chiliens étaient à nouveau convoqués aux urnes pour élire les 155 membres de l'Assemblée constituante.

Les résultats témoignaient clairement du rejet des partis traditionnels. Près de 40 % des élus n'étaient pas issus de partis politiques. La coalition de centre-gauche qui avait gouverné à plusieurs reprises depuis 1990 atteignait seulement 25 sièges. La « gauche alternative », composée du Parti communiste et du Frente Amplio, en obtenait 28. Les grands vainqueurs du scrutin étaient les candidats indépendants, de tendance progressiste, avec 48 sièges. Défaite pour la droite également, qui n'obtenait que 37 sièges, loin du tiers nécessaire qu'elle espérait pour imposer son véto et freiner les changements structurels.

L'Assemblée constituante était aussi synonyme de diversité et d'égalité : 17 sièges y étaient réservés aux peuples autochtones, trop souvent oubliés des institutions en place depuis 1990. D'autre part, la parité de l'Assemblée représentait une sorte de première mondiale, garantie d'une exigence de genre essentielle pour toute refondation démocratique. La responsabilité était donc énorme pour ces 155 membres dont la feuille de route était de rédiger une nouvelle *Magna Carta*, afin d'affirmer la version australe de la souveraineté populaire du XXIe siècle.

En mai 2022, les membres de la Constituante ont remis une première version de ce que pourrait être la nouvelle Constitution. La grande différence avec la Constitution actuelle, c'est le caractère social et démocratique du texte proposé. Volontairement tourné vers l'avenir, le projet de Constitution aborde certaines questions essentielles pour les générations futures : les droits de la nature, la protection des biens communs, l'eau ou encore le changement climatique. L'affirmation des droits sociaux remplacera l'État subsidiaire actuel imposé par la Constitution de 1980 par un État social de droit, qui cherchera à donner une plus grande pertinence au secteur public.

Ainsi, la nouvelle Constitution permettra le développement de politiques publiques universelles – jusqu'à présent considérées comme anticonstitutionnelles[2] – dans la mesure où elle garantit des droits sociaux comme la santé, l'éducation, le logement, les retraites, l'accès aux soins et au travail. L'importante représentation des peuples autochtones dans la Constituante conduira à déclarer le Chili comme État plurinational, avec les débats consécutifs sur le statut d'autonomie territoriale et juridique de ces peuples autochtones. La parité de genre de l'Assemblée, combinée à une orientation majoritaire de gauche, permet également d'inscrire dans la Constitution le droit aux soins comme droit fondamental, et d'affirmer les droits relatifs aux femmes, notamment ceux liés à la prévention des violences sexistes, ainsi que des normes favorisant une représentation équitable des sexes dans l'ensemble du système politique.

Les demandes de décentralisation et de déconcentration fonctionnelle des pouvoirs pourraient conduire à un modèle d'administration politique plus décentralisé et à un système plus équilibré de « freins et contrepoids » entre pouvoirs exécutif et législatif.

---

2. C. Heiss, *¿Por qué necesitamos una nueva Constitución?*, Santiago de Chile, Ediciones Aguilar, 2020.

Les citoyens auront le dernier mot le 4 septembre 2022, lors du référendum qui approuvera ou rejettera le texte.

Le gouvernement de Gabriel Boric

C'est dans ce contexte de renaissance démocratique qu'est élu Gabriel Boric en décembre 2021. Dix ans auront suffi au plus jeune président de l'histoire du Chili pour s'imposer dans le milieu politique. Dès 2011, ce jeune étudiant venu de la région australe de Magallanes mobilise des milliers de jeunes dans ce qui fut à l'époque l'une des plus grandes mobilisations étudiantes depuis le retour à la démocratie.

Il est investi à la présidence le 11 mars 2022, avec un gouvernement majoritairement composé de femmes. Son programme suscite beaucoup d'espoir chez les plus vulnérables et dans les classes moyennes, notamment en matière de santé, d'éducation, de retraites, de protection de l'environnement et de sécurité. La nomination du ministre des Finances Mario Marcel témoignera cependant d'un certain pragmatisme. Mario Marcel est en effet reconnu pour son souhait d'une politique budgétaire plus axée vers la rigueur que l'expansion. Si cela rassure les marchés et la droite, cela fait aussi grincer quelques dents dans la nouvelle coalition et laisse présager des premières tensions de la jeune alliance au pouvoir. Les classes populaires restent quant à elles dans l'attente d'aides sociales urgentes, après une crise sanitaire où l'État a largement brillé par son absence.

L'espoir suscité par l'arrivée de gouvernements progressistes en Amérique latine est en réalité vite rattrapé par la conjoncture internationale. Les perspectives de croissance pour 2022 sont préoccupantes. Selon la Commission économique pour l'Amérique latine et les Caraïbes des Nations unies (CEPALC), celle-ci n'atteindra pas les 2 %, alors même que la guerre en Ukraine commence à avoir des répercussions négatives pour la région, avec la hausse des prix de l'énergie et des produits alimentaires.

***

Au Chili, les transformations structurelles viendront surtout avec la nouvelle Constitution. Le gouvernement de Gabriel Boric en a besoin pour mener à bien ses réformes. Ces derniers mois, le nouveau président aura facilité et soutenu le travail de cette Convention paritaire, souvent en butte aux critiques des médias, du secteur privé et de personnalités politiques principalement issues de partis conservateurs. Le passage de l'ère néolibérale, sous la règle du chacun pour soi, à un temps où les termes de « collectif » et d'« égalité » pourraient ouvrir la voie à une réorganisation de la société chilienne est en vue. Sur la terre andine de Pablo Neruda et Gabriela Mistral, le peuple chilien saura-t-il se donner les moyens de se créer un autre chemin ?

P. L.

Pour en savoir plus

- « Géopolitique du Chili. Justo Mellado », *Conflits. Revue de géopolitique*, Podcast, saison 6, épisode 43, août 2021.
- P. Lebret, « Quel Chili après la victoire de Boric ? », Fondation Jean Jaurès, 14 avril 2022.
- K. Parthenay, *Crises en Amérique latine. Les démocraties déracinées (2009-2019)*, Paris, Armand Colin, 2020.

Chine : le temps de l'incertitude

vidéo http://dunod.link/41amt5t

Une guerre à double tranchant et une urgence économique

La Chine maintient une position ambiguë à l'égard de la guerre en Ukraine pour préserver des intérêts contradictoires : soutenir l'opposition de la Russie aux États-Unis, en évitant de se voir elle-même sanctionnée. Au-delà de l'Ukraine, Xi Jinping fait face à des urgences internes autrement prioritaires.

Depuis le déclenchement de la guerre en Ukraine, Pékin revendique sa neutralité et encourage officiellement aux pourparlers et au cessez-le-feu. Pourtant, le discours officiel chinois est largement calqué sur celui du Kremlin quand il s'agit de faire porter la responsabilité du conflit sur Washington. De plus, Xi Jinping n'a pris aucune initiative en faveur du dialogue et n'a eu aucun échange avec le président Zelensky pendant les premiers mois du conflit.

Un équilibre fragile à tenir

La Chine aurait quelque raison de ne pas soutenir Vladimir Poutine. L'invasion de l'Ukraine par ce dernier, comme l'annexion de la Crimée en 2014, va à l'encontre des principes fondamentaux de politique étrangère de la République populaire de Chine (RPC) depuis Mao. Parmi ces principes, le respect de la souveraineté nationale et l'intégrité territoriale des États, que Vladimir Poutine a brutalement enfreints, sont systématiquement prônés par les diplomates chinois. Ceci explique pourquoi Pékin ne peut se résoudre à qualifier l'initiative russe d'« invasion » ou d'« agression », reprenant à son compte la formule de Moscou d'« opération militaire spéciale ». Cela explique aussi pourquoi Pékin n'a pas reconnu les républiques indépendantes autoproclamées de Donetsk et Lougansk. Pour Pékin, l'invasion puis la reconnaissance unilatérale d'un territoire indépendant appartenant à un État souverain et membre de l'Organisation des Nations unies (ONU) – l'Ukraine – est un dangereux précédent, que la Chine redoute de voir appliqué à certains de ses propres territoires contestés : le Tibet, le Xinjiang, et bien sûr Taïwan.

Pour autant, le pragmatisme l'a emporté sur les considérations de principe, et Pékin soutient de fait tacitement Vladimir Poutine. Ce pragmatisme se justifie par l'alignement sino-russe sur l'opposition aux États-Unis et à l'Organisation du traité de l'Atlantique nord (OTAN). La Chine est évidemment en rivalité directe avec les États-Unis dans tous les domaines, mais elle est aussi désormais explicitement identifiée comme un défi par l'OTAN.

Elle craint en outre la multiplication des partenariats de sécurité dans l'Indo-Pacifique, tel le Quadrilateral Security Dialogue (Quad) – entre les États-Unis, le Japon, l'Inde et l'Australie – et l'AUKUS – entre les États-Unis, l'Australie et le Royaume-Uni –, annoncé en septembre 2021. Pékin espérait sans doute que l'éruption d'un conflit armé sur le sol européen mobiliserait toute l'attention des Occidentaux, remettant en cause la pertinence des stratégies indopacifiques de nombre de pays. On peut déjà dire qu'il n'en est rien au vu de la proposition de Joe Biden, depuis Tokyo en mai 2022, de lancer une Structure économique indo-pacifique pour la prospérité (*Indo-Pacific Economic Framework for Prosperity* – IPEF), juste avant le sommet du Quad.

La guerre d'Ukraine est également une manière, pour Pékin, de tester à peu de frais les certitudes partagées avec Moscou sur le déclin d'un Occident supposé incapable de faire face à des conflits interétatiques de haute intensité. Sur ce point, l'Ukraine est porteuse d'enseignements importants pour la Chine et ses propres projets irrédentistes à l'égard de Taïwan. Une large part de la communauté internationale a réagi rapidement pour imposer des sanctions sans précédent contre la Russie. Dans le contexte d'une offensive chinoise contre Taïwan, les sanctions n'auraient rien de comparable, dans la mesure où les profils des économies russe et chinoise sont très différents, mais cette mobilisation internationale ne doit pas manquer d'interroger Pékin. Quant à l'option militaire, qui n'a jamais été considérée par les États-Unis pour l'Ukraine, elle est plus que jamais sur la table pour Taïwan. Enfin, les difficultés rencontrées par l'armée russe et la détermination de la résistance ukrainienne ont tout lieu de faire réfléchir les stratèges militaires chinois.

En somme, la Chine ne souhaite pas s'impliquer dans le conflit où elle a peu à gagner et beaucoup à perdre, si elle devait par exemple être elle-même visée par des sanctions en cas de soutien à Moscou. L'équilibre que Pékin cherche à maintenir est toutefois fragile. Une Russie rendue vulnérable économiquement et politiquement par la guerre constitue un partenaire plus docile pour Pékin. Mais la guerre comporte un risque d'escalade, voire de mondialisation, que Pékin ne souhaite pas, ainsi que celui d'un effondrement du régime de Poutine qui créerait une très forte incertitude aux frontières de la Chine.

L'affichage d'une solidarité « sans limite »

L'attitude de la Chine sur la guerre en Ukraine a relancé le débat sur la nature du partenariat sino-russe : mariage de raison ou alliance stratégique ? Les Chinois parlent d'une amitié « solide comme le roc » et « sans limite ». Toutefois, si comme le général de Gaulle on croit que « les États n'ont pas d'amis, ils n'ont que des intérêts », on peut s'interroger sur ce que recouvre la notion d'amitié entre Pékin et Moscou. Il semble en réalité que cette « amitié » soit largement un affichage, visant à présenter à l'adversaire commun américain un front d'opposition solide, solidaire et puissant. C'était là l'objet de la longue déclaration conjointe de Xi Jinping et Vladimir Poutine, à l'issue de leur sommet historique du 4 février 2022 à Pékin, qui développait leur vision partagée des relations internationales.

Derrière cet affichage, les deux pays gardent des divergences structurelles et des intérêts concurrents, notamment en Asie centrale, en Afrique ou dans l'Arctique.

Il existe également une profonde méfiance mutuelle entre les élites politiques et économiques, et les populations des deux pays – quand il ne s'agit pas franchement de condescendance. La Russie est considérée en Chine comme déclinante depuis avant la chute de l'URSS ; et même si elle présente toujours de très grands mathématiciens et physiciens, elle est perçue comme incapable de produire des géants des nouvelles technologies comme Huawei, Alibaba ou Tencent. Réciproquement, beaucoup de Russes rappellent avec une certaine fierté que la puissance militaire et spatiale chinoise repose sur et dépend encore de technologies que la Russie a bien voulu lui transférer, ou que la Chine a copiées sans scrupule.

Alors que le président Xi Jinping cherche à peser sur le système onusien de l'intérieur tout en évitant la confrontation avec les États-Unis, Vladimir Poutine, lui, fracture les équilibres et crée une forte instabilité en Europe, pour un résultat qui n'apparaît jusque-là favorable ni à Pékin ni à Moscou : élargissement de l'OTAN à la Suède et la Finlande, renforcement géopolitique de l'Union européenne et des partenariats de sécurité en Indo-Pacifique, solidarité accrue à l'égard de Taïwan…

Au-delà du discours d'amitié, la qualification officielle de la relation bilatérale est : « partenariat stratégique global ». L'expression résume finalement au mieux la relation : il s'agit d'un « partenariat » – et non d'une « alliance » – pour certains objectifs stratégiques communs dont, au premier chef, l'opposition aux États-Unis, avec une coopération dans de nombreux secteurs (énergie, économie, défense, spatial). Le déséquilibre croissant du rapport de force en faveur de la Chine, le lourd héritage d'une histoire commune et le manque persistant de confiance mutuelle restent autant de défis pesant sur l'approfondissement substantiel du partenariat.

Des priorités intérieures

Pour Xi Jinping, plus prioritaires que l'Ukraine ou la compétition avec les États-Unis sont les dossiers de politique intérieure qui constituent des risques importants pour l'avenir politique et économique du pays. Au premier rang : les fortes reprises épidémiques de Covid-19 en Chine début 2022, d'abord dans le nord-est du pays, puis dans le sud à Shenzhen, dans le centre-est à Zhengzhou, ainsi qu'à Shanghai et Pékin. La politique du gouvernement, dite de « zéro Covid dynamique », consiste à confiner pour plusieurs semaines des immeubles voire des quartiers entiers dès la détection d'un seul cas positif. Résultat : la ville la plus peuplée de Chine, et capitale économique du pays, Shanghai (25 millions d'habitants), s'est trouvée presque entièrement confinée pendant plus de deux mois en avril et mai.

Alors que la plupart des pays de la planète sortaient de la pandémie et retrouvaient une vie normale grâce à de larges couvertures vaccinales et aux technologies ARN messagers, la Chine devait faire face aux niveaux de contaminations les plus élevés depuis 2020. En dépit de la mise au point du vaccin Sinovac relativement tôt dans la pandémie, son efficacité est demeurée insuffisante et la couverture vaccinale en Chine très faible, en particulier chez les plus de 60 ans. Pour éviter la flambée des cas positifs et des décès, les autorités ont donc privilégié une approche radicale et brutale : confinement forcé, mise en quarantaine dans des camps, ou encore séparation des enfants de leurs parents contaminés. Les images de détresse des

Shanghaïens, et de violences de la part des policiers et des membres des comités de quartier du Parti communiste, sans visage, dissimulés derrière des masques et combinaisons blanches, ont suscité une vaste indignation dans le monde.

Ces nouveaux confinements ont frappé une économie chinoise qui connaissait déjà une certaine instabilité, du fait d'un ralentissement structurel et des risques systémiques pesant sur le secteur immobilier, l'un des principaux moteurs de la croissance chinoise. Après des résultats plutôt encourageants au premier semestre 2022, le retour des confinements en mars a très fortement bouleversé les perspectives économiques de l'année. Alors que les autorités avaient fixé un objectif de croissance de 5,5 %, les estimations consensuelles à partir du printemps 2022 atteignaient à peine 4 %.

Outre les risques sur le secteur immobilier, la consommation et le chômage sont deux indicateurs particulièrement scrutés par les autorités. En mai 2022, les chiffres officiels du chômage atteignaient 6,1 % dans les villes, dont 18,2 % pour les 16-24 ans[1]. La crise a produit un tel niveau de préoccupation que le Premier ministre Li Keqiang a tenu fin mai une visioconférence réunissant 100 000 cadres du Parti de tout le pays, pour tirer la sonnette d'alarme et transmettre ses recommandations.

L'intrication des crises sanitaire et économique génère une certaine volatilité sociale, économique, et *in fine* politique, en amont du 20e Congrès du Parti prévu à l'automne. Ce Congrès revêt une importance particulière, dans la mesure où le secrétaire général Xi Jinping a pris ses dispositions, depuis son arrivée au pouvoir il y a dix ans, pour progressivement verrouiller le pouvoir et assurer sa reconduction pour un troisième mandat – chose inédite depuis Mao. Face aux difficultés économiques et sociales, on ne peut guère espérer quelque assouplissement de la politique intérieure et internationale de Xi Jinping; il y a au contraire fort à parier que les leviers autoritaires seront, une fois de plus, activés.

M. J.

Pour en savoir plus

- « Joint Statement of the Russian Federation and the People's Republic of China on the International Relations Entering a New Era and the Global Sustainable Development », Site officiel du Kremlin, 4 février 2022.
- M. Julienne, « China-Russia Cooperation in Space: The Reality Behind the Speeches », CSIS, 2022 [à paraître].
- B. Lo, « Turning Point? Putin, Xi, and the Russian Invasion of Ukraine », Lowy Institute Analysis, mai 2022.

1. Bureau national des statistiques de Chine : www.stats.gov.cn.

Le Japon, entre défi et opportunité

Négocier le virage de la guerre en Ukraine

Si la relance économique demeure la priorité du gouvernement Kishida, la guerre en Ukraine appelle au Japon un changement de posture. La solidarité avec l'Occident a été nette après le 24 février, et des mesures devraient renforcer l'autonomie énergétique, la résilience du pays dans des domaines stratégiques, et son dispositif de défense.

La majorité conservatrice emmenée par le Parti libéral démocrate (PLD) et le Komeito a été reconduite lors des élections générales d'octobre 2021. Le Premier ministre Fumio Kishida, succédant à Yoshihide Suga, a ainsi bénéficié d'une assise politique confortable pour dérouler son programme, qui s'inscrit largement dans le droit fil du bilan de Shinzo Abe.

Alors que la pandémie de Covid-19 semblait sous contrôle avec une couverture vaccinale satisfaisante, la guerre en Ukraine est venue bouleverser les plans de Kishida. Actant sa rupture avec la Russie, Tokyo a affirmé une diplomatie proactive et une forte solidarité avec les Occidentaux. L'agression russe a toutefois des implications significatives pour le Japon, notamment en matière de sécurité économique, énergétique et de défense.

La relance économique, priorité du gouvernement Kishida

Le Premier ministre Kishida s'est attelé en priorité à la relance économique : il entend mettre en place un « nouveau capitalisme » japonais, fondé sur la redistribution des richesses, afin de réduire les inégalités et recréer une vaste classe moyenne. Un plan de relance massif de près de 430 milliards d'euros est annoncé courant novembre 2021, sans pour autant que soient mises en œuvre les réformes structurelles promises. Afin de « créer un cercle de croissance vertueux », Kishida a appelé les entreprises à augmenter les salaires de leurs employés. Enfin, au printemps 2022, en dépit d'un taux de vaccination élevé (80 % des adultes ont reçu une double dose), le Japon a très prudemment rouvert ses frontières aux touristes.

Autre priorité du gouvernement Kishida : la sécurité économique, mise à mal par la crise du coronavirus, la compétition sino-américaine et la guerre en Ukraine. Le Japon crée le premier ministère dédié à la sécurité économique en octobre 2021, avec à sa tête Takayuki Kobayashi, et une loi est adoptée en mai 2022 pour renforcer la sécurité économique nippone. Elle couvre quatre éléments : la mise en place de chaînes d'approvisionnement plus sûres et résilientes, notamment pour les semi-conducteurs ; la sécurisation des infrastructures essentielles ; l'investissement dans la recherche et développement pour les technologies émergentes ; l'introduction d'un système de brevets classifiés. Élaborée afin d'encadrer au mieux les échanges avec Pékin, cette loi s'applique aussi dans le contexte de l'agression russe en Ukraine et de ses retombées.

Une diplomatie proactive en réponse à l'agression russe en Ukraine

La guerre en Ukraine a précipité une rupture majeure entre le Japon et la Russie. Face aux condamnations et sanctions de Tokyo, Moscou s'est officiellement retiré, le 21 mars 2022, des pourparlers visant à résoudre le contentieux des îles Kouriles en vue d'un traité de paix.

Depuis la fin de la guerre froide, Moscou n'était plus vu comme une menace par Tokyo. Affaiblie, la Russie semblait même ouverte à l'idée de rétrocéder au Japon au moins deux des quatre îles des Kouriles sud. Sous souveraineté russe depuis 1945, ces îles, précédemment sous contrôle nippon, sont stratégiquement positionnées au nord de l'île d'Hokkaido et ferment la mer d'Okhotsk. Le différend territorial a jusqu'ici empêché la signature d'un traité de paix en bonne et due forme.

Le Premier ministre Shinzo Abe en a fait une affaire personnelle, son père, ancien ministre des Affaires étrangères, étant décédé avant de clore des discussions lancées en 1990. Sous son mandat à la tête de l'exécutif (2012-2020), Shinzo Abe a rencontré près de trente fois Vladimir Poutine, dans l'espoir de créer avec lui une relation de confiance. Après avoir adopté des sanctions extrêmement modestes suite à l'annexion de la Crimée en 2014, il proposait de surcroît d'investir en Russie afin de favoriser la résolution du contentieux territorial. Shinzo Abe visait également un objectif plus stratégique en se rapprochant de Poutine : éviter que la Russie ne tombe dans l'orbite chinoise, ou *a minima* prévenir la constitution d'un front sino-russe face au Japon sur les questions territoriales et historiques.

Sa politique d'engagement est un échec : la Russie n'a pas cédé une once de souveraineté et a même renforcé sa présence militaire sur les îles. Par ailleurs, la dépendance économique de Moscou à l'égard de Pékin s'est approfondie, et les deux pays se sont engagés dans une coopération militaire inédite, allant jusqu'à patrouiller de conserve autour de l'archipel japonais, provoquant une vive inquiétude à Tokyo.

Exit la bien peu fructueuse politique d'Abe. Dès lors, la rhétorique se durcit : Tokyo condamne immédiatement l'agression russe en Ukraine, qui « change le *statu quo* par la force, de manière unilatérale » – une terminologie habituellement employée pour qualifier les manœuvres chinoises en mer de Chine du Sud et de l'Est. La relation avec Moscou change de nature : la Russie devrait être présentée comme un pays inamical, voire menaçant, dans la nouvelle Stratégie de sécurité nationale annoncée pour 2022.

De manière remarquable pour un pays traditionnellement réticent à user de sanctions, et généralement prudent sur la scène internationale, le Japon s'est instantanément aligné sur les États-Unis, et plus largement sur les pays du G7. Affichant sa solidarité avec les Occidentaux, Tokyo a, dès début février et avant même que le conflit n'éclate, accédé aux demandes américaines d'envoyer une partie de son stock de gaz naturel liquéfié (GNL) pour soutenir les Européens. Une batterie de sanctions a été adoptée après l'attaque russe : gel des réserves en yens de la Banque centrale russe, retrait du statut de nation la plus favorisée accordé à la Russie, suspension des exportations de plus de trente biens vers la Russie, dont les pièces détachées et véhicules d'occasion (soit plus de la moitié des livraisons nippones à Moscou).

Enfin, l'ampleur de la guerre en Ukraine et la mobilisation occidentale ont incité le Japon à prendre des mesures exceptionnelles. Alors que le Japon ne fournit en principe pas de soutien militaire aux États en conflit, Tokyo a pour la première fois décidé d'envoyer de l'équipement non létal (casques, gilets pare-balles, générateurs, aide alimentaire et humanitaire) en Ukraine où les combats font rage. Autre décision qui détonne dans le contexte japonais : l'accueil des réfugiés ukrainiens qui ont de la famille ou des amis dans l'archipel. En temps normal, sur l'ensemble des demandes d'asile (soit 4 000 en 2021), moins de 1 % sont acceptées. Cette exception à la règle intervient alors que la résistance de l'Ukraine contre la Russie devient le symbole du combat démocratique contre les régimes autocratiques révisionnistes.

Le Japon, qui s'affiche en héraut de l'ordre international fondé sur des règles, voit la mise en place d'un front démocratique d'un œil très favorable, d'autant que l'ambiguïté de façade de la Chine ne parvient plus à masquer son soutien de fait à Moscou. Tokyo a donc fait preuve d'un grand activisme diplomatique pour tenter de convaincre ses voisins d'Asie du Sud-Est et son partenaire indien de condamner plus fermement l'agression russe (en vain toutefois). Enfin, face à la paralysie du Conseil de sécurité, Tokyo a appelé à sa réforme, remettant sur la table une proposition de longue date : accroître le nombre de membres permanents, avec un siège pour le Japon.

Quelles implications de la guerre en Ukraine pour la politique énergétique, l'économie et la défense nippones ?

L'autonomie en énergie du Japon est très basse, de l'ordre de 11,7 % en 2020 selon l'Organisation de coopération et de développement économiques (OCDE), et Tokyo reste stratégiquement dépendant de la Russie, en important 9 % de son GNL, 4 % de son pétrole et 12 % de son charbon. Il n'est donc pas question que Mitsui et Mitsubishi se retirent du champ gazier de Sakhaline 2 au printemps 2022, où des contrats de long terme garantissent un gaz peu cher, avec des coûts de transport réduits. Si Tokyo devait se fournir sur le marché mondial, on estime que le coût de ses importations de GNL bondirait de 35 %. Le Japon a toutefois annoncé sa décision d'arrêter progressivement les achats de charbon et de pétrole.

Ces contraintes, ainsi que la forte hausse des prix de l'énergie, ont amené certains à s'inquiéter du sort de la transition énergétique verte au Japon. En octobre 2021, Tokyo a approuvé son sixième plan énergétique, qui vise à atteindre une économie décarbonée à l'horizon 2050 et à obtenir une réduction de 46 % des gaz à effet de serre (par rapport à 2013) d'ici 2030. L'objectif est de doubler la part des énergies renouvelables d'ici 2030 (20 % de la production d'électricité en 2020).

Par ailleurs, le redémarrage de réacteurs nucléaires (seuls six sont actuellement en activité) est réclamé par le PLD, afin de réduire la facture énergétique et de renforcer l'indépendance du Japon. Certains sondages suggèrent que, pour la première fois depuis 2011, une faible majorité de la population pourrait être prête à accepter cette décision.

Ce contexte n'est pas favorable à la reprise économique. Le gouvernement continue à distribuer les subventions (46 milliards d'euros au printemps 2022) au profit des entreprises et des particuliers pénalisés par la récente hausse du prix des matières premières. De surcroît, le yen se déprécie fortement face au dollar : en mars 2022, le taux de change du yen a atteint son niveau le plus faible depuis 1994. Le yen faible se conjugue au retour d'une inflation qui devrait atteindre 2 % après trois décennies de déflation. Tirée par la hausse des prix des biens et non par l'augmentation des salaires, elle tend à réduire le pouvoir d'achat des entreprises et des consommateurs, entravant davantage la reprise attendue.

Par ailleurs, face à l'agressivité russe, une augmentation significative du budget de la défense est à nouveau sur la table à Tokyo. Durant la campagne pour les élections législatives d'octobre 2021, le PLD avait proposé un doublement des dépenses militaires pour les porter à 2 % du PIB. Si le Premier ministre Kishida n'a pas repris cette proposition – les conditions économiques rendant cette perspective irréaliste sur le court terme –, il va s'efforcer d'afficher un budget de défense à la hausse afin de donner des gages aux ultraconservateurs, mais aussi aux États-Unis. Le vote de crédits supplémentaires pourrait être facilité par l'exemple allemand, le gouvernement Scholz ayant d'ores et déjà brisé plusieurs tabous quant à sa posture de défense. De même, de nouvelles orientations de défense devraient être rendues publiques au Japon en 2022, avec des avancées attendues sur les capacités de défense antimissiles, certaines capacités offensives et des efforts sur les nouveaux domaines de la conflictualité (cyber, espace). Shinzo Abe, aujourd'hui simple député, a par ailleurs appelé à étudier la possibilité d'un système de partage nucléaire (type OTAN) pour renforcer la dissuasion face à Pékin, Moscou et Pyongyang. Enfin, la révision de la Constitution pourrait être mise à l'ordre du jour, une grande majorité des députés y étant aujourd'hui favorable.

Toutefois, la priorité pour le Premier ministre Kishida est d'arriver en position de force aux élections à la Chambre haute prévues en juillet 2022. Au printemps, les sondages le créditaient de 62 % de soutiens, sa réponse à la guerre en Ukraine étant perçue favorablement par la population. Les dossiers plus controversés attendront donc l'automne.

C. P.

Pour en savoir plus

- D. Akimoto, *Japanese Prime Ministers and Their Peace Philosophy: 1945 to the Present*, Singapour, Palgrave MacMillan, 2022.
- G. Delamotte, *La Démocratie japonaise, singulière et universelle*, Lyon, ENS Éditions, 2022.
- R. S. Jones, *The Japanese Economy: Strategies to Cope with a Shrinking and Ageing Population*, New York, Routledge, 2022.

L'Inde et la crise russo-ukrainienne

Une prudence très stratégique

Partenaire de long terme de l'URSS puis de la Russie, l'Inde n'a pas condamné l'agression de Moscou en Ukraine. New Delhi entend garder ainsi une marge de manœuvre diplomatique dans un jeu mondial, mais surtout régional en Indo-Pacifique, face à la puissance chinoise.

Durant les premières semaines du conflit russo-ukrainien, l'Inde a affiché la plus grande retenue diplomatique. Sa priorité étant de rapatrier quelque 20 000 ressortissants basés en Ukraine (pour beaucoup des étudiants en médecine), elle n'a, logiquement, pas pris le risque de heurter l'un ou l'autre des deux belligérants. Pourtant, une fois l'évacuation réalisée, l'Inde a maintenu sa posture réservée. Au Conseil de sécurité des Nations unies où elle siégeait comme membre non permanent ou à l'Assemblée générale, elle s'est abstenue lors de tous les votes condamnant l'invasion russe de l'Ukraine. À défaut de critiquer la Russie, elle a constamment appelé à une cessation de la violence et à la résolution pacifique de la crise, tout en apportant une aide humanitaire à l'Ukraine.

La position de l'Inde sur le conflit russo-ukrainien a suscité une incompréhension teintée d'irritation chez ses partenaires en Europe et dans l'Indo-Pacifique. Cette position n'est pourtant pas si surprenante. Déjà en 2014, New Delhi avait implicitement soutenu la Russie, en invoquant les « intérêts légitimes » de cette dernière en Crimée. L'Inde s'est par la suite abstenue de soutenir les résolutions onusiennes dénonçant l'action russe en Crimée. En novembre 2020, elle a même voté contre un projet de résolution porté par l'Ukraine, appelant la Russie à « prendre toutes les mesures nécessaires pour cesser immédiatement toutes les violations et tous les abus contre les résidents de la Crimée ». En 2014 comme en 2022, New Delhi s'est, bien entendu, refusé à adopter la moindre sanction contre la Russie.

Préserver l'amitié russo-indienne à tout prix

Plusieurs facteurs peuvent expliquer cette posture, notamment l'idée largement partagée dans la classe politique indienne que la Russie constitue une amie de longue date, envers laquelle il convient de rester loyal. L'Union des républiques socialistes soviétiques (URSS) a certes été l'un des plus proches partenaires de l'Inde durant la guerre froide, et les deux États ont même conclu un Traité de paix, d'amitié et de coopération en 1971. Au Conseil de sécurité, Moscou a mainte fois opposé son véto aux projets de résolution défavorables aux intérêts indiens au

Cachemire. Pour autant, l'URSS n'a pas été le partenaire infaillible que la mémoire indienne se plaît à célébrer. Lors de la guerre sino-indienne de 1962, par exemple, l'URSS a penché en faveur de la Chine, et non de l'Inde.

Le soin que New Delhi met à ne pas critiquer la Russie s'inscrit aussi dans sa politique d'autonomie stratégique, plus volontiers appelée « multi-alignement » sous le gouvernement de Narendra Modi. Cette approche conduit l'Inde à cultiver de bonnes relations avec tous les grands pôles de puissance sur la scène internationale, Russie comprise. L'Inde est certes devenue très proche des États-Unis et participe avec eux au Quadrilateral Security Dialogue (Quad), un groupe encore informel, néanmoins très stratégique, avec le Japon et l'Australie. Mais c'est précisément pour contrebalancer son glissement vers les États-Unis et leurs alliés qu'elle s'efforce de cultiver l'amitié de puissances alternatives comme la Russie. L'Inde a, de ce point de vue, un vrai intérêt à ce que la Russie demeure un acteur important sur la scène internationale. Une Russie forte lui permet en effet de diversifier ses grands partenariats, de maximiser sa marge de manœuvre internationale et, au besoin, de pouvoir compter sur un grand pays ami pour peser directement sur la Chine.

Inversement, New Delhi craint que l'isolement international et l'éventuel affaiblissement de la Russie ne la poussent à s'aligner toujours plus sur la Chine. Une collusion sino-russe représente l'un des pires scénarios que les Indiens puissent imaginer. Leur pays vit en effet sous la pression militaire accrue de la Chine depuis les incidents meurtriers du printemps 2020 sur les zones frontalières sino-indiennes et, à ce jour, les deux États ne sont pas parvenus à restaurer un semblant de normalité entre eux. Dans ce contexte, les dirigeants indiens sont particulièrement attentifs au positionnement de Moscou. Plus précisément, ils redoutent que, dans l'hypothèse d'un conflit militaire avec la Chine, leur ancien partenaire russe ne donne à cette dernière son appui diplomatique et ses systèmes d'armes les plus perfectionnés, en sus de renseignements militaires cruciaux.

Les relations en matière d'armement prennent ici tout leur sens. En dépit de ses efforts pour diversifier ses fournisseurs, l'Inde est restée très dépendante des équipements militaires d'origine russo-soviétique. La Russie a été, il est vrai, l'un de ses très rares partenaires à autoriser les transferts de technologies les plus sensibles. Elle a par exemple aidé l'Inde à mettre au point son programme de construction de sous-marins à propulsion nucléaire ; elle a aussi développé conjointement le missile de croisière BrahMos, devenu l'un des plus grands succès de l'industrie de défense indienne. L'armement russe est, de surcroît, compétitif en termes de prix, et sa vente n'est pas conditionnée à des exigences particulières, comme cela peut être le cas avec des fournisseurs européens et nord-américains. On comprend dès lors que, dans son approche de la crise russo-ukrainienne, New Delhi ait aussi cherché à préserver ses approvisionnements en armement, et cela à un moment où elle fait face à un contexte sécuritaire tendu sur ses frontières, avec la Chine comme avec le Pakistan.

Résister aux pressions des partenaires européens et de l'Indo-Pacifique

La position de l'Inde sur la crise russo-ukrainienne n'a pas été sans créer des tensions avec ses partenaires européens et de l'Indo-Pacifique. Les États-Unis ont exprimé ouvertement leur frustration, mais voyant que leurs pressions restaient sans effet sur New Delhi, ils ont pris acte des contraintes spécifiques pesant sur l'Inde et choisi de s'accommoder de sa posture. Les autres membres du Quad, Japon et Australie, ont fait de même. Le sommet du Quad de mai 2022 a ainsi débouché sur une déclaration conjointe qui reflète la volonté indienne de ne pas critiquer la Russie et se contente d'affirmer que les quatre États « ont discuté de [leur] réponse respective au conflit en Ukraine et de la crise humanitaire tragique en cours, en évaluant ses implications pour l'Indo-Pacifique[1] ».

Les échanges avec les Européens ont été plus contrastés. Les grands pays européens ont fait preuve de pragmatisme et ménagé leur partenaire indien. Le Premier ministre Boris Johnson s'est ainsi rendu à New Delhi en avril, sans vraiment chercher à infléchir la position indienne. En mai, le Premier ministre Modi a effectué une tournée européenne qui l'a conduit successivement en Allemagne, au Danemark et en France, et il a partout été accueilli chaleureusement. En dépit de quelques atermoiements, l'Allemagne a décidé de garder l'Inde sur la liste très exclusive des États invités à participer au sommet du G7 de la fin juin.

En revanche, les échanges ont été plus vifs lorsque Subrahmanyam Jaishankar, le ministre indien des Affaires étrangères, s'est déplacé à Bratislava. Pressé de justifier la posture indienne, celui-ci a finalement assené que ses interlocuteurs européens feraient bien de sortir de leur eurocentrisme et de rompre avec leur tendance à croire que leurs problèmes étaient plus importants que ceux du reste du monde. Le ministre a d'ailleurs dénoncé une politique de « deux poids, deux mesures », en notant que les Européens, et avec eux les États-Unis, montraient pour l'Ukraine un niveau de préoccupation et de mobilisation sans commune mesure avec celui dont ils avaient fait preuve lors de crises extra-européennes, en Afghanistan, au Moyen-Orient et en Afrique. Pis encore, parce que cette crise se déroulait sur le sol européen, ils demandaient au monde entier de se joindre à leur effort pour faire face à l'agresseur russe. En l'espèce, les propos de Jaishankar ne sont pas isolés. Ils reflètent pour une bonne part l'opinion de la communauté stratégique indienne qui, observant les réactions européennes à la crise russo-ukrainienne, a laissé poindre une certaine défiance anti-occidentale, mâtinée de vieilles rancœurs anticoloniales.

La diplomatie indienne s'est montrée tout aussi rigide sur d'autres dossiers liés à la crise russo-ukrainienne, relatifs notamment à la sécurité énergétique et alimentaire du pays. L'Inde a ainsi largement profité des rabais auxquels la Russie a procédé sur la vente de son pétrole, à la suite des sanctions internationales. En avril 2022, elle a importé environ 280 000 barils de pétrole russe par jour. Ce chiffre a atteint 740 000 en mai (en 2021, elle importait en moyenne 36 000 barils de pétrole russe par jour). Et quand les États-Unis et les Européens lui ont demandé de ne pas acquérir de pétrole ou de charbon en provenance de Russie, elle a invoqué la nécessité d'assurer sa propre sécurité énergétique, soulignant que ses achats ne devaient pas être « politisés ». Subrahmanyam Jaishankar a rétorqué, pour sa part, que les achats indiens en pétrole russe représentaient une fraction de ceux réalisés par l'Europe.

La crise russo-ukrainienne a aussi fortement perturbé le cours international des céréales, et l'Inde, qui est avec la Chine le premier producteur mondial de blé, a

1. « Quad Joint Leaders' Statement », Ministère des Affaires étrangères du Japon, 24 mai 2022.

d'abord annoncé qu'elle autoriserait l'exportation de ses surplus de production pour aider à stabiliser la situation. À la mi-mai pourtant, elle imposait des restrictions sur ses exportations de blé, afin de privilégier sa propre sécurité alimentaire et de contrôler l'inflation intérieure. Cette décision a été fort mal reçue au niveau international, notamment par les ministres de l'Agriculture des pays du G7, qui ont vu là un risque d'aggravation de la crise alimentaire mondiale. Les grands partenaires de l'Inde, États-Unis compris, ont tenté d'inciter New Delhi à assouplir sa décision, mais sans grand résultat. L'Inde a seulement autorisé des exportations vers les pays très fragilisés comme l'Égypte, et après que cette dernière en a fait la prompte demande.

Une posture ferme pour un coût diplomatique limité

L'Inde a pour l'heure imposé son positionnement à ses partenaires en Europe et dans l'Indo-Pacifique, pour un coût diplomatique somme toute limité. Le gouvernement Modi a compris que la conjoncture internationale lui offrait une certaine marge de négociation. Plus exactement, il a jugé que ses partenaires en Europe et dans l'Indo-Pacifique étaient tellement désireux de cultiver l'amitié de l'Inde dans une logique de contrepoids à la Chine, qu'ils accepteraient que New Delhi suive une ligne divergente sur la Russie.

Le positionnement de l'Inde pose néanmoins la question de son engagement en faveur des valeurs démocratiques et d'un ordre international basé sur des règles. On ne peut que noter, en effet, l'incongruité et le décalage d'une posture indienne qui, d'un côté, s'engage en faveur d'un ordre international basé sur des règles dans l'Indo-Pacifique, et de l'autre transige avec les violations russes de ce même ordre en Europe. New Delhi se trouve de la sorte isolé par rapport à ses principaux partenaires – Américains, Européens, Australiens et Japonais ayant tous condamné et sanctionné la Russie. Et, ironiquement, il se retrouve aligné sur les positions de la Chine, qui est pourtant son principal rival.

I. S.-M.

Pour en savoir plus

- C. Jaffrelot, « Débats indiens sur la guerre en Ukraine : un consensus à entrées multiples », Institut Montaigne, 2 juin 2022.
- A. J. Tellis, « "What Is in Our Interest": India and the Ukraine War », Carnegie Endowment for International Peace, 25 avril 2022.
- I. Saint-Mézard, « Inde : la voie étroite de l'autonomie stratégique », in G. Delamotte et C. Tellenne, *Géopolitique et géoéconomie du monde contemporain. Puissance et conflits*, Paris, La Découverte, 2021.

Voir également la carte « L'Indo-Pacifique : relations stratégiques », pages 360-361 de cet ouvrage.

Corées : après l'échec du dialogue

Transition au Sud, incertitudes au Nord

Après les espoirs déçus de 2018, le Nord renforce ses moyens militaires, dans des conditions économiques aggravées par la pandémie de Covid-19, que de timides réformes n'ont pas réussi à améliorer. Au Sud, les désillusions du dialogue inter-coréen s'inscrivent dans une transition politique qui resserrera sans doute les liens avec l'allié américain.

Le Nord, sous la dictature héréditaire

À la mort de Kim Jong-il, le 17 décembre 2011, une incertitude mêlée d'anxiété submerge le pays, mais Kim Jong-un parvient assez rapidement à s'imposer. Le 10 octobre 2010, le troisième fils de Kim Jong-il faisait ses débuts publics aux côtés de son père. Et Kim Jong-un usera de tous les mécanismes de l'autoritarisme (répression, cooptation des élites, contrôle des forces de sécurité et culte de la personnalité) pour consolider son pouvoir. Durant les deux premières années de son règne, il purgera le pays de plusieurs centaines de responsables – comme l'exécution en décembre 2013 de Jang Song-taek, son oncle par alliance et dirigeant de premier plan.

Vers l'extérieur, pendant ses six premières années au pouvoir, la rhétorique est belliqueuse. La Corée du Nord progresse dans les domaines balistique et nucléaire et parvient, dès 2016, à mettre au point un missile lancé depuis un sous-marin (*Pukguksong-1*). Un nouveau modèle plus performant, dérivé du *KN-23*, sera tiré avec succès en octobre 2021. Kim Jong-un a testé trois fois plus de missiles que son père et son grand-père, et supervisé quatre des six essais nucléaires du pays. En 2017, suite à l'élection de Donald Trump, Washington et Pyongyang flirtent avec le désastre. En août, Trump menace même de déchaîner « feu et fureur tels que le monde n'en a jamais vus » sur la Corée du Nord. Pyongyang procède pourtant à son sixième essai nucléaire le 3 septembre 2017 et teste le 28 novembre un missile balistique intercontinental *Hwasong-15* (13 000 kilomètres de portée estimée).

Les espoirs déçus

Un brusque changement intervient avec le discours du Nouvel An de 2018, et la volonté exprimée d'améliorer les relations avec le Sud. Les sanctions économiques y sont sans doute pour quelque chose, comme le début de la présidence de Moon Jae-in à Séoul. Ce dernier prônant une coexistence pacifique, Kim Jong-un voit probablement là l'opportunité d'affirmer le statut nucléaire de son pays et d'affaiblir la présence américaine en Asie de l'Est. La Corée du Nord participe aux Jeux olympiques d'hiver de Pyeongchang en février 2018 et s'ouvre dès lors une diplomatie des sommets : Trump et Kim se rencontrent trois fois, et cinq sommets sont organisés avec Xi Jinping en 2018-2019, les dirigeants du Nord et du Sud se retrouvant, eux, trois fois. En dépit de plusieurs accords inter-coréens, ces sommets ne permettent pas vraiment de progresser vers la paix et la dénucléarisation. Le rapprochement entre la Corée du Nord et la Chine semble être le seul résultat durable de cette séquence.

Des réformes économiques aux effets limités

Sur le plan économique, Kim Jong-un a annoncé dès 2011 sa politique du *byungjin* – terme signifiant « double poussée », repris de Kim Il-sung. Il s'agit de développer parallèlement l'arme nucléaire – pour compenser l'obsolescence de l'arsenal classique – et l'économie. Kim Jong-un a hérité d'une économie en difficulté, avec une croissance annuelle moyenne du produit intérieur brut (PIB) de - 0,2 % entre 2009 et 2011. Il a donc lancé une série de réformes, accordant par exemple plus d'autonomie aux entreprises ou autorisant les investissements privés dans des établissements publics. Elles ont notamment eu pour conséquence l'émergence des *donju* (« maîtres de l'argent ») : 240 000 Nord-Coréens disposant d'au moins 50 000 dollars. Les réformes ont également attribué aux agriculteurs une plus grande part de la récolte.

La dynamique de changement a pourtant marqué le pas fin 2020, avec un retour à la centralisation et à une adhésion stricte au plan, probablement pour capter davantage de bénéfices et de devises étrangères. Par ailleurs, depuis 2016 le durcissement des sanctions internationales aurait fait perdre entre 4,6 et 8,2 milliards de dollars à la Corée du Nord. Et la fermeture des frontières avec la Chine depuis janvier 2020 pour cause de coronavirus a très fortement ralenti le commerce avec un pays qui représentait 95 % des échanges internationaux de Pyongyang. Entre 2016 et 2020, la Corée du Nord aurait connu une baisse de 11 % de son PIB, et l'Organisation des Nations unies (ONU) estimait en 2019 que plus de 10,6 millions de Nord-Coréens, soit 40 % de la population, étaient confrontés à l'insécurité alimentaire.

Le Sud, entre obsession inter-coréenne et transition politique

Les incertitudes du dialogue inter-coréen

Élu en 2017 sur une promesse de paix avec le Nord, Moon Jae-in a poursuivi sa *Nordpolitik* avec une étonnante continuité vu les circonstances. L'année 2018 fut pleine d'espoir : trois sommets intercoréens en six mois, soit plus que durant les 73 années précédentes, et trois accords signés. La *Sunshine Policy* semblait de retour. Il n'en fut rien : le désastre du sommet de Hanoï entre Donald Trump et Kim Jong-un marqua la fin des illusions, et toutes les coopérations stoppèrent.

Pour autant, et en dépit des provocations – dont la destruction à l'explosif du bureau de liaison inter-coréen (payé par le Sud) –, Moon Jae-in a persévéré dans sa volonté de dialogue, ce qui fut d'ailleurs largement critiqué. Dans les derniers mois de son mandat, il s'efforça même d'obtenir une déclaration de cessation des hostilités : un accord vu comme une première étape pour débloquer le processus.

Une alliance américano-sud-coréenne renouvelée

Lors de son élection, Moon Jae-in fut étiqueté anti-américain par réflexe. Il est pourtant demeuré ferme sur l'alliance, en dépit des défis que présentait la présidence de Donald Trump qui voyait dans le déploiement américain dans la péninsule une aide à sens unique et appelait à un désengagement. Logiquement, les tensions autour du *Special Measures Agreement* (SMA) – l'accord qui répartit les coûts du stationnement des troupes américaines dans la péninsule – furent élevées, et il faudra attendre l'arrivée de Joe Biden au pouvoir pour régler la question.

La première rencontre entre le nouveau président américain et Moon Jae-in fut fructueuse : non seulement les deux dirigeants affirmaient l'alignement de leurs positions sur la Corée du Nord en réaffirmant l'accord de Singapour, mais ils étendaient considérablement le champ de la coopération américano-coréenne (changement climatique, exploration lunaire, etc.). La position de Séoul face à la rivalité sino-américaine évoluait d'ailleurs au cours de la présidence Moon Jae-in. Le début du mandat s'était caractérisé par la volonté de ne pas prendre position. Puis, suite à l'arrivée du président Biden au pouvoir, et tout en cherchant à éviter une rupture avec la Chine, partenaire économique indispensable, la Corée du Sud a fait montre d'un engagement plus fort aux côtés des États-Unis, notamment dans la déclaration conjointe de Joe Biden et Moon Jae-in du 21 mai 2021.

La Corée du Sud dans le monde

De façon générale, sous la présidence de Moon Jae-in la Corée du Sud a renforcé sa place dans le monde. Séoul a par exemple été invité aux sommets du G7 en 2020 (annulé) et 2021. Par ailleurs, la *New Southern Policy* lancée en 2017 a permis de resserrer les liens avec les pays de l'Association des Nations d'Asie du Sud-Est (ASEAN). Elle restera un marqueur de la présidence de Moon Jae-in. En outre, en montrant son soutien à la sécurité régionale, Séoul est parvenu à échapper à la pression visant à l'intégrer à la Quad – alliance informelle créée en 2007 entre l'Australie, l'Inde, le Japon et les États-Unis.

En revanche, les relations bilatérales entre Séoul et Tokyo resteront comme un échec important de la politique étrangère de Moon Jae-in. Elles n'ont jamais été aussi mauvaises depuis 2012, date de la visite du président Lee Myung-bak à Dokdo/Takeshima. Ni la Corée du Sud ni le Japon ne semblent avoir vraiment tenté de résoudre leur querelle diplomatique.

La politique intérieure de Moon Jae-in

Sur le plan intérieur, Moon Jae-in a fait campagne pour un renouveau politique, social et économique, alors que la classe politique était discréditée dans le sillage des scandales ayant poussé Park Geun-hye à la démission. Cependant, la grâce que Moon Jae-in a accordée à cette dernière et la libération sur parole de Lee Jae-yong, l'héritier de l'empire Samsung dont Park avait accepté les pots-de-vin, ont été vus par beaucoup comme la persistance de « l'ancien monde ».

En matière économique, Moon promettait de réduire le taux de chômage des jeunes, d'encourager le logement abordable et de réduire l'écart de richesse. Il n'est pas parvenu à faire passer la grande loi anti-discrimination qu'il appelait de ses vœux. En dépit des efforts de son administration, le « taux de chômage *de facto* », qui comprend les chômeurs et les personnes sous-employées dans la population économiquement active, stagne autour de 20 % pour les Sud-Coréens âgés de 15 à 29 ans. Enfin, dans la région métropolitaine de la capitale, qui abrite près de la moitié de la population du pays, le coût moyen d'un appartement a doublé dans les cinq dernières années, atteignant en juillet 2021 1,1 milliard de wons (953 000 dollars). Ce prix a augmenté de 60 % sur la même période pour l'ensemble du pays.

Pour autant, Moon Jae-in a terminé son mandat avec une cote de popularité de plus de 40 %, soit environ 20 points de plus que ses prédécesseurs. Un chiffre qui résulte notamment d'une bonne gestion de la pandémie de Covid-19 – même si la vague Omicron a frappé le pays début 2022 –, gestion qui a permis de limiter le nombre des décès, sans confinements ni hôpitaux submergés, et avec des difficultés économiques réduites. Dès le début 2021, la croissance a retrouvé son niveau pré-pandémie (+ 1,6 % au 1er trimestre 2021). Elle s'est établie à 4 % sur l'année 2021, avec une prévision à 3 % pour 2022.

Moon Jae-in a également amélioré l'équilibre travail-vie personnelle des Sud-Coréens. En juillet 2018, il a réduit le temps de travail hebdomadaire maximum des salariés des grandes entreprises de 68 à 52 heures, réforme adoptée par la suite pour les petites et moyennes entreprises. Des congés parentaux plus généreux ont également encouragé davantage de pères à passer du temps avec leurs enfants. Enfin, même s'il n'en est pas responsable, la présidence de Moon Jae-in coïncide avec une expansion de l'influence culturelle de la Corée du Sud : BTS et Blackpink sont parmi les groupes musicaux les plus populaires au monde ; *Parasite* a remporté quatre Oscars en 2020 ; *Squid Game* a été la série la plus regardée sur Netflix en 2021 et *All of Us Are Dead* a battu des records d'audience sur cette même plateforme début 2022.

***

Les dirigeants nord- et sud-coréens ont des rapports au temps fondamentalement différents, ce qui influe indéniablement sur leurs politiques interne et externe. À 38 ans, Kim Jong-un a déjà connu quatre présidents sud-coréens. Le dernier, Yoon Suk-yeol, 61 ans, conservateur élu en mars 2022 et à la tête du pays depuis le 10 mai, ne révolutionnera sans doute pas les relations inter-coréennes, même s'il prône une position plus ferme vis-à-vis de Pyongyang. Il pourrait toutefois se montrer plus ouvertement critique vis-à-vis de la Chine et renforcer son engagement aux côtés des pays du Quadrilateral Security Dialogue.

R. H.

Pour en savoir plus

- A. Fifield, *The Great Successor: The Divinely Perfect Destiny of Brilliant Comrade Kim Jong-un*, New York, PublicAffairs, 2019.
- Jung H. P., *Becoming Kim Jong-Un: A Former CIA Officer's Insights into North Korea's Enigmatic Young Dictator*, New York, Ballantine Books, 2021.
- R. P. Pardo, « The Moon Jae-in Presidency: Key Domestic Legacies » et « The Moon Jae-in Presidency: Key Foreign Policy Legacies », Korea Chair Explains, 21 février 2022 et 25 février 2022.

L'Asie du Sud-Est et la guerre en Ukraine

Les paradoxes de la prudence

Les pays de l'ASEAN ont, face à la guerre d'Ukraine, adopté des positions diverses mais toujours prudentes. Cette diversité témoigne de la spécificité de leurs intérêts et de leur volonté d'éviter de se brouiller avec leurs « grands partenaires ». Les conséquences économiques et politiques du conflit ne les épargneront pourtant pas.

La guerre déclenchée en Ukraine le 24 février 2022 n'a pas provoqué de vives réactions en Asie du Sud-Est, toujours réticente à s'immiscer dans, et à porter un jugement sur, les affaires des autres États (surtout quand il s'agit des grandes puissances), et méfiante à l'égard des conflits lointains. À ce titre, l'Ukraine apparaît floue sur les radars sud-est asiatiques et peu savent positionner le pays sur une carte de l'Europe. La comparaison est, en outre, difficile à soutenir pour des pays eux-mêmes visés par l'expansionnisme chinois en mer de Chine du Sud (même si celui-ci s'exprime différemment). L'usage de la force pour contester les frontières est pourtant un scénario redouté par certains pays qui tentent de contenir les ambitions du grand voisin ou de s'en accommoder.

Enfin, les rapprochements – militaires ou économiques – engagés avec une Russie plus proactive ces dernières années illustrent les paradoxes de la région : privilégier les échanges en évacuant d'emblée la dimension politique et militaire génère des ambivalences qui contraignent les États d'Asie du Sud-Est.

Quelles perceptions de la guerre en Ukraine ?

Les pays d'Asie du Sud-Est sont discrets et leurs déclarations cryptiques sur l'intervention russe en Ukraine. Ils n'ont pas accordé leurs positions, affichant une fois encore la grande diversité de la région et la difficulté de l'Association des Nations d'Asie du Sud-Est (ASEAN) à s'imposer comme espace de rapprochement diplomatique.

Des positions très diverses

Cette diversité est apparue lors du vote à l'Organisation des Nations unies (ONU) le 2 mars 2022. Si la grande majorité des membres de l'ASEAN a condamné l'invasion (c'est le gouvernement en exil de Birmanie qui a voté), deux d'entre eux, Vietnam et Laos, se sont abstenus du fait de leur proximité avec Moscou. En revanche, Singapour prenait le 5 mars la rare décision d'imposer des sanctions à la fois financières et de contrôle des exportations à la Russie (la dernière fois était en 1978 après l'entrée des troupes vietnamiennes au Cambodge). Le Premier ministre Lee Hsien Loong a dénoncé une invasion violant le droit international et les principes onusiens. Le Brunei, qui suit souvent l'exemple de Singapour, a condamné la « violation de souveraineté » sans annoncer de mesure concrète.

La diplomatie indonésienne a critiqué les initiatives militaires du président Poutine mais a refusé d'exclure Moscou des réunions préparatoires du G20 (qui se tient à Bali en novembre 2022), insistant sur l'héritage de non-alignement qui est le sien. Les Philippines se sont auto-proclamées « pays neutre » mais ont procédé, le 9 mars, à l'achat de 17 hélicoptères de transport militaire russes (engagement pris et en partie réglé avant l'invasion). La Thaïlande et la Malaisie sont restées discrètes : le ministre thaïlandais des Affaires étrangères déclarant que « condamner la Russie ne fera pas avancer la situation », quand Kuala Lumpur refusait le 1er mars qu'un pétrolier battant pavillon russe fasse escale dans ses ports.

Enfin, sans surprise, la junte au pouvoir à Naypyidaw a qualifié l'invasion russe « d'appropriée » et la politique étrangère de Moscou « d'équilibrée ». Après le coup d'État du général Min Aung Hlaing de février 2021, la Russie avait été le premier partenaire du régime birman à envoyer une délégation au défilé militaire du 27 mars. Et c'est à Moscou que l'auto-proclamé nouveau dirigeant a effectué sa première visite à l'étranger, en juin 2021, avant la Chine.

L'ASEAN silencieuse

Dans un contexte où chacun défend ses positions sans souci de cohérence régionale, comment l'ASEAN peut-elle espérer se positionner ? Elle est restée « vaguement » silencieuse, comme indifférente, pour soutenir finalement une politique de neutralité et appeler à un cessez-le-feu (déclaration du 3 mars 2022).

Dans les déclarations communes publiées depuis février 2022, les mots Russie ou invasion n'apparaissent pas ; en revanche on trouve, dans une litanie sans lien avec la réalité, les termes de « retenue », de « dialogue pacifique » et de « négociation » pour favoriser une « désescalade du conflit ». L'ASEAN insiste sur la responsabilité de toutes les parties pour « défendre les principes du respect mutuel de la souveraineté, de l'intégrité territoriale et de l'égalité des droits de toutes les nations ».

Est-ce un aveu d'impuissance, constat réaliste sur les moyens des pays de la région et/ou expression de leur volonté de ne pas être entraînés dans un conflit « malgré eux » ? Tous ces facteurs doivent être pris en compte. La différence de perception et de pratique diplomatique avec les pays occidentaux interroge. Au vu des enjeux en Ukraine, pour l'Asie et pour les équilibres mondiaux, la tactique qui consiste à ne froisser personne, à se contenter d'un consensus mou sert-elle la sécurité des pays d'Asie du Sud-Est ?

Leurre pour masquer une faiblesse en même temps que conviction nécessaire, vecteur déclaratoire confortable, « l'esprit ASEAN » suggère le respect de la souveraineté et la non-ingérence dans les affaires des autres États. La surenchère des condamnations occidentales et les pressions auxquelles l'Asie du Sud-Est a été soumise, notamment de la part des États-Unis, paraissent déplacées et sont perçues comme un facteur aggravant pour la vulnérabilité de la région. Ne pas prendre parti dans la tension, s'extraire des rivalités géostratégiques paraît à ces pays plus raisonnable. C'est ici une attitude de principe ancienne : pendant la guerre froide l'ASEAN avait refusé de prendre position en dépit de menaces très concrètes et elle n'a condamné aucun pays au cours des vingt dernières années.

En ne mentionnant pas l'invasion russe en Ukraine, les déclarations des ministres des Affaires étrangères font d'une pierre deux coups : ils maintiennent une diplomatie attentiste à l'égard de la Russie, pourvoyeur d'armement alternatif, et surtout ils ne froissent pas la Chine, proche de Moscou et premier partenaire commercial de l'ASEAN. Il faudra attendre le 22 avril pour que les ministres des Affaires étrangères présentent leurs condoléances « au peuple ukrainien pour les massacres reportés de civils » – sans toutefois citer la Russie.

Tous les pays de l'Association accordent une importance primordiale au principe de souveraineté nationale et considèrent que la meilleure façon de la protéger est d'éviter les positions trop rigides, quitte à encourir l'opprobre des pays occidentaux. Et c'est aussi une double leçon à retenir de cette crise majeure : cet opprobre pèse moins que les interdépendances économiques qui permettent de survivre et l'aversion des positions binaires.

Les enjeux de la guerre pour la région

Rapprochements sécuritaires

Si le commerce de l'ASEAN avec la Russie est relativement faible (en 2019, 20 milliards de dollars par an, ce qui fait d'elle le 9e partenaire commercial de l'Association), ses exportations d'armes sont en croissance régulière : la Russie représente 28 % des armes importées par la région, est le premier pourvoyeur du Vietnam (84 %, même si l'on note une baisse de cette dépendance depuis 2015[1]), du Laos (44 %) et de la Birmanie où plusieurs centaines de formateurs viennent entraîner l'armée à l'usage des nouveaux équipements. L'Indonésie, la Malaisie et la Thaïlande sont des clients réguliers. Des exercices communs ont lieu chaque année (en décembre 2021, l'Indonésie accueillait le premier exercice maritime commun Russie/ASEAN).

Cette aide est jugée nécessaire pour parer à une « agression chinoise » et elle est complétée par une offre ukrainienne. Kiev fournit des équipements de défense, mais principalement en pièces détachées (la Thaïlande était son troisième client ces cinq dernières années). Le Vietnam a un partenariat stratégique avec Moscou : exercices communs et formation des officiers vietnamiens en Russie.

Un impact économique par ricochet

C'est plutôt par effet de ricochet que les pays de l'ASEAN souffriront sous le double effet d'une possible récession des économies européennes (9 % des exportations de la région) et d'une inflation des matières premières alimentaires

1. La Russie fournissait 90 % des importations vietnamiennes d'armement de 1995 à 2014, et seulement 68,4 % de 2015 à 2021 (selon le SIPRI). Et même si Washington a cherché à renforcer ses liens de défense avec Hanoï (levée de l'embargo en 2018), les équilibres n'ont pas encore franchement évolué.

(l'Ukraine, comme la Russie, exporte du blé et du maïs en grande quantité vers l'Asie du Sud-Est[2]) et énergétiques. Déjà, des pénuries se font sentir à Singapour, au Vietnam, en Thaïlande.

Pour la Thaïlande, le manque à gagner est aussi touristique : la chute drastique du nombre de touristes russes et ukrainiens a un impact direct sur un secteur déjà éprouvé par la crise sanitaire. Les touristes russes étaient en tête des arrivées internationales en février 2022 avec 17 599 voyageurs. Plus généralement, la constitution d'espaces commerciaux étanches qui se dessine avec les embargos n'est pas une bonne nouvelle pour des pays d'Asie du Sud-Est qui se vantent de commercer avec tous.

Rivalités systémiques

Dernier enjeu, et non des moindres, pour des régimes qui se durcissent : les choix diplomatiques se resserrent entre l'option « soutien aux régimes autoritaires » et l'option « soutien aux régimes libéraux ». Les déclarations de soutien aux dirigeants forts sont de plus en plus fréquentes. Certaines élites politiques locales vantent les qualités du président russe comme dirigeant « fort et articulé », capable de s'opposer à la « domination occidentale ». Le président philippin sortant Rodrigo Duterte a même déclaré que Poutine était son « héros favori », quand Hun Sen, au Cambodge, lui remettait la médaille de l'« Ordre de l'amitié ». La Chine, proche de la Russie, travaille patiemment la déconstruction du modèle démocratique libéral, des principes de droit international et des systèmes d'alliances militaires afférents. Elle aura besoin de ces transformations pour justifier ses coups de force successifs en mer de Chine méridionale.

***

Il n'est pas aisé de comprendre les logiques des pays d'Asie du Sud-Est : le respect de la souveraineté nationale et la non-ingérence dans les affaires intérieures, principes fondateurs de l'ASEAN, sont précisément ceux qui sont violés en Ukraine. D'autre part, le *hedging* systématique permet de ne heurter aucun partenaire et de garder toutes les options ouvertes. Il permet aussi de tester la détermination des pays occidentaux à soutenir les petits États quand leur souveraineté est attaquée. Le 29 mars, le Premier ministre singapourien Lee Hsien Loong rappelait, à Washington même, l'engagement américain « à défendre la région ». L'Asie du Sud-Est continue à parier sur sa valeur ajoutée stratégique irremplaçable.

S. B. du R.

Pour en savoir plus

- A. Gerstl, *Hedging Strategies in Southeast Asia: ASEAN, Malaysia, the Philippines, and Vietnam and Their Relations with China*, Londres, Routledge, 2022.
- M. Mietzner, *Democratic Deconsolidation in Southeast Asia*, Cambridge, Cambridge University Press, 2021.

2. L'Ukraine est ainsi le principal fournisseur de blé de l'Indonésie, fournissant environ un cinquième des importations de ce pays.

L'Afghanistan des talibans

L'avenir à reculons

De retour au pouvoir, les talibans réaffirment leur ligne : pas de gouvernement inclusif, atteinte aux droits des femmes… La crise économique et humanitaire s'approfondit. Le nouveau gouvernement n'est pas reconnu internationalement, mais les contacts sont maintenus au nom d'intérêts géopolitiques bien réels.

Après avoir tenu vingt ans en échec la plus puissante armée du monde, l'insurrection talibane, de nouveau au pouvoir, témoigne du potentiel d'un mouvement islamo-nationaliste qui, année après année, a grignoté les campagnes, par les armes ou par tractations avec les notables, avant d'emporter les villes dans les dernières semaines d'une marche sur Kaboul tombée sans combat le 15 août 2021.

Les raisons de l'échec de l'Organisation du traité de l'Atlantique nord (OTAN) renvoient à la fois à son appui fluctuant aux forces nationales afghanes, et à la greffe manquée d'un régime démocratique, trop centralisé, divisé et inefficace contre la corruption – deux piliers qui s'effondrent sous la dernière poussée talibane. Ce, d'autant que Washington avait accepté d'écarter le gouvernement afghan des négociations conduites au Qatar entre le représentant américain et les talibans, lesquelles se sont soldées par l'accord de Doha le 29 février 2020. L'accord actait le départ des forces étrangères, mais acceptait aussi le principe de négociations inter-afghanes supposées mettre en place un régime associant formations politiques de la République et talibans : un dialogue qui tourna court.

Neuf mois après le retour des talibans, aucun État, pas même le Pakistan, n'a reconnu l'Émirat islamique d'Afghanistan, alors que, plus qu'en 1996, le régime cherche la reconnaissance internationale. Avec une unanimité rare, grandes puissances et États voisins mettent en avant trois impératifs : un gouvernement « inclusif », c'est-à-dire intégrant des forces politiques non talibanes ; le respect des droits humains, et en particulier celui des femmes et des jeunes filles, si oppressées lors du premier Émirat (1996-2001) ; et que l'Afghanistan n'abrite plus de mouvements terroristes pouvant mener des opérations à l'étranger – un engagement pris à Doha.

Un gouvernement de mollahs, les femmes sous le joug

Depuis, un véritable dialogue de sourds s'est instauré, l'Émirat assurant avoir rempli ses engagements. La réalité est tout autre. Les discours se voulant rassurants ont suivi la prise de pouvoir, et le gouvernement mis en place en septembre 2021 se déclara « provisoire », laissant penser qu'il pourrait s'élargir. Il n'en fut rien. On a là un gouvernement de mollahs – la plupart pachtounes, même si Tadjiks, Ouzbeks et autres minorités ethniques sont présents – et d'anciens fidèles du mollah Omar et anciens ministres du premier Émirat – outre deux héritiers qui accèdent au pouvoir : le mollah Yakoob, fils du mollah Omar, à la Défense, et Seraj Haqqani, à la tête du réseau terroriste formé par son père, à l'Intérieur. Le mollah Abdul Ghani Baradar, signataire de l'accord de Doha, pouvait s'attendre à être Premier ministre, fort de ses voyages en Russie, en Chine, en Iran et de ses négociations avec les Américains : il n'est que premier adjoint du Premier ministre Mohammad Hassan Akhund, depuis longtemps à la tête du Conseil des dirigeants du mouvement taliban, et proche de l'émir Haibatullah Akhundzada, chef suprême quasi invisible qui gouverne depuis Kandahar par messages, et dans les coulisses.

Les mois passant, la ligne du régime a confirmé les principes, non sans certaines tensions internes semble-t-il. Si l'émir et le gouvernement appellent régulièrement au respect de l'amnistie annoncée en août 2021, c'est que de multiples incidents ont été relevés à l'encontre d'anciens agents du pouvoir précédent. Mais c'est la question des droits des femmes et de l'accès au collège des jeunes filles qui confirme que les « nouveaux talibans » n'existent que dans le domaine de la communication. Excepté dans certaines provinces, les jeunes filles sont toujours privées d'enseignement secondaire et les annonces d'ouverture répétées n'ont jamais été mises en œuvre. Le ministère de la Protection de la vertu et de la Répression du vice a vite remplacé celui des Affaires féminines et dispose désormais d'antennes provinciales. Nombre de femmes ont perdu leur emploi, public ou privé, et l'oppression refait surface : interdiction de voyager seules, imposition *a minima* du niqab, et de préférence de la burqa, dans l'espace public…

Les mouvements terroristes

La posture de déni est la même pour la menace terroriste. L'État islamique au Khorassan (EI-K), branche régionale de Daech créée en 2015 par des talibans dissidents et grossie de combattants étrangers, poursuit ses attentats occasionnels contre les mosquées chiites de grandes villes (Kaboul, Kunduz, Mazar-e Charif…), après avoir frappé l'aéroport de Kaboul en pleine évacuation de civils le 27 août 2021, quelques jours après la prise de la capitale. Le pouvoir affirme, pour sa part, contrôler la situation et récuse le rapport de l'Organisation des Nations unies (ONU) sur la menace terroriste, qui évalue les forces d'Al-Qaïda sur place entre 200 et 400 combattants, et celles de l'EI-K à près de 4 000, suite aux libérations de prisonniers imposées par Washington au président afghan Ashraf Ghani après l'accord de Doha.

Si Al-Qaïda a conservé des liens avec les talibans, l'EI-K est au contraire leur ennemi. Ils n'en sous-estiment pas moins la menace pour rassurer Moscou, les républiques d'Asie centrale et Pékin, qui s'inquiètent des liens anciens tissés entre les talibans et les groupes terroristes d'Asie centrale (Groupe du Jihad islamique, Mouvement islamique d'Ouzbékistan, Khatiba Imam al-Bukhari, Jamaat Ansarullah). Pékin est particulièrement concerné par les Ouïghours du Parti islamique du Turkestan, traditionnellement établis dans la province afghane du Badakshan et transférés plus loin de la frontière chinoise par les talibans « cherchant autant à protéger le groupe qu'à limiter sa capacité d'action » (ONU, 2022).

Reste la question sensible du Tehrik-e Taliban Pakistan (TTP) : les talibans pakistanais. Chassés des zones tribales pakistanaises par l'armée en 2015, puis fragmentés par des scissions, nombre de ses militants avaient fui en Afghanistan, certains rejoignant le bastion de l'EI-K dans la province bordière du Nangarhar. Le mouvement semblait affaibli, mais a repris ses activités terroristes au Pakistan, *a fortiori* après la restauration de l'Émirat islamique à Kaboul. Celui-ci a joué les médiateurs en 2021, mais le cessez-le-feu décidé entre TTP et forces pakistanaises fut rompu un mois plus tard. Un second cessez-le-feu a été décidé en mai 2022, toujours sous médiation talibane, pour favoriser les négociations entre Islamabad et les insurgés. Leur résultat reste très incertain.

Autre point de friction entre le Pakistan et Kaboul : la Ligne Durand, frontière dessinée par les Britanniques en 1893 à travers les terres pachtounes et jamais reconnue par l'Afghanistan depuis l'indépendance du Pakistan. Des accrochages ont eu lieu en février 2022 avec les talibans afghans, alors qu'Islamabad tente de terminer la clôture bien avancée de la frontière.

Crises économique, humanitaire et relations internationales

L'effondrement de l'État afghan a entraîné une crise économique doublée d'une crise humanitaire : objet de sanctions occidentales, le régime taliban a d'un coup perdu les financements étrangers, civils ou militaires, qui comptaient pour 40 % du produit intérieur brut et 80 % du budget de l'État, l'administration Biden décidant en outre de geler plus de 9 milliards de dollars de la Banque centrale afghane placés aux États-Unis. Les troubles de la guerre, les millions de déplacés, la fuite des cadres et une grave sécheresse ont transformé la crise économique en crise humanitaire. L'ONU alerte dès 2021 et publie un « Plan de réponse humanitaire » en janvier 2022, suivi d'un « Cadre d'engagement transitoire » permettant d'intervenir sur le terrain *via* ses agences ou quelque 150 organisations non gouvernementales, sans verser de fonds au régime. Il faudrait 5 milliards de dollars en 2022 pour atteindre ses objectifs, alors que son agence humanitaire évaluait à 24 millions – soit plus de la moitié de la population – le nombre de personnes en besoin urgent d'aide, l'insécurité alimentaire aiguë ayant frappé en huit mois 9 millions de personnes de plus, notamment femmes et enfants.

La catastrophe humanitaire explique en partie pourquoi, sans reconnaître leur régime, on parle aux talibans : l'Union européenne a rouvert une partie de sa délégation à Kaboul, et les États Unis restent en contact, à Doha entre autres. La Banque mondiale, qui avait suspendu les financements de projets en cours, les a en partie repris, et Washington et Bruxelles sont aujourd'hui les principaux pourvoyeurs d'aide face à la crise humanitaire.

Mais la géopolitique et son volet géoéconomique sont aussi en jeu. Pays voisins (Iran, Pakistan, républiques d'Asie centrale), ainsi que Russie, Chine, Turquie, Arabie Saoudite, Qatar et Émirats arabes unis ont ainsi maintenu leurs ambassades à Kaboul, sans reconnaître le régime. Le péril terroriste l'explique pour partie, les talibans apparaissant comme un rempart contre les visées internationalistes de l'EI-K, sinon contre Al-Qaïda et les mouvements islamistes régionaux.

Mais pèsent aussi les jeux d'influence dans la région (Turquie, Iran, monarchies du Golfe) et le potentiel économique afghan, non négligé…

Le gazoduc TAPI (Turkménistan–Afghanistan–Pakistan–Inde) n'est pas abandonné, pas plus que le projet de réseau électrique CASA 1 000 entre fournisseurs kirghizes et tadjiks et consommateurs afghans et pakistanais. Des projets de connectivité ferroviaire sont aussi engagés (liaison Chine–Iran *via* le nord afghan) ou en discussion : liaison Pakistan–Ouzbékistan–Kazakhstan *via* l'Afghanistan – projet intéressant la Russie et vu par Pékin comme l'extension bienvenue du corridor économique sino-pakistanais, élément essentiel de l'Initiative Ceinture et Route. La Chine attend aussi que la situation se stabilise pour relancer le contrat ancien de Mes Aynak, gigantesque gisement de cuivre proche de Kaboul. Par ailleurs, une délégation chinoise a visité l'Afghanistan en novembre 2021 pour identifier les vastes ressources en lithium, entre autres minerais stratégiques.

Où va l'Émirat islamique ?

La crise humanitaire sert le régime taliban : ses ministres ont été invités en Norvège en janvier 2022 et en Suisse le mois suivant pour tenter d'avancer sur le front politique ou humanitaire, ainsi que sur la question des femmes. En janvier, le ministre des Affaires étrangères Amir Khan Muttaqi avait aussi rencontré à Téhéran l'ancien chef de guerre et maître d'Hérat Ismael Khan, et surtout Ahmad Massoud, fils du commandant Massoud qui avait tenté, après la chute de Kaboul, de soulever la vallée du Panshir au nom du Front national de la résistance, aujourd'hui en exil.

Rien n'est sorti de ces rencontres quant à un « gouvernement inclusif ». La conférence internationale organisée à Kaboul début 2022 pour attirer les investisseurs étrangers, l'interdiction de la culture de l'opium en avril, les appels répétés au retour des exilés, ou le message d'apaisement lancé par l'émir Akhundzada à l'Aïd 2022 peinent à masquer la ligne de force qui l'emporte : une idéologie dont la marginalisation des femmes et le refus d'un vrai dialogue politique sont emblématiques. Le prix d'une reconnaissance diplomatique est jugé trop lourd, une dizaine de pays (dont le Pakistan, l'Iran, la Russie et la Chine) accueillant *de facto* des ambassadeurs talibans. L'affirmation idéologique a porté tout le combat des insurgés et cherche aujourd'hui, dans sa radicalité quotidienne, à contrer l'attractivité du rival potentiel qu'est l'État islamique au Khorassan…

J.-L. R.

Pour en savoir plus

- J.-L. Racine : « "Par la grâce d'Allah" : les talibans face au pouvoir », *Politique étrangère*, vol. 86, n° 4, Ifri, 2021.
- « Vingt-neuvième rapport de l'équipe analytique des sanctions », document S/2022/83, Conseil de sécurité des Nations unies, 3 février 2022.
- « Humanitarian Response Plan. Afghanistan », Bureau de la coordination des affaires humanitaires, ONU, janvier 2022.

Les accords d'Abraham

Vers un nouvel ordre régional de sécurité ?

Les accords dits « d'Abraham » ont ouvert une reconfiguration diplomatique qui dépasse la seule région du Golfe. Au-delà des coopérations économiques ouvertes entre les signataires, la question demeure de savoir s'ils préludent à une nouvelle architecture de sécurité régionale, en large part dirigée contre l'Iran.

Le 28 mars 2022 s'est tenue, dans le désert du Néguev (Israël), une rencontre inédite entre les ministres des Affaires étrangères de Bahreïn, des Émirats arabes unis (EAU), du Maroc, d'Égypte, d'Israël et des États-Unis pour ébaucher une nouvelle architecture sécuritaire de la région. Cette rencontre illustre le rapprochement diplomatique entre Israël et plusieurs pays arabes, à la faveur des accords dits « d'Abraham », conclus avec les EAU, Bahreïn, le Maroc et le Soudan. Coup d'éclat de l'administration Trump au Moyen-Orient après le controversé « plan de paix » de Jared Kushner, ces accords ont ouvert la voie à une vague de normalisation sans précédent entre certains pays arabes et l'État hébreu – jusque-là seules l'Égypte et la Jordanie avaient normalisé leurs relations avec Tel-Aviv (en 1979 et 1994).

Les accords d'Abraham ont entraîné d'importantes réorientations diplomatiques sur la scène régionale. Le Premier ministre israélien Naftali Bennett a rappelé en février 2022 sa volonté de créer une nouvelle alliance multi-dimensionnelle, à la fois économique et défensive, dans un contexte régional perçu par l'État hébreu comme dominé par l'Iran.

La dynamique des accords d'Abraham

Rédigés par Jared Kushner, gendre et conseiller de Donald Trump, les accords d'Abraham ont été signés à la Maison-Blanche sous l'égide du président américain par Israël, les Émirats et Bahreïn en septembre 2020. Les principaux objectifs de ces accords – leur nom se réfère à une figure centrale des trois religions monothéistes – sont le maintien et le renforcement de la paix au Moyen-Orient par le dialogue et le développement de relations amicales entre États. Ils se sont d'abord traduits par l'ouverture d'ambassades, la reconnaissance mutuelle du droit à vivre en paix et en sécurité, et par l'établissement de relations économiques privilégiées. La question de leur élargissement s'est ensuite rapidement posée. De fait, le Maroc et le Soudan ont rejoint les accords en décembre 2020 puis en janvier 2021. Ils ont enclenché la construction du « Nouveau Moyen-Orient » voulu par Donald Trump, avec la multiplication de partenariats défensifs et sécuritaires centrés sur Israël, qui cherche à se placer au cœur de cette nouvelle alliance régionale.

La construction du « Nouveau Moyen-Orient »

L'achat par le Maroc du système de défense israélien *Skylock Dome* en novembre 2021 et la signature, dans la foulée, d'un mémorandum de coopération militaire en mars 2022 illustre cette perspective sécuritaire. Bahreïn, à la recherche de garanties, a également conclu un accord de défense avec Israël, tandis que le chef de l'État soudanais Abdel Fattah al-Burhan ouvrait la discussion sur une possible coopération sécuritaire avec Israël. Les EAU, que les Occidentaux fournissent déjà en armes, se sont toutefois montrés intéressés par l'achat de plusieurs systèmes de défense aérienne israéliens.

Ces pays n'ont pas été directement impliqués dans des conflits militaires avec Israël depuis plusieurs décennies, et certains entretenaient même des relations diplomatiques officieuses avec l'État hébreu. Le volet sécuritaire de « l'ordre d'Abraham » semble donc plutôt dirigé contre l'Iran. Les États signataires ont toutefois des perceptions différentes de la menace iranienne. Israël la considère comme « existentielle » et tente depuis plusieurs années de structurer sa politique régionale autour de la lutte contre Téhéran et ses *proxies*. Bahreïn, dont la population est à 70 % chiite, et qui a longtemps été considéré par l'Iran comme sa « quatorzième province », cherche également à se prémunir contre toute tentative de déstabilisation de Téhéran. En revanche, les EAU et l'Iran, bien qu'opposés sur plusieurs dossiers régionaux, ont réussi à maintenir des contacts diplomatiques et d'importantes relations économiques. Le Maroc et le Soudan sont moins directement concernés par l'enjeu iranien, principalement perçu à travers le prisme d'autres conflits : le Maroc a rompu ses relations avec l'Iran en 2018, suspectant Téhéran de fournir des armes au Polisario sahraoui, tandis que le Soudan s'est éloigné de son ancien allié iranien dès 2016 pour se rapprocher de l'Arabie Saoudite.

L'émergence d'un « ordre d'Abraham » autour d'Israël, encore embryonnaire et porté par des intérêts divergents, a été positivement accueillie par ses partenaires occidentaux. Si la France et l'Allemagne ont salué une avancée vers la paix, certaines puissances extérieures ont eu toutefois des réactions plus réservées : la Chine s'est déclarée « satisfaite », mais elle a aussi, comme la Russie, rappelé son soutien à la cause palestinienne. La normalisation leur offre toutefois des opportunités économiques et diplomatiques non négligeables.

Les accords d'Abraham – et la politique de l'administration Trump dans son ensemble – ont en revanche été très critiqués par certains acteurs de la scène moyen-orientale : la Turquie parlait au moment de la signature d'un « nouveau coup porté aux efforts pour défendre la cause palestinienne » (elle s'est elle-même rapprochée d'Israël depuis lors), et l'Iran, d'un « couteau dans le dos des pays arabes ». Les sociétés civiles arabes se sont montrées très hostiles au changement : selon un sondage de l'Arab Center (Washington D. C.), 79 % des Soudanais et 88 % des Marocains se déclaraient en juin 2020 opposés à la normalisation des relations entre leur pays et Israël. Dans les pays du Golfe, où les critiques directes du pouvoir sont rares, le *hashtag* « La normalisation est une trahison » est resté en tendance plusieurs jours après l'annonce de la normalisation entre Israël et les Émirats.

Le pari politique et économique d'Abraham

Les États signataires escomptent des bénéfices à la fois politiques et économiques : ils ont parié sur l'ouverture et la diversification de leurs partenariats pour obtenir des gains auprès d'Israël et des États-Unis. En échange de la normalisation, le Maroc fait reconnaître par l'administration Trump sa souveraineté sur le Sahara occidental ; les EAU ont rapidement suivi en ouvrant un consulat à Laâyoune, tandis que les tensions se multipliaient autour de la question sahraouie avec plusieurs pays européens (notamment l'Allemagne et l'Espagne). Le Soudan, quant à lui, a été retiré de la liste américaine des États soutenant le terrorisme – il y figurait depuis 1993. C'est un premier pas vers la levée des restrictions sur les échanges extérieurs, enjeu majeur dans un contexte de forte récession économique. La signature des accords a aussi donné une forme de crédibilité internationale au gouvernement de transition soudanais, renversé depuis par un coup d'État militaire (octobre 2021).

La normalisation a également permis d'intensifier les échanges économiques entre les pays concernés, crédibilisant la stratégie israélienne de « cercle vertueux » que Naftali Bennett décrivait ainsi en février 2022 : « croissance économique, force militaire, stabilité, croissance économique, et ainsi de suite ». Les EAU et Israël apparaissent comme les grands vainqueurs du volet économique d'Abraham, avec la signature d'un accord commercial de 700 millions de dollars en novembre 2021, et d'un traité de libre-échange en avril 2022. Le Maroc a également signé plusieurs accords de coopération avec l'État hébreu et devrait bénéficier d'importants flux de touristes israéliens (environ 200 000 par an) après l'ouverture d'une liaison directe entre Rabat et Tel-Aviv. Deux ans après la signature, le pari positif est donc gagnant pour les parties prenantes en termes d'ouverture politique et économique.

La paix d'Abraham est-elle possible ?

De nombreuses lignes de fragilité subsistent cependant, menaçant la promesse de « paix durable » des accords. On relèvera d'abord que la question palestinienne, qui structurait la géopolitique régionale depuis 1948, est désormais absente du débat. La cause palestinienne ne parvient plus à fédérer les États arabes : l'Initiative de paix lancée en 2002 par l'Arabie Saoudite, et majoritairement soutenue par la Ligue arabe, conditionnait la normalisation des relations avec Israël à un retour aux frontières de 1967, à la création d'un État palestinien et au règlement de la question des réfugiés. Les accords d'Abraham et les normalisations bilatérales avec Israël ont sonné le glas de cette paix globale. Israël ne considère plus par ailleurs le conflit israélo-palestinien comme une menace sécuritaire essentielle : la construction d'un axe défensif anti-iranien est désormais prioritaire. De fait, et contrairement à ce qui avait été annoncé par les parties, la signature des accords n'a permis aucune avancée vers une solution du problème palestinien. Les incidents militaires et sécuritaires se sont au contraire multipliés : au printemps 2021, une série d'affrontements entre le Hamas et l'armée israélienne à Gaza a fait 256 morts et environ 2 000 blessés civils ; et Israël a subi une vague d'attaques terroristes en mars et avril 2022, sans précédent depuis 2016.

La paix d'Abraham se trouve dans une impasse diplomatique : les accords ont créé un nouvel axe de polarisation régional, l'axe « anti-Iran », qui se heurte à un axe « anti-normalisation » rendant impossible l'extension des accords. L'Algérie, le Qatar et la Turquie ont désapprouvé les normalisations en raison de leur soutien à la cause palestinienne, bien qu'Ankara ait adouci depuis sa position. Le Koweït, où vit une importante diaspora palestinienne, et le Liban, toujours en état de guerre contre Israël, ont exclu la possibilité de rejoindre les accords ; l'Arabie Saoudite reste réticente malgré l'existence de contacts officieux avec Israël depuis plusieurs années.

D'autres États, englués dans des crises politiques internes, ou craignant la réaction de leurs opinions, se désintéressent du sujet, à l'instar de la Tunisie. Seul Oman a positivement accueilli les accords, en vertu de sa politique de bon voisinage, sans que cela ne se traduise par un quelconque rapprochement avec Israël. La polarisation ainsi accentuée est grosse de nouvelles conflictualités : Alger dénonce la normalisation entre le Maroc et Israël, intégrant dans sa rhétorique belliqueuse de prétendues « manœuvres extérieures » visant à déstabiliser l'Algérie.

Les effets de ces accords sur d'autres théâtres

Les accords d'Abraham traduisent une reconfiguration des enjeux géopolitiques du Moyen-Orient autour d'Israël et des pays du Golfe. La normalisation laisse les mains libres aux monarchies du Golfe pour se redéployer sur d'autres terrains, où elles font preuve d'un volontarisme diplomatique croissant. Les EAU, mais aussi l'Arabie Saoudite, cherchent ainsi à apaiser leurs relations avec plusieurs pays de la région : la fin du blocus contre le Qatar en 2021, puis la réconciliation opérée avec la Turquie, le retour des ambassadeurs saoudien, koweïtien et émirati à Beyrouth après plusieurs mois de tensions, et la visite historique de Bachar al-Assad à Abou Dhabi dans les premiers mois de 2022 peuvent être compris dans le contexte de la reconfiguration globale ouverte par les accords d'Abraham.

Israël compte également sur cette victoire diplomatique pour se redéployer sur d'autres terrains et améliorer son image internationale : la normalisation avec le Maroc et le Soudan a ouvert une fenêtre d'opportunité en Afrique. La détente attendue des relations entre l'Iran et les Occidentaux, en cas de nouvel accord sur le nucléaire, permettra de déterminer si « l'axe d'Abraham », qui unit à ce jour des États aux intérêts stratégiques potentiellement divergents, peut constituer le fondement d'un ordre de sécurité élargi au Moyen-Orient.

S. L.

Pour en savoir plus

- J. Clément, « Les "accords d'Abraham" entre Israël et les pays du Golfe (Émirats arabes unis et Bahreïn) : quelles relations historiques entre les États signataires et quelles conséquences géopolitiques pour le Moyen-Orient ? », *Les Clés du Moyen-Orient*, janvier 2022.
- É. Marteu, « Les pays du Golfe et Israël : une convergence d'intérêts ? », *Politique étrangère*, vol. 85, n° 1, Ifri, mars 2020.
- E. Navon, *L'Étoile et le Sceptre. Histoire diplomatique d'Israël*, Paris, Hermann, 2022.

La guerre d'usure, nouvelle étape du conflit syrien

Entre fragmentations internes et pressions extérieures

La division de la Syrie en aires contrôlées par des autorités rivales, jointe à la présence et à l'intervention d'acteurs extérieurs – Turquie, Iran, États-Unis... – se traduit par un *statu quo* qui n'est qu'une guerre d'usure. La situation est peu stable et propice au renforcement des opérations de l'État islamique.

Après une première phase insurrectionnelle en 2011, suivie d'un conflit de plus de dix ans, la guerre civile syrienne est entrée dans une nouvelle étape, caractérisée par une guerre d'usure. Entre octobre 2019 et mars 2020, les accords entre la Turquie, la Russie et les États-Unis ont mis un coup d'arrêt aux tentatives de reconquête d'Idlib par les forces pro-régime et aux opérations turques contre le mouvement kurde syrien. Dans un contexte de gel des grandes opérations militaires, trois acteurs se font face : le régime syrien soutenu par ses alliés russe et iranien ; l'Administration autonome (AA) du nord-est syrien contrôlé par le mouvement kurde sous protection des États-Unis ; et les zones tenues par les réminiscences de l'opposition syrienne dans le nord-ouest du pays sous protection de la Turquie.

Si les puissances extérieures – Turquie, Russie/Iran, États-Unis – ont désormais des zones d'influence bien établies, cette stabilisation du conflit est précaire : chaque camp lutte pour sa survie et le *statu quo* dépend des équilibres régionaux.

La gouvernance au cœur de la guerre d'usure

Le conflit a fait près d'un million de victimes, plus de 6,6 millions de réfugiés et 13 millions de déplacés internes, alors que les infrastructures économiques sont largement détruites. Dans ce contexte d'épuisement des ressources, chaque camp cherche à stabiliser son propre territoire, ce qui place les questions de gouvernance au cœur de la guerre d'usure. Or, sur le terrain de la gouvernance et de la résilience, les mouvements rebelles parviennent davantage à organiser leur territoire et à institutionnaliser leur autorité que le régime de Bachar al-Assad, dont la stratégie de la terre brûlée a conduit à une situation de faillite.

Les zones tenues par Damas suivent une inquiétante dynamique de fragmentation et de décrépitude des pouvoirs publics. Le régime, porté à bout de bras par ses alliés iranien et russe, sous-traite la répression et le contrôle du territoire à une centaine de groupes miliciens. En échange de leur soutien, ces derniers se constituent des fiefs économiques et s'approprient les infrastructures de l'État. L'Iran contrôle ainsi les importations, *via* l'Irak et la côte méditerranéenne, et a restructuré les forces de sécurité syriennes pour s'assurer un contrôle durable du pays. Les milices pro-régimes encadrées par l'Iran sont largement autonomes et contrôlent les principaux axes routiers, taxant et réprimant la population. Cette économie de la violence renforce la fragmentation du territoire et aggrave une crise économique déjà massive.

Dans ce contexte, le gouvernement n'a plus les moyens de réguler son territoire et de relancer des politiques publiques. Le salaire mensuel d'un fonctionnaire a chuté à quelques dizaines de dollars tandis que l'essence et l'électricité font défaut. Loin de chercher à faire face à la crise, la stratégie de survie du régime passe par la production et l'exportation de drogue de synthèse. Le régime augmente ses capacités de production en détournant l'aide internationale et en investissant dans le développement de son industrie pharmaceutique pour assurer une production massive de la drogue. Bien que la gestion locale du trafic soit déléguée à des réseaux miliciens, il s'agit d'une politique coordonnée par Damas, qui l'utilise afin de mettre sous pression les pays voisins.

À l'inverse de la faillite des zones du régime, le processus d'institutionnalisation se renforce dans celles de l'opposition, avec l'ascension de deux organisations ayant « usurpé la révolution » : le Partiya Yekîtiya Demokrat (PYD) – la branche syrienne du Parti des travailleurs du Kurdistan (PKK) – dans le nord-est syrien et Hayat Tahrir al-Cham (HTS) à Idlib. Fortement structurées, ces deux organisations contrôlent près d'un quart de la Syrie, l'essentiel des ressources du pays et un tiers de sa population. De fait, l'opposition politique de 2011 n'a plus de prise sur les réalités de terrain, les forces de l'armée libre syrienne sont assujetties soit à la Turquie soit à HTS. Ce *statu quo* s'impose d'autant plus que HTS et le mouvement kurde sont devenus la seule alternative : HTS et le PYD contribuent à combattre l'État islamique (EI), à la rétention des populations et à la préservation d'un espace pour l'opposition qui permet de maintenir un semblant de crédibilité au processus de Genève.

Les États-Unis considèrent ainsi que le mouvement kurde syrien est la seule option viable face à l'EI, alors que la Turquie se décharge du contrôle d'Idlib sur l'architecture administrative et militaire mise en place par HTS. Cependant, une reconnaissance internationale de HTS et du mouvement kurde semble compromise, les deux mouvements entretenant un rapport problématique à la question du terrorisme. HTS est marqué par son passé djihadiste, alors que le PYD peine à gérer sa connexion avec le PKK.

L'impossible reconnaissance internationale condamne les deux mouvements à une stratégie du fait accompli, dont le succès dépend d'une capacité de résilience et de gouvernance. Sous contrôle du PKK, le mouvement kurde a mis en place une administration forte de plus de 150 000 salariés civils, s'appuyant sur une stratégie contre-insurrectionnelle soutenue par la coalition occidentale, combinant fort contrôle sécuritaire, cooptation tribale et captation des classes moyennes. Quant à HTS, l'organisation gère la question de la gouvernance de manière désidéologisée et néolibérale, délègue aux classes moyennes, et sous-traite aux organisations non gouvernementales internationales et à l'Organisation des Nations unies. Cette dynamique d'institutionnalisation conduit HTS et le mouvement kurde à se transformer dans l'espoir d'obtenir le soutien direct des pays occidentaux en échange de leur coopération dans les politiques de stabilisation.

Les risques d'une reprise du conflit

Le *statu quo* n'est pas synonyme de fin du conflit en raison des risques d'escalade militaire de la Turquie face au PKK et des États-Unis avec l'Iran, alors que les institutions de l'État syrien sont au bord de l'effondrement.

La position du mouvement kurde reste instable du fait de sa vulnérabilité stratégique. La Turquie le perçoit comme un danger existentiel et, après trois opérations militaires depuis 2016, menace régulièrement d'une nouvelle opération armée pour sécuriser sa frontière. Le mouvement est aussi confronté aux tentatives de déstabilisation de Damas, qui essaie de mettre fin à ce qu'elle considère comme un projet sécessionniste. En l'absence d'alternative, le risque d'une reprise des opérations militaires de la part de la Turquie est bien réelle.

Le contexte d'escalade entre Washington et Téhéran risque d'accroître le nombre de conflits localisés ranimés par la faiblesse des régulations étatiques et l'affirmation de dynamiques miliciennes. Ce scénario risque de parachever l'émergence d'un arc de crise régional de l'ouest de la Syrie à l'est de l'Irak.

Enfin, la dynamique de fragmentation de l'État syrien renforce la crainte d'un effondrement des institutions. Le régime survit principalement par une économie illicite et une répression massive; mais face à des tensions sociales et économiques toujours plus fortes, l'avenir du clan de Bachar al-Assad n'est pas garanti. D'autant que l'implication du pouvoir dans l'organisation d'une économie de la drogue régionale limite sa normalisation.

Le retour de l'État islamique

La fragmentation du jeu politique syrien et la guerre d'usure limitent les succès militaires contre l'EI. L'organisation djihadiste mène sa propre guerre d'attrition et se nourrit des contradictions géopolitiques de ses adversaires. Elle demeure une organisation centralisée, qui coordonne efficacement son action au niveau régional, à cheval sur la Syrie et l'Irak. L'attaque de l'EI contre la prison d'Hassaké en janvier 2022 éclaire le risque d'une résurgence du mouvement.

En Syrie, la Badiya, le désert au sud de l'Euphrate, est au cœur des zones de résurgence de l'EI. L'effondrement des institutions étatiques et la fragmentation des milices ont permis à l'organisation d'y maintenir une confrontation ouverte. Depuis la Badiya, l'organisation projette son pouvoir dans un arc de crise qui s'étend de l'est de Homs à la province de Diyala, et à la frontière irako-iranienne. En Irak, l'EI cherche la confrontation dans les territoires multiconfessionnels des gouvernorats de Diyala, Salaheddine et Kirkouk. L'organisation y poursuit une stratégie de déstabilisation qui vise à raviver les cycles de violence et de répression sectaires. Le groupe tente également de se repositionner dans les zones urbaines pour mener des campagnes d'attaque à la bombe, ce qui se traduit par l'arrestation de nombreuses cellules autour des centres urbains, en particulier dans la ceinture de Bagdad.

Le nord-ouest et le nord-est syrien sont des zones d'accumulation et de reconstruction de réseaux. La confrontation n'y est pas un objectif stratégique. Dans la poche d'Idlib, tenue par HTS, l'EI est confronté à un système de sécurité efficace. Il a été formé par des années de combat avec divers groupes djihadistes, et a prouvé sa capacité à infiltrer et démanteler un nombre important de cellules actives de l'EI ces dernières années. Mais le Gouvernement de salut syrien, affilié à HTS, a toujours des difficultés à assurer un suivi administratif efficace de la population hors des centres urbains et des camps. Idlib offre des opportunités de sanctuaire pour un leadership qui ne cherche pas à y agir mais peut y communiquer avec le reste de l'organisation. Par exemple, le leader de l'EI, al-Qourachi, est tué en 2022 dans le nord de la Syrie, dans une zone où les réseaux institutionnels de HTS sont faibles. En 2019, Abou Bakr al-Baghdadi est tué dans un environnement similaire.

L'équation sécuritaire dans le nord-est de la Syrie, contrôlé par les Forces démocratiques syriennes (FDS), est diamétralement opposée à la situation à Idlib, avec un niveau élevé de contrôle de la population, mais un suivi médiocre des réseaux de l'EI. Les FDS disposent d'un appareil bureaucratique bien établi. Le contrôle de la population est donc plus strict et il est plus difficile de s'y cacher. Mais la plus faible capacité de l'appareil de sécurité dirigé par les Kurdes à comprendre et à pénétrer les réseaux de l'EI, associée à la désaffiliation de l'administration dans l'est de Deir al-Zor, produit une société opaque pour les agences de sécurité kurdes. Malgré son influence croissante dans cette zone, l'EI évite une confrontation ouverte avec les FDS et ne cherche pas à provoquer un effondrement des institutions civiles du nord-est syrien, qui conduirait probablement à une intervention accrue de la coalition occidentale. La stratégie de l'EI est de faire preuve de retenue dans les zones contrôlées par les FDS jusqu'au départ des États-Unis et de se concentrer sur des opérations contre le régime syrien, considéré comme un adversaire plus faible.

***

La guerre d'usure entre le régime syrien, le mouvement kurde et HTS a créé une géopolitique complexe de la contre-insurrection, permettant une résurgence de l'EI. Dans ce contexte, l'escalade militaire de la Turquie avec le PKK, et des États-Unis avec l'Iran, met sous pression un *statu quo* fragile et éloigne toute possibilité de sortie du conflit.

A. Q.

Pour en savoir plus

- A. Baczko, G. Dorronsoro et A. Quesnay, *Syrie. Anatomie d'une guerre civile*, Paris, CNRS Éditions, 2016.
- J. Drevon et P. Haenni, « How Global Jihad Relocalises and Where It Leads: The Case of HTS, the Former AQ Franchise in Syria », Institut européen de Florence/Middle East Directions, 2021.
- P. Haenni et A. Quesnay, « Coming Up Through the Cracks: The Islamic State's Resurgence in Syria and Iraq », Institut européen de Florence/ Middle East Directions, 2022.

L'Iran en 2022

Un système politico-économique bloqué

L'élection du conservateur Raïssi à la présidence se traduit par une crispation idéologique et une aggravation de la répression interne face aux protestations engendrées par la crise économique. Les négociations de Vienne semblent patiner, tandis que la guerre en Ukraine bouleverse les géopolitiques régionales.

Un an après l'élection d'Ebrahim Raïssi à l'élection présidentielle de juin 2021, la question est de savoir si les responsables politiques actuels peuvent comprendre et traiter les maux économiques et politiques dont souffre l'Iran depuis la Révolution islamique de 1979. En dépit des slogans révolutionnaires et des promesses électorales intenables en matière économique, le nouveau gouvernement semble s'être enfermé dans une impasse politique, diplomatique et économique.

Crise économique et durcissement politique

Les manifestations du printemps 2022 sont la conséquence d'une contestation latente que le régime ne peut arrêter, même si les altercations ne trouvent pas de débouché politique dans un système politique verrouillé. Les sources de mécontentements sont multiples et le risque, pour la République islamique, est la convergence des luttes contre la vie chère, pour une amélioration de la situation environnementale (crise de l'eau, pollution de l'air, tempêtes de poussières) et des mouvements syndicaux comme celui des enseignants. Le gouvernement Raïssi s'efforce donc de segmenter les mouvements contestataires. Sa crainte première est que la classe moyenne rejoigne les classes populaires, les revendications économiques se transformant en mouvements d'émancipation politique contre la dictature religieuse. Il est certain que la majorité de la population n'estime plus possible un changement par l'alternance entre les différentes factions internes du système : les « modérés » et les conservateurs.

La crise économique s'accompagne d'une reprise en main sécuritaire. Un an après son arrivée au pouvoir, Raïssi, réputé être un « dur » de la République islamique, purge l'appareil d'État des « modérés » et tente de mettre fin aux révoltes populaires contre la vie chère et pour le changement de régime. Dans un contexte de forte inflation (plus de 40 % en 2021), l'explosion des prix des produits de première nécessité est aggravée par la suppression de subventions de l'État à certains produits alimentaires. L'inflation accrue touche particulièrement les plus défavorisés. En urgence, en mai 2022, le président ultraconservateur Ebrahim Raïssi a mis en place une allocation ciblée de 14 dollars par mois pour chaque foyer parmi les plus démunis, afin de tenter de compenser la suppression de certaines subventions.

Sur le plan politique, la République islamique est entrée dans une phase de purification idéologique des administrations, comme sous Mahmoud Ahmadinejad de 2005 à 2013. L'appareil de sécurité prend le contrôle des institutions élues, avec une surenchère idéologique accompagnée d'une fuite en avant sécuritaire et d'une répression accrue à l'intérieur du pays contre toute forme d'opposition. Quand les ultras sont au pouvoir, ils suscitent toujours davantage de crises en politique étrangère. Le complexe obsidional de la République islamique fabrique des crises extérieures pour s'en nourrir à l'intérieur et mieux réprimer toute forme d'opposition. Chaque crise extérieure est donc utilisée pour effrayer la population et créer un bouc émissaire, afin d'éviter qu'elle ne se focalise sur les problèmes internes. Le régime développe ainsi un climat de peur : soit le chaos, soit le *statu quo*… Depuis qu'Ebrahim Raïssi a pris ses fonctions en août 2021, les prix des produits alimentaires et de consommation courante n'ont cessé d'augmenter. Il avait pourtant, durant la campagne, promis un internet gratuit pour tous, la fin de l'inflation galopante et la création d'emplois pour les jeunes. En dépit de ces problèmes économiques persistants, le président Raïssi semble refuser de prendre en compte les réalités économiques pour construire sa politique. Il s'enferre au contraire dans un déni idéologique qui ne lui permet pas de mettre en place une politique indépendante : d'où la mise en œuvre d'une stratégie économique qui se contente de s'inscrire dans la vision du Guide suprême Ali Khamenei.

Dans cette perspective, il s'agit, d'une part, de déconnecter les enjeux de développement économique du pays des négociations nucléaires qui se tiennent à Vienne depuis le mois d'avril 2021 ; d'autre part, de construire une économie « de résistance », qui confond désir d'indépendance et modèle de développement autarcique. À titre d'exemple, les responsables politiques de la République islamique n'imaginaient pas que les avertissements d'experts et d'universitaires sur la crise de l'eau pourraient se traduire en expression publique de colère. À l'automne 2021, des manifestations massives d'agriculteurs mais aussi plus largement de citoyens vivant dans des zones où les conséquences de la mauvaise gestion des ressources hydriques sont les plus visibles, comme à Ispahan[1], ont fragilisé la propagande officielle qui rend responsables des défaillances internes à la République islamique le changement climatique global ou les sanctions internationales.

Selon les dernières statistiques publiées par le ministère du Travail en avril 2022, 38 % des Iraniens, soit 9,3 millions de foyers, vivraient sous le seuil de pauvreté. Alors que l'urgence d'un accord nucléaire est toujours aussi prégnante pour redresser la situation économique et financière du pays, le gouvernement Raïssi ne semble pas disposé aux concessions qui aideraient à une résolution rapide des questions politiques bilatérales entre l'Iran et les États-Unis qui bloquent la conclusion d'un nouvel accord.

1. J. Connan, « En Iran, la crise de l'eau provoque de nouvelles manifestations », *La Croix*, 14 novembre 2021.

Le poids des négociations de Vienne

Après une année de pourparlers (avril 2021-avril 2022), Téhéran et Washington ont interrompu leurs négociations indirectes pour conclure un nouvel accord. Depuis le début de mars 2022, un projet de texte semble prêt à être signé, mais les deux capitales n'ont pu s'accorder au sujet de la désignation des Gardiens de la révolution islamique (*pasdaran*) comme entité terroriste par les États-Unis. L'administration Biden estime que si la République islamique veut obtenir une levée des sanctions allant au-delà de l'accord originel, elle doit négocier sur des questions dépassant le champ nucléaire.

Les États-Unis auraient ainsi proposé d'abandonner la catégorisation des *pasdaran* comme entité terroriste en échange de garanties de Téhéran d'un renoncement à toute vengeance suite à l'élimination par l'administration Trump en janvier 2020 du responsable de la force Al-Qods, Qassem Soleimani. Le coût économique de l'absence d'accord serait de 4 milliards de dollars de revenus pétroliers potentiels par mois du fait des sanctions américaines – lesquelles seraient levées si l'accord sur le nucléaire était rétabli.

La République islamique n'entend pas renoncer à l'héritage idéologique de la Révolution de 1979. Au printemps 2022, le gouvernement iranien, enhardi par la flambée des prix du pétrole, semble d'ailleurs moins pressé de voir un assouplissement des sanctions relancer son économie. En mars 2022, le Parlement iranien a relevé le plafond des exportations de pétrole de 1,2 million de barils par jour au prix de 60 dollars l'an dernier à 1,4 million de barils par jour sur la base d'un baril à 70 dollars.

De son côté, l'administration Biden, à quelques mois des élections de mi-mandat, n'entend pas être accusée de faiblesse envers une entité qualifiée de « terroriste » et ciblant les forces américaines au Moyen-Orient. Un tel choix aurait pour conséquence une opposition résolue des alliés régionaux, à commencer par Israël, l'Arabie Saoudite et les Émirats arabes unis. Sur le plan politique interne, le Congrès reste majoritairement opposé à toute levée des sanctions pesant sur les Gardiens de la révolution islamique.

Un autre enjeu du retour à un accord réside dans le gel des avoirs iraniens bloqués à l'extérieur du pays. Les estimations de la valeur de ces actifs iraniens varient – avec des évaluations d'un minimum de 40 milliards de dollars. Mais d'autres estimations indiquent que la valeur pour la République islamique des fonds gelés oscillerait entre 100 et 120 milliards de dollars. Le refus iranien de signer un nouvel accord rapidement peut également s'expliquer par la hausse des cours du pétrole dans le contexte de la guerre d'Ukraine. Bien que le montant des exportations de pétrole ne soit pas divulgué du fait des sanctions américaines, si une moyenne de 1 million de barils de pétrole brut et de condensat était exportée par jour, cela se traduirait par 20 milliards de dollars supplémentaires d'exportations. En d'autres termes, l'Iran a potentiellement enregistré un excédent commercial de 16 milliards de dollars durant les douze derniers mois (mars 2021-mars 2022)[2].

2. « Iran's Economic Scorecard: High Inflation Amid a Trade Surplus », Amwaj Media, 21 avril 2022.

Guerre en Ukraine et géopolitique régionale

Dans le contexte de la guerre en Ukraine, la République islamique se préoccupe d'un affaiblissement de la stature internationale de la Russie. La perception d'une moindre présence russe dans le sud de la Syrie, véhiculée notamment par le roi de Jordanie, suscite l'inquiétude des rivaux régionaux de la République islamique. C'est dans ce contexte que s'inscrit l'élimination d'un haut responsable iranien par Israël, le colonel Hassan Sayyad Khodaï, tué par balle le 22 mai 2022. Tel-Aviv s'inquiète d'une présence renforcée de la République islamique et des milices chiites pro-iraniennes au sud de la Syrie, suite au changement de priorité militaire de la Russie en raison de la guerre en Ukraine.

En même temps, Téhéran espère une évolution systémique, à travers un début de dé-dollarisation de l'économie mondiale. L'Iran parie sur l'avènement d'un bloc de pays susceptibles de contourner les sanctions américaines en remettant en cause l'ordre juridique dominant imposé par Washington. L'intégration de l'Iran dans l'axe russo-chinois est perçue à Téhéran comme une étape : le territoire iranien a vocation à être une voie de communication stratégique entre l'Asie de l'Est et l'Asie de l'Ouest. Moscou soutient également l'intégration de l'Iran à l'Union économique eurasiatique. La République islamique est devenue un enjeu à la fois dans la rivalité sino-américaine et dans la rivalité russo-américaine.

L'aboutissement des projets d'axe géopolitique avec la Russie et la Chine reste néanmoins tributaire de la sortie de l'Iran de la liste noire du Groupe d'action financière (Gafi), et de la conclusion d'un nouvel accord sur le nucléaire. À l'inverse, vu de Moscou et de Pékin, il faut que l'Iran soit solvable pour lui vendre des équipements nucléaires, du matériel militaire et des technologies sensibles. Le risque, pour la République islamique, est d'aggraver son niveau de dépendance à l'égard de ces deux puissances : c'est l'objet de débats au sein d'un régime qui a fait du slogan de l'indépendance le cœur de sa stratégie internationale depuis 1979.

C. T.

Pour en savoir plus

- B. Balci et N. Monceau (dir.), *Turkey, Russia and Iran in the Middle East: Establishing a New Regional Order*, Cham, Springer International Publishing, 2021.
- M.-R. Djalili et T. Kellner, *L'Iran en 100 questions. Entre durcissement et contestation*, Paris, Tallandier, 2022.
- K. Sadjadpour, « Iran's Hollow Victory: The High Price of Regional Dominance », *Foreign Affairs*, mars-avril 2022.

Turquie : quelle place pour l'armée ?

Changement de rôle

Le coup d'État manqué de 2016 a entraîné un changement institutionnel concentrant le pouvoir à la présidence, marginalisant les forces armées en interne et majorant leur rôle en soutien de la politique étrangère. Ce nouveau dispositif sécuritaire pourrait ne pas être fondamentalement affecté par les prochaines élections.

C'est au cours de l'exercice militaire Efes 2022 à Doğanbey, qui regroupait 37 pays, que Recep Tayyip Erdoğan a choisi d'annoncer officiellement sa candidature à l'élection présidentielle de 2023. Le moment n'était pas anodin : dans un contexte militarisé, les forces armées turques deviennent un espace où Erdoğan peut mener une véritable campagne électorale, reflet d'une politisation nouvelle de l'armée turque. Le président a eu recours à cette occasion à une rhétorique martiale, menaçant directement la Grèce. Il est difficile de ne pas voir là la mise en scène d'un certain rappel du passé : à l'image de Mustafa Kemal Atatürk voici un siècle, Erdoğan entend se positionner comme un leader fort pour la Turquie de 2023. Et l'armée constitue, pour ce faire, un outil incontournable.

À la suite de l'échec du coup d'État de 2016, et plus encore avec le passage au régime présidentiel en 2017, le contrôle politique de l'armée par un exécutif désormais incarné par le président s'est vu considérablement renforcé. La mise sous autorité directe de la présidence est clairement lisible, ces dernières années, dans le rôle nouveau des forces armées en matière de politique étrangère. La décision de politique étrangère est certes désormais pleinement dans les mains des civils, mais cette « démilitarisation » s'accompagne paradoxalement d'une remilitarisation des modalités et moyens de cette politique. C'est ainsi que l'armée intervient par exemple en Syrie, en Irak, mais aussi au-delà de son environnement proche, prodiguant un appui tactique au gouvernement d'entente nationale libyen, ou à l'Azerbaïdjan. L'armée est ainsi perçue comme une composante essentielle des ambitions turques, notamment dans le domaine maritime.

Dans la perspective de l'élection présidentielle de 2023, comment décrire la relation actuelle entre Erdoğan et son armée ?

Vers un nouveau régime sécuritaire État-AKP ?

Les transformations des forces armées imposées après le coup d'État de juillet 2016 (affaiblissement du rôle du chef d'état-major, renforcement de celui du ministre de la Défense, de son ministère, ainsi que de la présidence) dessinent les contours d'un nouveau régime sécuritaire. Ce régime se rapproche d'une stratégie de *coup-proofing* et est caractérisé, entre autres éléments, par une mise à l'écart de l'armée sur la scène politique intérieure, par un recours accru à des acteurs paramilitaires, et par une très forte personnalisation des relations avec certains des plus hauts gradés[1].

Sur la scène intérieure, depuis les manifestations de Gezi et plus encore le coup d'État avorté de 2016, la police et la gendarmerie occupent une place croissante, en particulier dans la lutte antiterroriste, dont l'armée se trouve totalement évincée. Cette dynamique est bien sûr à inscrire également dans le temps long du projet du Parti de la justice et du développement (AKP) de professionnalisation de l'armée, indispensable à sa montée en puissance – les conscrits n'étant, sauf exception, plus enrôlés comme acteurs actifs dans les opérations du Sud-Est.

Tout ceci s'accompagne de la montée en puissance d'un acteur para-étatique : Sadat, société de sécurité privée, qui serait active notamment en Syrie et en Libye. Cette société a été fondée en 2012 par le général de brigade Adnan Tanrıverdi, avec à l'origine 23 officiers – dont des officiers généraux – et sous-officiers à la retraite. Tanrıverdi a été le principal conseiller sur les affaires de sécurité d'Erdoğan après 2016, puis contraint à la démission en 2019 après des propos apocalyptiques sur le retour du Mahdi. Proche d'Erdoğan depuis 1994, quand ce dernier était maire d'Istanbul, il avait été forcé au départ après le coup d'État de 1997 contre Necmettin Erbakan, car jugé trop proche des islamistes. Bien qu'officiellement écarté, il siège parfois dans les réunions du plus haut niveau concernant la sécurité aux côtés de Hakan Fidan, patron du service de renseignements (le MIT). Si le président Erdoğan affirme n'avoir aucun lien avec la direction de Sadat, la question fait débat, et le Parti républicain du peuple (CHP, kémaliste) a officiellement demandé l'ouverture d'une enquête parlementaire sur l'activité de Sadat, et notamment ses « formations à la guerre non conventionnelle ».

Émerge également une configuration où les relations interpersonnelles et la loyauté à certaines figures se trouvent au cœur du système. Hulusi Akar et Yaşar Güler en sont les symboles principaux, les plus visibles. Hulusi Akar, actuel ministre de la Défense, est issu d'une trajectoire sociale typique des cadres de l'AKP et de nombre de ses soutiens. Né dans une famille conservatrice du centre de l'Anatolie, il fut dans sa jeunesse proche d'Abdullah Gül, qui deviendra un cadre du Parti de la prospérité (Refah), puis l'un des fondateurs de l'AKP, et enfin président de la République (2007-2014). De 2013 à 2015, il fut chef d'état-major de l'armée de Terre, puis à compter du 18 août 2015 chef d'état-major général.

1. Cette stratégie de *coup-proofing* est notamment décrite par H. Taş, « The New Turkey and Its Nascent Security Regime », *Giga Focus: Middle East*, n° 6, 2020 et par A. Kars Kaynar, « Post-2016 Military Restructuring in Turkey from the Perspective of Coup-Proofing », *Turkish Studies*, vol. 23, n° 3, 2022. On mentionnera également, dans cette même logique, le rôle nouveau des services de renseignements généraux (MIT) pour la surveillance du personnel militaire et les enquêtes d'habilitation, précédemment opérées par des services militaires.

Lors de la tentative de coup d'État, capturé et amené à la base aérienne d'Akıncı, près d'Ankara, il refuse de signer le communiqué des putschistes. Son soutien aux réformes post-2016, qui renforcent les prérogatives du président au détriment du ministre de la Défense, témoigne de liens personnels qui favorisent l'alignement du ministre ancien chef de l'état-major sur les positions du président. Les deux hommes sont proches dans leur vie privée : Akar accompagne le président lors de nombreux déplacements à l'étranger, mais il était aussi présent au mariage de la fille de ce dernier, comme témoin du marié, Selçuk Bayraktar, dirigeant de la désormais célèbre entreprise de drones éponyme.

Akar dispose toutefois d'une indéniable légitimité militaire. Sa nomination au ministère de la Défense (il est le premier militaire à occuper ce poste) montre qu'Erdoğan ne peut pas faire sans l'armée, mais qu'il doit composer avec elle, en cooptant des membres qui lui sont favorables. Les relations qu'il entretient avec Akar et Yaşar Güler sont déterminantes. Depuis 2018, les liens étroits entre ces deux derniers sont évidents. C'est tout un ensemble de relations interpersonnelles qui doit être pris en compte, et la seule loyauté vis-à-vis d'Erdoğan ne saurait suffire.

L'exemple de la « mise au placard », puis à la retraite sur décision du Conseil militaire suprême, de l'ancien commandant des forces spéciales, le général de corps d'armée Zekai Aksakallı, et de l'ancien commandant de la IIe armée, le général Metin Temel, est à cet égard très parlant. Ces deux noms sont bien connus des Turcs, car ils sont restés loyaux à Erdoğan durant la tentative de coup d'État de juillet 2016, et ont été propulsés sur le devant de la scène lors des opérations militaires en Syrie. Zekai Aksakallı a dirigé l'opération Bouclier de l'Euphrate contre l'État islamique, et Metin Temel a dirigé l'opération Rameau d'olivier contre les Kurdes des Unités de protection du peuple (YPG). Avant leur mise à la retraite, tous deux étaient en conflit avec le ministre de la Défense Hulusi Akar et le chef d'état-major Yaşar Güler. Metin Temel, présenté comme le « héros d'Afrin », semble avoir payé un désaccord sur le choix des personnes à récompenser pour leur succès dans la lutte antiterroriste. Il a été démis de ses fonctions de commandant en second de l'armée aux derniers jours de 2018, sur décision de la présidence, et nommé chef de l'état-major général d'inspection et d'évaluation, avant d'être mis à la retraite en juillet 2020. Quant à Aksakallı, certaines de ses déclarations visant indirectement Hulusi Akar lors d'un des procès faisant suite à la tentative du coup d'État de juillet 2016 auraient créé quelques tensions.

La présidentielle de 2023 : quelles perspectives ?

Quelle sera l'armée de demain, celle de 2023, cent ans après la fondation de la République turque, en une année qui verra se dérouler des élections présidentielle et législatives ?

Dans l'hypothèse d'un maintien de Recep Tayyip Erdoğan à la présidence en 2023, et d'une majorité parlementaire le soutenant, les tendances des dernières années se verraient certainement renforcées. Certes, en dépit d'une politisation des armées dominée par l'idéologie conservatrice de l'AKP, écoles de pensées et visions stratégiques demeurent plurielles en leur sein : atlantistes, nationalistes, souverainistes, eurasianistes, etc. Mais on peut formuler l'hypothèse que l'alliance existant dans le champ politique entre milieux conservateur, nationaliste et souverainiste se retrouve dans les armées. L'anti-américanisme alimenté par le soutien de Washington au Parti des travailleurs du Kurdistan (PKK) en Syrie, et la présence du prédicateur Fethullah Gülen sur le sol américain, la critique de la politique des puissances européennes, la volonté d'affranchir la Turquie d'un système d'alliance unique en vue de multiplier les partenariats avec d'autres puissances internationales, comme la Russie, constituent autant d'éléments d'un socle commun entre les différentes tendances, sur lequel eurasianistes et kémalistes peuvent également se retrouver.

En revanche, si l'opposition arrivait au pouvoir, c'est tout le régime présidentiel qui serait remis en cause. Un protocole d'entente entre six dirigeants de partis d'opposition (CHP, DEVA Partisi, Demokrat Partisi, Gelecek Partisi, İyi Partisi et Saadet Partisi) a été signé pour promouvoir le retour à un système parlementaire renforcé en cas de victoire aux prochaines élections. Si cette alliance entend renforcer l'industrie de la défense et maximiser la capacité dissuasive des forces armées, elle a clairement exprimé son opposition à une politique étrangère aussi militarisée que celle d'Erdoğan, soulignant refuser « de faire de notre politique étrangère et de nos relations extérieures une matière de politique intérieure ».

Il est pourtant difficile d'imaginer qu'un des partis de l'opposition puisse souhaiter remilitariser les institutions, « dé-civilianiser » le Haut Conseil militaire (YAŞ) chargé de la promotion des hauts gradés, transférer le pouvoir du ministre de la Défense au chef d'état-major, lui donnant ainsi la capacité de redevenir un acteur politique. L'abandon du régime présidentiel ne déboucherait ainsi sans doute pas sur une remise en cause radicale de la transformation de l'armée qu'il a impulsée, mais pourrait cependant limiter le recours aux acteurs paramilitaires, ainsi que la personnalisation des relations avec certains des plus hauts gradés.

S. K.

Pour en savoir plus

- I. Akça, « The Restructuring of Civil-Military Relations during the AKP Period », *Confluences Méditerranée*, n° 107, 2018.
- G. Dorronsoro et B. Gourisse, « L'armée turque en politique. Autonomie institutionnelle, formation de coalitions sociales et production des crises », *Revue française de science politique*, vol. 65, n° 4, 2015.
- S. Kaya, « De la politique à la guerre : le retour en Grèce de l'armée turque après la tentative du coup d'État de juillet 2016 », *Annuaire français des relations internationales*, vol. XXIII, juin 2022.

Emmanuel Macron, la France et les monarchies du Golfe

À la recherche de nouveaux équilibres

Les Émirats arabes unis occupent une place singulière dans la stratégie régionale de la France, particulièrement dans son dispositif militaire. Mais les relations ont été resserrées avec l'Arabie Saoudite, notamment autour des problèmes libanais, et avec le Qatar, joueur important dans les domaines diplomatique et énergétique.

Le 15 mai 2022, jour où débute son second mandat, Emmanuel Macron s'envole pour Abou Dhabi pour assister aux funérailles du président Khalifa ben Zayed al-Nahyane et féliciter le successeur de ce dernier, Mohammed ben Zayed al-Nahyane.

Si le président français ne s'épanche guère sur ses relations avec la péninsule arabique, son premier mandat a été marqué par une coopération soutenue avec les monarchies locales. Cette politique a parfois été présentée comme reflétant un certain style – une critique suggérant en creux quelques accointances avec des régimes autoritaires –, mais la diplomatie « golfienne » du chef de l'État français est définie par des paramètres anciens.

Avec les Émirats arabes unis : un lien spécial

Le dispositif militaire français au Moyen-Orient s'ancre résolument dans le Golfe, en particulier depuis l'ouverture d'une base navale à Abou Dhabi, qui héberge à partir de 2009 le commandant français pour l'océan Indien « Alindien ». Depuis les années 1980, les exportations d'armement françaises se concentrent en grande partie sur la zone, faisant des relations avec les souverains locaux une clé du soutien à l'industrie nationale de défense.

Les États du Golfe sont également devenus, dans la décennie qui a suivi les révoltes arabes de 2011, des acteurs incontournables du jeu politique en Méditerranée et au Moyen-Orient, si bien que la France est de plus en plus amenée à dialoguer avec eux – et parfois à composer avec leurs intérêts particuliers – au Levant, en Afrique du Nord, mais aussi au Sahel.

Mal connue, la coopération entre Paris et les monarchies du Golfe voit le jour dans les années 1970, suite au désengagement militaire britannique de la région

– le « retrait de l'est de Suez » annoncé par Harold Wilson. Depuis, la diplomatie régionale de la France s'est considérablement densifiée et touche désormais à tous les domaines de la coopération bilatérale : énergie (*via* les implantations de TotalEnergies), armement, enseignement (avec la Sorbonne Abou Dhabi, HEC Qatar) et culture (création du Louvre Abou Dhabi, mise en place d'une agence française pour le développement d'Al Ula en Arabie Saoudite).

Au fil des années, la politique française dans le Golfe s'est concentrée autour de trois pays : l'Arabie Saoudite, le Qatar et les Émirats arabes unis (EAU). Or quand Emmanuel Macron entre à l'Élysée en mai 2017, il doit aussitôt faire face à une crise diplomatique sans précédent dans la région. Le 5 juin, Riyad et Abou Dhabi annoncent la suspension de leurs relations diplomatiques avec Doha, et rapidement le Qatar se trouve soumis à un blocus qui entend déstabiliser, si ce n'est faire chuter, le régime de l'émir Tamim ben Hamad al-Khalifa. Comme les États-Unis et le Royaume-Uni, la France affirme alors sa neutralité vis-à-vis de ce que ses diplomates voient comme une querelle locale.

Ce non-alignement officiel cache pourtant une inclination *de facto* de Paris pour la position saoudo-émirienne. D'une part, le discours de Riyad et Abou Dhabi sur l'activisme qatari en soutien à la mouvance des Frères musulmans trouve un écho dans le débat public français après la vague d'attentats de 2015-2016 et le durcissement de la rhétorique gouvernementale sur l'« islamo-gauchisme ». D'autre part, les grands dossiers de la diplomatie française donnent la priorité aux EAU. Sur le plan militaire, les forces françaises entretiennent une coopération avec leurs homologues qataris, mais cette relation est sans comparaison avec celle qui est développée avec les EAU. Ainsi l'opération Chammal contre l'État islamique est-elle initialement commandée depuis la base française à Abou Dhabi. Et sur le plan culturel, à l'automne 2017, Emmanuel Macron célèbre, aux côtés de Mohammed ben Zayed, l'ouverture du Louvre Abou Dhabi.

L'étroitesse des liens entre Paris et Abou Dhabi se remarque également sur plusieurs dossiers régionaux. En Égypte, Français et Émiriens apportent leur soutien au régime du maréchal al-Sissi. En Libye, la France joue dans un premier temps, comme les Émiriens, la carte du maréchal Khalifa Haftar, qui s'autoproclame pourfendeur des milices islamistes de Tripoli et décide de lancer une offensive sur la capitale en 2019. Au Sahel, Abou Dhabi soutient les projets français en promettant dès 2017 de financer à hauteur de 30 millions d'euros la formation de la force conjointe du G5-Sahel. Dans l'océan Indien aussi, Paris entend s'appuyer sur son partenariat avec les EAU en même temps que sur celui qui est noué avec l'Inde, notamment en œuvrant à la mise en place d'un partenariat trilatéral qui débouche en 2021 sur des manœuvres navales conjointes des trois pays.

Renouer les relations avec l'Arabie et le Qatar

La primauté émirienne dans la politique française dans la région n'est cependant pas sans poser de problème. D'un côté, la politique régionale d'Abou Dhabi peut mettre Paris dans l'embarras, qu'il s'agisse de la participation émirienne à la guerre au Yémen ou d'une posture quasi coloniale dans la Corne de l'Afrique. De l'autre, la débâcle de Haftar en Libye en 2020 pousse également l'Élysée à prendre quelques distances – les appréhensions américaines sur les projets militaires chinois à Abou

Dhabi n'étant pas sans susciter des craintes comparables chez les officiers français de la base Alindien. Enfin, le refus des EAU de voter la résolution du Conseil de sécurité du 23 mars 2022 condamnant l'invasion russe de l'Ukraine jette un trouble, révélant l'ambivalence d'Abou Dhabi vis-à-vis de la Russie et la Chine.

C'est pourquoi Emmanuel Macron entend aussi renouer les liens avec les partenaires saoudiens et qataris. Son premier mandat coïncide avec deux phénomènes susceptibles de changer la donne : d'une part l'ascension à Riyad de Mohammed ben Salmane al-Saoud, nommé prince héritier en juin 2017, et d'autre part la centralité du dossier libanais dans les échanges entre les deux pays. Toutefois, la relation personnelle entre Emmanuel Macron et Mohammed ben Salmane est compliquée. L'Élysée se méfie du jeune et impétueux leader saoudien. En novembre 2017, la première visite du président français à Riyad avait pour objectif l'« exfiltration » du Premier ministre libanais Saad Hariri, alors assigné à résidence par ben Salmane. L'année suivante, l'assassinat du journaliste saoudien exilé Jamal Khashoggi confirmait les craintes de dérive du prince héritier. En marge du G20 qui se tenait un mois plus tard, une vidéo montre Emmanuel Macron tancer Mohammed ben Salmane et lui reprocher : « *You never listen to me.* »

En dépit de ces crispations, le gouvernement français se veut pragmatique et ignore les appels de certains partenaires européens – notamment l'Allemagne – à suspendre les ventes d'armes au Royaume. Alors qu'aux États-Unis Joe Biden affirme, durant la campagne présidentielle de 2020, vouloir faire de Mohammed ben Salmane un paria, Emmanuel Macron reste dans la retenue. En décembre 2021, il est l'un des premiers chefs d'État occidentaux à se montrer en public avec lui, signalant sa volonté de tourner la page de l'isolement du leader de Riyad.

En outre, le président français entend redynamiser la relation franco-saoudienne *via* le Liban, pays dont Riyad s'est largement désengagé. Le retrait saoudien de Beyrouth avait été une déconvenue sous la présidence de François Hollande : en 2014, Riyad avait signé le contrat Donas qui devait, à hauteur de 2,4 milliards d'euros, permettre d'équiper l'armée libanaise de matériels français. Or, en février 2016, lassée d'un gouvernement libanais sous influence du Hezbollah, l'Arabie Saoudite avait annoncé la suspension de l'accord.

Depuis, le Liban s'est enfoncé dans une crise économique majeure qui a pris les allures de tragédie après l'explosion du port de Beyrouth en août 2020. Le président français, engagé personnellement dans l'aide internationale au Liban, s'ingénie alors à convaincre Riyad de réinvestir, politiquement et financièrement, dans le pays, sauf à ce que l'effondrement du système libanais ne profite au Hezbollah et à son soutien étatique, l'Iran. De la dernière visite d'Emmanuel Macron en Arabie Saoudite en décembre 2017 découle une première étape, avec la mise en place d'un fonds d'aide franco-saoudien. Celui-ci doit être, à terme, doté de 70 millions de dollars pour financer des projets humanitaires au Liban.

Qatar : une place réévaluée

Enfin, concernant le Qatar, trois crises régionales contribuent à renouer les liens : l'Afghanistan, l'Ukraine et le Tchad. À l'été 2021, la prise de Kaboul par les talibans clôt l'engagement occidental dans le pays. Le Qatar, qui abrite depuis 2013 le bureau international des talibans à Doha, devient *de facto* le point d'entrée des diplomates américains et européens. De même, l'invasion russe de l'Ukraine conduit la France et ses partenaires européens à accélérer leur recherche d'une alternative à l'approvisionnement en gaz russe. Les exportations qataries dans le domaine devraient dépasser les 100 milliards de dollars en 2022 : une première depuis la crise énergétique de 2014.

Enfin, le Qatar accueille depuis mars 2022 des pourparlers entre le gouvernement de transition tchadien et des groupes rebelles. L'issue du dialogue affectera directement la France : partenaire historique de N'Djamena, Paris a fait ces dernières années du régime d'Idriss Déby un des piliers de sa politique de contre-terrorisme au Sahel. À la mort de Déby, Emmanuel Macron s'est rendu à ses obsèques et a reconnu le fils de ce dernier, Mahamat Idriss Déby, comme son successeur légitime à la tête de la junte militaire. Alors que la relation entre la France et le Mali a conduit à une rupture des accords de défense en mai 2022, et que le Burkina Faso a vécu un coup d'État en janvier de cette même année, la France regarde de très près le développement des discussions tchadiennes à Doha.

Ces trois sujets ont ainsi été au cœur du tout premier Dialogue stratégique qui s'est tenu entre les deux pays en mars 2022 à Doha, et pour lequel l'ancien ministre des Affaires étrangères Jean-Yves Le Drian a effectué rien de moins que son 24e déplacement au Qatar en dix ans.

***

Au cours de son second mandat, Emmanuel Macron aura probablement à cœur de poursuivre le rééquilibrage des relations entre Paris et ses trois grands partenaires du Golfe. Au-delà, la politique française dépendra aussi de l'évolution des liens entre les monarchies et les États-Unis. Alors qu'Abou Dhabi et Riyad entendent réduire leur dépendance stratégique vis-à-vis des États-Unis, la France pourrait, sur certains dossiers, faire figure de partenaire alternatif. La récente vente de 80 *Rafale* aux EAU, au moment même où les négociations entre les Émiriens et l'administration américaine sur la vente de *F-35* s'enlisent, est peut-être un signal.

J.-L. S.

Pour en savoir plus

- J. Barnes-Dacey, « Macron's Middle East Ambitions Increasingly Pass Through the UAE », *World Politics Review*, 16 décembre 2021.
- J.-L. Samaan, « French Policy in the Gulf: The Other Western Ally » *in* J. Fulton et S. Li-Chen (dir.), *External Powers and the Gulf Monarchies*, Londres, Routledge, 2020.
- E. Soubrier, « Macron Diplomacy: A Jovian Prince in the Gulf », Arab Gulf States Institute in Washington, 12 novembre 2019.

L'urgence climatique et la guerre

Face au conflit ukrainien

La guerre d'Ukraine aggrave les difficultés de la mobilisation contre le changement climatique : perturbation des marchés énergétiques, difficultés agricoles, réduction des financements disponibles… Le déploiement à grande échelle des technologies bas carbone semble inéluctable à long terme, même si nombre de facteurs économiques ou politiques vont encore l'entraver.

En 2021, la mobilisation mondiale en faveur du climat avait connu une embellie : des pays représentant plus de 75 % des émissions mondiales de gaz à effet de serre (GES) s'étaient engagés à Glasgow en faveur d'un objectif de neutralité carbone et à accélérer leur décarbonation. La mauvaise nouvelle est tombée en fin d'année : en 2021, la croissance économique mondiale a rebondi, et les émissions de GES aussi. Dans ce contexte, la guerre en Ukraine sonne-t-elle le glas de la gouvernance mondiale du climat ?

La guerre, une bombe climatique

Les préparatifs du conflit en Ukraine et son déclenchement ont fait passer la Russie du statut de super-puissance énergétique à celui de super-nuisance sécuritaire, agricole, énergétique et climatique. Dans la seconde moitié de 2021, le Kremlin a d'abord accentué les déséquilibres mondiaux sur un marché des hydrocarbures en sortie de pandémie. En restreignant ses livraisons gazières par gazoducs au niveau minimal des contrats de long terme, Gazprom a mis les marchés européens sous tension, d'où une hausse des prix du gaz naturel liquéfié (GNL). Nombre de pays émergents qui jusqu'alors achetaient du GNL sur les marchés spots y ont progressivement renoncé, substituant le charbon au gaz. Autre conséquence : l'augmentation des prix des engrais agricoles, notamment ceux fabriqués à partir de gaz naturel. Enfin, grâce à l'alliance OPEP+, la Russie et ses alliés du cartel pétrolier s'en sont tenus à une prudente remise sur les marchés de volumes pétroliers, ce qui a fait bondir les prix du pétrole. Pour de nombreux pays importateurs de charbon, de gaz et de pétrole, les énergies importées ont donc augmenté, effet renforcé par la dépréciation des monnaies, y compris de l'euro face au dollar.

L'invasion de l'Ukraine a été précédée d'une guerre du gaz, depuis accentuée. Les prix de marché ont atteint un niveau record, l'Europe a siphonné les marchés mondiaux du GNL, et nul pays émergent ne peut plus acheter hors des contrats de long terme. Le conflit est aussi une guerre agricole : les exportations agricoles et production ukrainiennes ont été très largement interrompues ou compromises.

Partout dans le monde, les États donnent la priorité à la sécurité énergétique : la Chine ou l'Inde ont relancé leur production et consommation de charbon notamment, la gouvernance du climat passant au second plan. L'Europe ne fait pas exception : nombre d'États ont reporté la date de fermeture de leurs centrales à charbon, et en Allemagne la production d'électricité au charbon a augmenté. Les efforts d'exploration d'hydrocarbures ont été relancés, notamment aux États-Unis où la baisse des émissions de GES est compromise. Si la Russie et l'Ukraine sont entrées en récession, réduisant en principe leurs émissions, les feux de forêt à grande échelle en Russie pourraient largement compenser, si ce n'est dépasser, ces baisses.

Alors que le Groupe d'experts intergouvernemental sur l'évolution du climat (GIEC) a publié un nouveau rapport alarmant, montrant que la fenêtre pour parvenir à limiter le réchauffement à 1,5 °C est en passe de se refermer, le monde connaît à nouveau une trajectoire de hausse des émissions, du fait de l'inertie des systèmes énergétique et politique, et des urgences de sécurité énergétique. Avec un double défi : décisions et investissements risquent-ils de verrouiller de nouvelles émissions à long terme ? Et peut-on encore sauver ne serait-ce que l'objectif des 2 °C, sachant celui de 1,5 °C clairement hors de portée ?

L'avènement des technologies bas carbone

Les crises actuelles ne marquent toutefois pas tant un retour en arrière qu'une résurgence temporaire, qui sera suivie d'un basculement plus rapide vers des solutions plus durables. La baisse structurelle des investissements dans l'amont pétro-gazier depuis 2015 ne sera pas fondamentalement remise en cause. Les prix des hydrocarbures resteront donc durablement élevés, ce qui est évidemment douloureux mais limitera l'accroissement de la consommation, voire accélérera les changements de comportements et de technologies. Le pic de demande pétrolière pourrait bien être avancé de cinq ans et se situer désormais à 2025.

Ce signal prix est favorable aux stratégies de renforcement de l'efficacité énergétique, et force les États à réduire et cibler les subventions aux énergies fossiles : ils n'ont plus les moyens de les maintenir intégralement, et partout les technologies alternatives sont disponibles pour être déployées en masse. L'électrification des usages s'accélérera, notamment *via* les énergies renouvelables. Les technologies solaires couplées à des solutions de flexibilité sont ultra-compétitives, à condition que les chaînes de valeur ne soient pas plus perturbées et que les réseaux soient renforcés. Les États cherchent désormais à développer des chaînes de valeur nationales pour moins dépendre des importations de Chine, ce qui va aussi doper les déploiements. À long terme, le nucléaire suscite un net regain d'intérêt, et les petits réacteurs modulaires, voire la fusion, pourront permettre à de nombreux pays de remplacer leurs centrales à charbon. À court terme, la mobilité électrique propre, à deux ou trois roues, peut se massifier dans la plupart des pays émergents, accompagnée de solutions électriques solaires décentralisées et autonomes. Les pays producteurs, jusqu'à présent hostiles à l'action en faveur du climat, savent désormais qu'ils auront les caisses pleines ces prochaines années grâce à des exportations élevées ; qu'ils pourront investir dans des solutions bas carbone ;

qu'ils ont des atouts considérables pour s'insérer dans les chaînes de valeur de l'économie bas carbone mondiale ; et qu'ils ont aussi intérêt à ce que le monde ne devienne pas instable.

Autre facteur clé, la décarbonation des entreprises et des mix électriques est devenue un enjeu de sécurité économique : il y va de la capacité à attirer investissements et financements, et à pouvoir survivre économiquement dans un marché qui, partout dans le monde, par le jeu des chaînes de valeur, des investisseurs institutionnels et des banques, valorisera les stratégies de décarbonation et sanctionnera le *statu quo*. L'accès à une énergie décarbonée abondante et abordable devient un critère de localisation des investissements et un levier de compétitivité industrielle.

Enfin, tous les États subissent dorénavant gravement les impacts du changement climatique : la sécheresse frappe la Scandinavie et la Russie ; les vagues de chaleur s'abattent sur le Canada, l'Inde et le Pakistan ; le stress hydrique accélère partout ; les perturbations agricoles, inondations et événements climatiques extrêmes se multiplient. Les villes sont désormais à la pointe de l'action – souvent bien au-delà de leurs États – et de l'adaptation aux effets du changement climatique.

Les incertitudes

Ces grandes tendances vont néanmoins être impactées par différents facteurs qui forment autant d'incertitudes à court et moyen terme. Le premier est le risque d'une fragmentation mondiale de la gouvernance et de l'action climatiques. Un retour au pouvoir des républicains aux États-Unis aurait sûrement peu d'impact sur la trajectoire d'émissions des États-Unis, le secteur financier et les grandes entreprises américaines étant dans l'ensemble alignés sur l'Accord de Paris, comme de nombreuses villes et États. Les objectifs américains rehaussés pour 2030 sont déjà difficiles à tenir, et les démocrates ne réussiront probablement pas à les mettre en œuvre. Mais les républicains réduiraient sans doute l'enveloppe financière pour le développement des technologies et nouvelles infrastructures bas carbone, envoyant un signal désastreux au reste du monde qui ne veut en aucun cas être en désavantage compétitif par rapport aux États-Unis. L'impact d'un retrait des financements américains de la lutte contre le changement climatique au sens large serait très fâcheux ; mais l'UE est aussi sur la sellette : si elle ne parvient pas à infléchir sensiblement sa trajectoire d'émissions, elle perdra en crédibilité et en capacité d'entraînement.

Autre fragmentation en cours, celle de l'accès aux capitaux. Avec l'inflation, la hausse des taux d'intérêt américains, l'endettement croissant de nombre d'États, et la hausse du risque de crédit dans plusieurs parties du monde, l'accès au capital se réduit pour les pays émergents au moment où il faudrait redoubler d'investissements dans des solutions bas carbone. Une politique volontariste de la Banque mondiale, du Fonds monétaire international et des pays du G7 sera donc nécessaire pour mettre à disposition des crédits bon marché – comme c'est le cas pour aider à la fermeture de centrales à charbon avant leur fin technique en Afrique du Sud, et à la construction de systèmes alternatifs. Serpent de mer des négociations internationales, la montée en puissance des financements climat à destination des pays en développement est encore largement insuffisante et risque d'être l'un des principaux sujets de discorde de la COP27.

Autre risque, celui qui touche à la disponibilité des métaux et au bon fonctionnement des chaînes de valeur. Partout dans le monde les flux logistiques sont perturbés, les coûts de l'acier, de l'aluminium, des métaux des transitions digitales et énergétiques, sont en forte hausse; des pénuries sont à craindre tant le temps minier est long, capitalistique et complexe.

Enfin, un risque géopolitique majeur pèse désormais davantage : les effets sur les chaînes de valeur des industries des technologies bas carbone d'une possible attaque de la Chine contre Taïwan. Le monde pourrait bien se trouver dans l'incapacité de déployer bon nombre de technologies et projets, avec un ralentissement brutal du déploiement des énergies renouvelables, et des véhicules électriques. Il entrerait alors en récession, avec des émissions de GES en fort recul; mais une telle perspective incite à renforcer les efforts de diversification des chaînes de valeur, et *a fortiori* de réindustrialisation nationale.

Face aux hausses des émissions, quels efforts ?

La prochaine COP se tiendra en Égypte en novembre 2022; en 2023, les Émirats arabes unis en auront la présidence; le G20 est présidé cette année par l'Indonésie et le sera par l'Inde en 2023 : la gouvernance économique et climatique mondiale bascule vers les pays émergents. Leurs demandes et attentes se concentreront sur l'indemnisation pour les dommages subis, sur l'accès aux financements, sur l'exigence d'efforts plus grands pour les pays développés et fortement émetteurs. Sachant qu'il ne peut, pour les émergents, y avoir de murs commerciaux érigés au nom de la réduction des émissions. Il faut réglementer les émissions associées aux importations pour assurer une équivalence avec le coût carbone porté par les acteurs domestiques, tout en facilitant la décarbonation industrielle à l'échelle globale.

Ces deux années peuvent permettre d'ajuster priorités et efforts : mettre en œuvre la réduction des émissions fugitives de méthane du secteur pétro-gazier; renforcer l'efficacité énergétique et l'adaptation des villes; améliorer la gestion de la ressource en eau, notamment en limitant les pertes d'acheminement depuis les usines de dessalement; accentuer la préservation des océans et des forêts; enfin, travailler encore à la mise en place d'un tarif mondial du carbone, différencié selon les pays mais avec partout une trajectoire d'accroissement. Cet accord, aujourd'hui hors de portée, pourrait quand même aboutir.

M.-A. E.-M.

Pour en savoir plus

- M.-A. Eyl-Mazzega, C. Mathieu et I. Urbasos, « The EU's Renewables Expansion Challenge Towards 2030: A Mission Almost Impossible », *Notes de l'Ifri*, Ifri, mai 2022.
- M. Mered, *Hydrogène. Enjeux économiques et géopolitiques*, Paris, Presses universitaires de France, 2022.
- Groupe d'études géopolitiques, *Dans l'urgence climatique. Penser la transition énergétique*, Paris, Gallimard, 2022.

Sécurité énergétique et ambition climatique

vidéo
http://dunod.link/h8ovsgi

Un double défi pour les Européens

La guerre en Ukraine rappelle aux Européens leur dépendance des livraisons russes de pétrole et de gaz. L'urgence est à la reconfiguration du système énergétique européen, cette dernière devant se combiner aux ambitions de la transition énergétique. Le plan *REPowerEU* de la Commission européenne vise à concilier les deux objectifs.

Lancé voici tout juste trois ans, le Pacte vert européen a survécu à la pandémie mais doit déjà faire face à une nouvelle grande crise : la guerre en Ukraine et ses conséquences sur la stabilité et le coût des approvisionnements énergétiques de l'Union européenne (UE).

Les législateurs européens se sont fixé comme cap d'atteindre la neutralité climatique à l'horizon 2050, et la Commission européenne (CE) a présenté en juillet 2021 un éventail de propositions législatives pour engager la transformation de l'ensemble des secteurs économiques et obtenir une baisse de - 55 % des émissions nettes de gaz à effet de serre (GES) à l'horizon 2030 par rapport au niveau de 1990. La copie doit pourtant déjà être revue : l'équation énergétique européenne n'est sensiblement plus la même depuis le 24 février 2022.

Avec l'invasion de l'Ukraine, les Européens ont soudainement pris conscience que leur forte dépendance vis-à-vis des énergies fossiles provenant de Russie les plaçait dans une situation de grande vulnérabilité. Conformément à l'engagement du Conseil européen, le système énergétique européen doit donc être reconfiguré dans l'urgence pour mettre fin aux importations russes « dès que possible », alors que ces dernières couvraient en 2020 36,5 % du pétrole, 41 % du gaz et 19,3 % du charbon consommés. Un nouvel impératif stratégique qui n'est pas sans incidence sur la trajectoire de décarbonation de l'UE.

L'espoir d'une sortie maîtrisée des énergies fossiles russes

En Europe, la transition énergétique est en réalité tout juste amorcée. La consommation d'énergie primaire est demeurée à un niveau stable par rapport à 1990, alors que le taux de couverture par les énergies fossiles passait de 83 % à 71 %.

L'UE est donc encore largement ancrée dans le vieux monde des énergies fossiles, et sa production domestique joue un rôle de plus en marginal, couvrant à peine en 2020 3 % de sa demande de pétrole, 12,6 % de sa demande de gaz et 42 % de sa demande de charbon. Ces progrès trop lents en matière de décarbonation et le renforcement de la dépendance extérieure n'ont fait qu'accroître l'importance de la Russie dans l'approvisionnement énergétique de l'UE.

Conscients de cette faiblesse structurelle, les Européens ont d'abord choisi de ne pas cibler directement les importations énergétiques dans leurs premiers trains de sanctions visant la Russie. Les perspectives d'investissement dans le secteur énergétique russe ont été mises à mal, mais la continuité des contrats a été préservée. Considérant qu'une rupture soudaine du partenariat énergétique avec la Russie serait excessivement dommageable pour ses propres intérêts, l'UE s'est engagée à réduire graduellement ses importations, sans échéance précise et sans contrainte juridique. Cette position s'est néanmoins révélée difficilement tenable face à l'indignation provoquée par les exactions des forces russes, et à l'amer constat de la hausse spectaculaire des revenus d'exportation de la Russie du fait de l'envolée des prix de l'énergie.

Une première brèche est alors ouverte avec la décision, début avril 2022, d'introduire un embargo sur les importations de charbon russe. Une mesure rendue effective sous 100 jours, avec à la clé une perte de revenus relativement faible pour la Russie puisque la facture annuelle est de l'ordre de 4 milliards d'euros. Dans le cadre du sixième train de sanctions de juin 2022, les Européens franchissent une marche supplémentaire avec la mise en place d'une interdiction d'importation de pétrole brut livré par la Russie par voie maritime d'ici fin 2022, et d'ici février 2023 pour les produits raffinés. Par ailleurs, l'Allemagne et la Pologne renoncent volontairement aux livraisons par l'oléoduc Druzhba, ce qui porte la réduction des importations à 90 %. Seules la Hongrie, la Slovaquie et la République tchèque pourront maintenir temporairement leurs importations par voie terrestre, faute d'alternatives à court terme.

L'enjeu financier est conséquent puisque les Européens ont versé à la Russie plus de 70 milliards d'euros pour leurs importations pétrolières de 2021. Néanmoins, cet embargo n'a qu'un effet très progressif sur les paiements à destination de la Russie. Par ailleurs, son efficacité dépend largement de la capacité des producteurs russes à réorienter leur offre vers d'autres acheteurs, et de la volonté des pays du Golfe d'augmenter leur production pour limiter la hausse des prix mondiaux du pétrole.

Reste la question de l'approvisionnement gazier – la plus difficile à traiter compte tenu de la rigidité des infrastructures de transport de gaz, et de l'impossibilité d'organiser à brève échéance une reconfiguration complète des flux. Un embargo sur le gaz russe n'est donc pas à l'ordre du jour, mais l'UE se prépare à une rupture majeure d'approvisionnement après les coupures décidées par le Kremlin contre certains États membres. Le déclin progressif des livraisons russes et la flambée des prix de marché ont eu pour première conséquence l'afflux de cargos de gaz naturel liquéfié (GNL) vers l'Europe, principalement en provenance des États-Unis et du Qatar. Ces livraisons permettent d'accélérer la campagne d'injection dans les stockages. Seconde conséquence : une destruction de demande dans le secteur industriel, un nombre croissant d'actifs étant à l'arrêt faute de pouvoir couvrir leurs coûts d'exploitation. Pour se préparer à un hiver 2022-2023 à haut risque, les plans d'urgence nationaux sont activés, et la Commission organise le dialogue entre États membres afin que la solidarité européenne puisse être préservée en cas de bascule dans une logique de rationnement.

Le plan *REPowerEU* : transition et résilience

À la gestion de crise s'ajoute la nécessité de repenser le système énergétique européen sans la contribution du gaz russe, mais aussi sans perdre de vue les engagements climatiques de l'UE pour 2030. C'est toute l'ambition du plan *REPowerEU* proposé par la Commission le 18 mai 2022, qui s'articule autour de trois grands piliers : les économies d'énergie, le déploiement des solutions bas-carbone et la diversification des sources d'approvisionnement en gaz.

Avec de telles contraintes sur l'offre, le potentiel des économies d'énergie doit être pleinement mobilisé : c'est l'un des rares leviers qui puisse être actionné sans tarder et qui permette de réduire les factures et les émissions de GES. Pour la Commission, une baisse de 5 % des consommations de gaz et de pétrole pourrait être aisément obtenue grâce à des campagnes d'information et à un meilleur ciblage des dispositifs de compensation de la hausse des prix de l'énergie sur les consommateurs vulnérables. En parallèle, la Commission promeut une accélération des changements structurels, au travers de la massification des travaux de rénovation thermique.

Il s'agit ensuite de lever tous les obstacles au déploiement des technologies bas-carbone susceptibles de se substituer au gaz russe : biométhane, mais aussi pompes à chaleur, solaire photovoltaïque et éolien dans le secteur électrique ; ou encore production à grande échelle d'hydrogène issu de sources renouvelables pour le secteur industriel. Ces différents chantiers étaient déjà bien identifiés, mais la rentabilité des investissements s'améliore avec les prix actuels du gaz, si bien que la Commission juge désormais économiquement pertinent de rehausser l'objectif d'énergies renouvelables à 45 % de la consommation d'énergie finale en 2030, contre 40 % dans sa proposition initiale de juillet 2021.

La guerre en Ukraine peut donc jouer un rôle d'accélérateur pour la transition énergétique européenne, si elle conduit au déclenchement massif d'investissements verts, et si leur mise en œuvre est facilitée par une délivrance plus rapide des autorisations administratives. Pour autant, la Commission considère que le relâchement de la tension entre demande et offre de gaz doit aussi passer par un investissement de 10 milliards d'euros dans de nouvelles infrastructures pour accueillir des volumes plus significatifs de GNL et organiser leur acheminement à l'intérieur de l'UE. Dans l'idéal, les Européens voudraient faire de ces investissements un tremplin vers le commerce mondial d'hydrogène vert, mais ce scénario reste soumis à de nombreuses incertitudes techniques, économiques et géopolitiques.

Des moyens à la hauteur des nouvelles ambitions

Si les États membres suivent le plan *REPowerEU* à la lettre, alors la perte des approvisionnements gaziers russes ne devrait pas compromettre l'atteinte de leur objectif climatique pour 2030 : seule la trajectoire serait modifiée. Les émissions de GES pourraient se dégrader à brève échéance car la hausse des prix du gaz pousse à solliciter plus fortement les centrales à charbon pour la production d'électricité, la fermeture de ces centrales risquant aussi d'être reportée au nom de la sécurité énergétique. En revanche, la hausse des investissements dans l'efficacité énergétique et les alternatives bas-carbone devraient porter leurs fruits d'ici quelques années, et faire baisser fortement les émissions annuelles.

REPowerEU apporte aussi une réponse structurelle à la hausse vertigineuse des factures d'énergies fossiles. Néanmoins, il faut avoir la capacité d'investir pour bénéficier, à terme, de ces économies de combustibles. Selon l'exécutif européen, le plan *REPowerEU* nécessite 210 milliards d'euros d'investissement supplémentaire d'ici 2027. Comme la pandémie de Covid-19 a déjà provoqué un fort accroissement de l'endettement public, et qu'un nouvel emprunt commun à l'échelle de l'UE n'a pas les faveurs des pays dits « frugaux », la solution envisagée à ce stade est d'utiliser les prêts non souscrits du plan de relance européen (*NextGenerationEU*) et de réorienter des fonds existants, principalement issus de la politique de cohésion et de la politique agricole commune (PAC). Ces transferts des ressources existantes se feront au détriment d'autres objectifs de politique publique, ce qui ne manquera pas de susciter certains blocages.

Enfin, cette accélération de la transition énergétique rend encore plus stratégique et urgente la maîtrise des chaînes de valeur des technologies bas-carbone. Avec les perturbations logistiques, la flambée du prix des matières premières minérales et le risque de fragmentation durable de l'économie mondiale, les objectifs de déploiement affichés par l'UE constituent un immense défi industriel. Pour éviter de créer de nouvelles dépendances, il faudrait stimuler l'investissement dans les filières clés comme le solaire, l'éolien, les batteries ou encore les électrolyseurs, mais aussi déployer une véritable stratégie de sécurisation de nos approvisionnements miniers. À nouveau, il est là question de rapidité d'action, de coordination européenne et de capacité de financement : trois critères essentiels pour la réussite du plan *REPowerEU*.

C. M.

Pour en savoir plus

- M.-A. Eyl-Mazzega et C. Mathieu (dir.), « Accélérer la transition énergétique en France. S'inspirer des bonnes pratiques de nos voisins européens », *Études de l'Ifri*, Ifri, mars 2022.
- R. Lavergne, « L'autonomie stratégique européenne en matière d'énergie : quelle ambition, quels moyens ? », *Briefings de l'Ifri*, Ifri, 3 juin 2022.
- C. Philibert, « Saving Energy in a Hurry: Reducing Dependence on Russian Hydrocarbons Requires Resolute Demand and Supply Sides Action », *Briefings de l'Ifri*, Ifri, 17 mars 2022.

Le Forum d'examen des migrations internationales à l'ONU

Un multilatéralisme de façade ?

Le Forum examine le suivi des options du Pacte mondial des migrations de 2018. Les progrès sont modestes. Mais l'ONU a gagné sa place d'enceinte centrale de discussion des problèmes liés aux déplacements de population, même si les débats y sont parasités par l'opposition de logiques entre pays du Nord et pays du Sud.

Du 17 au 20 mai 2022 s'est tenu au siège des Nations unies à New York le Forum d'examen des migrations internationales (International Migration Review Forum – IMRF). Son objectif : une première évaluation de la mise en œuvre du Pacte mondial pour des migrations sûres, ordonnées et régulières (dit « Pacte de Marrakech ») de décembre 2018. L'IMRF, organisé sous l'égide de l'Assemblée générale réunit, outre les États membres, plus de 200 acteurs non étatiques (sociétés civiles, *think tanks*, syndicats, employeurs, etc.).

Le Pacte est la dernière tentative de l'Organisation des Nations unies (ONU), et sans doute la plus ambitieuse, de promouvoir une approche multilatérale des migrations. Il établit une liste de 23 objectifs, que tous les États devraient poursuivre de concert, concernant la lutte contre la traite et le trafic d'êtres humains, la gestion des frontières, les migrations de travail, les décès de migrants, leur participation sociale et politique dans les sociétés d'accueil, les transferts de fonds et leur contribution au développement des pays d'origine… Pour atteindre ces objectifs, les États doivent coopérer dans l'élaboration de politiques migratoires qui relèvent traditionnellement du pré carré de la souveraineté nationale.

Le Pacte de Marrakech institue par ailleurs l'IMRF, mécanisme de suivi défini comme « le principal espace intergouvernemental dans lequel les États membres pourront débattre et s'informer mutuellement des progrès accomplis dans la mise en œuvre de tous les aspects du Pacte mondial » (paragraphe 49). Ce Forum doit se tenir tous les quatre ans : avant le prochain IMRF de 2026, celui de 2022 devait donc permettre de commencer à évaluer le succès des efforts de l'ONU sur la gouvernance des migrations.

De très modestes résultats

La question est légitime, et la réponse nécessairement complexe. Rappelons tout d'abord que le Pacte relève du « droit mou » (*soft law*) et n'est pas juridiquement contraignant. De plus, les migrations constituent un enjeu très politisé : de l'élection de Donald Trump au Brexit, en passant par la montée des populismes en Europe, elles occupent une place prépondérante dans le débat public, souvent objet de crispations et de surenchères. Enfin, partout dans le monde les déplacements de population s'effectuent dans des climats de crise : c'est d'ailleurs suite à la crise des migrants et réfugiés en Méditerranée, avec son lot quotidien de tragédies, que l'ONU organisa en septembre 2016 le United Nations Summit for Refugees and Migrants, à l'occasion duquel les États s'engagèrent à lancer les négociations qui allaient aboutir au Pacte.

À l'heure de cette première évaluation, on ne peut non plus oublier les autres crises qui rythment l'actualité internationale. Dès 2020, à peine un an après son adoption, le Pacte se retrouva temporairement sans objet, avec des possibilités de migrer et de franchir les frontières très sérieusement limitées par la pandémie de Covid-19, tandis que la crise économique consécutive bousculait en profondeur les dynamiques des migrations de travail. En mai 2022, alors qu'ils se réunissent à New York, nul doute que les représentants des États ont en tête la guerre en Ukraine, qui déplace des millions de personnes et provoque, là encore, des chocs majeurs sur l'économie mondiale.

Piloté par les ambassadeurs du Luxembourg et du Bangladesh, le Forum s'est organisé autour de plusieurs tables rondes consacrées aux 23 objectifs du Pacte. À première vue, on ne relève aucune avancée spectaculaire. Les États-Unis, qui s'étaient brutalement retirés du Pacte sous l'administration Trump, ont dépêché le secrétaire d'État en personne; mais si Antony Blinken a affirmé son soutien, il n'a pas annoncé le retour de son administration. Des pays comme la Hongrie ou la Pologne, qui avaient également refusé d'adopter le Pacte en 2018, campent sur leur position, y voyant toujours un instrument de politiques migratoires trop libérales et trop favorables à une « multiculturalisation » des sociétés. La Grèce s'est laborieusement défendue des accusations de *pushbacks* – le renvoi en Turquie de migrants arrivant par la mer, sans leur laisser le temps de déposer une demande d'asile. Ce fut également l'occasion de constater qu'avec près de 6 000 décès aux frontières, l'année 2021 fut la plus meurtrière pour les migrants depuis 2017, et ce, alors que l'objectif 8 du Pacte était de « sauver des vies et mettre en place une action internationale coordonnée pour retrouver les migrants disparus ». Autre enjeu récurrent : la participation des sociétés civiles et des migrants eux-mêmes, jugée insuffisante par les acteurs non étatiques.

Si l'on se fie à la *Progress Declaration* adoptée par l'IMRF, il est tentant de conclure que le Pacte de Marrakech fait du surplace : dans le plus pur jargon onusien, les États saluent quelques progrès mal définis, déplorent les nombreuses questions qui restent ouvertes et réitèrent leurs engagements – comme voici quatre ans… L'impression doit pourtant être nuancée. La rhétorique cache quelques évolutions importantes et des enjeux politiques capitaux.

L'ONU, enceinte légitimée

Tout d'abord, l'IMRF est peut-être en train de faire de l'ONU une enceinte légitime pour les discussions interétatiques sur les migrations. Voici deux décennies, un tel forum aurait été impensable : les États occidentaux, en particulier, refusaient de discuter de leurs politiques migratoires dans le cadre de l'ONU. En 2001, la Conférence mondiale contre le racisme de Durban fut un fiasco diplomatique : au-delà des polémiques sur le conflit israélo-palestinien, elle fut l'occasion d'une critique vigoureuse, de la part des pays moins développés, du traitement des sans-papiers et des réfugiés dans les pays riches – critique à laquelle ces derniers se savent vulnérables, ce qui explique leur prudence à l'égard de tout traitement du sujet à l'ONU.

C'est ainsi que l'ONU et les États se sont de longue date fait concurrence. La première organisait le Dialogue de haut niveau sur les migrations internationales et le développement (High-Level Dialogue on International Migration and Development – HLD), à deux reprises à New York (2006 et 2013). Dans le même temps, les seconds lançaient le Forum mondial sur la migration et le développement (Global Forum on Migration and Development – GFMD), qui se tient annuellement depuis 2017, chaque fois sous la responsabilité d'un État différent. Dans les deux cas, les mêmes États discutent des mêmes questions. Seule raison pour ce dédoublement : avec le GFMD, les gouvernements contrôlent (et financent) le processus, ce qui leur permet de ne pas laisser les coudées franches à l'ONU. Avec l'IMRF cependant, l'ONU joue désormais un rôle central. Certes, le GFMD existe encore – en 2022-2023, il est placé sous la responsabilité conjointe de la France et du Sénégal –, mais on ne sait pas encore sous quel format il sera prochainement organisé, ni s'il parviendra à proposer une réelle valeur ajoutée après l'IMRF.

Si l'ONU est parvenue à affirmer sa centralité, le Pacte et l'IMRF lui ont aussi permis de clarifier son dispositif institutionnel. Depuis qu'elle s'intéresse aux migrations, la question de la *lead agency* sur le sujet est en effet revenue régulièrement : si les réfugiés sont clairement du ressort du Haut-Commissariat pour les réfugiés (HCR), la situation n'est pas aussi claire du côté des migrations, non seulement parce qu'elles relèvent du mandat de plusieurs agences, mais aussi parce que la seule organisation intergouvernementale dont le mandat concerne exclusivement les migrations – l'Organisation internationale pour les migrations (OIM) – est longtemps restée hors du système des Nations unies. Le Pacte a ainsi instauré un nouveau Réseau sur les migrations (United Nations Network on Migration), soit un ensemble d'une quarantaine d'agences de l'ONU chargées, à un titre ou un autre, de la mise en œuvre du Pacte. L'OIM coordonne cet aréopage pléthorique et, après avoir intégré le système de l'ONU en 2016, est devenue la véritable « patronne » de l'ONU sur ce sujet.

Pays du Nord contre pays du Sud

L'essentiel est peut-être ailleurs. À observer le fonctionnement de ce Réseau sur les migrations, on constate qu'il se décline pour l'essentiel au niveau national : les agences de l'ONU membres du réseau œuvrent dans chaque pays à mettre en œuvre le Pacte. On constate, de plus, que les pays en question sont presque tous des pays du Sud : c'est donc surtout en Afrique et en Amérique du Sud que l'ONU s'active. Un des enjeux de l'IMRF concernait d'ailleurs le Migration Multi-Partner Trust Fund, fonds alimenté d'abord par les États du Nord et destiné à financer les efforts de l'ONU dans les pays du Sud.

Tout se passe donc comme si, dans une logique classique de développement, seuls les pays du Sud présentaient des carences en matière de politiques migratoires – et avaient pour cette raison besoin de l'intervention de l'ONU et du financement des pays du Nord. En matière de rapports de force, cette situation n'est guère surprenante. Mais sur le fond, elle fait l'impasse sur la responsabilité des pays de destination, dont les politiques migratoires contribuent sans nul doute à créer les problèmes que le Pacte entend résoudre (comme les morts aux frontières, par exemple). En d'autres termes, si le Pacte promeut *a priori* une approche multilatérale des migrations, il favorise en réalité une forme d'externalisation des politiques migratoires – qui voit les pays de destination financer (et donc influencer) les politiques des pays de départ et de transit.

À cet égard, l'IMRF est emblématique des ambiguïtés de la gouvernance mondiale des migrations. Les efforts de l'ONU s'inscrivent dans un contexte où, depuis les années 1990, les migrations sont reconnues comme un enjeu majeur de la mondialisation, en lien direct avec d'autres enjeux cruciaux comme les inégalités ou le changement climatique. Ce qui appelle une approche globale, régulant les migrations dans l'intérêt de toutes les parties – par exemple en organisant des filières de migration légale, en faisant des migrants des acteurs du développement de leur pays d'origine, en protégeant leurs droits, ou encore en évitant les situations préjudiciables (comme la fuite des cerveaux ou la traite des personnes). En somme, il s'agirait de faire pour les migrations ce que l'ONU fait déjà pour les réfugiés : établir des mécanismes de protection des personnes et de solidarité entre États.

Mais pour les États développés, la préoccupation première demeure l'immigration irrégulière. Face à ce qu'ils perçoivent comme leur incapacité à contrôler les frontières, les gouvernements du Nord ont considérablement renforcé leur arsenal sécuritaire et législatif. À leurs yeux, l'ONU doit donc avant tout aider les États du Sud à contribuer à cet objectif, par exemple en adoptant des politiques de lutte contre les passeurs, en s'engageant à réadmettre les migrants expulsés, ou en luttant contre les « causes profondes » de l'immigration.

Dans ce contexte, l'IMRF est écartelé entre logiques différentes et se réfugie dans des propos vagues et peu contraignants. Mais en alimentant un multilatéralisme de façade, il n'en légitime pas moins un ensemble complexe d'interventions dans les politiques migratoires des pays du Sud et contribue donc à reformuler en profondeur la manière dont les déplacements de populations sont gouvernés.

A. P.

Pour en savoir plus

- A. Pécoud, « Philosophies of Migration Governance in a Globalizing World », *Globalizations*, vol. 18, n° 1, 2021.
- M. Tardis, « L'asile et l'immigration. Les enjeux de la présidence française de l'Union européenne », *Briefings de l'Ifri*, Ifri, 25 janvier 2022.
- « Rapport IDMC : plus de 59 millions de déplacés internes en 2021 », Communiqué, Organisation internationale pour les migrations, mai 2022.

D'une crise migratoire à l'autre

Afghanistan, Biélorussie, Ukraine

Le retrait d'Afghanistan, l'utilisation par Minsk du chantage aux réfugiés à la frontière polonaise et la guerre en Ukraine ont produit des flux migratoires inégaux et suscité des réponses contrastées de la part de l'UE. Ces crises ne semblent pourtant pas ouvrir sur une révision des politiques européennes.

Depuis l'été 2021, les crises se succèdent et ne se ressemblent pas. Elles ont néanmoins toutes une composante migratoire. La chute de Kaboul, l'instrumentalisation des migrations par la Biélorussie et la guerre en Ukraine ont marqué les esprits ces douze derniers mois et mobilisé les gouvernements européens, mais aussi les opinions publiques et les médias. Analysées sous l'angle des migrations, elles sont révélatrices de l'approche erratique que l'Union européenne (UE) a de ce dossier.

Afghanistan : « nous protéger des flux migratoires irréguliers »

15 août 2021 : la chute de Kaboul crée la panique dans les capitales occidentales, et surtout parmi les Afghans qui ont collaboré avec elles, et ceux pour qui le retour au pouvoir du fondamentalisme religieux constitue une menace pour l'intégrité physique et psychique, la liberté, ou simplement la vie. En dépit du chaos des opérations d'évacuation à partir de l'aéroport de Kaboul, la crainte d'un afflux de migrants afghans surgit en quelques jours, particulièrement en Europe. À preuve le discours à la Nation du président Macron le 16 août 2021, dans lequel il annonce vouloir « nous protéger des flux migratoires irréguliers ».

Le spectre de la « crise des réfugiés » de 2015 n'a jamais quitté les esprits des gouvernements européens. La situation de l'Afghanistan de 2021 n'avait pourtant rien de comparable avec celle de la Syrie de 2015 – ce dont Emmanuel Macron a lui-même convenu, quelques semaines après son discours. De fait, la vague de migrants afghans déferlant sur l'Europe ne s'est pas concrétisée. Si la demande d'asile afghane a bien augmenté en 2021, elle concerne avant tout les dizaines de milliers de personnes évacuées par les pays européens, dont la majorité a été orientée vers la procédure d'asile dès leur arrivée dans l'UE.

La réponse européenne a consisté à privilégier la protection dans la région d'origine, afin d'éviter des mouvements secondaires d'Afghans vers l'UE. Si cette approche dénonce une vision euro-centrée des questions d'immigration et d'asile, on comprend aussi sa pertinence. Près de 90 % des 2,6 millions de réfugiés afghans se trouvent déjà au Pakistan et en Iran, et cela depuis plus de quarante ans. L'UE a promis de débloquer 222 millions d'euros d'aide humanitaire pour soutenir dans ces pays l'accueil des réfugiés. Encore faut-il qu'ils le souhaitent : depuis plusieurs années, l'Iran et le Pakistan ont réduit de manière drastique les opportunités de régularisation des Afghans, ainsi que leurs droits. Ils ont également pris des mesures pour empêcher un afflux trop important d'Afghans depuis le 15 août. Les Européens ont cru, avec une certaine naïveté, que Téhéran et Islamabad relèveraient le défi humanitaire avec l'argent de Bruxelles. Il n'en a rien été.

L'ouverture de voies légales pour transférer, d'Afghanistan ou des pays limitrophes, des Afghans vers l'UE constitue un second axe d'intervention, et un autre signe de solidarité avec la région. Les Occidentaux n'ont pu évacuer tous les Afghans en danger en raison de leur collaboration avec eux ou de leurs actions en faveur des droits humains. De même, le regroupement des familles d'Afghans déjà réfugiées en Europe demeure une question ouverte. Les évacuations se sont poursuivies depuis le 31 août 2021, pour l'essentiel *via* le Qatar et le Pakistan. Mais, à l'exception de ceux du nouveau gouvernement allemand, les engagements des États membres de l'UE en matière d'accueil de réfugiés afghans ont été mesurés et tardifs. En décembre 2021, la Commission européenne annonçait que 15 États membres étaient disposés à réinstaller 40 000 Afghans : autant que le seul Canada.

Biélorussie : une « attaque hybride »

8 novembre 2021 : plusieurs milliers de personnes, majoritairement originaires d'Afghanistan, d'Irak ou de Syrie, se rassemblent à la frontière entre la Biélorussie et la Pologne en vue de forcer l'entrée du territoire polonais. Selon l'UE et la Pologne, l'opération est orchestrée par les autorités biélorusses, qui auraient facilité l'arrivée de ces personnes sur leur territoire, en représaille aux sanctions européennes consécutives à la réélection frauduleuse du président Loukachenko. Le 10 novembre, Josep Borrell, Haut-représentant de l'Union européenne pour les Affaires étrangères et la politique de sécurité, qualifie cette situation d'« attaque hybride » – ce qu'avait déjà fait la présidente Ursula von der Leyen dans son discours sur l'état de l'Union du 15 septembre. Cette déclaration précède une réunion du Conseil de sécurité des Nations unies, consacrée le 11 novembre à cette question.

En fait, les arrivées en provenance de Biélorussie avaient commencé à croître dès l'été 2021, principalement en Lituanie, puis en Pologne. Ce qui devait amener les deux États à déclarer l'état d'urgence, le 5 juillet pour la première, le 2 septembre pour la seconde. La Pologne instaure dès lors une zone autour de sa frontière à laquelle ni les journalistes ni les organisations non gouvernementales n'ont accès. L'armée est mobilisée ; les migrants sont refoulés en Biélorussie ou placés dans des centres de détention. Jusqu'à 15 000 personnes se retrouvent bloquées en forêt, jusqu'à ce que Minsk accepte d'ouvrir des centres d'hébergement et consente à organiser des opérations de rapatriement vers les pays d'origine.

Le vocabulaire guerrier employé dans cette crise est inédit. Le recours aux forces armées a également atteint un niveau sans précédent, semblant même se banaliser. On peut certes s'interroger sur la disproportion de la réponse polonaise (4 000 personnes ont finalement réussi à entrer sur le territoire) ; mais il ne fait aucun doute que les mesures d'enfermement et de refoulement portent atteinte au droit international et aux normes européennes. Alors que les tensions avec le gouvernement polonais étaient fortes sur le respect des principes démocratiques et l'intégrité de l'ordre juridique européen, la Commission européenne, comme les États membres, est restée silencieuse sur ce point. À l'inverse, elle a proposé en décembre 2021 que des mesures d'urgence dérogatoires aux standards de base en matière d'asile et d'immigration soient inscrites dans la législation européenne, permettant ainsi de légaliser des pratiques jusqu'alors prohibées.

Ukraine : l'UE entre dans le XXIe siècle

24 février 2022 : le continent européen redécouvre la guerre chez soi, avec un niveau de déplacement de population inédit depuis la Seconde Guerre mondiale. Trois mois après le déclenchement du conflit, près de 6 millions de personnes ont fui l'Ukraine, tandis que 8 millions ont été déplacées à l'intérieur du pays.

Face à cette situation exceptionnelle, l'UE a répondu avec des mesures historiques. Dès le 4 mars 2022, les États membres ont décidé d'activer une directive de 2001 permettant d'octroyer une protection temporaire aux Ukrainiens. Cette directive, adoptée au lendemain des guerres des Balkans, n'avait jamais été appliquée à ce jour – y compris en 2015. Le dispositif d'accueil des Ukrainiens s'inscrit ainsi à contre-courant des tendances des politiques d'asile et d'immigration depuis deux décennies. Les Ukrainiens bénéficient de contrôles allégés aux frontières extérieures de l'UE, d'une libre circulation sur le territoire européen et donc du choix de leur pays d'accueil, ainsi que de l'accès immédiat à une protection et aux droits afférents, dont l'accès au marché du travail. En d'autres termes, ils ne subissent pas les procédures de filtrage – et de limitation des libertés – aux frontières (soit le règlement de Dublin) qui les assigne au pays de premier accueil pour la période probatoire de la procédure d'asile, durant laquelle les droits sont limités.

Si la décision d'appliquer la protection temporaire est politique, et donc signe d'un traitement favorable aux Ukrainiens, elle est aussi pragmatique face à l'ampleur des déplacements dans un temps aussi court. Dans les faits, l'UE est en train de vivre ce que d'autres régions du monde connaissent depuis le début du XXIe siècle, à savoir des déplacements massifs et subits de populations, liés à un conflit ou à l'effondrement d'un pays. La Turquie et le Liban ont connu cette situation avec la guerre en Syrie, l'Ouganda avec les Soudanais du Sud, et la Colombie avec les Vénézuéliens. À chaque fois, la reconnaissance d'une protection de groupe apparaît comme la solution la plus rationnelle, permettant d'éviter qu'un nombre trop important de personnes se retrouve dans une situation de précarité juridique. C'est ce que la Turquie a fait en reconnaissant une protection humanitaire aux Syriens, ou la Colombie en régularisant 1,7 million de Vénézuéliens.

Les Européens prennent conscience qu'ils étaient jusqu'alors protégés de ces phénomènes. La « crise des réfugiés » de 2015 paraît presque dérisoire au regard de la situation actuelle. En l'espèce, il est impossible de s'appuyer sur un pays tiers pour contenir les arrivées de réfugiés, comme cela fut hier fait avec la Turquie, la Libye ou le Maroc.

Quelles politiques européennes d'asile et d'immigration ?

Les cas afghan et biélorusse constituent des exemples de crises migratoires fabriquées par les Européens, dans le sens où leur retentissement n'est nullement proportionnel à l'ampleur des flux migratoires concernés. Il s'agit là avant tout de crises géopolitiques, qui éclairent trois données. Tout d'abord, l'UE et ses membres redoutent l'afflux de migrants et de réfugiés parce qu'ils ne sont pas prêts – et encore moins qu'en 2015 – à gérer collectivement cette situation. Deuxièmement, le seul moyen trouvé pour minimiser les risques pour l'UE consiste à traiter ces questions avec les pays tiers, pour qu'ils maintiennent les exilés sur leur territoire et renforcent la garde de leurs frontières. Enfin, cette stratégie crée une dépendance de l'UE à l'égard de ces pays tiers, qui ont bien compris que l'immigration était devenue un levier de négociation globale avec les Européens.

Le cas biélorusse est un cas d'école puisqu'un pays « non ami » de l'UE a instrumentalisé des migrants en guise de politique de représailles. Mais d'autres pays, plus proches de l'UE, comme la Turquie ou le Maroc, n'hésitent plus à utiliser la carte migratoire pour défendre des intérêts qui n'ont rien à voir avec l'immigration. En cela, on peut parler d'enjeu de souveraineté pour l'Europe. Dans ce contexte, on peut s'étonner que la rhétorique de la « crise migratoire » n'ait guère été invoquée face à l'exil des Ukrainiens, alors qu'il s'agissait du plus important déplacement de population en Europe depuis 1945.

Pour autant, il est loin d'être certain que ces événements majeurs influencent en profondeur les politiques européennes d'asile et d'immigration. La présidence française du Conseil des ministres européen, qui ambitionnait de faire avancer les négociations sur la réforme de l'asile et de l'immigration, n'a pas changé ses orientations. Le 10 juin 2022, la France a même réussi à obtenir un premier accord politique, sur le renforcement des contrôles aux frontières extérieures et une procédure de filtrage des demandeurs d'asile aux points d'entrée dans l'UE. En revanche, le dossier de la solidarité européenne – la répartition dans l'UE des demandeurs d'asile – ne progresse que très timidement, avec un nouveau dispositif expérimental sur un quota limité de personnes, alors même que l'Union n'a jamais autant accueilli de personnes déplacées depuis sa création.

Si les crises de 2021 et 2022 ont peu d'impact sur la manière dont les gouvernements approchent les questions d'asile et d'immigration, elles n'en façonnent pas moins les perceptions des opinions publiques. L'Afghanistan et la Biélorussie n'ont pas provoqué de vagues migratoires en Europe. En revanche, ces crises ont suscité des vagues d'émotion de citoyens européens touchés par le sort des Afghans ou des migrants coincés à la frontière polonaise. Et la guerre en Ukraine a vu naître une solidarité et une mobilisation européennes sans précédent. C'est peut-être là le principal enseignement de crises qui ne manqueront pas de se reproduire dans un contexte de tensions internationales croissantes.

M. T.

Pour en savoir plus

- K. Akoka, *L'Asile et l'Exil : une histoire de la distinction réfugiés/migrants,* Paris, La Découverte, 2020.
- *Annual Report on Migration and Asylum 2021*, Réseau européen des migrations, juin 2022.
- « Global Trends: Forced Displacement in 2021 », Haut-Commissariat des Nations unies pour les réfugiés, juin 2022.

Commerce international : les grandes manœuvres

La prééminence de l'Indo-Pacifique

Les mécanismes globaux de régulation du commerce international se portent plutôt mal. Ils se voient substituer une multiplicité d'accords régionaux qui témoignent de la recherche de nouvelles règles du jeu, et de la compétition qui s'affirme, surtout dans l'aire Pacifique, entre Chine et États-Unis

Les instances de réglementation du commerce international continuent d'être mises à mal, comme en attestent les reports répétés de la 12e conférence ministérielle de l'Organisation mondiale du commerce (OMC), le blocage persistant de l'Organe de règlement des différends de l'organisation et la montée, depuis le début de l'année, d'un « nationalisme alimentaire » passant par des restrictions aux exportations de denrées alimentaires (blé, sucre, huile de palme, poulet, etc.), voire des interdictions pures et simples. Diverses initiatives plurilatérales touchant aux questions commerciales témoignent pourtant à la fois de l'intérêt des États pour la définition de règles du jeu claires, de la complexification des problématiques liées aux échanges et des mutations de la compétition entre grandes puissances.

Méga-accords commerciaux : des objectifs multiples

Si la voie multilatérale classique symbolisée par l'OMC reste bloquée, la négociation de vastes accords commerciaux régionaux continue d'avancer avec, dans l'année écoulée, la poursuite de la mise en œuvre de deux méga-accords en Afrique et en Asie-Pacifique, ainsi que l'entrée en vigueur d'une nouvelle initiative d'importance en Asie orientale.

La ZLECA : le libre-échange à l'échelle de l'Afrique

Relativement peu ambitieuse sur le fond mais géographiquement très étendue, la zone de libre-échange continentale africaine (ZLECA) a fêté début 2022 sa première année d'existence. La mise en œuvre de l'accord a connu quelques difficultés, d'abord en raison de la pandémie de Covid-19, mais aussi parce que, mettant en quelque sorte la charrue avant les bœufs, les pays signataires avaient omis de définir les règles d'origine permettant d'identifier les produits bénéficiant de préférences tarifaires. L'erreur est désormais corrigée, mais pour l'heure, seuls 39 pays ont déposé leurs instruments de ratification.

À terme toutefois, le dispositif concernerait l'ensemble du continent (54 États selon l'ONU – puisqu'à l'exception de l'Érythrée tous les pays africains ont signé l'accord), ce qui en ferait la plus grande zone de libre-échange au monde en nombre de pays participants, avec un marché de 1,3 milliard de consommateurs et plus de 2 milliards dans les décennies à venir. Bien qu'il s'agisse d'un accord « à l'ancienne », dont l'objectif premier est de favoriser le développement des échanges intrarégionaux par la libéralisation tarifaire, son importance ne doit pas être sous-estimée : il reflète la volonté des pays africains de prendre leur avenir en main et d'organiser l'intégration économique à l'échelle du continent.

RCEP et CPTPP : au-delà du seul libre-échange

Les méga-accords déployés en Asie orientale et de part et d'autre du Pacifique sont autrement plus complexes et ambitieux. Signé le 15 novembre 2020 entre 15 États d'Asie orientale, l'Accord de partenariat économique global régional (*Regional Comprehensive Economic Partnership Agreement* – RCEP) est entré en vigueur le 1er janvier 2022 pour dix des États signataires (Australie, Brunei, Cambodge, Chine, Japon, Laos, Nouvelle-Zélande, Singapour, Thaïlande, Vietnam), en février pour la Corée du Sud, et en mars pour la Malaisie. Seuls manquent encore à l'appel l'Indonésie, le Myanmar et les Philippines. L'accord concerne certes une région d'ores et déjà assez étroitement intégrée, mais en uniformisant les règles d'origine, il devrait favoriser l'approfondissement et la consolidation des chaînes de valeur et encourager la production en Asie pour l'Asie. Le texte va en outre au-delà de la seule libéralisation tarifaire et fixe des règles sur de nombreux autres sujets, tels l'investissement, le commerce électronique, la protection des droits de propriété intellectuelle, la concurrence ou les services financiers : autant de dispositions qui devraient faciliter encore l'intégration économique entre pays participants. Bien qu'elle n'ait pas été à son origine, la Chine tirera sans doute parti de ce mécanisme, qui lui permettra d'asseoir son influence sur le reste de la région.

Dernier événement d'importance, le très ambitieux[1] Partenariat Trans-Pacifique global et progressiste (*Comprehensive and Progressive Agreement for Trans-Pacific Partnership* – CPTPP), qui regroupe 11 pays riverains du Pacifique depuis la fin de 2018, fait des émules, et les candidatures pour y accéder se multiplient, qui pourraient faire de cet accord le creuset des règles du commerce international du XXIe siècle. Outre son extension géographique, le caractère résolument évolutif du dispositif autorise des révisions périodiques, ainsi que l'inclusion de nouveaux sujets en fonction de l'évolution des réalités de terrain. Le Royaume-Uni, la République populaire de Chine (RPC), Taïwan (en tant que territoire douanier autonome), l'Équateur et la Corée du Sud ont successivement manifesté leur volonté de rejoindre l'accord. Une éventuelle adhésion du premier, actuellement à l'étude, transformerait un simple accord régional en un mécanisme géographiquement beaucoup plus vaste. Mais c'est la candidature de la RPC qui, si elle devait aboutir, donnerait à l'accord une nouvelle dimension, tant géographique que politique. En revanche, même si certains pays signataires, en tête desquels le Japon, espèrent encore voir les États-Unis rejoindre ce mécanisme, les chances apparaissent bien minces au vu de la nouvelle stratégie déployée par Washington.

1. Le texte va loin en termes d'harmonisation réglementaire, couvrant de très nombreux domaines, dont les normes du travail, les normes environnementales, le commerce électronique, etc.

L'émergence de nouveaux formats de coopération

Parallèlement à ces accords commerciaux traditionnels ou plus ambitieux, de nouvelles initiatives ont vu le jour ces derniers mois qui renouvellent fondamentalement les modalités de la coopération commerciale, et ce n'est sans doute pas un hasard si elles émanent des États-Unis, où la notion d'accord de libre-échange semble être passée de mode.

Le Conseil commerce et technologie UE-EU

Créé en juin 2021, le Conseil commerce et technologie (CCT) Union européenne-États-Unis est une plateforme de discussion dont l'objectif est de structurer la coopération transatlantique en matière de commerce, de technologie et d'économie, sur la base de valeurs démocratiques partagées[2]. La première réunion, qui s'est tenue à Pittsburgh le 29 septembre 2021, a vu le lancement de dix groupes de travail, notamment sur la gouvernance des données et plateformes technologiques, le climat et les technologies propres, le contrôle des exportations des biens à double usage, la compétitivité des technologies de l'information et de la communication, le filtrage des investissements, ou encore la sécurisation des chaînes d'approvisionnement.

Les maîtres mots sont ici dialogue et coordination : le CCT permet aux deux parties d'échanger sur les évolutions législatives et réglementaires de part et d'autre, de rapprocher les points de vue, et le cas échéant de convenir de positions communes dans les enceintes internationales ou d'organiser une coordination transatlantique dont l'objectif premier est, de manière à peine voilée, de s'opposer aux pratiques chinoises.

Même s'il est trop tôt pour faire un bilan définitif de l'initiative, la deuxième réunion accueillie par la France en mai 2022 dans le cadre de la présidence française du Conseil de l'UE a déjà permis de mettre en évidence certains résultats positifs. La guerre en Ukraine et l'affrontement entre pays occidentaux et pays autocratiques n'ont fait que renforcer l'exigence de coordination, et il ne fait guère de doute qu'en l'absence d'une amorce de coopération dans le cadre du CCT les deux parties n'auraient pas été aussi promptes à coordonner leurs efforts pour gérer les ruptures de chaîne d'approvisionnement provoquées par l'agression russe dans les domaines alimentaire et industriel, ou pour contrôler les exportations de technologies avancées.

Les tensions commerciales demeurent pourtant entre les deux parties ; elles ont simplement été mises temporairement de côté. Reste à voir si cette plateforme de dialogue aidera à aplanir les divergences.

Le Cadre économique pour l'Indo-Pacifique (IPEF)

À l'écart des initiatives économiques dans la zone Asie-Pacifique depuis leur retrait du Partenariat Trans-Pacifique en 2017 sous la présidence Trump, les États-Unis ont repris l'initiative dans la région, avec le lancement en mai 2022 du Cadre économique pour l'Indo-Pacifique (*Indo-Pacific Economic Framework* – IPEF). Les accords de libre-échange traditionnels étant considérés comme « politiquement toxiques » par les électeurs américains, qui les associent à de potentielles

2. Sur le même modèle, un Conseil commerce et technologie a été mis en place entre l'Union européenne et l'Inde au printemps 2022.

pertes d'emploi, le président Biden a opté pour ce format d'un genre nouveau, l'objectif étant de renforcer la coopération avec les partenaires asiatiques dans quatre domaines clé : l'économie numérique, les chaînes d'approvisionnement, les énergies vertes et la lutte contre la corruption. Douze pays ont adhéré à l'initiative américaine : Australie, Brunei, Inde, Indonésie, Japon, Corée du Sud, Malaisie, Nouvelle-Zélande, Philippines, Singapour, Thaïlande et Vietnam, représentant près de 40 % du produit intérieur brut mondial.

Compte tenu du caractère récent du dispositif, il est trop tôt pour savoir quel sort lui sera réservé, et surtout l'impact qu'il aura sur les pays de la région et, au-delà, sur les règles du jeu internationales. L'absence de Taïwan est soulignée par nombre d'observateurs comme une faiblesse de taille. Il ne fait aucun doute qu'il s'agit là pour les États-Unis de revenir dans le jeu et d'offrir à leurs partenaires de la région une alternative à Pékin. Le défi, pour Washington, est toutefois de parvenir à défendre ses propres intérêts tout en offrant des bénéfices suffisants à ses partenaires pour les inciter à adhérer à l'initiative, ce qui ne va pas de soi dans des domaines où ces derniers sont relativement peu impliqués, et en l'absence de promesse d'un accès au marché américain.

Sans surprise, les autorités chinoises, tenues à l'écart, ont vertement critiqué le projet américain, qu'elles accusent de ne pas être assez « inclusif » (argument d'ailleurs repris par plusieurs pays de l'Association des Nations de l'Asie du Sud-Est [ASEAN] – comme la Malaisie, la Thaïlande ou le Vietnam –, qui le perçoivent essentiellement comme une initiative anti-chinoise) ou encore de relever d'une approche « pseudo-multilatérale » (du fait de l'absence d'engagements contraignants). Les pays membres ne sont en effet pas obligés d'adhérer à tous les volets de l'accord et ils pourront choisir sur lesquels ils sont prêts à s'engager. Cette approche à la carte, présentée comme un gage de flexibilité par Washington, est condamnée par Pékin.

Comment interpréter cette effervescence ?

Globalement, plus que la simple libéralisation tarifaire, c'est désormais l'harmonisation réglementaire, ou plus exactement la coopération et la coordination sur les normes et standards, qui apparaissent prioritaires. Ces questions, liées de près ou de loin au commerce constituent l'un des nouveaux lieux de confrontation entre grandes puissances du moment, États-Unis et Chine. Différents instruments sont privilégiés par l'une et l'autre pour une compétition d'un nouveau genre dont le principal théâtre est l'Indo-Pacifique, région où se concentre la croissance économique.

F. N.

Pour en savoir plus

- M. P. Goodman et A. Aidan, « Regional Perspectives on the Indo-Pacific Economic Framework », *CSIS Briefs*, 11 avril 2022.
- K. Hopewell, *Clash of Powers: US-China Rivalry in Global Trade Governance,* Cambridge, Cambridge University Press, 2020.
- « A New Centre of Gravity: The Regional Comprehensive Economic Partnership and Its Trade Effects », UNCTAD, 2021.

Les Monnaies numériques de banque centrale

Vers la disparition des monnaies physiques ?

Monnaie métallique, monnaie papier, monnaie scripturale vont-elles bientôt appartenir au passé ? Le passage aux Monnaies numériques de banque centrale est ouvert, et il pose des problèmes techniques, mais aussi relevant de l'économie et de la protection des droits de l'individu.

Assez curieusement, les économistes sont incapables de définir la monnaie. Ils se contentent d'énoncer ses fonctions : permettre l'échange de façon pratique, le troc étant peu commode ; permettre l'attribution d'un prix à chaque bien ; permettre la conservation dans le temps du pouvoir d'achat, c'est-à-dire la préservation sur le long terme de la valeur des choses. L'histoire s'est chargée d'identifier des objets susceptibles de remplir ces fonctions.

Vers la monnaie dématérialisée

Les premières monnaies sont essentiellement métalliques, et le premier texte consacré exclusivement à la monnaie, le *Traité des monnaies* de Nicolas Oresme publié au XIVe siècle, contient de longues considérations métallurgiques. Au XVIIIe siècle, malgré la domination sans partage de l'or, les grands argentiers envisagent de créer des banques centrales – chose faite au XIXe siècle. L'or devient un étalon, tandis qu'émerge, à côté de la monnaie matérielle, une monnaie fiduciaire sous forme de billets.

Le XXe siècle, qui commence avec billets et pièces d'or, généralise la monnaie scripturale, c'est-à-dire l'usage de comptes courants tenus sous forme d'écriture papier et dont les détenteurs utilisent des chèques. Puis l'informatique grignote le chèque au profit de la carte de crédit. La monnaie scripturale se fait monnaie numérique – ou par anglicisme monnaie digitale. À Kingston, en Jamaïque, lors de l'assemblée générale du Fonds monétaire international (FMI) de janvier 1976, l'or est expulsé du système monétaire international : ne subsistent dès lors des temps anciens que les billets mis en circulation par les banques centrales. Avec le développement d'internet, ces billets eux-mêmes semblent de moins en moins utiles, au point que l'on peut se demander si, à l'instar de l'or, ils ne vont pas disparaître. La question est débattue par les banquiers centraux, notamment dans l'instance qui leur sert de lieu de coordination, la Banque des règlements internationaux (BRI). En janvier 2020, Benoît Cœuré, membre du directoire de la Banque centrale européenne (BCE) de 2012 à 2019, rejoint la BRI. On lui confie la présidence d'un groupe de travail associant l'institution à six grandes banques centrales, consacré aux Monnaies digitales de banque centrale, ou encore Monnaies numériques de banque centrale (MNBC).

La première mission de ce groupe de travail est d'en donner une définition :

> « La MNBC est une monnaie numérique émise par une banque centrale, libellée dans l'unité de compte nationale et représentant une créance sur la banque centrale. [...] Si la MNBC est destinée à être un équivalent numérique de l'argent liquide à l'usage des utilisateurs finaux (ménages et entreprises), elle est qualifiée de MNBC "à usage général" ou "de détail". En tant que telle, elle offre une nouvelle option au grand public pour détenir de l'argent. La MNBC est différente de l'argent liquide, car elle se présente sous une forme numérique, contrairement aux pièces et aux billets de banque physiques. »

La BRI estime que quatre banques centrales sur cinq dans le monde étudient sérieusement la mise en place d'une MNBC. En zone euro, la Lituanie a été le premier pays à annoncer le lancement de sa devise numérique. La Banque de France s'est également penchée sur le problème. On trouve sur son site la présentation de son programme :

> « La Banque de France a lancé en mars 2020 un programme d'expérimentations de MNBC (Monnaie numérique de banque centrale) interbancaire, également dénommée "de gros" ou "wholesale". [...] Un premier rapport a été publié en novembre 2021, centré sur l'intégration d'une MNBC dans des procédures innovantes d'échange et de règlement d'actifs financiers sur la base de nouvelles technologies, telles que les registres distribués (*Distributed Ledger Technologies* – DLT), dans un contexte multidevises et transfrontière. Il couvre 9 expérimentations sélectionnées parmi près de 40 propositions et conduites depuis septembre 2020 avec des acteurs privés, nationaux et internationaux, ainsi que d'autres banques centrales et autorités publiques. »

Qui crée la monnaie ?

Pour comprendre de quoi il s'agit, rappelons comment s'organise la vie monétaire d'aujourd'hui. Elle repose sur un système bancaire en pratique à deux étages.

À la base figurent les banques commerciales, qui ont la particularité de créer *ex nihilo* de la monnaie. Quand cette monnaie est métallique, sa quantité – la masse monétaire – dépend de la découverte de nouveaux filons, au point qu'au début du XIXe siècle, David Ricardo théorisait l'inflation liée à une augmentation de la masse monétaire comme un « problème géologique ».

Avec la montée en puissance des banques, ce sont elles qui créent de la monnaie : monnaie fiduciaire, puis scripturale, avant qu'elle ne devienne numérique. Quand émerge la structure bancaire, la création de monnaie se fait selon le schéma : Dépôt → Crédit → Dépôt. Elle est limitée par deux facteurs : la confiance des clients en la capacité des banques de convertir leurs dépôts sous forme de comptes courants en or, et la confiance des banques en la capacité des emprunteurs à les rembourser. Quand le premier facteur se dérobe, le système court le risque d'un *bank run* : la ruée de clients voulant se faire rembourser en or les titres qu'ils détiennent.

Pour éviter ces *bank runs*, les autorités ont multiplié les astuces : mettre des obstacles à la convertibilité en or ; augmenter la valeur du stock d'or en dévaluant, c'est-à-dire en réduisant la quantité physique d'or à laquelle on a droit par unité monétaire… Jusqu'à ce que s'impose une idée simple mais radicale : éliminer l'or. Cette évacuation spectaculaire de l'or a laissé en héritage les pratiques du système bancaire. Les banques continuent à créer de la monnaie selon le mécanisme de crédit, mais sans l'adosser à un dépôt initial. La séquence de la création monétaire devient alors : Crédit → Dépôt → Crédit – un mécanisme que résume la formule : « Les crédits font les dépôts » (*Loans make deposits*). La monnaie d'aujourd'hui est créée par les crédits consentis par les banques et qui figurent à leur actif. Elle s'incarne, pour la population, dans des comptes courants qui sont à leur passif. On parle de « commerce des promesses » : l'emprunteur prend l'engagement – « fait la promesse » – de créer la richesse qui permettra de rembourser le prêt et d'en payer les intérêts : et la banque promet au détenteur du dépôt qu'il pourra utiliser celui-ci pour réaliser ses achats.

Au-dessus des banques commerciales, on trouve la banque centrale. Elle leur prête ses billets pour les diffuser dans le public, mais ne se mêle pas du « commerce des promesses ». Elle ne crée pas de monnaie et ne gère qu'à titre anecdotique des comptes courants de particuliers ou d'entreprises. Quiconque a besoin de ses billets les obtient par l'intermédiaire de sa banque et son compte est débité de l'équivalent des billets procurés. Ces billets – cette « monnaie banque centrale » – ne remplissent donc pas les mêmes missions que les comptes courants des banques commerciales. Ce que rappelle Benoît Cœuré : « La monnaie de banque centrale présente des avantages uniques : sécurité, finalité, liquidité et intégrité. À mesure que nos économies se numérisent, elles doivent continuer à bénéficier de ces avantages. »

Les conditions du passage aux MNBC

Le billet est fiable parce que la banque centrale ne fait pas faillite, parce qu'il est protégé par la loi qui oblige à l'accepter pour toute transaction, et parce que les banques centrales multiplient les prouesses techniques pour décourager les faux-monnayeurs. Dans une moderne MNBC, la fiabilité technique qui permet de contrecarrer l'inventivité des faux-monnayeurs repose sur les technologies informatiques. Celles-ci sont supposées avoir fait leurs preuves avec le développement de la *blockchain*, dont la légitimité financière s'est construite sur le succès relatif des crypto-monnaies.

Dans « MNBC », si le terme le plus important sur le plan technique est le N (« numérique »), sur le plan politique c'est le MBC (« monnaie de banque centrale »). La banque commerciale finance l'économie, tandis que la banque centrale apporte la sécurité de ce financement. Les billets qu'elle émet sont cependant une créance sur elle. Ayant vocation à les remplacer, toute MNBC, selon la définition même que nous en avons donnée, sera également une créance sur la banque centrale, c'est-à-dire une dette inscrite à son passif. Concrètement, avec la suppression des billets, chaque citoyen se verra-t-il doté d'un compte auprès de la banque centrale ? Auquel cas, la banque centrale deviendrait un opérateur tentaculaire, gigantesque monopole étatique de gestion de la monnaie. Elle concentrerait une masse d'informations considérable, ce qui lui donnerait un pouvoir énorme et en ferait une menace sur les libertés publiques. Aujourd'hui, si les banques savent ce que vous faites des sommes enregistrées sur votre compte courant, l'utilisation des billets garantit le respect de la vie privée – lequel disparaîtrait avec le billet…

Par ailleurs, *quid* du financement de l'économie assumé par les banques commerciales ? *Quid* de la création de monnaie par le crédit ? En 1998, commentant les déboires de certains pays asiatiques, Maurice Allais, soulignait les dangers de ce dernier :

> « De tout temps, on a pu parler des "miracles du crédit". Pour les bénéficiaires du crédit, il y a effectivement quelque chose de miraculeux dans le mécanisme du crédit puisqu'il permet de créer *ex nihilo* un pouvoir d'achat effectif. Cependant, autant la mobilisation d'"épargnes vraies" par les banques pour leur permettre de financer des investissements productifs est fondamentalement utile, autant la création de "faux droits" par la création monétaire est fondamentalement nocive. »

Pour limiter cette nocivité, la banque commerciale connaît une forme de discipline, que lui imposent la menace de faillite et la concurrence. Or, la banque centrale ignore ces deux éléments. On peut dès lors envisager que les comptes dématérialisés qui remplaceraient les billets restent l'apanage des banques commerciales, coupant tout contact entre la banque centrale et la population, ménages ou entreprises. Les MNBC ne seraient alors que la conséquence de l'abandon spontané de la monnaie fiduciaire, et de l'éloignement inéluctable de la banque centrale de la réalité quotidienne des gens.

Dans son étude sur le passage à la MNBC, la Banque de Suède a pu affirmer que les MNBC vont effectivement se mettre en place d'elles-mêmes. Elle s'appuie sur le constat qu'en Suède les billets ne représentent plus que 1 % de la masse monétaire. À y regarder de plus près, une telle assertion est pourtant contestable. La désaffection du public vis-à-vis des billets est loin d'être avérée. En zone euro, fin 2021, les billets en circulation représentaient 1 544 milliards d'euros (Mds €). À cela, s'ajoutent les pièces de monnaie pour 32 Mds €, soit un total de 1 575 Mds €. Fin 2002, ce total était de 375 Mds €. Entre 2002 et 2021, on est passé d'un ratio de 5,5 % par rapport au produit intérieur brut en 2002 à 13 % en 2021.

***

Plus que la fascination technique qu'elle peut susciter, c'est la confiance qu'elle inspirera qui définira le contour et la forme de la monnaie de demain – une confiance qui, pour le savant Nicolas Oresme, repose sur un principe éternel : « Le cours et le prix des monnaies doivent être au royaume comme une loi et une ferme ordonnance, qui nullement ne se doit ni muer ni changer. »

J.-M. D.

Pour en savoir plus

- N. Aït-Kacimi, « La menace des cryptos accélère la transition vers les monnaies numériques », *Les Échos*, 6 mai 2022.
- R. Bloch, « Monnaies numériques : le bond en avant des banques centrales », *L'Express*, 2 janvier 2022.
- J.-M. Daniel, « Crypto-monnaies : leurs fonctions, leurs dangers », *in* T. de Montbrial et D. David, *RAMSES 2019. Les chocs du futur*, Paris, Ifri/Dunod, 2018.

Au bilan de la vaccination anti-Covid

Une navrante géopolitique

La distribution des vaccins contre la pandémie dessine une carte qui reprend la géographie de la puissance. La production a été massivement occidentale ; les pays producteurs n'ont transféré leurs capacités qu'avec réticence ; et l'initiative Covax n'a pu que partiellement dépasser la logique du commerce international.

L'Organisation mondiale de la santé (OMS) a autorisé l'utilisation en situation d'urgence de onze vaccins. Ces vaccins, également les plus utilisés dans le monde, ont été conçus par un petit nombre de firmes : trois américaines, une américano-allemande, une anglo-suédoise, trois chinoises, trois indiennes, auxquelles il faut ajouter un institut russe, fabricant du Spoutnik V, un vaccin non autorisé par l'OMS mais utilisé dans 38 pays en plus de la Russie. Par le biais des accords de licence, et malgré l'absence d'accord sur la suspension des brevets – en discussion à l'Organisation mondiale du commerce (OMC) depuis octobre 2020 –, la production des vaccins autorisés est un peu plus disséminée : elle englobe 14 pays s'agissant de l'élaboration du principe actif, et une cinquantaine de pays s'agissant des autres étapes de la finition, principalement des pays à haut revenu mais aussi quelques pays émergents. Cependant, cinq pays – les États-Unis (EU), l'Allemagne, la Belgique, l'Espagne et la Chine – ont fourni près des trois quarts des exportations de vaccins autorisés par l'OMS en 2021.

Une production massivement occidentale

Les vaccins des firmes occidentales sont les principaux vecteurs de la vaccination au niveau mondial. Le Cominarty de Pfizer-BioNTech (EU-Allemagne), a été approuvé par 111 pays, le Vaxzevria d'Oxford-AstraZeneca (Royaume-Uni) par 100 pays, l'Ad26.COV2.S de Janssen (EU) par 86 pays, le Covishield d'AstraZeneca, produit par le Serum Institute of India, par 78 pays, le Spikevax de Moderna (EU) par 76 pays, et le Nuvaxovid de Novavax (EU) par 41 pays.

Ils sont aussi les plus utilisés : au printemps 2022, ces vaccins représentent près de 60 % des plus de 24 milliards de doses acquises fermement par les pays et les organismes multilatéraux hors Chine continentale, majorées de doses administrées en Chine continentale. Ils constituaient 85 % des commandes fermes de Covax et la totalité des commandes de l'Union africaine. Les firmes chinoises Sinopharm et Sinovac ont signé des accords fermes pour plus de 1,5 milliard de doses avec plus de 120 pays, principalement dans le grand Sud en plus des quelque 4 milliards de doses administrées en Chine continentale, soit moins de 25 % du total.

Les fabricants occidentaux sont des géants solidement établis dans l'industrie pharmaceutique mondiale, ou des *start-ups* innovantes. Janssen et Pfizer font partie des 50 premières capitalisations boursières mondiales. Les mêmes figurent, avec AstraZeneca, dans la liste des 50 premières capitalisations boursières pharmaceutiques. Plus petites, BioNTech et Moderna figurent parmi les 50 entreprises les plus innovantes dans le classement du Boston Consulting Group pour 2021. Les firmes chinoises sont moins bien classées : fin mai 2022, Sinopharm, la principale firme pharmaceutique chinoise, n'apparaît qu'à la 69e place des capitalisations boursières des firmes pharmaceutiques au niveau mondial (et au 1 738e rang des capitalisations boursières tous secteurs confondus).

Une nouvelle division du monde

La concentration, aux mains d'un petit nombre d'États, de la conception et de la fabrication des vaccins anti-Covid a pour effet de partager les pays du monde en trois groupes : ceux qui sont le siège de l'état-major d'une ou plusieurs des firmes à l'origine du vaccin ; ceux qui sont le siège d'une ou plusieurs unités de production réalisant tout ou partie de la production dans le cadre de filiales, de transferts de technologies ou d'accords de sous-traitance ; et ceux qui n'ont aucune capacité de production sur leur territoire.

Les pays du premier groupe disposent d'un avantage multiforme : le prestige de la prouesse technologique, les revenus liés à la vente des vaccins, mais aussi une plus grande sécurité d'approvisionnement. Outre la Russie et la Chine, c'est le cas des EU, de l'Allemagne et du Royaume-Uni, où respectivement Moderna Pfizer-BioNTech et AstraZeneca disposent de chaînes de production complètes. Certains de ces États ont mis en œuvre une préférence nationale au travers des autorisations accordées par les autorités sanitaires. Les EU n'ont ainsi pas autorisé le vaccin d'AstraZeneca. La Russie et la Chine n'ont autorisé que des vaccins nationaux, à l'exception du vaccin de Pfizer-BioNTech, approuvé nationalement mais pas distribué en Chine continentale, et approuvé et distribué à Hong Kong. L'Inde a autorisé plusieurs vaccins nationaux, de même que celui de Moderna et de Janssen, mais pas celui de Pfizer-BioNTech.

En outre, certains États ont activé divers dispositifs pour contraindre les producteurs à servir en priorité le marché domestique. Aux EU, l'exécutif a eu recours au *Defense Production Act* de 1950 pour imposer aux entreprises produisant sur le territoire américain de donner la priorité aux contrats passés avec Washington. Au Royaume-Uni, le gouvernement semble avoir fait pression sur AstraZeneca pour donner priorité aux livraisons sur le marché intérieur.

Une deuxième catégorie de pays regroupe ceux qui accueillent des capacités de production des principaux vaccins, dans le cadre de filiales ou de contractants, ou ont les moyens de se procurer les vaccins en les acquérant directement auprès des fabricants. Pour des raisons techniques (instabilité du produit), Gamaleya a passé des accords de sous-traitance ou de transferts de technologie avec plus de 20 pays. Les producteurs chinois ont une empreinte étrangère plus limitée. Sinovac a contracté ou transféré la technologie de tout ou partie des étapes de la confection de son vaccin, à l'exception de la fabrication du principe actif, dans deux pays d'Asie (Indonésie, Malaisie), deux pays d'Amérique du Sud (Brésil, Colombie) et en Algérie. Sinopharm a contracté ou transféré la technologie de tout ou partie des étapes de la confection de son vaccin, hors la fabrication du principe actif, dans trois pays d'Asie (Bangladesh, Myanmar, Singapour), aux Émirats et au Maroc.

Pour leur part, les firmes occidentales n'ont sous-traité ou transféré la technologie du principe actif de leur vaccin qu'à un petit nombre de pays développés. Pfizer-BioNTech, en dehors des EU et de l'Allemagne, ne produit directement le principe actif de son vaccin qu'en Irlande. Moderna ne produit directement le principe actif de son produit qu'aux EU, mais il en a contracté ou transféré la technologie dans trois pays européens (Suisse, Pays-Bas, Espagne) et au Canada. Oxford-AstraZeneca n'a contracté ou transféré la technologie du principe actif de son vaccin que dans cinq pays en dehors du Royaume-Uni (Belgique, Pays-Bas, EU, Japon, Argentine). Janssen ne produit le principe actif de son vaccin qu'aux EU.

Ces firmes ont plus largement sous-traité ou transféré la technologie des autres étapes de production des vaccins (remplissage, étiquetage). Pfizer-BioNTech a contracté ou transféré la technologie de tout ou partie de ces étapes dans quatre pays de l'UE (Belgique, France, Italie, Slovénie), au Royaume-Uni, en Suisse, aux EU, en Afrique du Sud, au Rwanda et en Chine. Moderna a contracté ou transféré la technologie de tout ou partie des étapes d'aval dans deux pays de l'UE (France, Espagne), au Kenya, en Corée et en Australie. La même firme s'est engagée à ne pas opposer ses brevets à d'autres fabricants de vaccins, sans limitation de temps pour les pays éligibles à la facilité Covax, pendant la durée de la pandémie dans les autres pays. Oxford-AstraZeneca a contracté ou transféré la technologie de tout ou partie de la finalisation du vaccin à 15 pays en dehors du Royaume-Uni. Janssen a contracté ou transféré la technologie de tout ou partie des autres étapes à cinq pays de l'UE (France, Allemagne, Italie, Pays-Bas, Espagne) et en Inde. Novavax a contracté ou transféré la technologie de tout ou partie des autres étapes dans trois pays de l'UE (Allemagne, Espagne, Pologne), en Corée et en Inde.

Commerce international ou Covax ?

Le commerce international joue donc un rôle essentiel dans l'accès aux vaccins des pays riches ou à revenu moyen ne disposant pas d'une base productive complète, nécessitant le recours aux intrants importés ou de produits finis. En cumulé, fin mai 2022, les principaux exportateurs de vaccins sont l'UE (40 % des exportations mondiales), la Chine (un tiers), les EU (16 %) et la Corée (4 %). La Chine a exporté environ 32 % de sa production cumulée de vaccins, moins que l'UE (65 %, dont la moitié en intra-UE) et les EU (60 %) ou la Corée (90 %)[1].

Les pays à bas revenu et à revenu intermédiaire/tranche inférieure constituent une catégorie à part. Le plus souvent dépourvus de capacités de production de vaccins (à l'exception notable de l'Inde), la plupart n'ont pas non plus les ressources suffisantes pour les acquérir auprès des fabricants aux prix offerts par ceux-ci. Ils sont largement dépendants des donations de vaccins, dans un cadre bilatéral ou dans le cadre de la facilité Covax, le pilier « vaccination » de l'accélérateur d'accès aux outils Covid-19 (ACT-A) lancé fin avril 2020 sous l'égide de l'OMS. La totalité des doses reçues par les pays à faible revenu a été importée, environ la moitié dans les

1. Voir « WTO-IMF COVID-19 Vaccine Trade Tracker », Organisation mondiale du commerce, mai 2022.

pays à revenu intermédiaire/tranche inférieure. À fin mai 2022, les pays à faible revenu ont reçu en cumulé 391 millions de doses, soit 28 doses pour 100 habitants permettant de vacciner 14 % de la population. À comparer aux 129 doses pour 100 habitants dans les pays à haut revenu.

En Afrique, où sont concentrés une grande partie des pays pauvres, deux tiers des doses reçues ont été fournis par des donations dans un cadre multilatéral (Covax, Union africaine) ou sur une base bilatérale. Les EU sont les principaux donateurs (près 60 % du total, les deux tiers sur une base multilatérale), suivis de l'UE (16 %, trois quarts sur une base multilatérale) et de la Chine (5 %, totalement bilatéraux).

L'Afrique subsaharienne compte le plus petit nombre de vaccinés par 100 habitants, probablement le plus grand nombre de personnes déjà infectées par le virus, mais aussi le plus grand nombre de sondés réticents à la vaccination. Avec les difficultés logistiques limitant la vaccination, cela explique la sous-utilisation, apparemment paradoxale mais fréquente, des doses disponibles. En Afrique du Sud, cela explique également l'absence de commandes à la première entreprise du sous-continent disposant d'une licence pour la production du vaccin de Janssen.

***

Dès les débuts de la pandémie, l'Assemblée générale de l'OMS a déclaré l'immunisation de la population comme « bien public mondial ». Pour autant, la vaccination de la population a emprunté une allure très « westphalienne », contrastée d'un continent et d'un pays à l'autre, en fonction de la couverture de la vaccination, du choix des vaccins et du contrôle de la production des vaccins, divisant le système international et créant des défis sanitaires mais aussi diplomatiques durables.

Il y a peu d'espoir que ces clivages se résorbent. Ils s'enracinent dans les écarts de capacités de recherche, de savoir-faire et de production des produits complexes que sont les vaccins, et qui déterminent des stratégies commerciales autant que des géopolitiques faisant obstacle au partage des techniques. Ils menacent de se pérenniser en cas de poursuite des mutations du virus ou de prolongation de la pandémie. Ils menacent de s'étendre de l'accès aux vaccins à l'accès aux remèdes, dont la conception et la fabrication promettent d'être tout aussi concentrées.

P. A.

Pour en savoir plus

- P. Allard, « COVID-19 : géopolitique de l'immunité collective », *Politique étrangère*, vol. 86, n° 2, Ifri, juin 2021.
- D. Houssin, « La coopération sanitaire internationale à l'épreuve du Covid-19 », *Politique étrangère*, vol. 85, n° 3, Ifri, septembre 2020.
- M. Pletschette et D. Kerouedan, « Le Covid-19 et le concept de santé mondiale », *in* T. de Montbrial et D. David (dir.), *RAMSES 2022. Au-delà du Covid*, Paris, Ifri/Dunod, 2021.

Le sport, instrument géopolitique

De l'Ukraine en 2022 à Paris 2024

Partout dans le monde, le sport est devenu un instrument d'affirmation internationale et de cohésion interne. En cela, il est un instrument éminemment politique et géopolitique. La guerre d'Ukraine éclaire cette dimension politique que Paris devrait prendre en compte pour les Jeux de 2024.

En 2022, le sport est plus que jamais indissociable des relations internationales. Il contribue à l'affirmation de la puissance. Il cristallise les rivalités entre États. Il y participe. Il en révèle les enjeux. Le sport est géopolitique. De l'Ukraine au Qatar, de la Chine à Los Angeles 2028, il s'impose comme incontournable pour comprendre le monde.

L'avant-scène des relations internationales

Que l'on songe à la relance des Jeux olympiques (JO) par le baron de Coubertin, à l'utilisation des Coupes du monde par le fascisme italien, à l'Argentine de Videla ou au boycott diplomatique des Jeux de Pékin 2022 : le sport est consubstantiellement politique. Il n'échappe ni aux intérêts nationaux ni aux rapports de puissance. Quelle que soit la période, il s'impose comme outil, enjeu et reflet des relations internationales. L'historien Pierre Milza ne disait pas autre chose en 1984 : « Phénomène de masse, étendu de nos jours à l'ensemble de la planète, traversé par toutes les idéologies du siècle, indicateur de la puissance et du déclin des nations, tantôt révélateur, tantôt manipulateur du sentiment public, substitut de la guerre et instrument de la diplomatie, le sport est au centre de la vie internationale. Mais c'est aussi une composante, un reflet de la vie internationale et un moyen de la politique étrangère. »

Ce qui valait hier vaut plus encore en 2022. « Terrain privilégié de la géopolitique contemporaine, le sport est l'avant-scène des relations internationales et son baromètre[1]. » Il est le premier secteur à avoir réagi et mobilisé l'ensemble de ses acteurs pour sanctionner la Russie poutinienne. De l'exclusion des athlètes russes à l'annulation des compétitions sur le sol russe en passant par les ruptures de contrat de *sponsoring* de Gazprom auprès du club allemand FC-Schalke 04 et de l'Union of European Football Associations (UEFA), toute la palette de sanctions a été employée.

1. L. Aubin et J.-B. Guégan, *Atlas géopolitique du sport*, Paris, Autrement, 2022.

Pris « dans le filet des idéologies, aussi bien dans les dictatures que dans les pays de démocratie libérale[2] », le sport est devenu le lieu de la mise en scène de la puissance, et de la mise en compétition des États pour le leadership mondial. Le nouvel ordre du monde se traduit dans et par le sport. Hamad ben Khalifa al-Thani, ancien émir du Qatar et père de Tamim ben Hamad al-Thani, ne disait-il pas qu'il « est plus important d'être reconnu au Comité international olympique qu'à l'Organisation des Nations unies » ?

Cette géopolitisation du sport concerne tout le monde. Le gain d'une médaille, le fait de participer à un grand événement sportif international ou de l'organiser dépassent le cadre du stade. « Toute l'évolution des relations internationales se lit en filigrane dans l'histoire des compétitions sportives, importantes ou anodines[3]. » Le sport est devenu une « affaire d'État et de civilisation » au point que « le monde se divise désormais en deux catégories : les sportocratures[4] et les sportocraties. Elles s'affrontent et s'opposent sur tous les terrains en cherchant à valider et à imposer par le sport la prégnance de leur modèle aux yeux du monde. » Pour autant, l'approche géopolitique du sport reste mésestimée, souvent négligée, et sa prise en compte est récente, notamment en France.

Le temps de l'influence et de la puissance

Diplomatie publique, participation au *soft power*, construction d'un *sport power* ou contribution à la géopolitique de l'*entertainment*, les stratégies usant du sport sont aussi nombreuses que complexes. Si elles donnent des résultats, c'est parce qu'elles couvrent tout l'éventail des formes de puissance.

Dans la compétition internationale, le sport ne se limite pas à la seule puissance douce comme on le lit trop souvent. C'est d'abord un révélateur et un étalon de la puissance dure et traditionnelle. Sans puissance démographique et économique, il est difficile de détecter et de former une jeunesse capable d'affronter le monde. Sans puissance scientifique et stabilité politique, il est encore plus ardu de performer et de gagner. Accueillir les grands événements sportifs internationaux démontre aussi un rapport de puissance et une capacité à peser diplomatiquement dans les instances sportives et sur la scène internationale.

Les États-Unis illustrent tout cela à merveille. La première puissance sportive mondiale organisera la Coupe du monde 2026 de football, les JO d'été de 2028 et la Coupe du monde de rugby en 2031. Même si elle n'est pas vérifiée partout (Inde), la corrélation entre puissance géopolitique, développement et puissance sportive est une réalité : l'Afrique reste le continent oublié du sport international avec une seule Coupe du monde et aucune olympiade en 125 ans.

Le sport possède un autre atout : il est au cœur de la « puissance de l'imaginaire ». Il s'impose comme moyen de la puissance douce et feutrée des États. Des Jeux d'été de 2008 aux Jeux d'hiver 2022, la Chine ne s'y est pas trompée. La deuxième puissance sportive des JO de Tokyo 2020 se sert du sport pour accompagner son

2. L'expression est de R. Hubscher dans l'ouvrage *L'Histoire en mouvements. Le sport dans la société française (XIXe-XXe siècles)*, co-écrit avec J. Durry et B. Jeu (Paris, Armand Colin, 1992).
3. A. Wahl, « Sport et politique, toute une histoire ! », *Outre-Terre*, vol. 3, n° 8, 2004.
4. L. Aubin, *La Sportokratura sous Vladimir Poutine*, Paris, Bréal, 2021.

émergence, son affirmation géopolitique et son aspiration à une puissance globale incontestable. Au cœur du « rêve chinois » de Xi Jinping, et dans la perspective d'un leadership mondial à l'horizon 2049, le sport est l'un des éléments d'un *soft power* chinois qui peine encore à s'élaborer[5].

Nombre d'États se sont aujourd'hui emparés du sport pour exister, se faire connaître, reconnaître, ou imposer un récit conforme à leurs intérêts. De Bahreïn au Rwanda en passant par Israël, le Maroc ou le Bénin, ces politiques de visibilité, d'attractivité et de rayonnement par le sport sont devenues la norme. L'imaginaire qu'il véhicule et contribue à bâtir fait sa force. Le sport est « une arme de diffusion massive ».

Le Qatar l'a compris il y a longtemps. La Coupe du monde 2022 parachève une stratégie de puissance sportive initiée voici plus de vingt ans. Pour Ahmad Abdulla al-Mulla, ancien directeur de la communication de l'émirat, « le sport est le moyen le plus rapide de délivrer un message et d'assurer la promotion d'un pays ». Il sert la « marque-pays » à merveille. Ses atouts concernant le marketing territorial et le *nation branding* (Simon Anholt) ne sont plus à démontrer.

L'usage géopolitique du sport permet de maîtriser à son profit les grands récits, comme le montre l'Arabie Saoudite de Mohammed ben Salman depuis cinq ans. Avec une telle stratégie et un narratif maîtrisé (*country telling*), les sujets fâcheux sont évités (droits des minorités et des femmes, répression des opposants…). L'usage du sport aide à modeler le réel et facilite la construction d'une image plus séduisante, pour attirer investisseurs, touristes, firmes mondiales et personnels qualifiés. Le sport participe en cela à la projection de la puissance douce. Avec un corollaire hélas fréquent, le *sport washing* : l'utilisation du sport pour détourner les regards de la réalité ou la dissimuler.

Les États affirment par le sport ce qu'ils sont et l'image qu'ils entendent renvoyer. À l'extérieur mais aussi à l'intérieur. En cela, le sport constitue aussi un enjeu de pouvoir local. Il contribue au *nation building*, à la capacité d'un État à construire un sentiment de fierté et d'appartenance à une communauté nationale, réelle ou fantasmée. Une telle stratégie contribue à l'unité et à la cohésion nationales mais pas seulement. Dans le golfe Persique et au Qatar notamment, l'effort de *nation building* par le sport contribue au maintien de la dynastie al-Thani. Vecteur d'identification nationale et de soutien au pouvoir local, le sport devient un atout politique précieux, notamment dans des États récents.

Le « piège de Coubertin[6] »

Le sport s'est construit sur un mythe, celui de l'apolitisme, sur l'idée qu'en échappant aux vicissitudes des relations internationales il s'autonomisait et gagnait en indépendance. L'histoire nous a montré que c'était faux mais le mythe perdure.

La géopolitisation actuelle du sport soulève un problème majeur : l'apolitisme de façade ne tient plus. Il a volé en éclats à mesure que la Russie envahissait son voisin, obligeant le milieu sportif à prendre position et à sanctionner le sport russe

5. L. Aubin et J.-B. Guégan, « La Chine, première puissance sportive de demain ? », *The Conversation*, 12 décembre 2021.
6. J.-B. Guégan, *Géopolitique du sport. Une autre explication du monde*, Paris, Bréal, 2022 [2e édition].

et biélorusse comme jamais depuis la Seconde Guerre mondiale et la guerre en ex-Yougoslavie. Tout en appelant à donner une « chance à la paix », Thomas Bach, le président du Comité international olympique, reconnaît que « l'invasion marque un tournant dans l'histoire de l'humanité et crée également des défis sans précédent pour le Mouvement olympique ». Avec la guerre en Ukraine, la gouvernance du sport connaît une rupture historique : les instances du sport doivent se repenser, en assumant leur rôle géopolitique. Au risque du dilemme. C'est le « piège de Coubertin », cette contradiction originelle entre la volonté de faire la paix par le sport en l'apolitisant, et son usage caché comme instrument de puissance.

Faudra-t-il en revenir à la situation antérieure, et à un apolitisme de confort après la guerre ? Ou doit-on, au contraire, en profiter pour conditionner le sport au respect de critères éthiques et environnementaux exigeants ? En d'autres termes, doit-on refonder la gouvernance du sport ou continuer à regarder ailleurs ? Les Jeux de Paris 2024 constituent le bon horizon de réponse.

Paris 2024 : une opportunité

Pier Paolo Pasolini avait raison : « Le sport est un phénomène de civilisation tellement important qu'il ne devrait être ni ignoré ni négligé par la classe dirigeante et les intellectuels. » Du fiasco de la dernière finale de la Ligue des Champions à Saint-Denis jusqu'à Paris 2024, tout nous montre qu'il reste beaucoup à faire.

Paris 2024 sonne comme une opportunité géopolitique pour la France. Une prise de conscience nationale reste pourtant nécessaire. Dans notre politique étrangère et le narratif que l'État offre au monde et aux Français, le sport doit avoir un rôle moteur, animé par un engagement de tous les acteurs. Ce n'est pas encore le cas, en dépit d'avancées notables.

Le sport doit être considéré comme un levier au service d'une politique nationale, et non simplement comme un divertissement ou un secteur économique. Ignorer la capacité du sport à jouer sur notre poids mondial et nos représentations à l'étranger, c'est ne pas comprendre la manière dont fonctionne le monde. En 2024, les JO de Paris concentreront tous les regards sur notre pays. C'est une chance historique. Le *sport power* à la française doit devenir une réalité et un quotidien, pas une incantation. Au regard de sa géopolitisation, le sport doit être pensé en France comme un secteur stratégique à investir, défendre et développer. Il ne faut pas voir le sport tel qu'on voudrait qu'il soit, mais tel qu'il est. La géopolitique du sport est une réalité. Ne pas la penser et la maîtriser, c'est la subir sans en profiter.

J.-B. G.

Pour en savoir plus

- L. Aubin et J.-B. Guégan, *Atlas géopolitique du sport*, Paris, Autrement, 2022 [à paraître].
- J.-P. Augustin et P.Gillon, *Les Jeux du monde. Géopolitique de la flamme olympique*, Paris, Armand Colin, 2021.
- J.-B. Guégan, *Géopolitique du sport. Une autre explication du monde*, Paris, Bréal, 2022 [2e édition].

Partie 4

Repères

» Chronologie 2021-2022 318
» Le monde en chiffres 335
» Le monde en cartes 352

LA GUERRE RUSSIE-UKRAINE

JUILLET 2021

12 : Vladimir Poutine publie un article pseudo-historique niant l'existence de l'État ukrainien.

DÉCEMBRE

3 : Un document déclassifié transmis par le renseignement américain au *Washington Post* fait état d'un projet d'invasion de l'Ukraine par la Russie et de l'accroissement des mouvements militaires des forces russes à proximité de la frontière ukrainienne.

7 : Lors d'un échange téléphonique avec le président Joe Biden, Vladimir Poutine demande à son homologue américain des garanties légales selon lesquelles l'Ukraine ne rejoindra pas l'Organisation du traité de l'Atlantique nord (OTAN).

17 : La Russie publie ses deux projets de traités pour les États-Unis et l'OTAN, exigeant que l'OTAN ne déploie pas d'armes supplémentaires sur les territoires européens de l'Est et qu'elle n'intègre ni l'Ukraine ni la Géorgie.

JANVIER 2022

24 : Face au déploiement de plusieurs navires de guerre russes en mer Baltique et à la présence de plus de 100 000 soldats russes le long de la frontière ukrainienne, les dirigeants de l'OTAN décident d'envoyer des renforts militaires dans les pays d'Europe centrale membres de l'Alliance (Bulgarie, Roumanie, Lituanie).

26 : Les États-Unis et l'OTAN annoncent officiellement leur refus d'accéder aux demandes présentées par la Russie au sujet de l'élargissement de l'OTAN.

FÉVRIER

21 : La Fédération de Russie reconnaît de manière unilatérale l'indépendance des territoires séparatistes de Donetsk et de Lougansk, autoproclamées Républiques populaires de Donetsk et de Lougansk en 2014. Dans la nuit, des convois militaires russes y font des incursions.

22 : L'Union européenne (UE) annonce un premier « paquet » de sanctions en réaction à la décision russe de reconnaître l'indépendance des territoires séparatistes de Donetsk et de Lougansk. L'Allemagne annonce suspendre la mise en service du gazoduc Nord Stream 2.

24 : La Russie lance une « opération militaire spéciale » des forces russes en Ukraine, officiellement justifiée par le souci de « dénazifier » le pays. Loin de se limiter aux régions séparatistes de l'est de l'Ukraine, des explosions frappent plusieurs villes ukrainiennes, dont la capitale Kiev.

25 : L'UE annonce un deuxième « paquet » de sanctions contre la Russie, incluant entre autres le gel des avoirs de Vladimir Poutine et de membres du Parlement et du gouvernement russes.

28 : La Turquie annonce la fermeture des détroits du Bosphore et des Dardanelles aux bâtiments de guerre russes pour empêcher leur accès à la mer Noire, en vertu de la convention de Montreux.

MARS

2 : La ville stratégique de Kherson tombe aux mains des forces armées russes. L'UE annonce un troisième « paquet » de sanctions contre la Russie, interdisant entre autres le survol de l'espace aérien européen par les compagnies russes, et excluant les banques russes du système SWIFT.

4 : De nouvelles lois criminalisant la « dissémination de fausses informations sur l'armée russe » et punissant de lourdes amendes la « discréditation de l'armée russe » entrent en vigueur en Russie.

10 : Négociations trilatérales entre les chefs de la diplomatie turc, russe et ukrainien en marge du Forum d'Antalya.

15 : L'UE annonce un quatrième « paquet » de sanctions contre la Russie, touchant les secteurs de l'énergie, de la défense, de la métallurgie et du luxe.

16-17 : La Russie est officiellement exclue du Conseil de l'Europe par le Comité des ministres du Conseil, qui décide également de suspendre toute relation avec la Biélorussie en raison de son soutien actif à la Russie dans l'invasion de l'Ukraine.

25 : Après une ultime tentative de s'emparer de la capitale ukrainienne, les forces armées russes échouent et subissent des contre-attaques ukrainiennes autour de la ville. Le ministère de la Défense russe annonce que les principales tâches de la première étape de « l'opération militaire spéciale » sont achevées, soulignant que l'armée russe va désormais concentrer ses efforts sur l'objectif principal : la « libération du Donbass ». Une pause opérationnelle russe débute alors et dure jusqu'au 18 avril.

31 : Vladimir Poutine signe un décret pour imposer le paiement en roubles du gaz russe pour les « pays inamicaux ».

AVRIL

1er : Les médias publient les premières photos des massacres dans la ville ukrainienne de Boutcha, juste après le retrait des forces russes.

8 : L'UE annonce un cinquième « paquet » de sanctions contre la Russie, interdisant les transactions commerciales et bancaires avec les entreprises publiques ou stratégiques russes, ainsi que toute forme d'investissement dans le secteur énergétique. Le général d'armée Alexandre Dvornikov, ancien commandant des troupes en Syrie, est nommé à la tête des opérations militaires en Ukraine.

14 : Le navire *Moskva* coule en mer Noire après avoir été touché par des missiles ukrainiens.

26 : Série d'explosions en Transnistrie, territoire séparatiste pro-russe situé en République de Moldavie, faisant redouter une extension de la guerre ukrainienne vers la Moldavie.

27 : La compagnie gazière russe Gazprom suspend ses livraisons à la Bulgarie et à la Pologne pour des raisons officiellement liées à des retards de paiement. La Finlande, le Danemark, les Pays-Bas et la France suivront en mai et en juin. L'Allemagne, l'Autriche et l'Italie verront leurs approvisionnements réduits par Gazprom.

MAI

4 : Le ministère de la Défense russe déclare avoir pris le contrôle de la ville de Marioupol, après un siège de près de deux mois.

18 : La Suède et la Finlande font officiellement acte de candidature à l'OTAN.

20 : Le ministre de la Défense russe annonce la prise de contrôle complète de la cité portuaire de Marioupol, après trois mois de combats et la destruction d'environ 90 % de la ville.

30 : Le Conseil européen intègre le pétrole et les produits raffinés russes dans le sixième « paquet » de sanctions adopté contre Moscou en représailles à son invasion de l'Ukraine.

31 : Le Conseil européen parvient à un accord partiel pour interdire l'essentiel des importations de pétrole russe en Europe. Après d'âpres négociations, seules la Hongrie, la Slovaquie et la République tchèque bénéficieront d'exemptions.

JUIN

3 : Volodymyr Zelensky affirme qu'après 100 jours de guerre, la Russie contrôle environ 20 % du territoire ukrainien.

6 : Le secrétaire d'État américain Antony Blinken accuse la Russie de piller des céréales ukrainiennes pour les vendre à son propre profit.

17 : La Lituanie interdit aux marchandises russes visées par des sanctions de l'UE de transiter par son territoire vers l'exclave russe de Kaliningrad. La Commission européenne clarifie la position de l'UE le 13 juillet sur ce point ambigu de l'application des sanctions, en autorisant le transit ferroviaire entre Kaliningrad et le reste de la Russie.

20 : Le chef de la diplomatie européenne, Josep Borrell, qualifie le blocus des ports ukrainiens par la Russie de « crime de guerre ». La France appelle la Russie à cesser de jouer avec la faim dans le monde.

23 : Le Conseil de l'UE octroie à l'Ukraine et à la Moldavie le statut de candidat à l'adhésion à l'UE.

25 : Le maire de Sievierodonetsk annonce que la ville est entièrement tombée aux mains des forces russes, après plusieurs semaines de bombardements.

28 : La Turquie donne son accord pour l'adhésion de la Suède et de la Finlande à l'OTAN, après des négociations sur les combattants kurdes du PKK réfugiés dans les deux pays et sur la levée de l'embargo suédois sur les exportations turques.

29 : Les chefs d'État et de gouvernement des pays membres de l'OTAN lancent officiellement le processus d'adhésion de la Suède et de la Finlande.

JUILLET

3 : Le ministre de la Défense russe, Sergueï Choïgou, déclare que les forces armées russes ont entièrement « libéré » la République populaire de Lougansk.

4-5 : Une conférence internationale sur la reconstruction de l'Ukraine se tient à Lugano (Suisse). Elle conditionne l'aide financière à la mise en œuvre de réformes destinées à lutter contre la corruption endémique du pays.

13 : Un accord préliminaire a été trouvé entre la Russie, l'Ukraine, l'ONU et la Turquie pour reprendre les exportations de céréales ukrainiennes.

14 : La Corée du Nord a officiellement reconnu l'indépendance des deux régions séparatistes ukrainiennes, autoproclamées République populaire de Donetsk et République populaire de Lougansk. C'est le troisième pays, après la Russie et la Syrie, à reconnaître l'indépendence des deux territoires.

EUROPE

JUILLET 2021

23 – Bosnie-Herzégovine : Le Haut-représentant pour la Bosnie-Herzégovine Valentin Inzko amende le Code criminel bosniaque pour interdire la négation des génocides et la glorification des crimes de guerre, suscitant la colère des autorités de la région semi-autonome serbe rattachée à la Fédération de Bosnie-Herzégovine.

AOÛT

11 – Pologne : Les députés polonais votent une loi interdisant la diffusion télévisée de médias possédés par des entités extérieures à l'espace économique européen, remettant en cause la diffusion de chaînes aussi bien russes qu'américaines.

SEPTEMBRE

26 – Allemagne : Les élections fédérales donnent la victoire au parti social-démocrate (SPD) d'Olaf Scholz (25,7 %), avec une très courte avance sur le parti chrétien-démocrate CDU-CSU d'Armin Laschet (24,1 %). Le SPD doit toutefois former un gouvernement de coalition en s'appuyant sur les libéraux et les écologistes.

26 – Suisse : Par référendum, les Suisses se prononcent pour une légalisation du mariage homosexuel, qui doit entrer en vigueur en juillet 2022.

13 – Norvège : Les élections parlementaires donnent la victoire à une coalition regroupant le parti travailliste et le parti centriste, mettant un terme au mandat de la Première ministre conservatrice Erna Solberg.

OCTOBRE

5 – Roumanie : Le gouvernement libéral de Florin Cîțu est renversé par une motion de censure déposée par les parlementaires, critiques de l'inaction du gouvernement face au Covid-19.

8 – Balkans : Milorad Dodik, leader de la communauté serbe de Bosnie et l'un des trois membres de la présidence tripartite de Bosnie, menace de reconstituer les forces armées de la région semi-autonome serbe rattachée à la Fédération de Bosnie-Herzégovine, démantelées en 1995 par les accords de Dayton.

14 – UE : Le Parlement européen lance une action contre la Commission européenne pour inaction dans l'application du mécanisme de conditionnalité en matière d'état de droit, procédure destinée à obliger les gouvernements de pays comme la Hongrie ou la Pologne à respecter les valeurs et libertés fondamentales de l'UE.

25 – Pologne : Le ministre de la Défense polonais annonce doubler le volume des troupes postées le long de la frontière biélorusse, en réponse à l'afflux massif de réfugiés venus d'Irak, de Syrie et d'Afghanistan organisé par le gouvernement biélorusse.

NOVEMBRE

21 – Bulgarie : Le second tour des élections présidentielle et législatives donne la victoire au président sortant Roumen Radev, après une campagne centrée sur la lutte contre la corruption.

25 – Roumanie : Le nouveau gouvernement de coalition droite-gauche mené par le général réserviste Nicolae Ciucă prend ses fonctions.

26 – France/Italie : La France et l'Italie signent le traité du Quirinal, prévoyant une coopération bilatérale renforcée dans tous les domaines, après plusieurs années de tensions liées aux partis anti-système ou d'extrême droite au pouvoir en Italie.

DÉCEMBRE

5 – République tchèque : Petr Fiala est nommé Premier ministre, à la tête d'un gouvernement de coalition rassemblant divers partis de tendance conservatrice et libérale.

8 – Allemagne : Angela Merkel, chancelière allemande de 2005 à 2021, transmet le pouvoir au chancelier Olaf Scholz, à la tête d'une coalition rassemblant sociaux-démocrates, Verts et libéraux.

JANVIER 2022

1er – France : Pour la première fois depuis 14 ans, la France prend la présidence du Conseil européen pour une durée de six mois.

18 – UE : Une semaine après le décès de David Sassoli, le Parlement européen élit Roberta Metsola, femme politique maltaise appartenant au Parti populaire européen.

30 – Italie : Le président sortant Sergio Mattarella est réélu au suffrage indirect pour un second mandat de 7 ans.

FÉVRIER

22 – Allemagne : Les autorités allemandes annoncent la suspension du processus de mise en route du pipeline Nord Stream 2 provenant de Russie, initialement prévue à l'été 2022.

27 – Allemagne : Discours d'Olaf Scholz au Bundestag, actant le *Zeitenwende*.

MARS

2 – UE/Russie : L'interdiction de diffuser les médias russes RT et Sputnik entre en vigueur dans l'ensemble des pays de l'UE, ainsi que l'exclusion de sept banques russes du système bancaire SWIFT.

10-11 – UE : Sommet de Versailles dans le cadre de la présidence française du Conseil européen.

21 – UE : Le Conseil de l'UE fait franchir un pas décisif à la construction d'une Europe de la défense avec la signature de la « Boussole stratégique pour la sécurité et la défense, pour une UE qui protège ses citoyens, ses valeurs et ses intérêts et contribue à la paix et à la sécurité internationale » qui dotera l'UE, d'ici à 2030, d'une vision géopolitique et de capacités militaires renforcées.

AVRIL

3 – Hongrie : Les élections parlementaires donnent la majorité au parti Fidesz, offrant à Viktor Orbán un quatrième mandat consécutif comme Premier ministre.

3 – Serbie : Les élections présidentielle et parlementaires anticipées donnent la victoire au président sortant Aleksandar Vučić et renouvellent la majorité parlementaire du Parti progressiste serbe (PPS).

27 – UE : La Commission européenne lance une procédure inédite de mise en demeure contre la Hongrie, destinée à suspendre le versement de fonds européens à un pays où sont constatées des violations répétées de l'état de droit et de la liberté d'expression depuis plusieurs années.

24 – France : Le président Emmanuel Macron est réélu au second tour avec 58,5 % des voix face à Marine Le Pen.

MAI

18 – OTAN : La Suède et la Finlande déposent officiellement leur demande d'adhésion à l'OTAN, à laquelle la Turquie s'oppose en raison de l'asile octroyé par les deux pays à plusieurs combattants kurdes.

JUIN

1er – UE : La compagnie gazière russe Gazprom cesse ses livraisons de gaz aux compagnies danoise Ørsted et allemande Shell.

1er – Danemark : Les Danois ont décidé par référendum de donner leur accord (67 % pour le oui) pour que leur pays rejoigne la Politique de sécurité et de défense commune (PSDC) de l'UE.

23-24 – UE/Ukraine : Le Conseil européen, qui rassemble les chefs d'État et de gouvernement de l'UE, octroie à la Moldavie et à l'Ukraine le statut de candidat à l'adhésion à l'UE.

24 – Bulgarie : Deux jours après avoir renversé le gouvernement de Kiril Petkov par une motion de censure, le Parlement bulgare vote et approuve la levée du véto de la Bulgarie à l'adhésion de la Macédoine du Nord à l'UE.

29-30 – OTAN : Les dirigeants des pays de l'OTAN se réunissent à Madrid et adoptent un nouveau « concept stratégique ».

JUILLET

1er – UE : La République tchèque prend la présidence du Conseil européen.

5 – OTAN : Les trente pays membres de l'OTAN lancent le processus de ratification pour les adhésions de la Suède et de la Finlande.

7 – Royaume-Uni : Après de longs mois de scandales et plusieurs démissions du gouvernement, Boris Johnson annonce sa démission comme chef du Parti conservateur.

AMÉRIQUES

JUILLET 2021

11-17 – Cuba : En réaction aux pénuries de nourriture et de médicaments, des milliers de manifestants protestent contre la politique sanitaire et économique du gouvernement, dont la répression donne lieu à des centaines d'arrestations et d'inculpations de manifestants pour « sédition ».

28 – Pérou : Pedro Castillo, ancien enseignant et syndicaliste au programme politique marqué à gauche, prend ses fonctions de président après sa victoire à l'élection de juin.

AOÛT

5 – Venezuela : Dans un contexte d'hyperinflation aggravée par les sanctions américaines, le gouvernement vénézuélien annonce la dévaluation de la monnaie nationale, le bolivar, de 100 000 % au 1er octobre 2021.

14 – Haïti : Un puissant séisme de magnitude 7,2 sur l'échelle de Richter fait plus de 1 900 morts et 9 900 blessés en Haïti.

SEPTEMBRE

7 – Salvador : Le Salvador adopte le *bitcoin* comme monnaie officielle, en plus du dollar américain que le pays a adopté 20 ans plus tôt.

OCTOBRE

20 – Brésil : Une commission d'enquête parlementaire du Sénat brésilien présente un rapport sur la gestion du Covid-19 par le président Jair Bolsonaro et demande son inculpation pour plusieurs crimes, dont crime contre l'humanité et génocide des populations indigènes.

24 – Colombie : Les autorités colombiennes arrêtent le plus grand narcotrafiquant d'Amérique latine, Dairo Antonio Usuga, également appelé Otoniel, à la tête du Clan del Golfo. Il sera extradé quelques mois plus tard vers les États-Unis pour y être jugé.

NOVEMBRE

7 – Nicaragua : Au pouvoir depuis 2007, le président Daniel Ortega est réélu pour un quatrième mandat consécutif avec 75,9 % des voix, après avoir fait arrêter sept de ses concurrents durant la campagne présidentielle.

29 – Honduras : L'élection présidentielle connaît un record inédit de participation (plus de 63 %) et donne la victoire à la candidate d'opposition Xiomara Castro, du parti de gauche Liberté et refondation.

30 – Barbade : Monarchie constitutionnelle indépendante du Royaume-Uni depuis 1966, l'île de la Barbade célèbre son détachement de la couronne britannique et devient officiellement une République.

DÉCEMBRE

19 – Chili : L'élection présidentielle donne la victoire à Gabriel Boric, co-fondateur du mouvement politique écologiste, féministe et progressiste Convergence sociale.

JANVIER 2022

21 – Pérou : Le gouvernement déclare un état d'urgence environnementale d'une durée de 90 jours en raison de la marée noire touchant les côtes péruviennes, provoquée par le naufrage d'un tanker au large de Lima le 15 janvier.

FÉVRIER

21 – Colombie : La Cour constitutionnelle fait passer la durée légale de l'avortement de 12 à 24 semaines, quel que soit le motif, alors que la loi n'autorisait jusque-là aux Colombiennes d'avorter qu'en cas de viol ou de danger pour la mère et le fœtus.

MARS

5 – Venezuela : Pour la première fois depuis les années 1990, une délégation américaine de haut niveau rencontre dans le plus grand secret les autorités vénézuéliennes. Il s'agit selon les experts de discuter de la libération de prisonniers américains et du soutien du Venezuela à la Russie, dans le cadre de la guerre en Ukraine et de la flambée des prix de l'énergie.

26 – Salvador : Face à la violence armée des gangs et à la recrudescence des homicides dans le pays (62 homicides pour le seul 26 mars), le gouvernement décrète l'état d'urgence et lance une vaste opération policière contre les groupes armés, notamment contre le gang transnational Mara Salvatrucha (MS-13).

AVRIL

2 – Costa Rica : L'ancien cadre de la Banque mondiale Rodrigo Chaves est élu président avec 52,9 % des suffrages.

MAI

7 – Brésil : Lula, ancien président (2003-2010), lance officiellement sa candidature pour l'élection présidentielle prévue en octobre 2022.

30 – Canada : Le Premier ministre Justin Trudeau annonce un projet de loi destiné à interdire l'importation et la vente d'armes au Canada, en réponse à la recrudescence des fusillades aux États-Unis voisins.

JUIN

6 – République dominicaine : Orlando Jorge Mera, ministre de l'Environnement et des ressources naturelles, est abattu dans son bureau par un ami d'enfance mécontent des normes environnementales imposées à son projet.

6-10 – États-Unis : Le Sommet des Amériques se tient à Los Angeles et fait l'objet de nombreuses critiques à l'égard des États-Unis en raison de l'exclusion préalable de Cuba, du Venezuela et du Nicaragua. Il se conclut par l'adoption d'une déclaration conjointe de 20 pays signataires, destinée à harmoniser la lutte contre l'immigration clandestine.

19 – Colombie : L'élection présidentielle donne la victoire à Gustavo Petro, candidat de gauche et ancien membre de la guérilla M-19, face à l'homme d'affaires multimillionnaire colombien Rodolfo Hernández.

24 – États-Unis : Dans un arrêt historique, la Cour suprême américaine annule l'arrêt Roe *vs* Wade qui garantissait depuis 1973 le droit à l'avortement comme droit fédéral.

MONDE RUSSE

AOÛT 2021

2 – Arménie : Victorieux des élections parlementaires anticipées organisées en juin en réponse aux manifestations contre sa gestion des négociations dans le Haut-Karabagh, Nikol Pachinian est réélu par le Parlement arménien pour reprendre ses fonctions de Premier ministre.

SEPTEMBRE

1 – États-Unis/Ukraine : Le président Joe Biden rencontre pour la première fois Volodymyr Zelensky et confirme son soutien contre les « agressions russes ».

10-16 – Russie/Biélorussie : Exercices militaires russo-biélorusse *Zapad* (Ouest).

17-19 – Russie : Les élections législatives donnent la victoire au parti présidentiel de Vladimir Poutine, Russie unie, avec une abstention estimée à près de 48,2 %.

OCTOBRE

1er – Géorgie : Mikheil Saakachvili, ancien président de 2004 à 2011 et principale figure d'opposition au gouvernement actuel, est arrêté le jour de son retour en Géorgie, après huit ans passés principalement en Ukraine comme gouverneur d'Odessa.

24 – Ouzbékistan : Critiquée pour l'absence d'une réelle opposition, l'élection présidentielle offre au président Chavkat Mirzioïev un second mandat, avec près de 80 % de suffrages.

26 – Ukraine : L'armée ukrainienne utilise pour la première fois les drones armés turcs *Bayraktar* commandés le mois précédent sur des cibles pro-russes dans le Donbass.

NOVEMBRE

Tout au long du mois – Ukraine/Russie : Déploiements massifs des forces armées russes aux frontières de l'Ukraine.

8 – Biélorussie : Début de l'instrumentalisation par Minsk et Moscou de milliers de migrants extra-européens à la frontière polono-biélorusse.

10 – UE/Biélorussie : L'UE accuse Alexandre Loukachenko d'avoir nourri une crise migratoire à la frontière polono-biélorusse.

28 – Kirghizistan : Huit mois après l'élection de Sadyr Japarov et la présidentialisation du régime par référendum constitutionnel, les élections législatives anticipées sont marquées par une importante abstention, avec une participation de seulement 34 %.

DÉCEMBRE

17 – Ukraine/Russie : Dans un contexte de tensions croissantes avec Kiev, la Russie présente un ultimatum aux États-Unis dont les clauses prévoient l'arrêt de l'élargissement et de l'activité militaire de l'OTAN en Europe orientale et dans les pays de l'ex-URSS. Selon cet ultimatum, l'OTAN doit se retirer aux positions du 27 mai 1997, soit deux ans avant l'intégration officielle de la Hongrie, de la Pologne et de la République tchèque dans l'Alliance.

JANVIER 2022

2 – Kazakhstan : Des milliers de manifestants protestent contre l'augmentation des prix du carburant. La répression des autorités kazakhes, qui sollicitent l'aide de la Russie par l'intermédiaire de l'Organisation du Traité de sécurité collective (OTSC), fait plus de 230 morts parmi les manifestants.

FÉVRIER

10-20 – Russie/Biélorussie : Exercices militaires russo-biélorusse *Soûznaâ rešimost* (Détermination de l'Union).

24 – Ukraine : Après plusieurs mois de tensions croissantes et l'échec de plusieurs négociations avec les États-Unis et l'Europe, la Russie lance son « opération militaire spéciale » en Ukraine. Le gouvernement ukrainien instaure la loi martiale en réponse à l'invasion.

24 – Moldavie : Voisine de l'Ukraine, la Moldavie proclame l'état d'urgence en réaction au lancement de l'opération des forces armées russes en Ukraine.

MARS

2 – Russie : Première résolution adoptée par l'Assemblée générale de l'ONU exigeant le retrait immédiat des troupes russes d'Ukraine.

12 – Turkménistan : L'élection présidentielle donne la victoire à Serdar Berdymoukhamedov, fils du président Gurbanguly Berdymoukhamedov, au pouvoir depuis 2006.

22 – Russie : Alexeï Navalny, opposant russe ayant dénoncé la corruption du pouvoir et victime d'une tentative d'empoisonnement en 2020, est condamné à neuf ans de prison supplémentaires pour escroquerie et outrage à magistrat.

24 – Russie : Nouvelle résolution adoptée par l'Assemblée générale de l'ONU exigeant le retrait immédiat des troupes russes d'Ukraine.

24 – Arménie/Azerbaïdjan : Regain de tensions au Haut-Karabagh.

AVRIL

7 – Russie : La Fédération de Russie est exclue du Conseil des droits de l'homme de l'ONU.

17 – Arménie : Dans le contexte des négociations entre l'Arménie et l'Azerbaïdjan sur le Haut-Karabagh, des manifestants se rassemblent quotidiennement pour réclamer la démission du Premier ministre Nikol Pachinian.

26 – Moldavie : Plusieurs explosions contre des bâtiments administratifs ont lieu autour de Tiraspol, principale ville du territoire séparatiste pro-russe de Transnistrie, faisant craindre une extension du front ukrainien à la Moldavie.

MAI

8 – Ossétie du Sud : Alan Gagloïev est élu président avec 56,08 % des voix au second tour. Il suspend dans la foulée la promesse de son prédécesseur de tenir un référendum sur le rattachement à la Russie.

10-11 – Kazakhstan : En visite d'État à Ankara, le président Tokaïev signe avec son homologue turc un traité de partenariat stratégique, prévoyant l'implantation au Kazakhstan d'une ligne de production de drones turcs *ANKA*.

18 – Biélorussie : Le président signe le décret élargissant la peine de mort aux inculpations pour « terrorisme » et pour « tentatives d'actions terroristes ».

22 – Tadjikistan : Les forces de sécurité du régime de Douchanbé abattent Mamadbokir Mamadbokirov, *leader* de la région autonome du Haut-Badakhchan en proie à une poussée contestataire contre le pouvoir central depuis la fin de l'année 2021.

24 – Moldavie : L'ancien président Igor Dodon est arrêté et placé en détention provisoire pour suspicion de corruption, de trahison et de financement illicite de son parti pro-russe.

24 – Haut-Karabagh : Deux jours après la rencontre des chefs d'État d'Arménie et d'Azerbaïdjan avec Charles Michel à Bruxelles, les délégations arménienne et azerbaïdjanaise se rencontrent à la frontière pour négocier le tracé des frontières du Haut-Karabagh.

JUIN

5 – Kazakhstan : Approuvé par une large majorité (77 % des voix), un référendum constitutionnel entraîne la suppression du statut spécial de « Père de la nation » (*Elbassy*) que s'était attribué en 2019 l'ancien président Noursoultan Nazarbaïev, au cours de ses trente années passées au pouvoir.

20 – Géorgie : Plus de 100 000 personnes manifestent dans les rues de Tbilissi pour soutenir la candidature de la Géorgie à l'adhésion à l'UE, refusée quelques jours plus tôt par la Commission européenne en l'absence de réformes en faveur de l'état de droit.

JUILLET

1er – Ouzbékistan : Protestations massives dans la République autonome du Karakalpakistan, dont le pouvoir central veut révoquer le statut d'autonomie par amendement constitutionnel.

5 – Kazakhstan : La Russie suspend pour un mois le Caspian Pipeline Consortium (CPC), par lequel le Kazakhstan exporte la majeure partie de son pétrole. Cette décision fait suite au nouveau refus du président Tokaïev de reconnaître les Républiques autoproclamées de Donetsk et de Lougansk, à l'occasion du Forum économique international de Saint-Pétersbourg, le 17 juin 2022.

14 – Russie : Moscou légifère pour permettre au gouvernement d'introduire des « mesures économiques spéciales », qui prévoient l'augmentation du temps de travail et l'impossibilité, pour les entreprises, de refuser une commande de l'État. Le président russe Vladimir Poutine signe plus d'une centaine de lois dont un texte sur les « Agents de l'étranger » qui permet de déclarer comme tel toute personne jugée « sous influence étrangère ».

ASIE-PACIFIQUE

JUILLET 2021

23 juillet-8 août – Japon : Après avoir été repoussés d'un an en raison de la pandémie, les Jeux olympiques se tiennent à Tokyo en l'absence de spectateurs étrangers.

AOÛT

1er – Birmanie : Le général Min Aung Hlaing, responsable du coup d'État de février 2021, s'autoproclame Premier ministre du gouvernement provisoire et annonce la tenue d'élections d'ici à 2023.

18 – Nouvelle-Zélande : Le gouvernement ordonne un reconfinement national sur l'archipel après la découverte d'un cas de Covid-19 pour la première fois depuis six mois.

20 – Malaisie : Dans un contexte de mécontentement social face à la gestion du Covid-19, Ismail Sabri Yaakob est nommé Premier ministre par le roi. Sa nomination marque le retour au pouvoir du parti Organisation nationale des Malais unis (UMNO), entaché par des affaires de corruption en 2018.

SEPTEMBRE

15 – Indo-Pacifique : L'Australie annonce annuler son contrat de sous-marins conventionnels français au profit d'un partenariat stratégique avec les États-Unis et le Royaume-Uni nommé AUKUS, comprenant le transfert de sous-marins à propulsion nucléaire.

15 – Philippines : Les juges de la Cour pénale internationale (CPI) ouvrent une enquête sur les milliers de meurtres commis lors de la guerre antidrogue menée par le gouvernement philippin de 2011 à 2019.

OCTOBRE

2 – Philippines : Le président philippin Rodrigo Duterte annonce qu'il ne présentera pas sa candidature à la vice-présidence du pays en 2022 et qu'il se retirera de la vie politique.

4 – Taïwan : 56 avions militaires chinois pénètrent dans la zone d'identification et de défense aérienne de Taïwan.

31 – Japon : Les élections législatives donnent la majorité au parti au pouvoir, le Parti libéral-démocrate (PLD), dont le Premier ministre Fumio Kishida a pris ses fonctions le 4 octobre.

NOVEMBRE

2 – Chine : Sur le réseau social Weibo, la tenniswoman Peng Shuai accuse de viol l'ancien haut responsable chinois Zhang Gaoli puis disparaît. Elle réapparaît peu avant les Jeux olympiques de Pékin en février 2022, niant sa disparition comme ses accusations.

DÉCEMBRE

3 – Chine/Lituanie : La Chine suspend toutes les importations en provenance de la Lituanie en représailles à l'ouverture d'un bureau de représentation taïwanais à Vilnius. Cette nouvelle dégradation de la relation bilatérale affecte également la relation entre la Chine et l'UE qui déposera un recours contre Pékin auprès de l'Organisation mondiale du commerce (OMC) le 27 janvier suivant.

6 – Birmanie : Aung San Suu Kyi, dont le gouvernement élu démocratiquement a été renversé en février 2021, est condamnée à deux ans de réclusion pour troubles publics et violation des règles sanitaires liées au Covid-19 par une cour sous influence de la junte militaire au pouvoir.

19 – Hong Kong : Le scrutin relatif au renouvellement du Conseil législatif se tient pour la première fois depuis les manifestations pro-démocratiques massives de 2019 contre l'ingérence de Pékin dans la vie politique de la cité. L'élection fait l'objet d'un boycott massif de l'opposition et d'une abstention historique de 70 %.

JANVIER 2022

1er : Le Partenariat régional économique global (RCEP) entre en vigueur. Cet accord commercial réunit 10 pays d'Asie (Chine incluse) et constitue le plus grand accord de libre-échange au monde.

FÉVRIER

1er – Myanmar : À l'occasion du premier anniversaire du coup d'État militaire, les opposants au nouveau régime suivent la « grève du silence » par peur de la répression politique, en désertant les rues et en fermant boutique.

4 – Chine/Russie : Vladimir Poutine et Xi Jinping tiennent un sommet à Pékin à l'issue duquel ils publient une déclaration conjointe portant sur leur vision de l'ordre international.

4-20 – Chine : Les XXIVe Jeux olympiques d'hiver se tiennent à Pékin.

MARS

9 – Corée du Sud : L'élection présidentielle donne la victoire de justesse au candidat de l'opposition Yoon Seok-youl, à la tête du parti conservateur Pouvoir au peuple.

AVRIL

10 – Pakistan : Le Premier ministre Imran Khan est démis de ses fonctions au profit de Shahbaz Sharif, frère de l'ancien Premier ministre tombé en disgrâce Nawaz Sharif.

12 – Sri Lanka : Le gouvernement se déclare en défaut de paiement sur sa dette extérieure de 51 milliards de dollars, alors que l'aggravation de la crise économique dans le pays donne lieu à d'importantes manifestations contre le président Gotabaya Rajapaksa.

27 – Birmanie : L'ex-dirigeante et Prix Nobel de la paix Aung San Suu Kyi est condamnée à une peine de cinq ans de prison supplémentaires, s'ajoutant à une première condamnation à six ans de détention pour crimes de corruption.

MAI

8 – Hong Kong : John Lee Ka-chiu, seul candidat, est élu chef de l'exécutif de Hong Kong avec 99 % des suffrages. Policier et ancien chef de la sécurité de Hong Kong il est connu pour avoir géré d'une main de fer les manifestations pro-démocratiques de 2019.

12 – Sri Lanka : Ranil Wickremesinghe prend ses fonctions de nouveau Premier ministre dans un contexte de manifestations populaires contre une crise économique sans précédent.

13 – Inde : L'Inde interdit l'exportation de son blé à l'étranger, sauf exception pour les pays en besoin.

21 – Australie : Les élections fédérales donnent la victoire à l'opposition, le Parti travailliste d'Anthony Albanese, face au gouvernement de coalition mené par le conservateur Scott Morrison.

20-24 : À l'occasion de sa première tournée en Asie, le président américain Joe Biden rencontre le dirigeant sud-coréen ainsi que les dirigeants japonais, australien et indien du Quad, alliance sécuritaire revitalisée dans le contexte des tensions croissantes avec la Chine.

JUIN

8 – Chine/Cambodge : La Chine participe à l'inauguration du vaste chantier de modernisation de la seule base navale cambodgienne à Ream, confirmant ainsi une coopération stratégique redoutée par les experts américains depuis trois ans.

10 – Inde : Des manifestations massives ont lieu dans tout le pays pour protester contre les propos anti-musulmans d'une responsable du Parti indien du peuple (BJP), parti nationaliste hindou au pouvoir, sur la femme du prophète Mahomet. Les pays du golfe Persique font également pression sur le gouvernement de Modi, connu pour son hostilité envers la communauté musulmane du pays.

17 – Chine : Mise à l'eau du troisième porte-avions chinois, le deuxième entièrement construit en Chine. Baptisé *Fujian* du nom de la province faisant face à Taïwan, il entrera au service actif dans les années à venir.

30 – Philippines : La cérémonie d'investiture du 17e président des Philippines marque l'arrivée au pouvoir de Ferdinand Marcos Junior, fils de l'ancien dictateur. Plus tôt dans le mois a été investie comme vice-présidente Sara Duterte, fille du président sortant Rodrigo Duterte.

JUILLET

9 – Japon : Shinzo Abe, ancien Premier ministre du Japon (2006-2007, puis 2012-2020) est assassiné alors qu'il prononce un discours pour la campagne électorale de son parti dans une gare de Nara, dans l'ouest du Japon.

9 – Sri Lanka : Après plusieurs jours de manifestations réclamant la démission du gouvernement, des centaines de manifestants prennent d'assaut le palais présidentiel de Gotabaya Rajapaksa qui annonce sa démission.

AFRIQUE

JUILLET 2021

23 – Sierra Leone : L'Assemblée nationale vote l'abolition de la peine de mort.

AOÛT

12 – Zambie : L'élection présidentielle donne la victoire dès le premier tour à Hakainde Hichilema, opposant au président sortant Edgar Lungu, dont le mandat a été marqué par une inflation croissante et un fort endettement auprès de la Chine.

24 – Tchad : Hissène Habré, ancien président, décède des suites du Covid-19 au Sénégal, où il avait été condamné en 2016 à la prison à perpétuité pour crimes contre l'humanité, crimes de guerre et actes de torture.

SEPTEMBRE

5 – Guinée Conakry : Un commando d'élite de l'armée guinéenne mène un coup d'État contre le président Alpha Condé, arrêté et retenu captif par les putschistes.

16 – Sahel : La France annonce avoir tué Abou Walid al-Sahraoui, chef de l'État islamique au Grand Sahara (EIGS), l'une des cibles prioritaires des partenaires du G5-Sahel et de l'opération Barkhane.

OCTOBRE

2 – Algérie : L'Algérie rappelle son ambassadeur en France et interdit le survol de son espace aérien aux avions militaires français, en réponse aux propos du président français sur la guerre d'Algérie et la « rente mémorielle » qu'elle constituerait pour les autorités politico-militaires algériennes.

25 – Soudan : Un coup d'État mené par des militaires renverse le gouvernement de transition du Premier ministre civil Abdallah Hamdok et donne lieu à l'arrestation des civils composant le gouvernement.

NOVEMBRE

2 – Éthiopie : Le gouvernement éthiopien décrète l'état d'urgence en réponse à l'avancée des forces rebelles du Tigré vers la capitale Addis-Abeba.

16 – Ouganda : L'État islamique revendique l'organisation d'attentats-suicides à Kampala, alors que le gouvernement ougandais attribuait l'attaque aux milices des Forces démocratiques alliées (ADF).

19-26 – Opération Barkhane : Des centaines de manifestants bloquent au Burkina Faso l'avancée d'un convoi militaire français se rendant au Niger.

26 – République centrafricaine (RCA) : Les autorités centrafricaines annoncent l'introduction de la langue russe comme langue obligatoire dans les universités à partir de la rentrée 2022-2023, démontrant l'intensification de la coopération bilatérale par-delà le champ sécuritaire avec la présence du groupe paramilitaire russe Wagner depuis 2018.

DÉCEMBRE

14 – Opération Barkhane : L'armée française achève son départ de la ville de Tombouctou, dans le nord du Mali, plus de huit ans après le début de l'intervention française contre les groupes terroristes actifs dans la région.

21 – Éthiopie : Les forces du Front de libération du peuple du Tigré (FLPT) annoncent leur retrait des provinces d'Amhara et d'Afar, dans le nord de l'Éthiopie.

23 – Mali : Environ 500 mercenaires russes du groupe paramilitaire privé Wagner arrivent au Mali.

JANVIER 2022

6 – Corne de l'Afrique : Le ministre chinois des Affaires étrangères Wang Yi annonce lors d'une visite au Kenya que la Chine va nommer un envoyé spécial pour la Corne de l'Afrique qui sera chargé d'organiser une conférence pour la paix dans la région.

9 – Mali : La Communauté économique des États de l'Afrique de l'Ouest (Cedeao) annonce la suspension de ses échanges commerciaux et la fermeture de ses frontières avec le Mali afin de faire pression sur la junte militaire au pouvoir.

23-24 – Burkina Faso : Un coup d'État militaire renverse le président Roch Marc Christian Kaboré au profit du lieutenant-colonel Paul-Henri Damiba, qui justifie son geste par la dégradation de la situation sécuritaire et les menaces djihadistes pesant sur le pays.

FÉVRIER

1er – Guinée-Bissau : Une tentative de coup d'État contre le gouvernement d'Umaro Sissoco Embalo est déjouée et attribuée par les autorités bissau-guinéennes à des trafiquants de drogue.

15 – Éthiopie : Le gouvernement lève l'état d'urgence décrété trois mois plus tôt en réponse à l'avancée des rebelles du Tigré vers Addis-Abeba.

MARS

17 – Tanzanie : Décès du président John Pombe Magufuli. La vice-présidente Zanzibari Samia Suluhu devient la première présidente de la République tanzanienne.

28-29 – République démocratique du Congo (RDC) : Le groupe armé rebelle M23 mène une offensive contre les forces armées congolaises (FARDC) dans la province du Nord-Kivu, près de neuf ans après la signature d'un accord de paix entre le M23 et le gouvernement congolais. Ce dernier accuse le Rwanda voisin de soutenir les rebelles.

AVRIL

14 – Rwanda : Le Royaume-Uni signe un accord avec Kigali pour envoyer des demandeurs d'asile au Rwanda.

27 – RCA : La République centrafricaine adopte le bitcoin comme monnaie officielle du pays, en plus du franc CFA.

MAI

3 – Somalie : Des combattants du groupe terroriste Al-Shabaab attaquent une base militaire de l'Union africaine (UA) en Somalie, faisant plus de 30 morts et 22 blessés.

15 – G5-Sahel : La junte militaire au pouvoir au Mali annonce son retrait du G5-Sahel, alliance militaire régionale lancée sous l'impulsion de la France en décembre 2014 pour combattre les groupes djihadistes au Sahel.

15 – Somalie : Hassan Cheikh Mohamoud sort vainqueur de l'élection présidentielle face au président sortant Mohamed Abdullahi Mohamed, dit Farmajo.

JUIN

3 – UA : Le président du Sénégal et président actuel de l'UA Macky Sall rencontre Vladimir Poutine dans sa résidence à Sotchi, en Russie, afin de discuter des sanctions européennes affectant les échanges agroalimentaires et menaçant de crise alimentaire plusieurs pays d'Afrique.

7-12 – RDC : Le roi des Belges effectue une première visite historique en RDC, ou il présente ses regrets pour les exactions commises lors de la colonisation belge.

15 – Sénégal : La coalition d'opposition Yewwi Askan Wi est invalidée par le Conseil constitutionnel pour les élections législatives de juillet 2022, ce qui entraîne des manifestations.

25 – Commonwealth : Anciennes colonies françaises, le Togo et le Gabon sont officiellement admis dans le Commonwealth.

27 – Soudan/Éthiopie : Le Soudan accuse l'armée éthiopienne d'avoir exécuté sept de ses soldats et un civil soudanais, et rappelle son ambassadeur en Éthiopie. Les deux pays sont en conflit depuis des années au sujet du tracé de la frontière dans la région de Gedaref.

29 – Mali : Le Conseil de sécurité de l'ONU prolonge d'un an le mandat de la mission de paix au Mali (MINUSMA), sans soutien aérien français, conformément aux volontés de la junte militaire au pouvoir au Mali, hostile à la présence militaire française dans le pays.

JUILLET

3 – Communauté économique des États de l'Afrique de l'Ouest (CEDEAO) : Six mois après la mise en place de sanctions contre la junte militaire au pouvoir au Mali, les chefs d'État de la CEDEAO annoncent la levée immédiate de l'embargo sur les échanges commerciaux avec le Mali et la réouverture des frontières.

7 – Burkina Faso : Après huit ans d'exil en Côte d'Ivoire voisine, l'ancien président burkinabé Blaise Compaoré se rend à Ouagadougou pour participer à une rencontre d'ex-chefs d'État afin d'accélérer la réconciliation nationale et la lutte contre le djihadisme.

8 – Angola : Décès de l'ancien président José Edouardo Dos Santos.

MOYEN-ORIENT, MONDE ARABE

JUILLET 2021

15 – Liban : Le Premier ministre par intérim Saad Hariri annonce sa démission après neuf mois de tractations avec les autres partis communautaires pour former un gouvernement.

25 – Tunisie : Le président Kaïs Saïed limoge le Premier ministre et annonce la suspension des activités du Parlement, dominé majoritairement par les membres du parti islamiste Ennahdha.

AOÛT

5 – Iran : Victorieux de l'élection présidentielle de juin, l'ultraconservateur Ebrahim Raïssi prend ses fonctions après avoir reçu l'intronisation de l'ayatollah Ali Khamenei.

15 – Afghanistan : 25 ans après leur première prise du pouvoir, les talibans s'emparent de la ville de Kaboul, et le président Ashraf Ghani fuit à l'étranger.

24 – Algérie/Maroc : L'Algérie annonce la rupture de ses relations diplomatiques avec le Maroc, après plusieurs mois de tensions bilatérales au sujet du Sahara occidental, de la Kabylie et de la normalisation des liens diplomatiques entre le Maroc et Israël.

26 – Afghanistan : En pleine évacuation des troupes de l'OTAN et d'Afghans, des membres du groupe terroriste État islamique (EI) organisent un attentat à l'aéroport de Kaboul, faisant plus de 169 morts parmi les Afghans, et 13 dans les rangs militaires américains.

SEPTEMBRE

17 – Algérie : Décès de l'ex-président algérien Abdelaziz Bouteflika, au pouvoir de 1999 à 2019. Aucun deuil national n'est annoncé par les autorités algériennes, en raison de la disgrâce dans laquelle est tombé le système politique de Bouteflika avec le mouvement de protestation sociale du *Hirak*.

21 – Maroc/Sahara occidental : Le Tribunal de l'UE rend deux décisions reconnaissant la capacité à agir en justice du Front Polisario en tant que « représentant du peuple sahraoui », et rendant obligatoire pour les institutions européennes de consulter et négocier avec le Front Polisario tout accord politico-commercial.

29 – Tunisie : Le président Kaïs Saïed nomme Najla Bouden Romdhane à la tête du gouvernement, première femme à occuper la fonction de Premier ministre en Tunisie. Sa nomination est toutefois vidée de son sens par les mesures exceptionnelles adoptées par Kaïs Saïed pour suspendre le Parlement et l'application de certains chapitres clés de la Constitution.

OCTOBRE

10 – Irak : Les élections législatives anticipées promises dans le sillage des manifestations d'octobre 2019 confirment la prépondérance politique du Mouvement sadriste, organisé autour du grand imam chiite irakien Moqtada al-Sadr.

14 – Liban : Des manifestations organisées par le Hezbollah et le mouvement Amal contre le juge Tarek Bitar, chargé de l'investigation sur les responsables de l'explosion survenue le 4 août 2020 au port de Beyrouth, se soldent par des violences intercommunautaires et la mort de six manifestants.

NOVEMBRE

24 – Israël/Maroc : Un an après la normalisation des relations bilatérales, la monarchie marocaine et le gouvernement israélien signent un accord de coopération militaire portant sur l'achat d'un système de défense aérien israélien.

DÉCEMBRE

22 – Libye : L'Autorité électorale libyenne annonce le report de l'élection présidentielle prévue le 24 décembre 2021, en raison de désaccords entre groupes politiques et parlementaires rivaux sur le processus électoral.

JANVIER 2022

17 – Guerre au Yémen : Les rebelles houthis lancent leur première attaque sur le territoire des Émirats arabes unis (EAU), prenant pour cible des infrastructures pétrolières et aéroportuaires de la capitale émiratie, Abou Dhabi. Les EAU soutiennent activement les forces pro-gouvernementales yéménites depuis le début du conflit en 2015.

JANVIER

20 – État islamique : Des djihadistes de l'État islamique mènent un assaut contre la prison de Ghwayran, au nord de la Syrie, sous contrôle des forces kurdes. Six jours de combats entraînent la mort de plus de 332 personnes et la libération de dizaines de djihadistes.

FÉVRIER

1er – Iran : Des milliers d'enseignants iraniens sont en grève nationale, en protestation contre les salaires trop bas et la lenteur des réformes des pensions de retraite.

3 – État islamique : Le chef de l'État islamique et sa famille sont tués par une frappe américaine dans le nord de la Syrie.

MARS

9 – Israël/Turquie : Le Premier ministre israélien Herzog est en visite officielle en Turquie, après une décennie de relations marquées par des tensions autour du conflit israélo-palestinien et des ressources gazières de Méditerranée orientale.

19 – EAU : Première visite du président syrien Bachar al-Assad dans un pays arabe depuis 2011, alors que certains États se montrent de plus en plus favorables à la réintégration de la Syrie au sein de la Ligue arabe.

26 – Guerre au Yémen : Une série d'attaques menées par les rebelles houthis au Yémen contre les infrastructures saoudiennes entraînent un gigantesque incendie sur un site de la compagnie pétrolière saoudienne Aramco à Djeddah.

30 – Tunisie : Huit mois après avoir suspendu ses activités, le président Kaïs Saïed annonce la dissolution définitive du Parlement.

AVRIL

5 – Guerre au Yémen : Une trêve de deux mois entre rebelles houthistes et forces pro-gouvernementales entre en vigueur dans un pays dévasté par près de huit ans de guerre soutenue par les puissances du Golfe.

16 – Israël/EAU : Un an et demi après les accords d'Abraham sur la normalisation des relations diplomatiques, Israël et les EAU concluent un accord de libre-échange portant sur 95 % des biens échangés bilatéralement.

18 – Turquie/Irak : La Turquie annonce le lancement d'une nouvelle offensive terrestre et aérienne dans le nord de l'Irak contre les combattants de l'organisation terroriste kurde du Parti des travailleurs du Kurdistan (PKK).

25 – Turquie : L'homme d'affaires et mécène Osman Kavala est condamné à la réclusion à perpétuité pour tentative de renversement du gouvernement lors des manifestations de Gezi en 2013. La décision des juges turcs s'inscrit à rebours du jugement rendu par la Cour européenne des droits de l'homme en 2019, qui avait exigé sa libération immédiate.

MAI

7 – Afghanistan : Le gouvernement taliban ordonne par décret aux femmes de porter le tchadri (voile intégral) dans l'espace public.

11 – Palestine : La journaliste palestinienne d'Al-Jazeera Shireen Abu Akleh est tuée d'une balle dans la tête alors qu'elle couvrait une opération israélienne dans la ville de Jénine, en Cisjordanie.

15 – Liban : Élections législatives qui voient le courant du 8 mars (Hezbollah, Amal et leurs alliés chrétiens) perdre la majorité absolue au profit de 13 candidats issus de la contestation de 2019.

26 – Turquie/Syrie : Le Conseil de sécurité nationale de Turquie avalise une nouvelle offensive des forces armées turques au nord-ouest de la Syrie, destinée à prolonger la « zone de sécurité » ébauchée deux ans plus tôt. Si la date de lancement n'est pas communiquée, il s'agit en l'occurrence de reprendre le contrôle de Kobané, aux mains des forces kurdes depuis 2014.

30 – Nucléaire iranien : Israël accuse l'Iran d'avoir volé des documents confidentiels de l'Agence internationale de l'énergie atomique (AIEA) pour éviter les inspections liées à son programme nucléaire.

JUIN

7 – Algérie : Saïd Bouteflika, frère du défunt président Abdelaziz Bouteflika, est condamné à huit ans de prison ferme pour des faits de corruption commis sous la présidence de son frère (1999-2019).

20 – Israël : Le Premier ministre israélien Naftali Bennett annonce la dissolution du Parlement et la convocation d'élections anticipées, pour la cinquième fois en trois ans.

22 – Arabie Saoudite/Turquie : Le prince héritier saoudien Mohammed ben Salmane (MBS) se rend en visite officielle en Turquie, trois ans et demi après le meurtre du journaliste saoudien Jamal Khashoggi dans le consulat saoudien d'Istanbul.

JUILLET

8 – Syrie : La Russie oppose son véto à la résolution du Conseil de sécurité de l'ONU destinée à maintenir le corridor humanitaire approvisionnant les populations du nord-ouest de la Syrie. La fermeture du checkpoint de Bab al-Hawa, dernier checkpoint où l'assistance des Nations unies était autorisée à passer, expose 4 millions de Syriens à une crise humanitaire aggravée.

12 – Syrie : Le Conseil de sécurité de l'ONU vote finalement la résolution pour maintenir le corridor humanitaire vers la Syrie pour une durée de six mois, et non d'un an, en raison des blocages de la Russie.

MONDE

JUILLET 2021

18 : Un consortium de seize médias internationaux, dont *Le Monde*, publie une enquête sur l'utilisation du logiciel espion israélien Pegasus par une dizaine de gouvernements afin de surveiller des milliers de journalistes, avocats, militants, hommes d'affaires et responsables politiques dans le monde.

AOÛT

9 : Le Groupe d'experts intergouvernementaux sur l'évolution du climat (GIEC) publie le premier volume de son 6e rapport d'évaluation depuis sa création en 1988 et met en garde contre l'accélération du réchauffement climatique au-delà du seuil préconisé de 1,5 °C d'ici 2030.

31 – Afghanistan : Les États-Unis et leurs partenaires de l'OTAN achèvent leur retrait d'Afghanistan, mettant un terme à près de vingt ans d'intervention militaire dans le pays.

SEPTEMBRE

15 – AUKUS : L'Australie, les États-Unis et le Royaume-Uni annoncent la formation d'une nouvelle alliance stratégique baptisée AUKUS, destinée à répondre aux menaces expansionnistes de la Chine dans l'Indo-Pacifique.

OCTOBRE

30 – G20 : Avec un agenda centré autour du Covid-19, du changement climatique et de la reprise économique, le 16e sommet du G20 se tient à Rome.

31 – COP26 : Sans représentant russe ni chinois, la COP26 se tient à Glasgow avec l'objectif de remobiliser les grandes puissances économiques mondiales autour de leurs engagements en matière de réduction des émissions de CO_2.

NOVEMBRE

15 : Les présidents Joe Biden et Xi Jinping se rencontrent dans un sommet virtuel, notamment pour discuter de la sécurité de Taïwan, de *dumping* économique et commercial et des violations des droits de l'homme commises par la Chine dans plusieurs de ses régions (Xinjiang, Tibet, Hong Kong...).

25 : Un nouveau variant du Covid-19 dénommé Omicron est découvert en Afrique du Sud et se propage rapidement dans le reste du monde.

29 : Cinq mois après une première suspension, les négociations reprennent entre l'Iran et le P5+1 sur le retour au JCPoA, accord de 2015 régulant le programme nucléaire iranien.

DÉCEMBRE

25 – Russie : 30e anniversaire de la fin de l'URSS.

JANVIER 2022

27 – UE/Chine : L'Union européenne saisit l'OMC contre les restrictions imposées par la Chine sur les importations et les exportations de la Lituanie, qui a annoncé durant l'été 2021 vouloir ouvrir un bureau de représentation diplomatique à Taïwan.

MARS

2 – ONU : L'Assemblée générale des Nations unies adopte une résolution exigeant le retrait des forces russes hors d'Ukraine après un vote favorable de 141 États membres, 5 votes défavorables et l'abstention de 35 pays, dont l'Inde et la Chine.

14 – Chine/États-Unis : En dépit de relations bilatérales tendues, le conseiller américain à la Sécurité nationale Jack Sullivan et le chef de la diplomatie chinoise Yang Jiechi se rencontrent à Rome pour évoquer la situation en Ukraine.

AVRIL

Climat : Une sécheresse hors norme depuis près de 40 ans menace de famine des millions de personnes en Afrique.

7 : L'Assemblée générale des Nations unies suspend la Russie de son siège au Conseil des droits de l'homme pour ses atteintes aux droits de l'homme et au droit international humanitaire en Ukraine, après un vote de 93 voix favorables, 58 absentions et 24 voix défavorables.

18 – États-Unis : La vice-présidente Kamala Harris annonce que le pays renonce à la conduite de tests de missiles antisatellites à ascension directe, faute d'accord-cadre international.

25 – États-Unis : Le multimilliardaire Elon Musk annonce racheter le réseau social Twitter.

MAI

22-26 : Après deux ans d'interruption en raison de la pandémie de Covid-19, le Forum économique mondial se tient à Davos sans représentants russes ni chinois.

24 – OMS : L'Éthiopien Tedros Adhanom Ghebreyesus est réélu pour un second mandat de cinq ans à la direction de l'Organisation mondiale de la santé (OMS).

JUIN

13 – ONU : Michelle Bachelet, Haute-Commissaire aux droits de l'homme de l'ONU annonce ne pas se présenter pour un second mandat, quelques semaines après la polémique lancée au sujet de sa visite dans la région autonome ouïghoure du Xinjiang en Chine.

17 : Le ministère de l'Intérieur britannique approuve la demande d'extradition de Julian Assange, fondateur de Wikileaks, vers les États-Unis, où il risque une peine d'emprisonnement à perpétuité pour avoir rendu publics des documents classés secret-défense au sujet des opérations militaires américaines à l'étranger.

23 : Le 14e sommet des BRICS (Brésil, Russie, Inde, Chine et Afrique du Sud) se réunit en ligne. À l'agenda des discussions figure notamment la possible ouverture à de nouveaux membres – Argentine, Nigeria, Kenya et Indonésie.

25-28 : Le sommet du G7 se réunit à Elmau, en Allemagne, pour discuter des grands enjeux internationaux, en particulier de la situation en Ukraine et de la hausse des prix de l'énergie et de l'alimentation.

Le monde en chiffres

Démographie/Développement humain

Population 2022 : nombre total d'habitants, en milliers
Source : Nations unies, Département des affaires économiques et sociales, *World Population Prospects: The 2022 Revision*, 2022

Taux de fécondité : nombre moyen d'enfants par femme, en 2020
Source : Banque mondiale, *World Development Indicators*, 2022

Espérance de vie : espérance de vie à la naissance, en années, en 2019
Source : Programme des Nations unies pour le développement, *Rapport sur le développement humain 2020*, 2020

Urbanisation : population vivant dans les zones urbaines en % de la population totale, en 2021
Source : Banque mondiale, *World Development Indicators*, 2022

Économie

Alphabétisation : population sachant lire et écrire en % de la population totale de 15 ans et plus, en 2020 (estimations de l'UIS)
Source : UNESCO, *Institute for Statistics*, 2021

RNB total : revenu national brut, en milliards de dollars de parité de pouvoir d'achat, en 2021
(RNB = PNB + flux nets de revenu primaire de non résidents)

RNB par habitant : revenu national brut par habitant, en dollars de parité de pouvoir d'achat, en 2021
Source : Banque mondiale, *World Development Indicators*, 2022

Croissance du PIB : taux de croissance annuel moyen du produit intérieur brut, en %, en 2021

Taux de chômage : taux de chômage en % de la population active, en 2021

Inflation : indice des prix à la consommation, croissance annuelle moyenne, en %, en 2021

Taux d'épargne national en % du PIB, en 2021
Source : Fonds monétaire international, *World Economic Outlook*, 2022

Politique/Sécurité

Démocratie : indice de démocratie (0-10), en 2021
Démocratie à part entière (8-10), démocratie imparfaite (6-7,9), régime hybride démocratique/autoritaire (4-5,9), régime autoritaire (<4,00)
Source : Economist Intelligence Unit, *Democracy Index*, 2022

Liberté de la presse (0-100), en 2022
Situation bonne (85-100), situation plutôt bonne (70-85), situation problématique (55-70), situation difficile (40-55), situation très grave (0-40)
Source : Reporters sans frontières, *Classement mondial de la liberté de la presse 2022*, 2022

Stabilité de l'État : indice des États fragiles, 0-120, en 2022
Situation d'alerte (>90), situation préoccupante (60-89,9), stabilité (30-59,9), grande stabilité (<30)
Source : The Fund for Peace, *Fragile States Index 2022*, 2022

Corruption : indice de perception de la corruption (0-100), en 2021
État considéré comme très corrompu (0), État considéré comme non corrompu (100)
Source : Transparency International, *Corruption Perceptions Index 2021*, 2022

Budget de défense : proportion du budget de défense dans le PIB national, en %, en 2021
Source : Stockholm International Peace Research Institute, *SIPRI Military Expenditure Database 1945-2021*, 2022

Europe

Europe

Pays	Démographie/Développement humain				Économie			
	Population 2022	Taux de fécondité	Espérance de vie	Urbanisation	Alphabétisation	RNB total PPA	RNB par habitant	Croissance du PIB
Albanie	2 848	1,6	78,6	63	98,14***	43,4	15 430	-3,48*
Allemagne	83 427	1,5	81,3	78	n/d	4 961	59 680	2,79
Autriche	8 930	1,4	81,5	59	n/d	522,8	58 370	4,48
Belgique	11 641	1,6	81,6	98	n/d	689	59 460	-5,66*
Bosnie-Herzégovine	3 246	1,2	77,4	49	n/d	54,5	16 690	-3,12*
Bulgarie	6 834	1,6	75,1	76	n/d	179,4	26 000	4,18
Chypre	1 247	1,3	81	67	n/d	35,5	39 410	5,51
Croatie	4 041	1,5	78,5	58	n/d	132,2	33 900	-8,1*
Danemark	5 868	1,7	80,9	88	n/d	390,8	66 720	4,13
Espagne	47 576	1,2	83,6	81	98,59	1 939,7	40 980	5,13
Estonie	1 328	1,6	78,8	69	n/d	55,3	41 570	8,35
Finlande	5 538	1,4	81,9	86	n/d	310	55 940	-2,3*
France	64 561	1,8	82,7	81	n/d	3 499,8	51 850	6,98
Grèce	10 410	1,3	82,2	80	97,94***	335	27 830	8,34
Hongrie	9 689	1,6	76,9	72	n/d	346	35 640	7,12
Irlande	5 006	1,6	82,3	64	n/d	399,5	79 450	13,48
Islande	372	1,7	83	94	n/d	20,8	55 920	-7,07*
Italie	59 119	1,2	83,5	71	99,16***	2 745,8	46 490	-9,03*
Kosovo	1 658	2,0	n/d	n/d	n/d	23,5	13 010	-5,34*
Lettonie	1 861	1,6	75,3	68	99,89***	63,6	33 790	4,67
Lituanie	2 769	1,5	75,9	68	n/d	115,3	41 250	4,94
Luxembourg	644	1,4	82,3	92	n/d	52,5*	83.230*	-1,78

* Données pour 2020
** Données pour 2019
*** Données pour 2018
**** Prévisions

Économie			Politique/Sécurité				
Taux de chômage	Inflation	Taux d'épargne national	Démocratie	Liberté de la presse	Stabilité de l'État	Corruption	Budget de défense
11,68*	1,62*	14,07*	6,11	56,41	56,7	35	1,4
3,52	3,21	30,08	8,67	82,04	23,6	80	1,3
6,17	2,75	26,98	8,07	76,74	25,4	74	0,8
5,73*	3,22	25	7,51	78,86	31,9	73	1,1
15,9*	-1,05*	18,9*	5,04	65,64	73	35	0,9
5,30	2,84	17,52	6,64	59,12	51,6	42	1,6
7,58*	2,25	9,42	7,43	65,97	56,9	53	2
9*	0,11*	23,8*	6,5	70,42	49,3	47	2,7
5,08	1,94	31,56	9,09	90,27	18,1	88	1,4
14,79	3,09	22,44	7,94	76,71	44,4	61	1,4
6,18	4,49	29,39	7,84	88,83	37,7	74	2,2
7,76*	0,38*	25,32*	9,27	88,42	15,1	88	2
7,85	2,06	24,06	7,99	78,53	30,9	71	1,9
15	0,57	11,43	7,56	55,52	55,8	49	3,9
4,12*	5,12	29,34	6,5	59,8	50,8	43	1,6
6,25	2,41	38,15	9	88,3	20,8	74	0,3
6,43*	2,85*	22,18*	9,18	82,69	17,1	74	n/a
9,54	-0,15*	21,45*	7,68	68,16	43,4	56	1,5
25,95*	3,31	26,43*	n/d	67	n/d	39	0,9
7,56	3,24	24,44	7,31	79,17	42,8	59	2,3
7,12	4,63	21,95	7,18	84,14	38,6	61	2
6,36*	0,01*	22,18*	8,68	79,81	20	81	0,6

Europe

Europe

	Démographie/Développement humain				Économie			
Pays	Population 2022	Taux de fécondité	Espérance de vie	Urbanisation	Alphabétisation	RNB total PPA	RNB par habitant	Croissance du PIB
Macédoine du Nord	2 099	1,3	75,8	59	98,36	35,2	17 060	3,96
Malte	532	1,1	82,5	95	94,5***	23	44 550	9,41
Montenegro	628	1,8	76,9	68	98,85***	14,4	23 280	-15,3*
Norvège	5 414	1,5	82,4	83	n/d	448	82 840	3,92
Pays-Bas	17 537	1,6	82,3	93	n/d	1 111	63 360	5,04
Pologne	38 237	1,4	78,7	60	n/d	1 353,8	35 830	5,67
Portugal	10 282	1,4	82,1	67	96,14***	365,4	35 470	4,88
Roumanie	19 263	1,6	76,1	54	98,84***	665,5	34 820	-3.75*
Royaume-Uni	67 394	1,6	81,3	84	n/d	3 327	45 870	-9,27*
Serbie	7 262	1,5	76	57	99,48**	141,1	20 610	-0,95*
Slovaquie	5 439	1,6	77,5	54	n/d	176,7	32 450	-4,36*
Slovénie	2 120	1,6	81,3	55	n/d	90,7	43 060	8,12
Suède	10 518	1,7	82,8	88	n/d	636,3	61 090	4,80
Suisse	8 712	1,5	83,8	74	n/d	659,8	75 860	3,72
République tchèque	10 498	1,7	79,4	74	n/d	455,5	42 560	-5,8*

* Données pour 2020
** Données pour 2019
*** Données pour 2018
**** Prévisions

Économie			Politique/Sécurité				
Chômage	Inflation	Taux d'épargne national	Démocratie	Liberté de la presse	Stabilité de l'État	Corruption	Budget de défense
15,7	3,2	30,28	6,03	68,44	62,6	39	1,5
3,55	0,71	18,13	7,57	61,55	34,7	54	0,5
n/d	-0,24*	5*	6,02	66,54	57,9	46	1,7
4,41	3,48	40,57	9,75	92,65	15,6	85	1,8
4,23	2,83	30,66	8,88	77,93	22,1	82	1,4
3,2*	5,1	19,93	6,8	65,64	42,2	56	2,1
6,59	0,9	18,29	7,82	87,07	27,5	62	2,1
5,04*	2,65*	19,43*	6,43	68,46	50,8	45	2
4,53*	2,59	14,19*	8,1	78,71	40,6	78	2,2
10,09*	1,58*	20,08*	6,36	61,51	67,8	38	2,1
6,65*	2,83	18,96*	7,03	78,37	37,1	52	1,7
4,73	1,91	25,35	7,54	68,54	27,7	57	1,2
8,8	2,65	31,13	9,26	88,84	20,9	85	1,3
2,97	0,58	33,06	8,9	82,72	18,9	84	0,7
2,54*	3,84	29,49*	7,74	80,54	39,9	54	1,4

Russie/NEI

	Démographie/Développement humain				Économie			
Pays	Population 2022	Taux de fécondité	Espérance de vie	Urbanisation	Alphabétisation	RNB total PPA	RNB par habitant	Croissanc du PIB
Arménie	2 783	1,8	75,1	63	99,79	42,2	14 220	5,66
Azerbaïdjan	10 330	1,7	73	57	99,8**	156,8	15 460	5,62
Biélorussie	9 550	1,4	74,8	80	99,9**	194,9	20 870	-0,67*
Géorgie	3 753	2,0	73,8	60	99,56**	59,5	16 060	10,36
Kazakhstan	19 296	3,1	73,6	58	99,78***	474,5	24 970	-2,6*
Kirghizistan	6 578	3,0	71,5	37	99,59***	32,4	4 840	3,74
Moldavie	3 048	1,3	71,9	43	n/d	41,4	16 070	13,95
Ouzbékistan	34 353	2,9	71,7	50	99,99**	297,6	8 520	7,42
Russie	144 733	1,5	72,6	75	99,73***	4 668,8	32 000	4,70
Tadjikistan	9 857	3,5	71,1	28	n/d	50,5	5 180	4,39*
Turkménistan	6 387	2,7	68,2	53	n/d	92,7**	15.600**	2,95*
Ukraine	43 334	1,2	72,1	70	n/d	573,5	13 860	-3,8*

* Données pour 2020
** Données pour 2019
*** Données pour 2018
**** Prévisions

Économie			Politique/Sécurité				
Chômage	Inflation	Taux d'épargne national	Démocratie	Liberté de la presse	Stabilité de l'État	Corruption	Budget de défense
18,1*	7,2	14,18	5,49	68,97	67	49	4,4
5,95	6,66	31,84	2,68	39,4	73,1	30	5,3
4,08*	9,45	27,03*	2,41	39,62	68,7	41	1,2
20,3	9,57	12,14	5,12	59,3	71,8	55	1,7
4,88	8	24,97*	3,08	48,28	59,5	37	0,9*
6,61**	11,91	20,16	3,62	64,25	77,1	27	1,8*
3,83*	5,1	18,17	6,1	73,47	64,5	36	0,4
9,5	10,85	33,63	2,12	45,74	69,6	28	3,6***
4,83	6,69	29,34	3,24	38,82	72,6	29	4,1
n/d	8,71	20,84*	1,94	40,26	75	25	1*
n/d	7,58*	n/d	1,66	25,01	66,5	19	n/d
9,78	9,36	10,85*	5,57	55,76	68,6	32	3,2

Moyen-Orient/Maghreb

Moyen-Orient/Maghreb

	Démographie/Développement humain				Économie			
Pays	Population 2022	Taux de fécondité	Espérance de vie	Urbanisation	Alphabétisation	RNB total PPA	RNB par habitant	Croissance du PIB
Algérie	44 544	2,9	76,9	74	81,41***	524,1	11 750	-4,9*
Arabie Saoudite	36 137	2,2	75,1	85	97,59	1.660,5*	47.700*	3,24
Bahreïn	1 466	1,9	77,3	90	97,46	69,3*	40.730*	-4,94*
Égypte	110 133	3,2	72	43	n/d	1 345,7	12 910	3,33
Émirats arabes unis	9 403	1,4	78	87	97,56**	659,5*	66.680*	-6,14*
Irak	43 996	3,5	70,6	71	n/d	424,9	10 320	-15,7*
Iran	88 257	2,1	76,7	76	n/d	1.323,4*	15.760*	4,01
Israël	8 971	2,9	83	93	n/d	412,6	44 060	8,19
Jordanie	11 256	2,6	74,5	92	98,23***	111,9	10 900	-1,55*
Koweït	4 248	2,1	75,5	100	96,46	248,4**	59.040**	-8,85*
Liban	5 554	2,1	78,9	89	95,07***	70,2	10 360	-7,16**
Libye	6 775	2,2	72,9	81	n/d	163,9	23 550	-59,72*
Maroc	37 264	2,4	76,7	64	73,75***	304,3	8 020	2,48*
Oman	4 543	2,8	77,9	87	95,65***	147,3*	28.850*	-2,84*
Palestine, État de*****	5 190	3,5	74,1	77	97,51	36,3	7 370	-11,32*
Qatar	2 684	1,8	80,2	99	n/d	269,8	92 080	-3,56*
Syrie	21 590	2,7	72,7	56	n/d	n/d	n/d	n/d
Tunisie	12 309	2,2	76,7	70	n/d	134,5	11 270	-9,34*
Turquie	85 092	2,0	77,7	77	n/d	2 553,2	30 020	10,99
Yémen	33 322	3,6	66,1	39	n/d	n/d	n/d	-8,5*

* Données pour 2020
** Données pour 2019
*** Données pour 2018
**** Prévisions
***** Données pour Cisjordanie et Gaza

Économie			Politique/Sécurité				
Chômage	Inflation	Taux d'épargne national	Démocratie	Liberté de la presse	Stabilité de l'État	Corruption	Budget de défense
11,38**	2,42*	29,92*	3,77	45,53	72,2	33	5,6
6,65	3,06	32,09	2,08	33,71	67,5	53	6,6
6,6	-0,61	25,93*	2,52	30,97	66,6	42	3,6
7,29	4,5	7,65	2,93	30,23	83,6	33	1,3
n/d	0,19	28,07*	2,9	44,46	39,1	69	n/d
n/d	6,04	6,15*	3,51	28,59	93,8	23	2,3
9,81	40,13	42,88	1,95	23,22	84,1	25	2,3
4,96	1,49	27,39	7,97	56,62	42,6	59	5,2
22,7*	0,4*	10,8*	3,49	48,66	76,6	49	5
1,28*	3,4	28,44*	3,91	37,87	52,2	43	6,7
n/d	84,88*	-15,71**	3,84	46,58	91,3	24	3*
n/d	3,7	n/d	1,95	43,16	94,3	17	n/d
11,9****	0,62*	26,98*	5,04	45,42	70,1	39	4,2
n/d	1,55	6,98*	3	35,99	49,5	52	7,3
26,39	1,24	n/d	3,94	28,98	85,6	n/d	n/d
n/d	-2,72*	39,61*	3,65	49,03	42,3	63	4,8
n/d	n/d	n/d	1,43	28,94	108,4	13	n/d
17,4*	5,71	6,43*	5,99	58,49	68,2	44	2,8
11,96	19,6	30,08	4,35	41,25	78,1	38	2,1
n/d	23,1*	0,24*	1,95	29,14	111,7	16	n/d

Asie-Pacifique

Asie-Pacifique

	Démographie/Développement humain				Économie			
Pays	Population 2022	Taux de fécondité	Espérance de vie	Urbanisation	Alphabétisation	RNB total PPA	RNB par habitant	Croissance du PIB
Afghanistan	40 580	4,2	64,8	26	n/d	81,7*	2.100*	-2,35*
Australie	26 046	1,6	83,4	86	n/d	1 423	55 290	4,69
Bangladesh	170 298	2,0	72,6	39	74,91	1 157,7	6 960	3,51
Cambodge	16 681	2,5	69,8	25	n/d	75,2	4 430	-3,13*
Chine	1 425 925	1,7	76,9	63	96,84***	27 070,1	19 170	8,08
Corée du Nord	26 022	1,9	72,3	63	n/d	n/d	n/d	n/d
Corée du Sud	51 829	0,8	83	81	n/d	2 457,4	47 490	4,02
Hong Kong	7 489	0,9	84,9	100	n/d	524,1	70 700	6,42
Inde	1 412 320	2,2	69,7	35	74,37***	10 059,4	7 220	8,95
Indonésie	274 616	2,3	71,7	57	95,99	3 471,2	12 560	3,69
Japon	124 278	1,3	84,6	92	n/d	5 601,4	44 570	-4,5*
Laos	7 477	2,6	67,9	37	n/d	60,1	8 150	-0,44*
Malaisie	33 751	2,0	76,2	78	94,97**	941,7	28 730	3,13
Mongolie	3 373	2,8	69,9	69	99,18	36,9	11 090	1,42
Myanmar (Birmanie)	53 978	2,1	67,1	31	89,07**	231,8	4 230	3,19*
Népal	30 372	1,8	70,8	21	67,91***	127,1	4 280	-2,1*
Nouvelle-Zélande	5 164	1,6	82,3	87	n/d	232,8	45 440	5,63
Pakistan	233 524	3,4	67,3	37	57,99**	1 306	5 800	5,57
Philippines	114 666	2,5	71,2	48	96,28**	1 048,9	9 450	5,60
Singapour	5 956	1,1	83,6	100	97,48**	558,7	102 450	7,61
Sri Lanka	21 800	2,2	77	19	92,25**	305,4	13 790	-3,57*
Taïwan	23 878	n/d	n/d	n/d	n/d	n/d	n/d	6,28
Thaïlande	71 640	1,5	77,2	52	93,77***	1 296,4	18 530	-6,2*
Timor-oriental	1 332	3,9	69,5	32	68,07***	7,2	5 360	2,07**
Vietnam	97 842	2,0	75,4	38	95,75**	1 084,2	11 040	2,94*

* Données pour 2020 ** Données pour 2019 *** Données pour 2018 **** Prévisions

Économie			Politique/Sécurité				
Chômage	Inflation	Taux d'épargne national	Démocratie	Liberté de la presse	Stabilité de l'État	Corruption	Budget de défense
n/d	5,61*	27,62*	0,32	38,27	105,9	16	1,4*
5,1	2,82	26,42	8,9	73,77	22,7	73	2
n/d	5,56	28,67*	5,99	36,63	84,5	26	1,3
n/d	2,94*	13,32*	2,9	43,48	80,5	23	2,3
4,24*	0,85	43,46	2,21	25,17	66,9	45	1,7
n/d	n/d	n/d	1,08	13,92	89,1	16	n/d
3,68	2,5	36,73	8,16	72,11	32,7	62	2,8
5,83*	1,57	28,82	5,6	41,64	n/d	76	n/d
n/d	6,18	29,58	6,91	41	75,3	40	2,7
6,49	1,56	31,74	6,71	49,27	66,6	38	0,7
2,78*	-0,03*	28,37*	8,15	64,37	31	73	1,1
n/d	5,1*	n/d	1,77	36,64	75,5	30	n/d
4,53*	2,48	25,73	7,24	51,55	56,4	48	1,1
7*	7,11	32,15	6,42	59,17	51,6	35	0,7
n/d	3,64	28,9*	1,02	25,03	100	28	3,3
n/d	3,6	27,4*	4,41	62,67	80,6	33	1,3
3,78	3,94	18,74	9,37	83,54	17,5	88	1,4
6,9**	8,9	13,92	4,31	37,99	89,7	28	3,8
7,76	3,93	19,37	6,62	41,84	80,5	33	1
2,63	2,31	42,47	6,23	44,23	25,8	85	3
5,5*	5,96	24,04	6,14	42,13	79,3	37	1,9
3,95	1,82	43,41	8,99	74,08	n/d	68	1,7
2	1,23	27,9*	6,04	50,15	70	35	1,3
n/d	0,49*	n/d	7,06	81,89	79,3	41	1,1
3,3*	3,22*	36,49*	2,94	26,11	60,9	39	2,3***

Afrique subsaharienne

	Démographie/Développement humain				Économie			
Pays	Population 2022	Taux de fécondité	Espérance de vie	Urbanisation	Alphabétisation	RNB total PPA	RNB par habitant	Croissance du PIB
Afrique du Sud	59 647	2,4	64,1	68	95,02**	849,3	14 140	4,92
Angola	35 050	5,4	61,2	68	n/d	205,7	6 060	-5,55*
Bénin	13 174	4,7	61,8	49	42,36***	46,7	3 750	3,85*
Botswana	2 608	2,8	69,6	72	n/d	39,9	16 650	-8,73*
Burkina Faso	22 388	5,0	61,6	31	39,35***	50,2	2 330	1,93*
Burundi	12 716	5,2	61,6	14	n/d	9,7	800	1,84**
Cameroun	27 552	4,4	59,3	58	77,07***	108,5	3 990	0,53*
République Centrafricaine	5 500	4,6	53,3	43	37,4***	5,4	1 090	0,98***
Congo	5 903	4,3	64,6	68	80,3***	16,1	2 850	-0,43**
Congo (RDC)	97 414	5,7	60,7	46	n/d	108,5	1 170	1,74*
Côte d'Ivoire	27 810	4,5	57,8	52	89,89**	155,8	5 760	6,23**
Érythrée	3 653	3,9	66,3	n/d	76,57***	n/d	n/d	2,9***
Éthiopie	121 823	4,0	66,6	22	n/d	304,9	2 590	6,27
Gabon	2 365	3,9	66,5	90	84,67***	33,2	14 560	-1,86*
Gambie	2 673	5,1	62,1	63	n/d	5,9	2 370	-0,2*
Ghana	33 155	3,8	64,1	58	79,04***	191,1	6 020	6,51**
Guinée	13 695	4,6	61,6	37	39,62***	34,3	2 540	5,65**
Guinée-Bissau	2 083	4,3	58,3	45	n/d	4,2	2 060	3,75***
Kenya	53 500	3,4	66,7	29	81,53***	272,1	4 950	-0,32*
Libéria	5 246	4,2	64,1	53	n/d	7,6	1 460	4,22***

* Données pour 2020
** Données pour 2019
*** Données pour 2018
**** Prévisions

Économie			Politique/Sécurité				
Chômage	Inflation	Taux d'épargne national	Démocratie	Liberté de la presse	Stabilité de l'État	Corruption	Budget de défense
34,2	4,55	16,64	7,05	75,56	72	44	0,9
n/d	22,28*	26,27*	3,37	57,17	88,1	29	1,1
n/d	3,05*	23,89*	4,19	48,39	72,5	42	0,6
n/d	1,89*	23,83*	7,73	58,49	56,1	55	2,9
n/d	1,89*	23,51*	3,84	73,12	90,5	42	2,9
n/d	7,31*	7,72**	2,13	55,74	95,4	19	1,9
n/d	2,45*	13,51*	2,56	49,1	96	27	1
n/d	0,88*	5,1****	1,43	56,96	108,1	24	1,9
n/d	1,97	22,63**	2,79	58,64	92,2	21	2,9
n/d	11,36*	6,68*	1,4	47,66	107,3	19	0,6
n/d	4,16	17,35**	4,22	74,46	89,6	36	1,3
n/d	4,5****	21,48****	2,03	19,62	95,9	22	n/d
n/d	26,78	25,17	3,3	50,53	99,3	39	0,5
n/d	1,34*	25,61*	3,4	56	66,7	31	1,7
n/d	5,93*	16,85*	4,41	69,25	78,6	37	0,7
n/d	7,14**	16,66**	6,5	67,43	63	43	0,5
n/d	12,6	5,8**	2,28	59,82	99,6	25	1,5
n/d	1,46*	19,56****	2,75	58,79	91,3	21	1,8
n/d	6,12	15,35*	5,05	64,59	88,2	30	1,1
n/d	7,82	n/d	5,43	62,77	88,2	29	1

Afrique subsaharienne

	Démographie/Développement humain				Économie			
Pays	Population 2022	Taux de fécondité	Espérance de vie	Urbanisation	Alphabétisation	RNB total PPA	RNB par habitant	Croissance du PIB
Madagascar	29 260	4,0	67	39	76,68***	45,5	1 600	3,54****
Malawi	20 146	4,1	64,3	18	n/d	32	1 630	0,91*
Mali	22 249	5,7	59,3	45	30,76	49,5	2 370	4,77**
Maurice	1 299	1,4	75	41	91,33***	32,3	25 530	-14,9*
Mauritanie	4 674	4,4	64,9	56	n/d	26,4	5 530	-1,76*
Mozambique	32 518	4,7	60,9	38	n/d	42,3	1 310	-1,23*
Namibie	2 549	3,3	63,7	53	91,53***	25	9 650	-8,5*
Niger	25 720	6,7	62,4	17	35,05***	33,4	1 330	3,62*
Nigéria	215 928	5,2	54,7	53	62,02***	1 109,7	5 250	-1,79*
Ouganda	46 584	4,7	63,4	26	76,53***	111,1	2 360	-1,45*
Rwanda	13 618	3,9	69	18	73,22***	32,4	2 440	9,47**
Sénégal	17 097	4,5	67,9	49	n/d	63,4	3 690	4,61**
Sierra Leone	8 514	4,1	54,7	43	43,21***	14,3	1 750	-1,97*
Somalie	17 330	5,9	57,4	47	n/d	21,2	1 300	-0,35*
Soudan	46 261	4,3	65,3	36	60,7***	179,7	4 000	-2,5**
Soudan du Sud	10 830	4,5	57,9	21	34,52***	n/d	n/d	5,33****
Tanzanie	64 540	4,8	65,5	36	n/d	174,5	2 920	4,89
Tchad	17 449	5,6	54,2	24	n/d	26	1 540	-1,12****
Togo	8 747	4,2	61	43	66,54**	20,2	2 390	1,76*
Zambie	19 746	4,5	63,9	45	86,75***	62,4	3 300	-2,79*
Zimbabwe	16 153	3,5	61,5	32	n/d	56,5	3 740	-6,14**

* Données pour 2020
** Données pour 2019
*** Données pour 2018
**** Prévisions

Économie			Politique/Sécurité				
Chômage	Inflation	Taux d'épargne national	Démocratie	Liberté de la presse	Stabilité de l'État	Corruption	Budget de défense
n/d	5,82	11,19****	5,7	58,02	80,4	26	0,8
n/d	9,34	-6,22*	5,74	61,4	83	35	0,9
n/d	0,54*	15,08**	3,48	54,48	98,6	29	2,8
9,2*	2,52*	15,31*	8,08	66,07	37,9	54	0,2
n/d	2,26*	34,48*	4,03	58,1	87,9	28	2,4
n/d	5,69	30,22*	3,51	49,89	94,3	26	1,5
n/d	3,62	17,66*	6,52	81,84	62,9	49	3
n/d	2,9*	17,9*	3,22	67,8	95,2	31	1,8
n/d	13,25*	25,45*	4,11	46,79	97,2	24	1
n/d	2,21	18,46*	4,48	46,35	92,1	27	2,6
n/d	2,42**	11,3**	3,1	45,18	83,7	53	1,5
n/d	2,53*	24,05**	5,53	63,07	72,1	43	1,8
n/d	11,9	9,79*	4,97	71,03	82,4	34	0,6
n/d	4,62	n/d	n/d	44,01	110,5	13	n/d
28,33****	51**	-5,75**	2,47	40,96	107,1	20	1
n/d	51,19**	21,36****	n/d	47,06	108,4	11	2,4
n/d	3,69	33,07	5,1	48,28	78,2	39	1,1
n/d	-0,77	17,15****	1,67	56,18	105,7	20	2,8
n/d	4,32	22,14*	2,8	57,17	83,6	30	1,8
n/d	15,73*	44,33*	5,72	55,4	83,6	33	1,3
n/d	255,29**	n/d	2,92	44,94	97,8	23	0

Amériques

	Démographie/Développement humain				Économie			
Pays	Population 2022	Taux de fécondité	Espérance de vie	Urbanisation	Alphabétisation	RNB total PPA	RNB par habitant	Croissanc du PIB
Argentine	45 390	2,2	76,7	92	99***	1 060,4	23 150	-9,9*
Bolivie	12 149	2,7	71,5	71	n/d	104,1	8 800	-8,74*
Brésil	214 825	1,7	75,9	87	93,23***	3 328,1	15 550	-3,88*
Canada	38 291	1,4	82,4	82	n/d	1 977	51 690	4,56
Chili	19 592	1,6	80,2	88	n/d	526,7	27 410	11,69
Colombie	51 789	1,8	77.3	82	95,64	843,9	16 460	10,56
Costa Rica	5 167	1,7	80,3	81	97,86***	112	21 800	7,58
Cuba	11 221	1,6	78,8	77	n/d	n/d	n/d	n/d
République dominicaine	11 176	2,3	74,1	83	n/d	216,1	19 730	12,26
Équateur	17 905	2,4	77	64	93,63	205,4	11 480	4,24
États-Unis	337 499	1,6	78,9	83	n/d	23 393,1	70 480	5,68
Guatemala	17 723	2,8	74,3	52	80,81***	163,9	9 580	8,00
Haïti	11 516	2,8	64	58	n/d	36,1	3 130	-1,8
Honduras	10 355	2,4	75,3	59	88,51**	57,8	5 740	12,50
Jamaïque	2 829	2,0	74,5	57	n/d	28,9	9 720	-10,05*
Mexique	127 024	2,1	75,1	81	95,25	2 544,7	19 540	4,80
Nicaragua	6 899	2,3	74,5	59	n/d	40	5 960	-1,98*
Panama	4 379	2,4	78,5	69	95,74**	131	29 900	-17,95*
Paraguay	6 743	2,4	74,3	63	94,54	98,4	13 630	-0,82*
Pérou	33 912	2,2	76,7	79	94,5	430,3	12 900	13,30
Salvador	6 324	2,0	73,3	74	89,14**	59,5	9 120	-7,94*
Trinité-et-Tobago	1 529	1,7	73,5	53	n/d	36	25 670	-7,37*
Uruguay	3 423	2,0	77,9	96	98,77**	78,6	22 540	-6,12*
Venezuela	28 048	2,2	72,1	88	n/d	n/d	n/d	-1,5

* Données pour 2020 ** Données pour 2019 *** Données pour 2018
**** Prévisions

Économie			Politique/Sécurité				
Chômage	Inflation	Taux d'épargne national	Démocratie	Liberté de la presse	Stabilité de l'État	Corruption	Budget de défense
11,55*	48,41	18,77*	6,81	77,28	47,9	38	0,6
8,3*	0,94*	12,47*	4,65	47,58	73,4	30	1,5
13,78*	8,3	14,24*	6,86	55,36	73,9	38	1,4
7,43	3,4	23,75	8,87	81,74	20,1	74	1,3
8,86	4,52	18,71	7,92	60,61	43,2	67	2
13,71	3,5	14,06	6,48	42,43	78,4	39	3,4
13,68	1,73	16,36	8,07	85,92	41	58	n/d
n/d	n/d	n/d	2,59	27,32	60,1	46	2,9***
5,83*	3,78*	27,45	6,45	76,9	62,8	30	0,7
4,15	0,13	24,86	5,71	64,61	69,1	36	2,5
5,36	4,69	20	7,85	72,74	46,6	67	3,5
n/d	4,26	20,28	4,62	47,94	77,5	25	0,4
n/d	15,94	18,51	3,48	64,55	99,7	20	0,2
4,51	4,48	27,39	5,1	34,61	78,7	23	1,6
7,7**	5,21*	18,98*	7,13	83,35	62,1	44	1,4
4,14	5,69	19,84	5,57	47,57	70,3	31	0,7
7,29*	3,68*	25,04*	2,69	37,09	77,7	20	0,6
11,29	1,63	26,29*	6,85	62,78	47,5	36	n/d
7,74	4,79	22,75*	5,86	58,36	65,4	30	1
10,9	3,98	18,58	6,09	61,75	69,8	36	1,1
11,97*	3,47	18,4*	5,72	54,09	70,8	34	1,4
n/d	0,6*	15,23*	7,16	78,68	52,4	41	0,9
9,4	7,75	16,59*	8,85	72,03	35,2	73	2,3
n/d	2355,15*	n/d	2,11	37,78	91,6	14	0,2**

Le monde en cartes

p. 353 La richesse mondiale

p. 354 La dynamique de la population mondiale

p. 355 La Russie dans son environnement régional

p. 356-357 Le monde face à la guerre en Ukraine

p. 358-359 La puissance militaire en Europe

p. 360-361 L'Indo-Pacifique : relations stratégiques

p. 362 La démographie africaine

p. 363 Les religions en Afrique

p. 364-365 Les conflits en Afrique du Nord et au Moyen-Orient

p. 366 Les conflits en Afrique

p. 367 Les conflits dans la zone Russie – Nouveaux États indépendants (NEI)

p. 368 Les conflits dans la zone Asie-Pacifique

La richesse mondiale

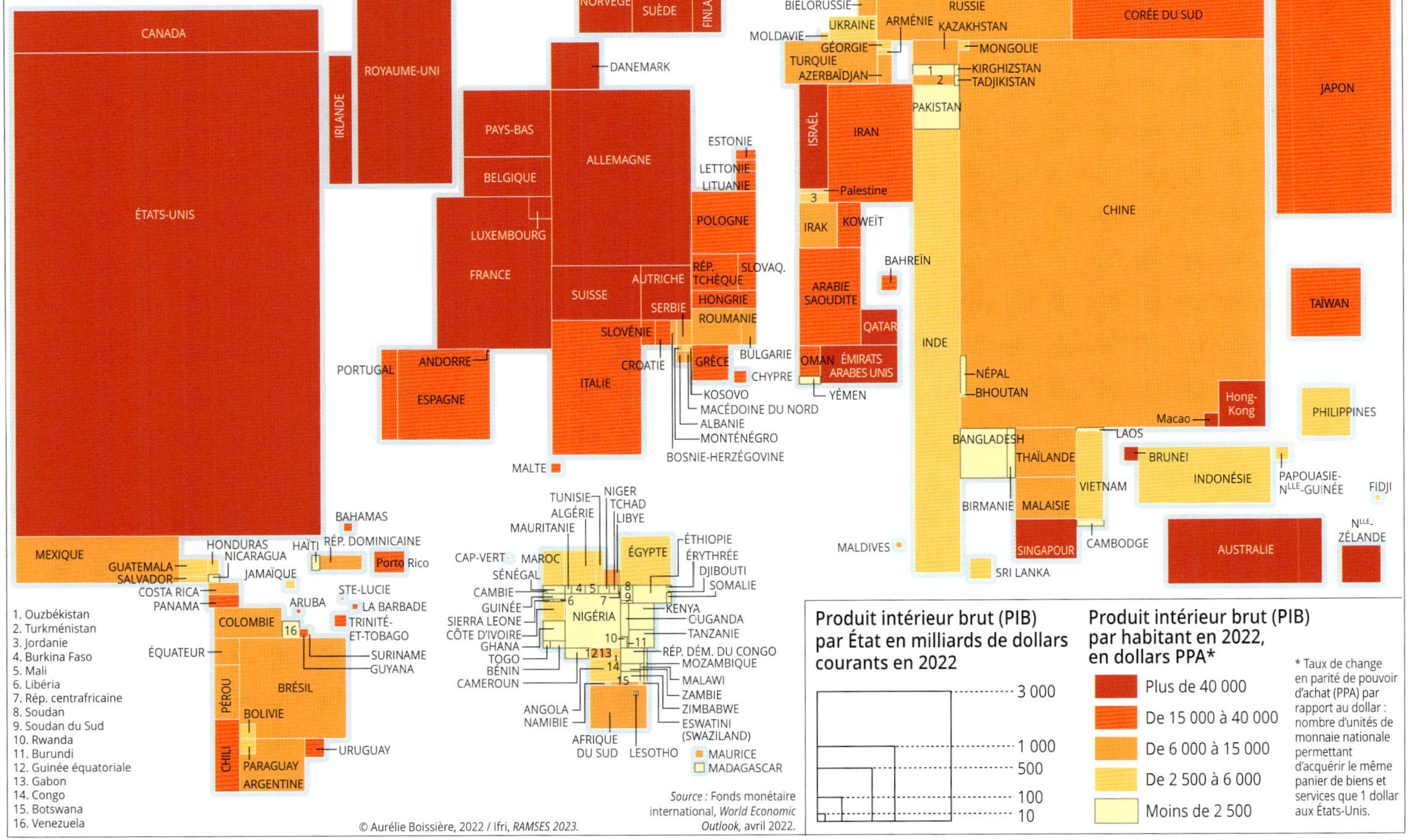

La dynamique de la population mondiale

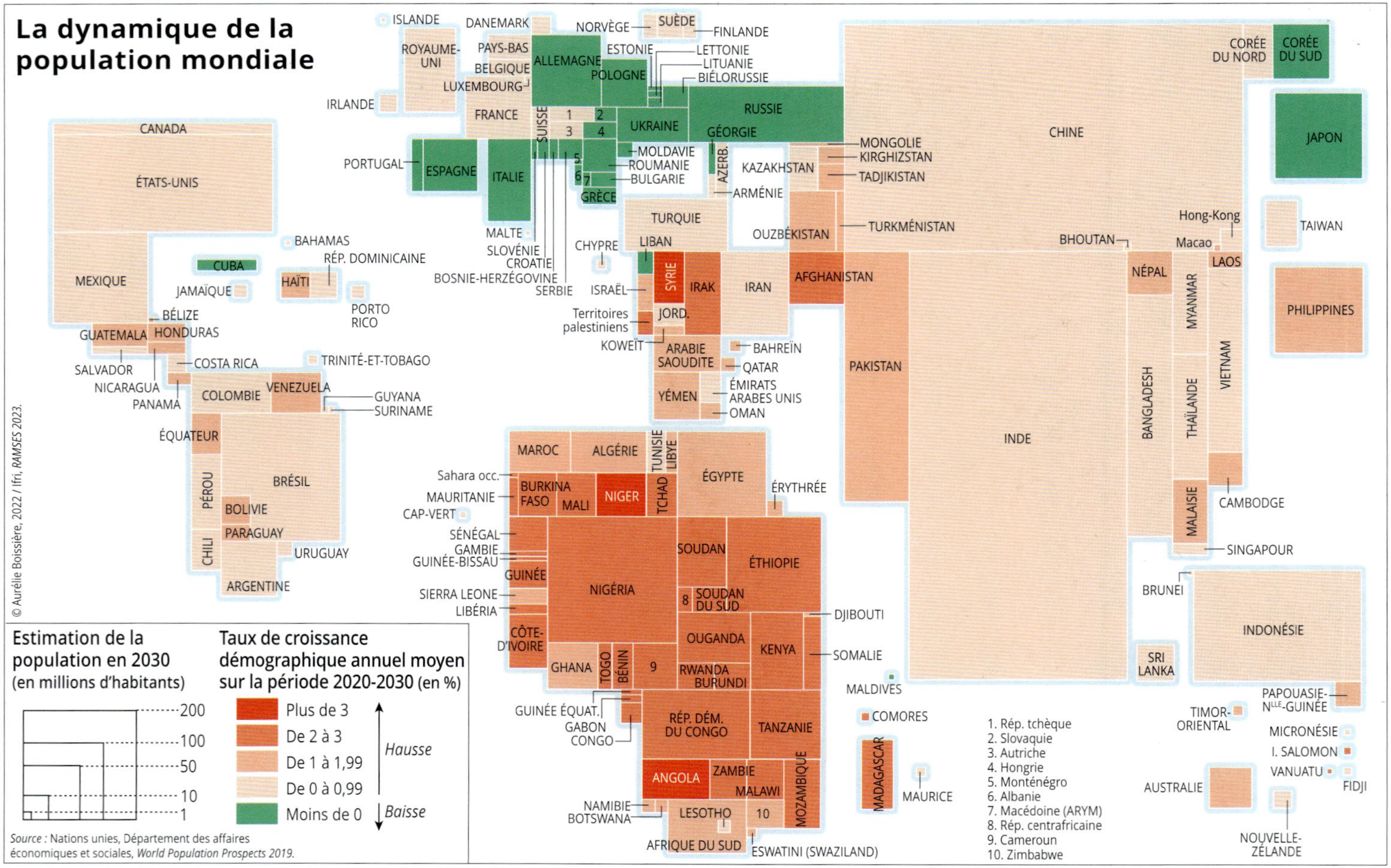

Source : Nations unies, Département des affaires économiques et sociales, *World Population Prospects 2019*.

La Russie dans son environnement régional

Le monde face à la guerre en Ukraine

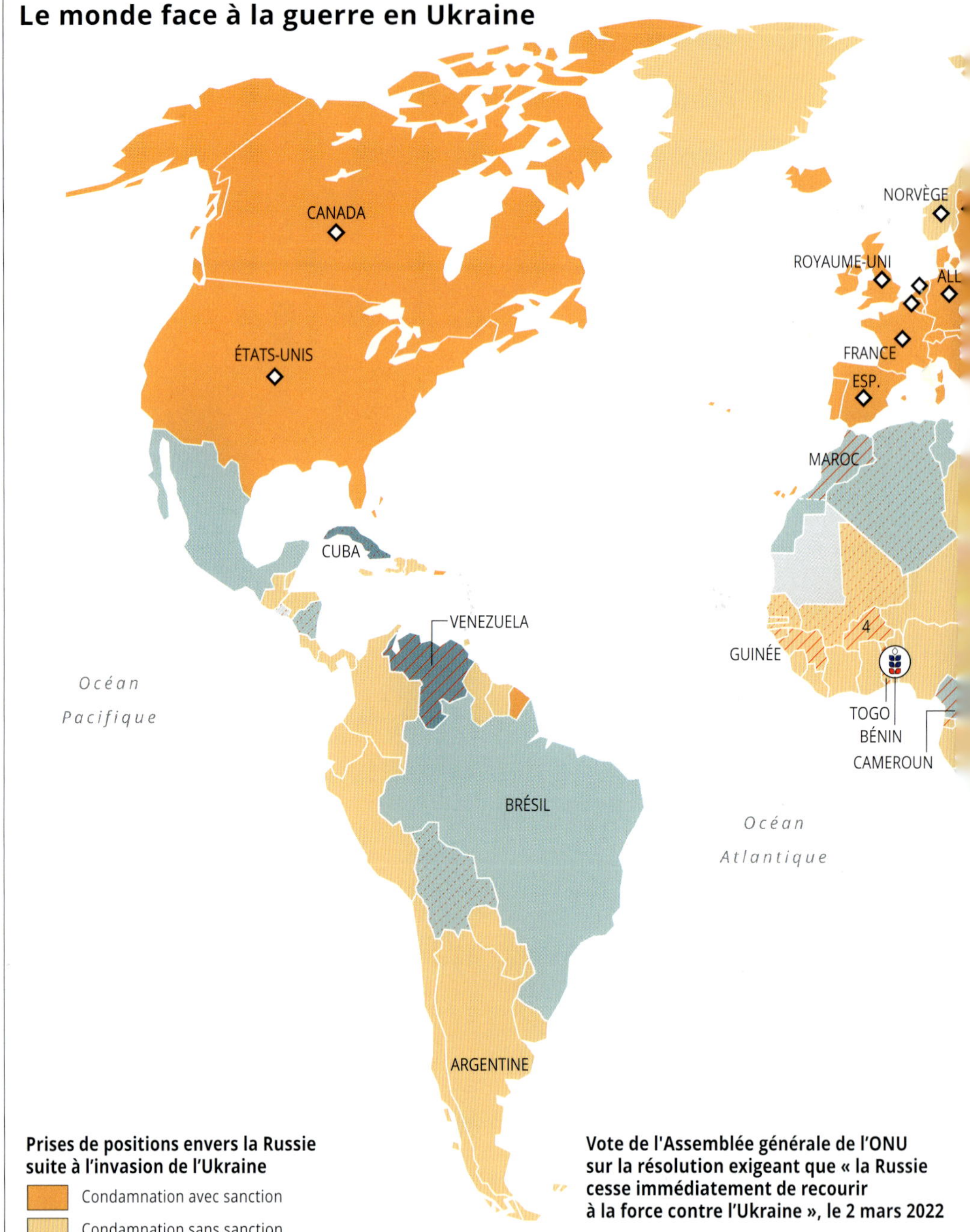

Prises de positions envers la Russie suite à l'invasion de l'Ukraine

- Condamnation avec sanction
- Condamnation sans sanction
- Pas de condamnation
- Soutien
- Pas de déclaration

Vote de l'Assemblée générale de l'ONU sur la résolution exigeant que « la Russie cesse immédiatement de recourir à la force contre l'Ukraine », le 2 mars 2022

- Pays ayant voté contre ou n'ayant pas participé au vote
- Pays s'étant abstenu

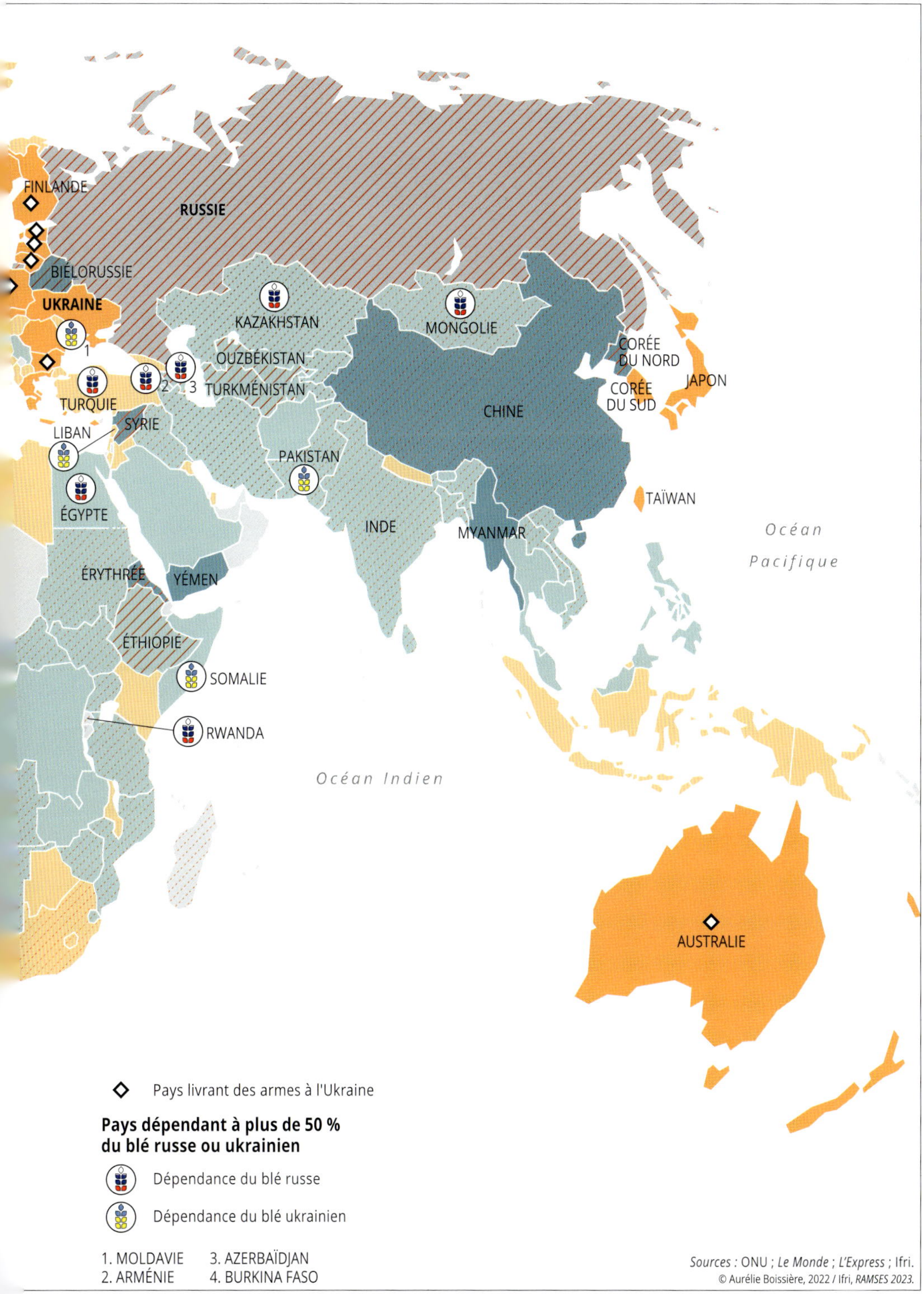

Sources : ONU ; *Le Monde* ; *L'Express* ; Ifri.

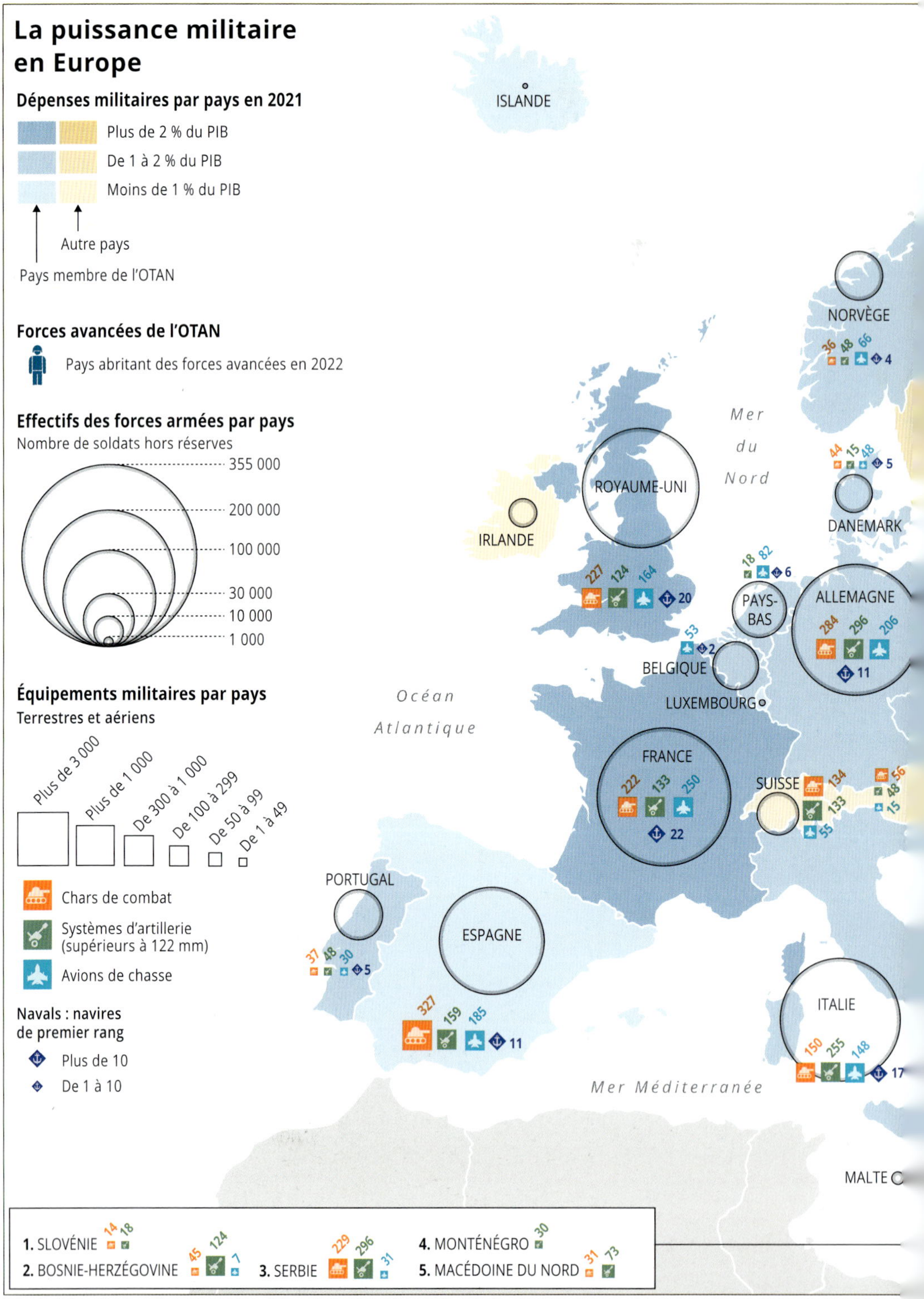
La puissance militaire en Europe
Dépenses militaires par pays en 2021
Plus de 2 % du PIB
De 1 à 2 % du PIB
Moins de 1 % du PIB
Autre pays
Pays membre de l'OTAN
Forces avancées de l'OTAN
Pays abritant des forces avancées en 2022
Effectifs des forces armées par pays
Nombre de soldats hors réserves
355 000
200 000
100 000
30 000
10 000
1 000
Équipements militaires par pays
Terrestres et aériens
Plus de 3 000
Plus de 1 000
De 300 à 1 000
De 100 à 299
De 50 à 99
De 1 à 49
Chars de combat
Systèmes d'artillerie (supérieurs à 122 mm)
Avions de chasse
Navals : navires de premier rang
Plus de 10
De 1 à 10
ISLANDE
NORVÈGE
36 48 66 4
Mer du Nord
44 15 48 5
DANEMARK
ROYAUME-UNI
227 124 164 20
IRLANDE
18 82 6
PAYS-BAS
ALLEMAGNE
284 296 206 11
53 2
BELGIQUE
LUXEMBOURG
Océan Atlantique
FRANCE
222 133 250 22
SUISSE
134 133 55
56 48 15
PORTUGAL
37 48 30 5
ESPAGNE
327 159 185 11
ITALIE
150 255 148 17
Mer Méditerranée
MALTE
1. SLOVÉNIE 14 18
2. BOSNIE-HERZÉGOVINE 45 124 7
3. SERBIE 229 296 31
4. MONTÉNÉGRO 30
5. MACÉDOINE DU NORD 31 73

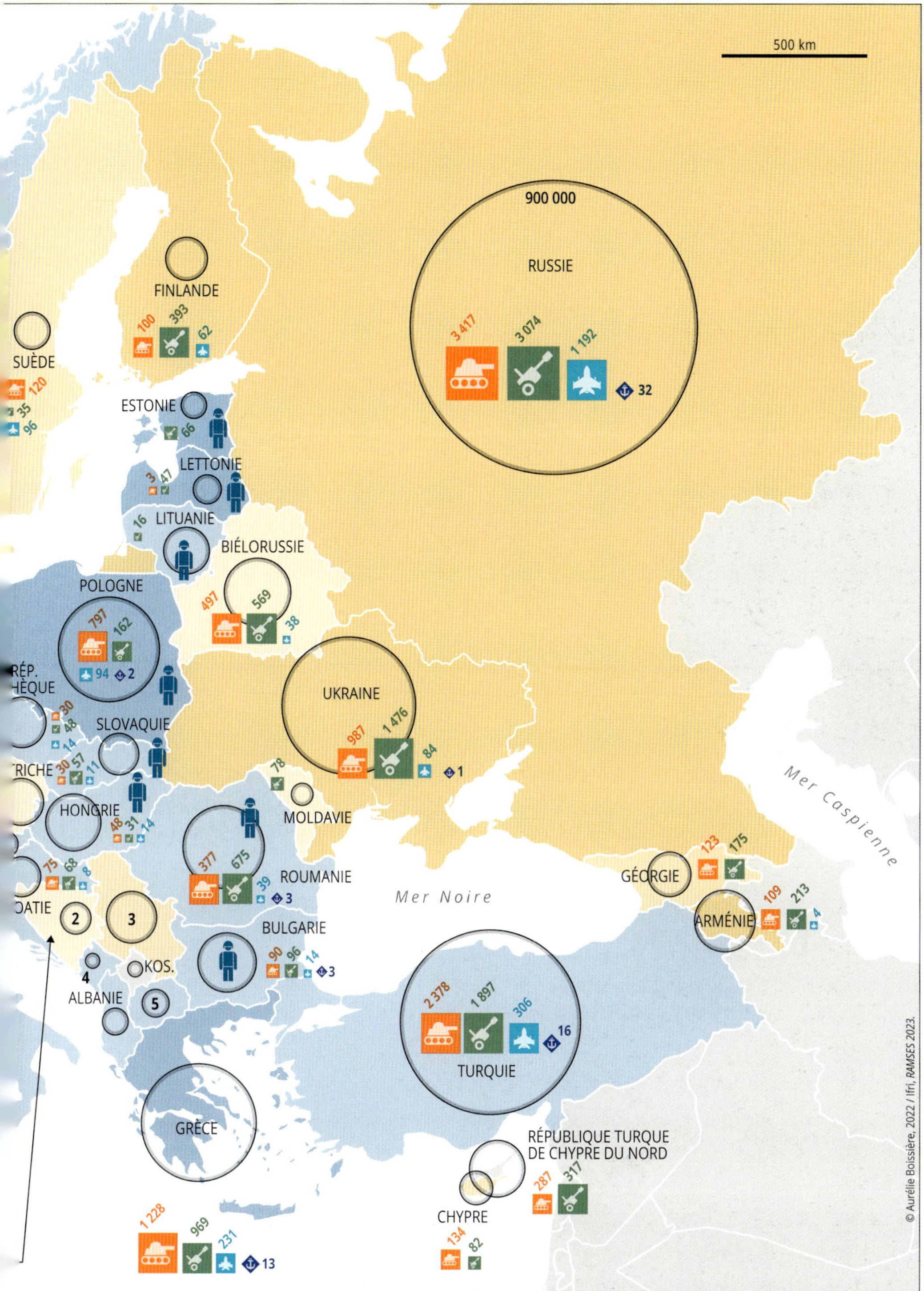

Sources : Ifri ; International Institute for Strategic Studies (IISS), *The Military Balance 2022* ; OTAN.

L'Indo-Pacifique : relations stratégiques

1. CAMBODGE
2. BRUNEI
3. NAURU
4. Tokelau (N.-Z.)
5. Wallis et Futuna (FR.)
6. Samoa américaines
7. Niue (N.-Z.)

VISIONS DE L'INDO-PACIFIQUE SELON LES PAYS

États-Unis

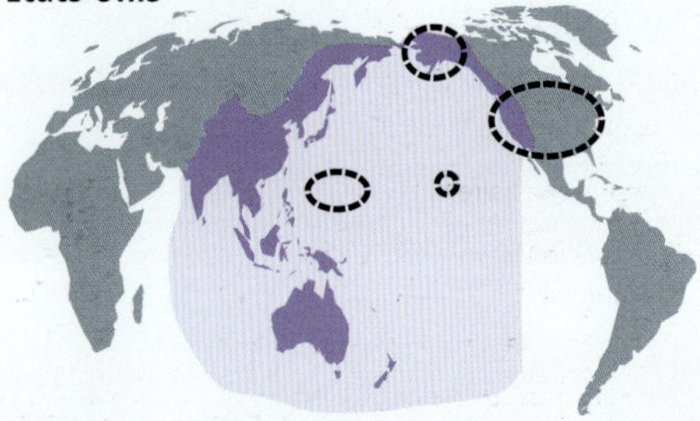

Japon

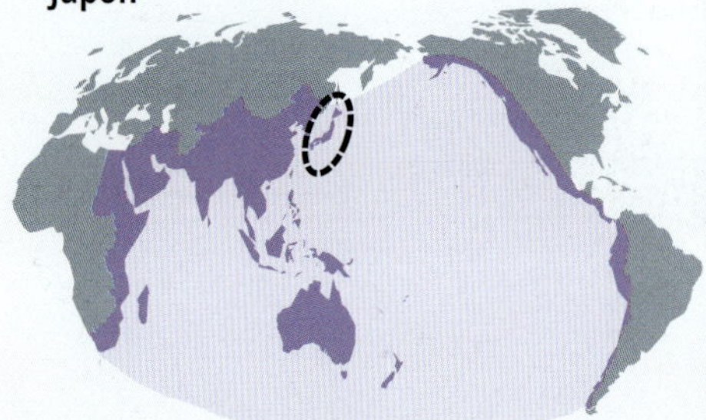

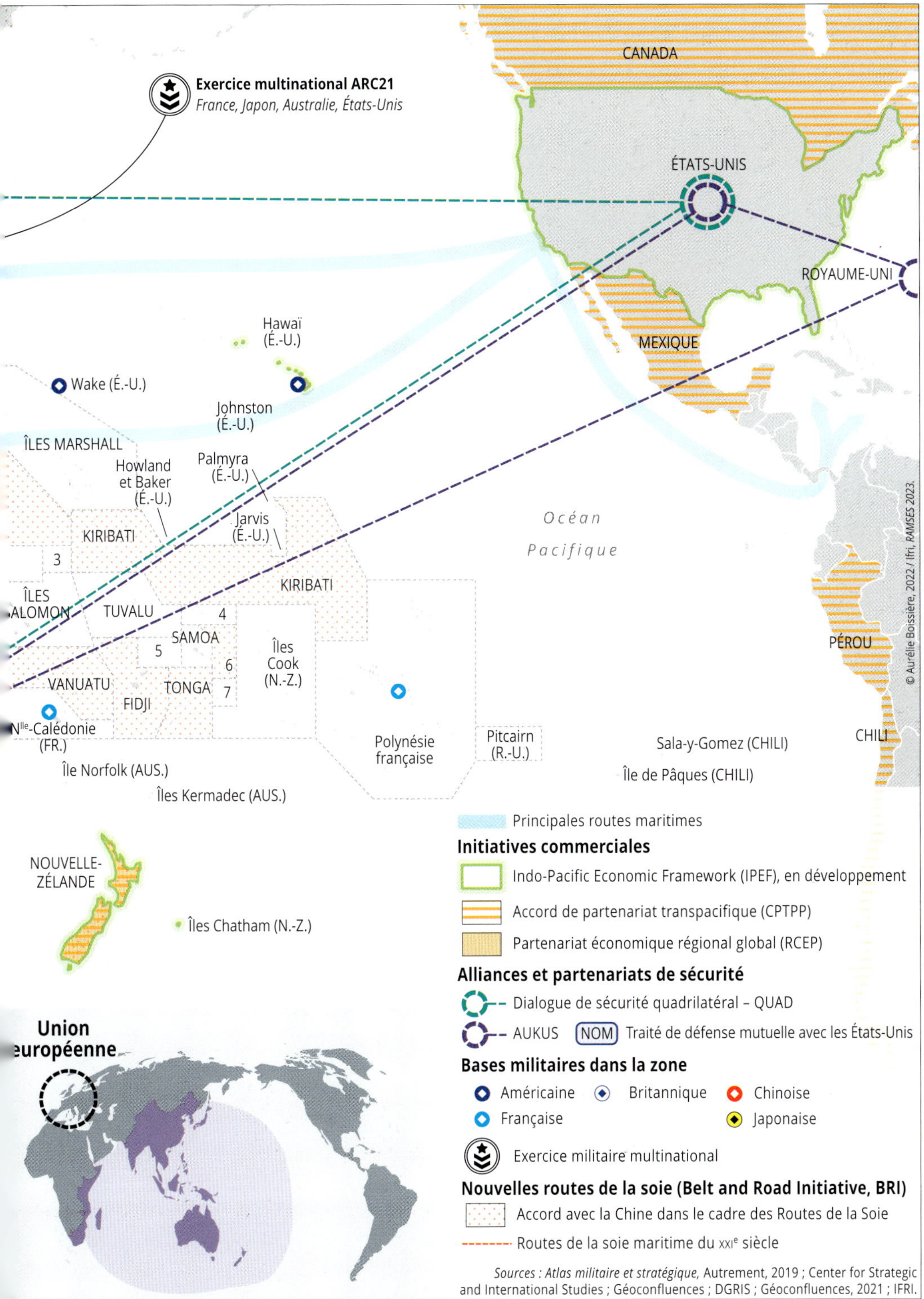
Exercice multinational ARC21
France, Japon, Australie, États-Unis
CANADA
ÉTATS-UNIS
ROYAUME-UNI
MEXIQUE
Hawaï (É.-U.)
Wake (É.-U.)
Johnston (É.-U.)
ÎLES MARSHALL
Howland et Baker (É.-U.)
Palmyra (É.-U.)
Jarvis (É.-U.)
KIRIBATI
3
ÎLES SALOMON
TUVALU
KIRIBATI
4
SAMOA
5
6
7
VANUATU
TONGA
FIDJI
Îles Cook (N.-Z.)
Nlle-Calédonie (FR.)
Polynésie française
Pitcairn (R.-U.)
Océan Pacifique
PÉROU
CHILI
Sala-y-Gomez (CHILI)
Île de Pâques (CHILI)
Île Norfolk (AUS.)
Îles Kermadec (AUS.)
NOUVELLE-ZÉLANDE
Îles Chatham (N.-Z.)
Union européenne
Principales routes maritimes
Initiatives commerciales
Indo-Pacific Economic Framework (IPEF), en développement
Accord de partenariat transpacifique (CPTPP)
Partenariat économique régional global (RCEP)
Alliances et partenariats de sécurité
Dialogue de sécurité quadrilatéral – QUAD
AUKUS
NOM Traité de défense mutuelle avec les États-Unis
Bases militaires dans la zone
Américaine
Britannique
Chinoise
Française
Japonaise
Exercice militaire multinational
Nouvelles routes de la soie (Belt and Road Initiative, BRI)
Accord avec la Chine dans le cadre des Routes de la Soie
Routes de la soie maritime du XXIe siècle
Sources : Atlas militaire et stratégique, Autrement, 2019 ; Center for Strategic and International Studies ; Géoconfluences ; DGRIS ; Géoconfluences, 2021 ; IFRI.
© Aurélie Boissière, 2022 / Ifri, RAMSES 2023.

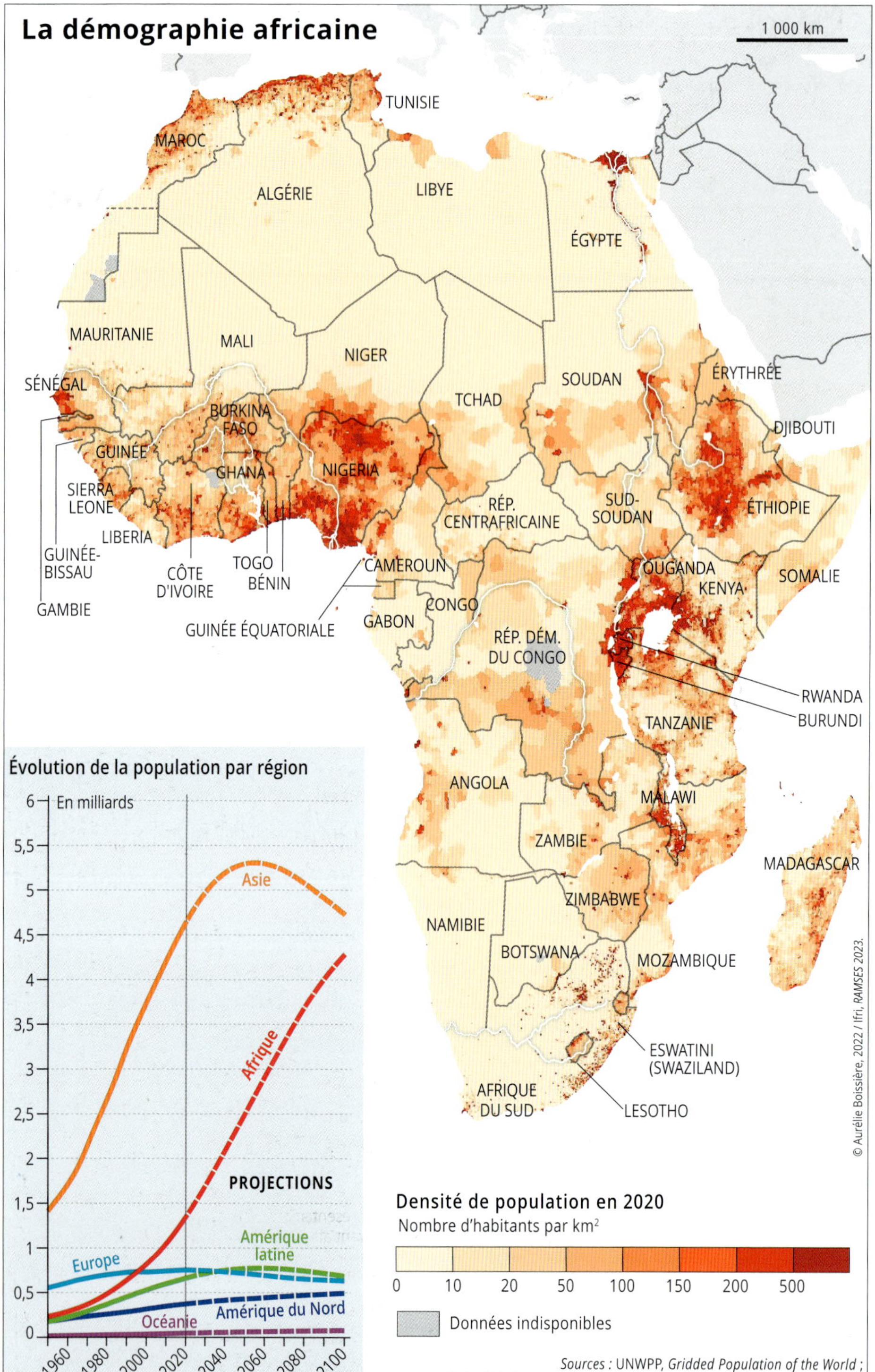

Sources : UNWPP, *Gridded Population of the World* ;
United Nations Population Division, *World Population Prospects 2019.*

Les religions en Afrique

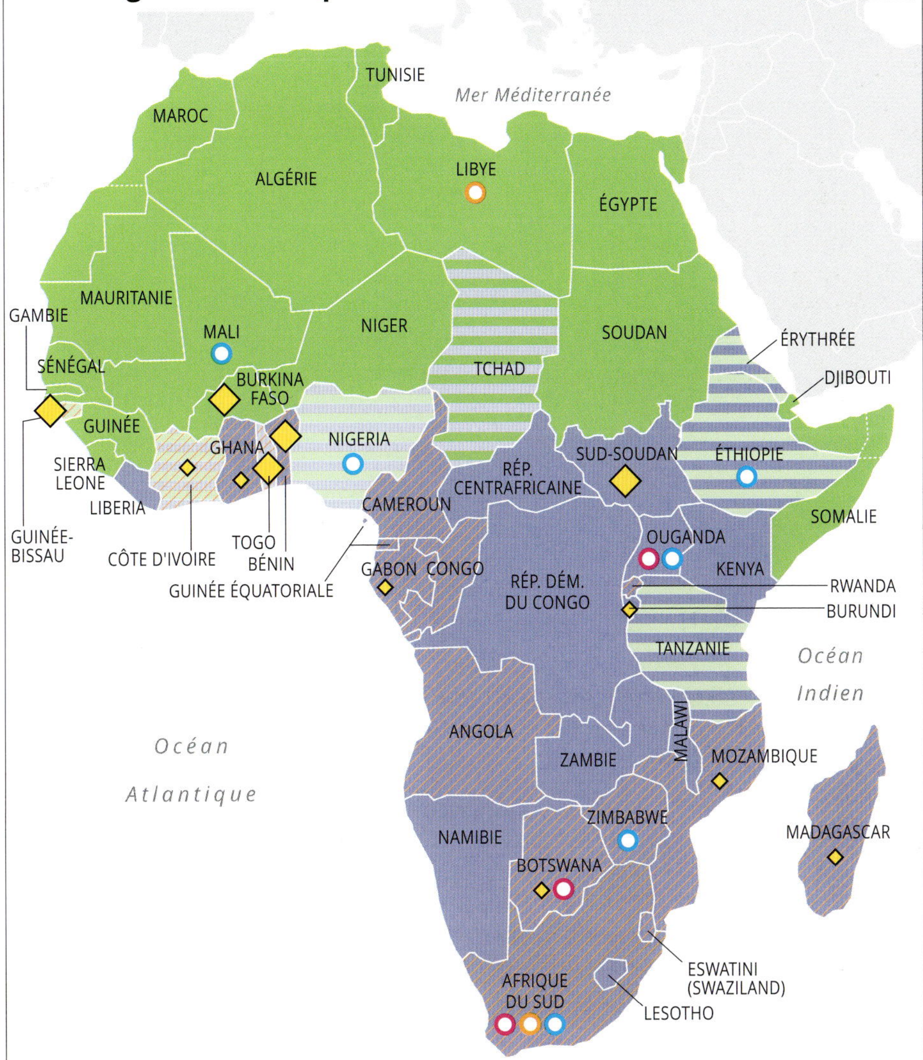

Christianisme
- Pays à majorité chrétienne
- Communauté chrétienne importante (plus de 25 % de la population)

Islam
- Pays à majorité musulmane
- Communauté musulmane importante (plus de 25 % de la population)

* Sont compris dans cette appellation l'animisme, le vodun, les cultes totémiques, les cultes des orishas, etc.

Source : The Pew Research Center, *Global Religious Landscape*, 2012.

Religions populaires*
- Présence forte (15 à 36 % de la population)
- Présence significative (4,5 à 15 % de la population)

Athéisme
- Forte représentation des personnes se déclarant athées (5 à 20 % de la population)

Autres minorités religieuses significatives
- Communautés hindoues
- Communautés bouddhistes significatives
- Communautés juives significatives

Les conflits en Afrique du Nord et au Moyen-Orient

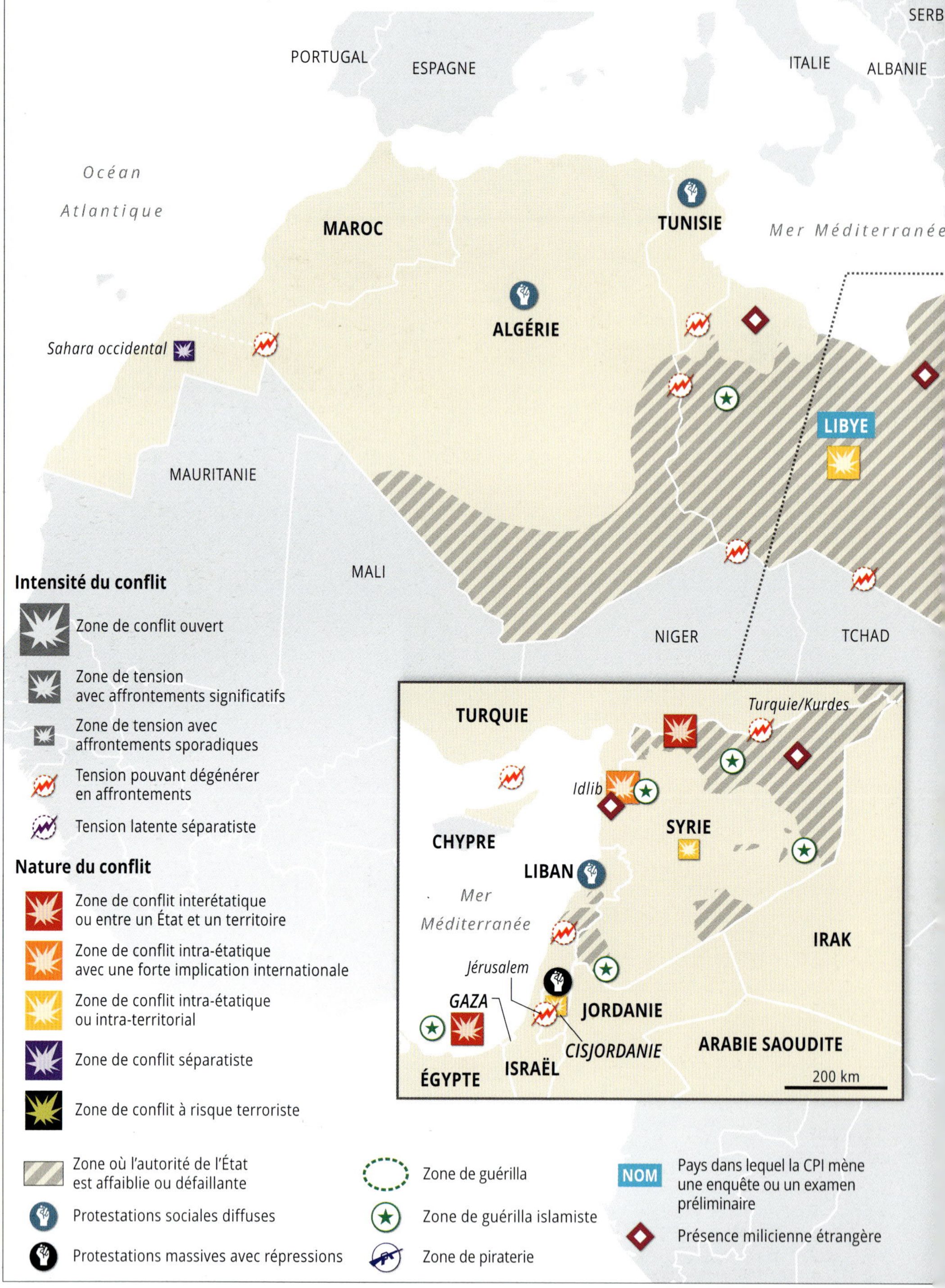

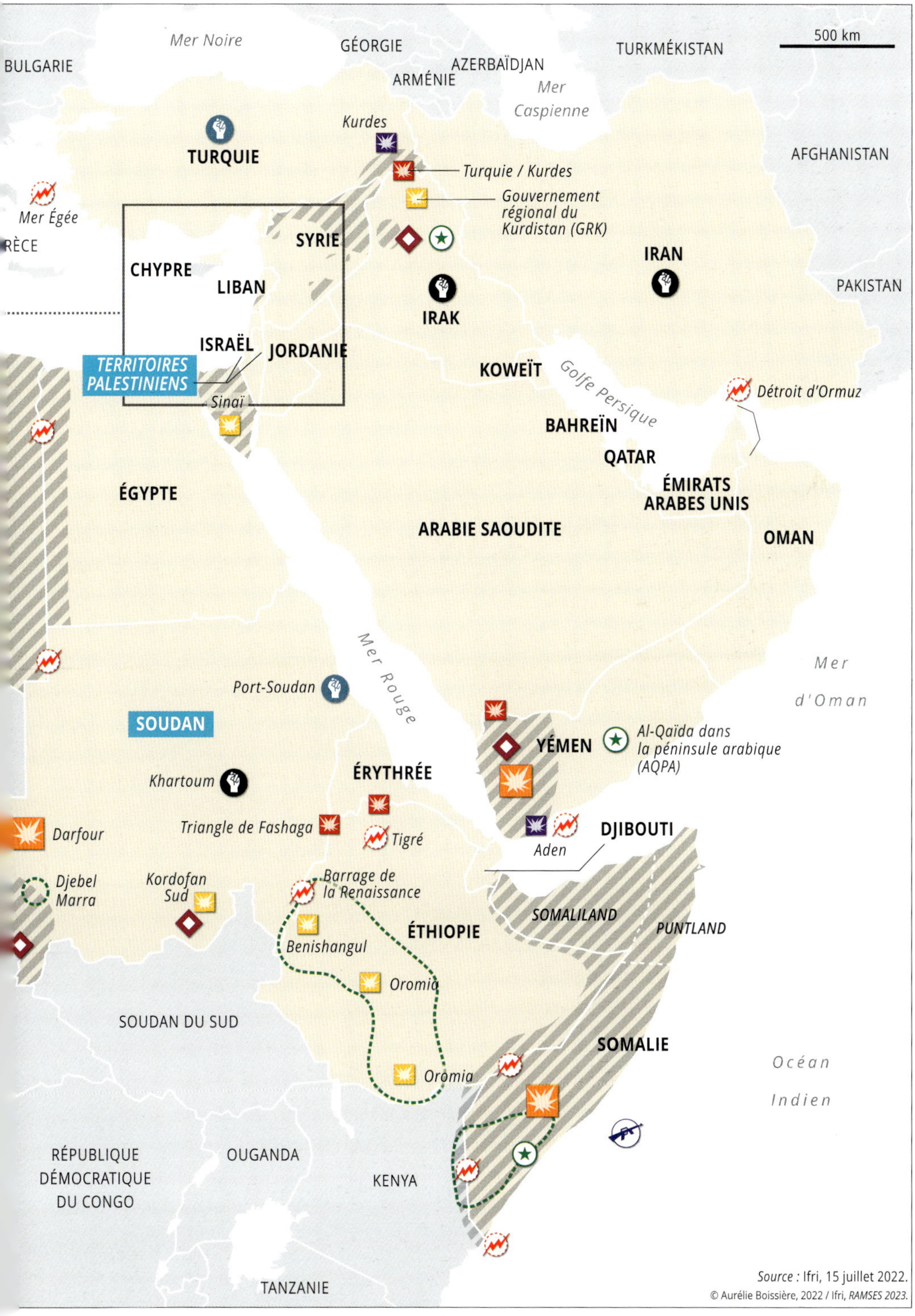

Source : Ifri, 15 juillet 2022.

Les conflits en Afrique

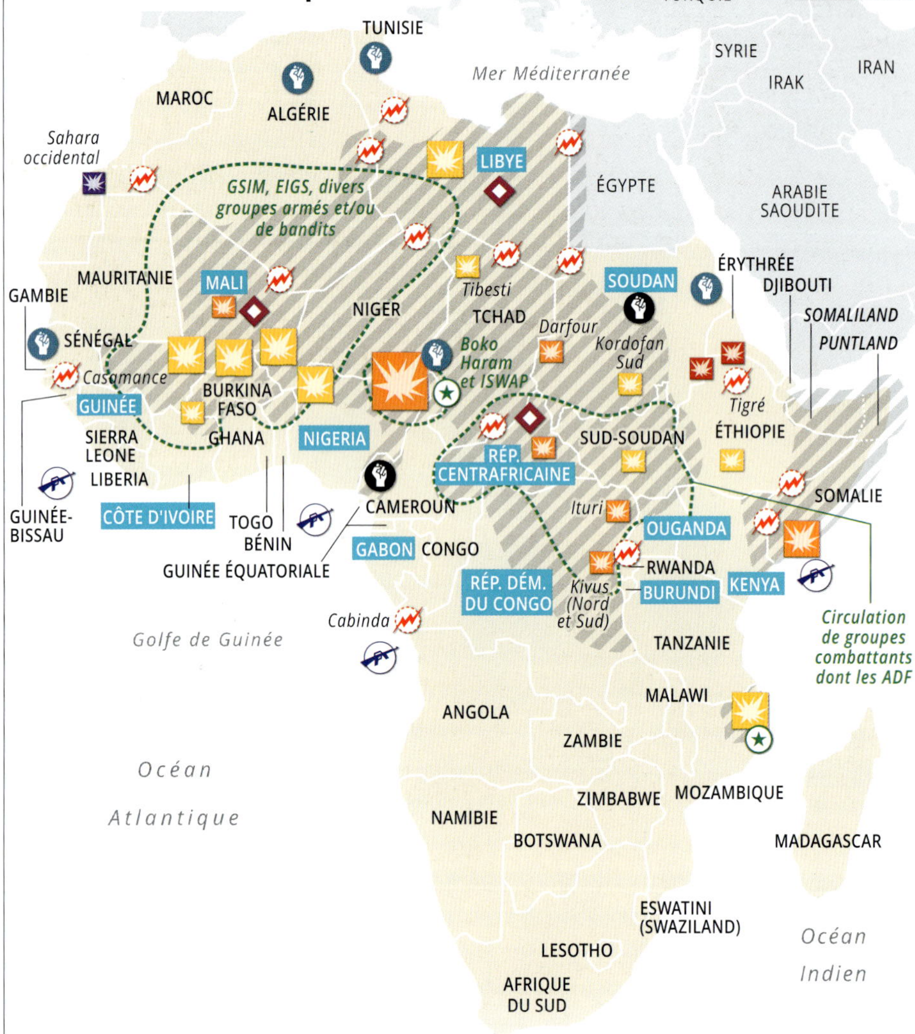

Intensité du conflit

- Zone de conflit ouvert
- Zone de tension avec affrontements significatifs
- Zone de tension avec affrontements sporadiques
- Tension pouvant dégénérer en affrontements
- Tension latente séparatiste

Nature du conflit

- Zone de conflit interétatique ou entre un État et un territoire
- Zone de conflit intra-étatique avec une forte implication internationale
- Zone de conflit intra-étatique ou intra-territorial
- Zone de conflit séparatiste
- Zone de conflit à risque terroriste

- Zone où l'autorité de l'État est affaiblie ou défaillante
- Protestations sociales diffuses
- Protestations massives avec répressions
- Zone de guérilla
- Zone de guérilla islamiste
- Zone de piraterie
- NOM Pays dans lequel la CPI mène une enquête ou un examen préliminaire
- Présence milicienne étrangère

Source : Ifri, 15 juillet 2022.

Les conflits dans la zone Russie – Nouveaux États indépendants (NEI)

Source : Ifri, 15 juillet 2022.
© Aurélie Boissière, 2022 / Ifri, *RAMSES 2023*.

Les conflits dans la zone Asie-Pacifique

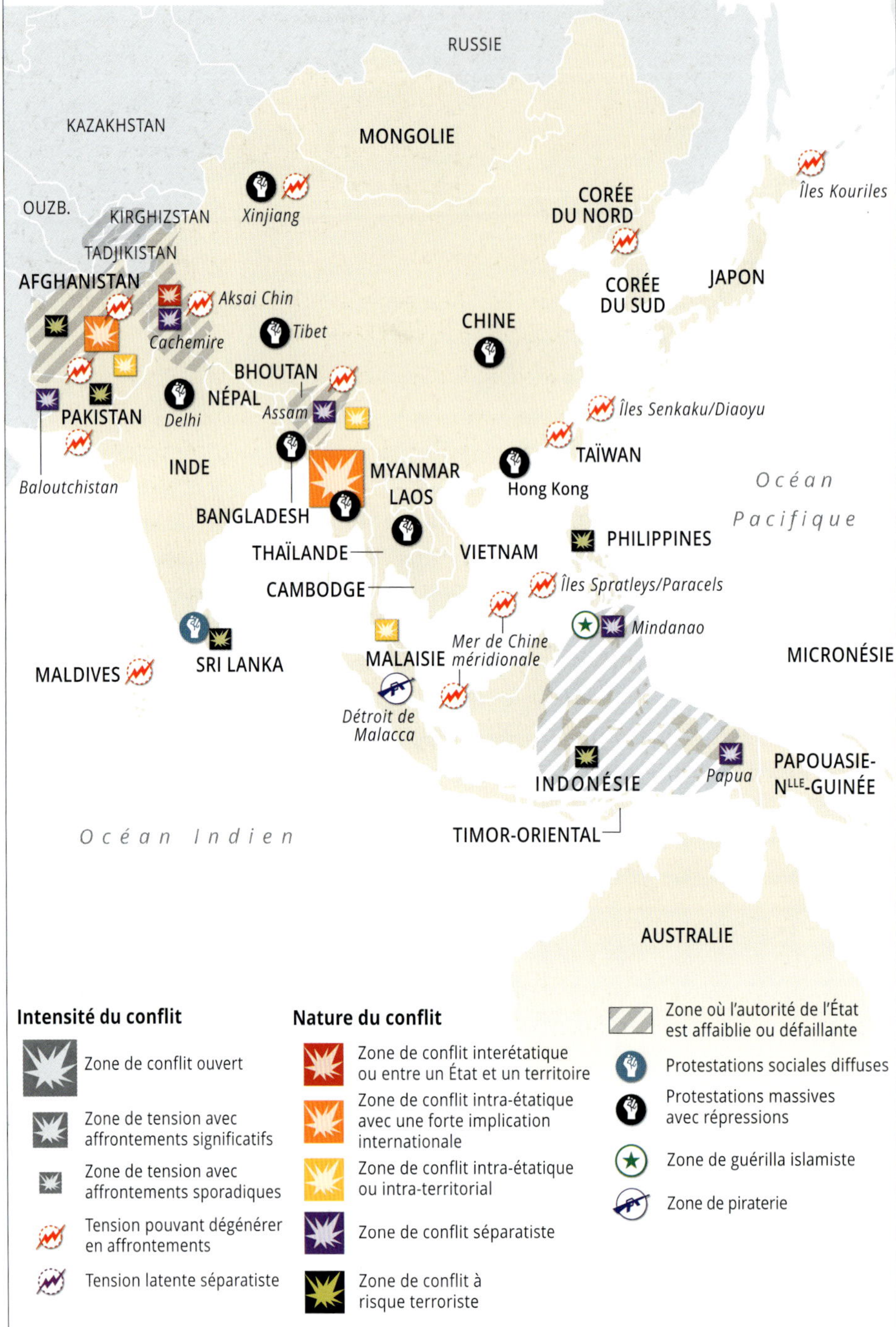

Source : Ifri, 15 juillet 2022.

L'équipe du RAMSES 2023

Patrick Allard : consultant permanent auprès du Centre d'analyse, de prévision et de stratégie (CAPS) du ministère de l'Europe et des Affaires étrangères.

Alain Antil : directeur du Centre Afrique subsaharienne de l'Ifri ; chargé de cours à Sciences Po Lille.

Dominique Arel : titulaire de la chaire d'Études ukrainiennes à l'École d'études politiques de l'université d'Ottawa (Canada).

Edward Arnold : *research fellow for European security*, International Security Studies, Royal United Services Institute (RUSI, Londres).

Benjamin Augé : chercheur associé au Centre Afrique subsaharienne et au Centre Énergie & Climat de l'Ifri.

Claude-France Arnould : ancien conseiller diplomatique du gouvernement au ministère de l'Europe et des Affaires étrangères ; conseiller du président de l'Ifri pour les Affaires européennes.

Laurent Bansept : officier de l'armée de Terre; chercheur au Centre des études de sécurité de l'Ifri et au Laboratoire de recherche sur la défense.

Sophie Boisseau du Rocher : chercheuse associée au Centre Asie de l'Ifri, à Asia Centre (Paris) et à l'Institut de recherche sur l'Asie du Sud-Est contemporaine (IRASEC, Bangkok).

Raphaël Briant : officier de l'armée de l'Air et de l'Espace; chercheur au Centre des études de sécurité de l'Ifri.

Marie-Claire Considère-Charon : professeure honoraire de l'université de Franche-Comté.

Jean-Marc Daniel : enseignant en économie à l'ESCP Business School, à l'École des mines et à l'École nationale de la statistique et de l'administration économique (ENSAE).

Dominique David : conseiller du président de l'Ifri ; rédacteur en chef de *Politique étrangère* et co-directeur du *RAMSES*.

Charles-Emmanuel Detry : assistant à l'université Paris-Panthéon-Assas et doctorant rattaché au Centre Thucydide.

Félicité Djilo : analyste sur les questions de gouvernance et de sécurité en Afrique.

Élisa Domingues dos Santos : chargée de projets pour le Centre Afrique subsaharienne et le Programme Turquie/Moyen-Orient de l'Ifri.

Marc-Antoine Eyl-Mazzega : directeur du Centre Énergie & Climat de l'Ifri.

Isabelle Facon : directrice adjointe de la Fondation pour la recherche stratégique.

Héloïse Fayet : chercheuse au Centre des études de sécurité de l'Ifri.

Amélie Férey : chercheuse au Centre des études de sécurité de l'Ifri.

Michel Foucher : géographe ; ancien ambassadeur ; membre du conseil d'orientation du Cycle des hautes études européennes (Institut national du service public).

Norbert Gaillard : consultant indépendant, spécialiste du risque souverain et du risque pays.

François Gaulme : anthropologue et historien ; chercheur associé au Centre Afrique subsaharienne de l'Ifri.

Olga Gille-Belova : maître de conférences en civilisation russe et directrice du département des Études slaves à l'université Bordeaux Montaigne ; chercheuse au Centre d'études des mondes moderne et contemporain (CEMMC).

Nicole Gnesotto : vice-présidente de l'Institut Jacques Delors ; professeure émérite du Conservatoire national des arts et des métiers (CNAM).

Jean-Baptiste Guégan : consultant sur les questions sportives et enseignant en géopolitique du sport à Paris.

Camille Haba : collaboratrice au Centre Afrique subsaharienne de l'Ifri.

Marc Hecker : directeur de la recherche et de la valorisation de l'Ifri ; chercheur au Centre des études de sécurité de l'Ifri ; rédacteur en chef de *Politique étrangère*.

Rémy Hémez : officier de l'armée de Terre ; ancien chercheur au Laboratoire de recherche sur la défense de l'Ifri.

Jolyon Howorth : professeur émérite de politique européenne à l'université de Bath ; *fellow* à la Harvard Kennedy School.

Arnaud Kalika : directeur de la Sécurité et de l'Intelligence chez Meridiam, société à mission de finance durable.

Tatiana Kastouéva-Jean : directrice du Centre Russie/NEI de l'Ifri.

Sümbül Kaya : chercheuse à l'Institut de recherche stratégique de l'École militaire (IRSEM).

Marc Julienne : chercheur, responsable des activités Chine au Centre Asie de l'Ifri.

Pierre Lebret : ancien consultant des Nations unies et ancien conseiller stratégique pour le gouvernement chilien en matière de coopération internationale pour le développement (2014-2018).

Solène Leclerc : collaboratrice du Programme Turquie/Moyen-Orient de l'Ifri.

Maxime Lefebvre : diplomate et professeur à l'ESCP Business School (Paris).

Michaël Levystone : chercheur au Centre Russie/NEI de l'Ifri.

Florent Marciacq : secrétaire-général adjoint au Centre franco-autrichien pour le rapprochement en Europe (CFA) ; co-directeur de l'Observatoire des Balkans à la Fondation Jean Jaurès ; chercheur associé au Centre international de formation européenne.

Éric-André Martin : secrétaire général du Comité d'études des relations franco-allemandes (Cerfa) à l'Ifri.

Paul Maurice : chercheur au Comité d'études des relations franco-allemandes (Cerfa) à l'Ifri.

Carole Mathieu : chercheuse au Centre Énergie & Climat de l'Ifri ; responsable des politiques énergétiques européennes de l'énergie et du climat.

Cédric Mayrargue : chercheur associé au laboratoire Les Afriques dans le monde (LAM), Sciences Po Bordeaux.

Thierry de Montbrial : membre de l'Académie des sciences morales et politiques ; professeur émérite du Conservatoire national des arts et des métiers (CNAM) ; fondateur et président de l'Ifri.

Philippe Moreau Defarges : géopoliticien ; ancien diplomate et chercheur à l'Ifri.

Laurence Nardon : chercheuse ; responsable des programmes Amérique du Nord et Espace de l'Ifri.

Françoise Nicolas : directeur du Centre Asie de l'Ifri ; maître de conférences associé à l'université de Paris-Est-Marne-la-Vallée.

Luc Pagès : ancien officier de marine; conseiller du Centre des études de sécurité de l'Ifri.

Céline Pajon : chercheuse au Centre Asie de l'Ifri, responsable des activités Japon.

Antoine Pécoud : professeur de sociologie à l'université Sorbonne Paris-Nord; chercheur associé au CERI/Sciences Po; directeur du département Policy de l'Institut Convergences Migrations.

Léo Péria-Peigné : chercheur spécialiste de l'armement et de la prospective capacitaire au Centre des études de sécurité de l'Ifri.

Arthur Quesnay : docteur en science politique, spécialiste de l'Irak et de la Syrie.

Jean-Luc Racine : directeur de recherche émérite au CNRS (Centre d'études de l'Inde et de l'Asie du Sud de l'EHESS) et chercheur *senior* à Asia Centre.

Isabelle Saint-Mézard : chercheuse associée au Centre Asie de l'Ifri.

Jean-Loup Samaan : *senior research fellow* au Middle East Institute de la National University à Singapour ; chercheur associé de l'Ifri.

Sina Schlimmer : chercheuse au Centre Afrique subsaharienne de l'Ifri.

Corentin Sellin : professeur d'histoire en classes préparatoires au lycée Carnot (Dijon).

Gaspard Stocker : collaborateur du Centre des études de sécurité de l'Ifri.

Matthieu Tardis : directeur du Centre Migrations et Citoyennetés de l'Ifri.

Élie Tenenbaum : directeur du Centre des études de sécurité de l'Ifri.

Clément Therme : chercheur associé à l'Institut international d'études iraniennes (Rasanah).

***

Chronologie de l'année (15 juillet 2021-14 juillet 2022) : Antonia Collard-Nora

Le monde en cartes :

- **coordination :** Adrien Lebrun
- **réalisation :** Aurélie Boissière

Le monde en chiffres : David Blohm

Fabrication : Maud Gilles

Graphisme de couverture : Élisabeth Hébert

Responsable éditoriale : Sharleen Lavergne, avec la collaboration de Vladimir Pol

L'Ifri, le *think tank* français de référence sur les questions internationales

L'Ifri est le premier institut français de recherche et de débat sur les pays du monde contemporain et leurs relations. En 40 ans, l'Ifri est devenu une institution de référence, écoutée par les décideurs et reconnue par ses pairs.

Créé en 1979 et présidé par Thierry de Montbrial, l'Ifri est classé, année après année, dans le peloton de tête des *think tanks* les plus influents au monde par le *Global Go To Think Tank Index Report* de l'université de Pennsylvanie.

S'appuyant sur une équipe de chercheurs permanents, l'Ifri a pour mission d'éclairer le champ décisionnel, de produire une vision d'avenir et de favoriser le dialogue entre experts, leaders d'opinion, décideurs des secteurs privé et public et représentants de la société civile.

La gouvernance de l'Ifri, la diversité de ses financements et son cadre déontologique tel que l'établit sa Charte, ainsi que la qualité de ses travaux, garantissent son indépendance et le respect des valeurs qui l'animent.

Institut français des relations internationales
27 rue de la Procession
75015 Paris
01.40.61.60.00
www.ifri.org
accueil@ifri.org

DEVENIR MEMBRE INDIVIDUEL DE L'IFRI

Un accès privilégié à nos manifestations

L'Ifri, organise plus d'une centaine d'événements par an à Paris et Bruxelles : **conférences internationales**, **petits déjeuners débats** ou **tables rondes**.

Outre l'accès à ces manifestations, vous bénéficiez :

- d'un **cycle de conférences** qui vous est **réservé.**
- d'un **accès privilégié** à la **conférence annuelle de présentation du *RAMSES*** (Rapport annuel mondial sur le système économique et les stratégies).

Des informations et publications en continu

- la revue trimestrielle *Politique étrangère* à un tarif préférentiel ;
- le rapport annuel *RAMSES* ;
- les *Notes de l'Ifri* et les *Actuelles*, publications électroniques de nos 10 unités de recherche ;
- la *newsletter* mensuelle de l'Ifri, *Ifri Actualités*.

Une implication dans la vie de l'Ifri

Être membre de l'Ifri c'est voter à son Assemblée générale et recevoir un exemplaire du rapport annuel d'activité.

➔ **Tarifs 2021** :

Catégories de membres individuels	Adhésion avec publications	Adhésion sans publications
Résident dans l'Union européenne	230 €	145 €
Résident hors de l'Union européenne	260 €	175 €
Étudiant et demandeurs d'emploi	50 €	30 €

Toute demande d'adhésion est soumise à l'approbation du directeur du développement. Les personnes mineures ne peuvent être adhérentes.

Loi de 2003 sur le mécénat et déductibilité fiscale : **Tout soutien financier apporté à l'Ifri** (association reconnue d'utilité publique) **constitue un don**. Au titre du mécénat, la cotisation individuelle (**135 €**) permet un abattement fiscal de 66 % à déduire de l'impôt sur le revenu (**soit 89 €**). La cotisation versée revient donc à **46 €** auxquels s'ajoutent l'abonnement de **65 €** à la revue *Politique étrangère* et le prix de *RAMSES* (**20 €**) (publications non déductibles), soit un total de **131 €.**

L'Ifri est soucieux du respect des données personnelles. Dans le cadre de la réglementation européenne RGPD (règlement général sur la protection des données) entrée en vigueur le 25 mai 2018, nous collectons vos données personnelles afin de vous faire parvenir les invitations à nos manifestions. En signant ce formulaire vous consentez au traitement de vos données. Ces données sont sauvegardées dans notre fichier et nous vous rappelons qu'à tout moment vous pouvez demander la modification ou la suppression de vos données à Barbara Delansoy / delansoy@ifri.org

ifri
institut français des relations internationales
depuis 1979

DEVENEZ MEMBRE INDIVIDUEL DE L'IFRI

MERCI DE RETOURNER CE FORMULAIRE ACCOMPAGNE
D'UNE LETTRE DE MOTIVATION, D'UN BREF CV

Pour les étudiants, joindre une photocopie de la carte d'étudiant de l'année en cours.

Contact : Barbara Delansoy, chargée des membres individuels
01 40 61 60 50 / delansoy@ifri.org
IFRI - 27, rue de la Procession - 75015 Paris

Pour plus d'informations consulter notre site : www.ifri.org, rubrique "rejoignez-nous"

NOM et PRÉNOMS : ....
DATE et LIEU DE NAISSANCE : ....
NATIONALITÉ : ....
ADRESSE PERSONNELLE : ....
CODE POSTAL : .... VILLE : ....
TÉLÉPHONE .... TÉLÉCOPIE : ....
E-MAIL : ....

FONCTION : ....
ORGANISME : ....
ADRESSE PROFESSIONNELLE : ....
....
CODE POSTAL .... VILLE : ....
TÉLÉPHONE : .... TÉLÉCOPIE : ....
E-MAIL : ....

ADRESSE DE CONTACT : personnelle ☐ professionnelle ☐

Montant de la cotisation 2021 : 230 € UE 260 € hors UE Étudiants : 50 €

DATE : SIGNATURE :

83902 - (I) - SOP 80° - 282 - BPA - MGS

Imprimerie CHIRAT - 42540 Saint-Just-la-Pendue

Dépôt légal : septembre 2022

Imprimé en France